COLLECTION FOLIO

Jonathan Coe

Le royaume désuni

*Traduit de l'anglais
par Marguerite Capelle*

Gallimard

Les paroles en exergue du chapitre cinq sont tirées de la chanson « The British Road », paroles et musique de Robert Wyatt © 1986 Cherry Red Songs for the World. Administered by Kassner Associated Publishers Ltd, used by permission. All rights reserved.

Une partie du discours prononcé par Sa Majesté la Reine à l'occasion du 75ᵉ anniversaire du jour de la Victoire, le 8 mai 2020, est reproduite dans le chapitre sept. Contains public sector information licensed under the Open Government Licence v3.0.

Titre original :
BOURNVILLE

© *Jonathan Coe, 2022.*
© *Éditions Gallimard, 2022, pour la traduction française.*

Né en 1961 à Lickey près de Birmingham, Jonathan Coe est l'un des auteurs majeurs de la littérature britannique actuelle. Ses œuvres mettent en scène des personnages en proie aux changements politiques et sociaux de l'Angleterre contemporaine. S'il sait se faire grave et mélancolique, dans *La Femme de hasard* (2007), c'est avec *Testament à l'anglaise* (1995), prix du Meilleur Livre étranger 1996, où il présente une peinture au vitriol de l'époque thatchérienne, que son talent de romancier se fait connaître. Suivent *La Maison du sommeil* (1998), prix Médicis étranger, le diptyque *Bienvenue au club* (2003) et *Le Cercle fermé* (2006), *La pluie, avant qu'elle tombe* (2009), *La vie très privée de Mr Sim* (2011), histoire picaresque d'un incorrigible ingénu, et *Expo 58* (2014), parodie de roman d'espionnage dans l'Angleterre des années 1950. L'essai *Notes marginales et bénéfices du doute* a paru en 2015. *Le cœur de l'Angleterre*, paru en 2019, tisse une satire sociale et politique des années Brexit. Depuis, l'auteur a publié *Mr Wilder et moi* (2022), où il dresse un portrait fantasmé du grand réalisateur, et *Le royaume désuni* (2022), brillante saga qui dépeint l'Angleterre de l'après-guerre à nos jours.

À Graham Caveney

ARBRE GÉNÉALOGIQUE

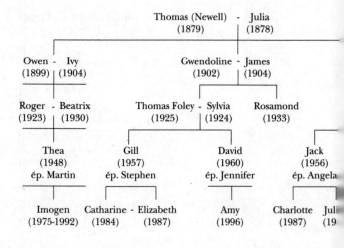

PERSONNAGES

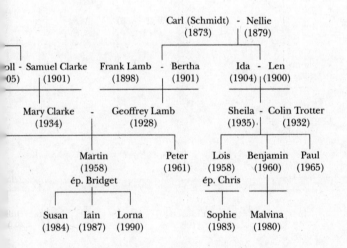

Carl (Schmidt) - Nellie
(1873) (1879)

...oll - Samuel Clarke   Frank Lamb - Bertha   Ida - Len
...05)   (1901)   (1898)   (1901)   (1904) (1900)

Mary Clarke - Geoffrey Lamb   Sheila - Colin Trotter
(1934)   (1928)   (1935)   (1932)

Martin   Peter   Lois   Benjamin   Paul
(1958)   (1961)   (1958)   (1960)   (1965)
ép. Bridget   ép. Chris

Susan   Iain   Lorna   Sophie   Malvina
(1984) (1987) (1990)   (1983)   (1980)

Prologue

Mars 2020

Il y avait si peu de monde dans le hall des arrivées de l'aéroport de Vienne que Lorna n'eut aucun mal à la repérer, bien que ce soit la première fois qu'elles se rencontraient. Elle avait des cheveux bruns et courts, une silhouette juvénile et des yeux marron qui s'éclairèrent quand Lorna passa la tête derrière le gigantesque étui de son instrument et dit :

« Susanne, c'est bien ça ?

— Bonjour, répondit cette dernière en étirant le mot avec un accent chantant, et puis, après un instant d'hésitation, elle serra Lorna dans ses bras en guise de bienvenue. On a encore le droit de faire ça, hein ?

— Bien sûr qu'on a le droit.

— Je suis tellement contente que tu sois enfin là.

— Moi aussi », lui retourna Lorna, par automatisme. Mais c'était la vérité.

« Le vol s'est bien passé ?

— Très bien. Pas grand monde.

— J'ai pris ma voiture. » Elle regarda avec une appréhension soudaine l'étui d'un noir luisant qui contenait la contrebasse de Lorna, et ajouta : « J'espère qu'elle sera assez grande. »

Dehors, il faisait presque assez froid pour qu'il neige, et les couronnes orangées des réverbères émaillaient sporadiquement l'air nocturne. Tandis qu'elles marchaient jusqu'au parking, Susanne posa d'autres questions à Lorna sur son vol (ils ont pris votre température, à l'aéroport ?), lui demanda si elle avait faim (non) et lui expliqua quelques détails concernant l'organisation des prochains jours. Lorna et Mark seraient logés au même hôtel, mais lui arrivait d'Édimbourg, et ne serait pas à Vienne avant le lendemain matin. Leur concert devait démarrer vers vingt et une heures, et le jour suivant ils prendraient le train pour Munich.

« Je ne peux pas vous accompagner pour les concerts en Allemagne, regretta-t-elle. Même si j'aimerais beaucoup. Simplement la maison de disques n'a pas le budget pour me payer le voyage. On fait tout avec très peu de moyens. C'est pour ça que tu as droit à ça, plutôt qu'à une limousine. »

Elle parlait de sa propre voiture, un break Volvo d'une dizaine d'années, tout cabossé et éraflé, et qui n'inspirait guère confiance à Lorna. En revanche, il paraissait largement assez grand pour faire le boulot.

« Ça devrait aller », dit Lorna, mais quand elle regarda de plus près dans le véhicule, elle découvrit un problème inattendu. Il y avait un siège bébé à l'arrière, entouré des nombreux détritus laissés par quelqu'un pour qui s'occuper d'un enfant est la priorité numéro un – lingettes, emballages de nourriture, jouets en plastique, tétines –, mais, plus inquiétant, le moindre centimètre carré restant paraissait occupé par des rouleaux de papier toilette, emballés dans du plastique par packs de neuf. Il lui sembla qu'il y en avait au moins vingt là-dedans.

« Désolée pour ces trucs, dit Susanne. Laisse-moi juste... Bon, voyons comment on peut faire. »

Elles entreprirent d'essayer de rentrer la contrebasse dans l'habitacle en passant par le coffre, mais l'instrument rencontra immédiatement une solide muraille de papier toilette. Lorna sortit neuf ou dix paquets et les posa sur le bitume, mais elles ne parvenaient toujours pas à faire passer le manche de l'instrument entre tous les rouleaux de papier toilette qui restaient sur la banquette arrière. Elles retirèrent donc tous les paquets du dessus et les empilèrent contre la voiture, et à elles deux elles parvinrent à manœuvrer la contrebasse pour l'enfoncer à l'intérieur, au-delà du siège bébé, si bien que la tête de l'instrument touchait pratiquement le pare-brise tandis que le coffre fermait tout juste. Mais quand elles essayèrent d'empiler le papier toilette autour, pas moyen que ça rentre.

« Peut-être que si on sortait l'instrument de son étui, dit Susanne, et qu'on le remplissait de papier toilette... Non, ce n'est peut-être pas une bonne idée. »

Le problème finit par être résolu quand Lorna s'installa sur le siège passager, la joue plaquée contre le manche de sa contrebasse, et que Susanne chargea huit ou neuf paquets de papier toilette sur ses genoux, formant une tour qui atteignait le plafond de la voiture.

« Tu te sens en sécurité ? demanda-t-elle anxieusement en démarrant pour s'engager dans les rues quasi désertes, en direction du centre de Vienne.

— Tout à fait, assura Lorna. C'est comme un airbag. Si on a un accident, ces trucs me sauveront sûrement la vie.

— Tu n'as pas l'air très à l'aise. Je suis vraiment désolée.

— Ne t'inquiète pas, ça va. » Au bout d'une minute ou deux, elle reprit : « Dis, c'est une question un peu… idiote, mais pourquoi tu as acheté autant de PQ ? »

Susanne lui jeta un coup d'œil surpris, comme si la réponse allait de soi. « J'ai décidé de faire des réserves, c'est tout. Enfin bon, peut-être que je me suis un peu emballée, mais quand même… on n'est jamais trop prudent, pas vrai ? » Elle roulait toujours, négociant une enfilade de feux tricolores. Mais elle sentit que Lorna n'avait pas vraiment compris son explication. « À cause du virus, tu vois ? ajouta-t-elle pour ne laisser planer aucun doute.

— Tu crois que c'est grave à ce point ?

— Qui sait ? Mais oui, je crois. Tu as vu les images de Wuhan ? Et maintenant toute l'Italie est confinée.

— Oui, j'ai entendu ça, répondit Lorna. Ils ne vont pas faire ça ici, hein ? Je veux dire, aucun risque que le concert de demain soit annulé ?

— Oh non, je ne crois pas. On affiche déjà complet, tu sais. Ce n'est pas une grande salle – deux cents places à peu près – mais c'est plutôt bien pour du jazz, de nos jours. Et dans la matinée il y a un journaliste qui veut te rencontrer, pour un site musical. Donc il y a vraiment de l'intérêt. Tout va très bien se passer, ne t'en fais pas. »

Lorna laissa le soulagement transparaître sur son visage. Cette tournée représentait énormément pour elle. C'était la première fois que Mark et elle allaient jouer en live hors du Royaume-Uni, la première fois que quelqu'un les payait pour donner plusieurs concerts, la première fois que la musique lui rapportait quelque chose depuis plus d'un an. Pendant la journée, elle travaillait avec trois autres femmes à la réception d'un immeuble de bureaux de quinze étages, dans le centre de Birmingham. Ses collègues savaient vaguement qu'elle jouait de la musique sur son temps libre, mais elles auraient été épatées d'apprendre une chose pareille : quelqu'un la payait pour aller en Autriche et en Allemagne, on la logeait dans des hôtels, un journaliste, nom d'un chien, un journaliste (même s'il écrivait pour un site Internet) voulait l'interviewer. Lorna attendait cette tournée depuis des semaines, elle ne vivait que pour ça. Ça lui aurait brisé le cœur que ce drôle de petit virus remette en cause tous ses projets.

Susanne la déposa à l'hôtel et promit de passer le lendemain matin, juste après le petit déjeuner. C'était un établissement bon marché, à quelques kilomètres du centre-ville. Les chambres étaient minuscules, mais rien que d'être là, Lorna était déjà contente. Pendant une bonne demi-heure, elle resta allongée sur son lit, plongée dans ses pensées. Elle se demanda qui avait eu l'idée d'installer un néon qu'on ne pouvait pas tamiser dans une chambre aussi petite. Elle se demanda pourquoi elle avait choisi un instrument qui prenait plus de place qu'elle, et avait failli rester coincé dans l'ascenseur. Surtout, elle se demanda ce qui pouvait bien pousser quelqu'un, face à la propagation mondiale d'un virus, à réagir en achetant deux cents rouleaux de papier toilette. Était-ce vraiment la plus grande crainte des gens ? Qu'un jour, à cause d'une terrible crise économique, ou bien d'une crise sanitaire ou d'une catastrophe climatique, on ne puisse plus s'essuyer les fesses ?

Elle regarda sa montre. Vingt et une heures trente. Vingt heures trente à Birmingham. Ce serait le bon moment pour téléphoner chez elle. Par « chez elle », elle voulait dire au Royaume-Uni, mais elle n'avait pas l'intention d'appeler son mari Donny, qui devait être sorti avec ses amis à cette heure-là. Elle ne voulait pas non plus joindre ses parents, qui étaient en vacances, profitant d'un surplus non prévu (et non désiré) de temps libre, maintenant que la Grande-Bretagne avait fini par quitter l'UE et que tous les députés européens anglais se retrouvaient au chômage. Non, celle qui attendait de ses nouvelles, c'était Gran. Lorna lui avait promis de la contacter via Skype dès qu'elle aurait atterri à Vienne. Gran, pour qui chaque vol était une catastrophe potentielle, un crash en puissance, était sûrement chez elle, attendant dans un état d'angoisse sourde le coup de fil de Lorna qui l'informerait qu'elle était de retour sur le plancher des vaches.

Elle s'assit sur le lit et ouvrit son ordinateur portable, un modèle pas cher trouvé dans un boui-boui où l'on revendait du matériel informatique, pas loin de son appartement, et qui jusqu'à présent faisait très bien l'affaire. Il n'y avait ni bureau ni table dans la chambre, alors elle posa un oreiller sur ses genoux pour y installer l'ordinateur, avant de cliquer sur l'identifiant Skype de sa grand-mère. Comme d'habitude, pas de réponse. Ça ne répondait jamais. Pourquoi s'obstinait-elle à vouloir faire comme ça ? Il fallait d'abord l'appeler sur le fixe. Ligne fixe et courrier : Gran ne se fiait pas aux moyens de communication plus modernes, mais croyait à la réalité de ces deux-là. Cela faisait maintenant six ans qu'elle possédait une tablette – un cadeau pour son quatre-vingtième anniversaire – mais elle avait du mal à comprendre comment s'en servir. Il fallait téléphoner sur sa ligne fixe, l'appeler sur Skype en même temps, et lui expliquer la marche à suivre. À chaque fois.

Quand tout ce cirque fut enfin terminé, Lorna se retrouva face à l'image habituelle sur son écran d'ordinateur : la moitié supérieure du front de Gran.

« Est-ce que tu peux l'orienter autrement ? demanda-t-elle. Incline-la vers toi. »

L'image trembla violemment et bascula dans le mauvais sens. À présent, elle ne voyait plus que les cheveux de Gran, permanentés et teints en blond, comme toujours.

« C'est mieux ?
— Pas vraiment.
— Moi je te vois bien.
— C'est parce que j'ai placé la caméra correctement. Laisse tomber, Gran, ça n'a pas d'importance.
— Je te vois.
— Tant mieux.
— On peut discuter quand même.
— On peut, oui.
— Tu es où ?
— Dans ma chambre d'hôtel.
— À Venise ?
— Vienne.
— Ah oui c'est vrai. Ça a l'air très bien.

— Oui, c'est plutôt confortable.
— Comment s'est passé ton vol ?
— Bien.
— Pas de problèmes ?
— Pas de problèmes. Comment tu vas, Gran ?
— Très bien. Je regardais les informations.
— Ah oui ?
— C'est un peu inquiétant, en fait. Le virus par-ci, le virus par-là.
— Je sais. Ils en parlent ici aussi. La femme qui est venue me chercher à l'aéroport avait à peu près deux cents rouleaux de PQ dans sa voiture.
— À peu près deux cents quoi ?
— Rouleaux de PQ.
— C'est tout à fait ridicule.
— Tu devrais peut-être en acheter un peu, au cas où.
— Pourquoi je ferais une chose pareille ?
— Ou quelques conserves de haricots ou de soupe en plus.
— N'importe quoi. Vraiment, les gens exagèrent. De toute façon, c'est Jack qui me fait mes courses, normalement, ou Martin. Ils peuvent me trouver tout ce qu'il me faut.
— J'imagine, oui. C'est juste que... personne n'a l'air de savoir ce qui va se passer.
— Tu crois que ça va arriver chez nous ? Le virus.
— C'est arrivé en Italie.
— J'ai vu ça. Ils ont dit à tout le monde de rester chez eux. Ça va faire un peu comme la peste, non ? La peste noire, et tout le tintouin. »

Lorna sourit. C'était l'une des expressions favorites de Gran. Elle l'utilisait tout le temps sans même s'en rendre compte. Il n'y avait qu'elle pour parler de « tintouin » au sujet de la peste noire.

« Prends soin de toi, c'est tout, dit Lorna. Reste chez toi et fais attention.

— Ne t'en fais pas, répondit Gran. Je ne bouge pas d'ici. »

*

Lorna passa les deux premières heures de la matinée dans un bar à côté de l'hôtel, où elle prit son petit déjeuner, donna son interview, puis retrouva Susanne pour boire un café. L'entretien fut stressant : elle n'avait pas l'habitude de parler aux journalistes. Celui-ci était un hipster enjoué d'une petite trentaine d'années, qui parlait parfaitement l'anglais et semblait avoir davantage envie de l'interroger sur le Brexit et Boris Johnson que sur les harmoniques ou la walking bass. Quand elle parvint enfin à ramener le sujet à la musique, ce fut pour évoquer principalement d'autres membres de sa famille, en fin de compte : son oncle Peter, qui jouait du violon dans l'Orchestre symphonique de la BBC, et puis Gran, justement. « Je crois que tout mon sens de la musique, c'est d'elle que je le tiens, expliqua-t-elle. De ma grand-mère, Mary Lamb. C'est une fantastique pianiste. Elle aurait probablement pu devenir concertiste, en fait. Mais au lieu de ça, elle est devenue mère et femme au foyer, et a terminé en se contentant de jouer "Jérusalem" une fois par semaine au Women's Institute du coin. » Elle dut ensuite passer un certain temps à lui raconter ce qu'était le Women's Institute, et à la fin de son explication, elle était à peu près certaine qu'il avait oublié de quoi elle parlait au départ. C'était vraiment dommage que Mark n'ait pas été là. Il avait beaucoup plus d'expérience pour ce genre de choses, et il était toujours tellement drôle, et irrévérencieux, que l'ambiance aurait été beaucoup plus légère.

Mais Mark n'arriva à l'hôtel qu'à treize heures trente, et Lorna et lui se mirent tout de suite en quête d'un endroit où déjeuner. La plupart des restaurants du quartier étaient quelconques, sans caractère, des espèces de fast-foods. Ils marchèrent une dizaine de minutes avant de trouver un établissement d'allure plus traditionnelle : intérieur lugubre avec bougies vacillantes et lourdes tables en chêne, menu sans traduction. Des semaines plus tard, Lorna se remémorerait l'atmosphère du restaurant, ce jour-là, et celle de la ville en général, particulièrement étrange et suspendue : il y avait une tension dans l'air, comme si les gens prenaient lentement conscience qu'un changement, un événement invisible et imminent, s'apprêtait à bouleverser leur quotidien à un point qu'ils ne mesuraient pas encore et auquel ils n'étaient pas préparés. Ce sentiment d'appréhension feutrée était assez indéfinissable, et pourtant palpable.

Lorna commanda une salade et un Schweppes, Mark choisit une tartine monumentale et deux bières. Elle s'inquiétait vraiment de son régime.

« Ne prends pas cet air désapprobateur, lui dit-il. J'ai besoin de manger pour garder des forces. Et il fait froid en Écosse, tu sais. Il faut beaucoup de graisse corporelle pour survivre dans le Grand Nord. »

Elle commença à lui raconter l'interview. « Il voulait savoir comment on s'était rencontrés. »

Mark fit une pause, la fourchette en l'air.

« Je ne me rappelle pas comment on s'est rencontrés, fit-il.

— Mais si. Tu es venu dans ma fac, tu te souviens ? On a tous eu l'occasion de te parler.

— Ah oui, c'est vrai, répondit-il, l'air de s'intéresser beaucoup plus à la nourriture au bout de sa fourchette.

— J'étais la meilleure », reprit Lorna, attendant que Mark confirme en opinant du chef. Il n'en fit rien. « En tout cas, tu as dit que j'étais la meilleure.

— Bien sûr que t'étais la meilleure, dit-il en mastiquant.

— Et puis on est allés boire un verre après. Tu m'as demandé lequel de tes albums je préférais, et j'ai dit que je n'avais jamais entendu parler de toi avant.

— Ça je m'en souviens. J'ai été charmé par ta franchise, tout autant qu'horrifié par ton ignorance.

— Et puis… les choses se sont enchaînées. »

Dans cet « enchaînement », il y avait eu quelques heures passées à jouer ensemble la semaine suivante, dans un appartement de Moseley, où Mark logeait à l'époque. Ensuite, ils s'étaient mis à faire des enregistrements, à distance – Mark lui envoyait des fichiers de son studio personnel à Édimbourg, Lorna ajoutait les parties de basse depuis chez elle. Ils avaient ainsi amassé des heures et des heures de musique, qui seraient finalement distillées dans un album de soixante-dix minutes pour le label autrichien de Mark, et au fil du temps, ils avaient développé un style où les accords lancinants, planants et méditatifs que Mark tirait de sa guitare venaient prendre appui sur la contrebasse de Lorna, qu'elle abordait comme un instrument mélodique, se servant souvent d'un archet. Ce fut extraordinaire, pour elle, de passer en si peu de temps d'étudiante prometteuse à musicienne enregistrée, mais le fait est que cette collaboration fonctionnait – entre elle et Mark, ça avait collé dès le départ, tout simplement. Et même si la presse britannique ne s'intéressait guère à eux, et qu'ils avaient du mal à décrocher des concerts dans leur pays, l'album avait engrangé des ventes respectables dans le reste de l'Europe, et voilà qu'ils étaient là, à Vienne, s'apprêtant à donner le premier concert d'une tournée de six jours, en faisant de leur mieux pour recréer en live la texture de ces enregistrements studio. Ce soir-là, observant Mark depuis le côté de la scène alors qu'il jouait un de ses solos à mi-concert, Lorna s'émerveilla une fois de plus devant cet homme – cet homme obèse, lubrique, mal fagoté, et qui dans l'ensemble ne payait pas de mine – capable de jouer comme un ange quand il le voulait bien, et qui se servait de ses doigts et de ses pédales pour faire sonner sa guitare comme un orchestre entier, inondant la salle d'harmonies complexes, d'accords et de bribes de mélodies qui maintenaient les jeunes spectateurs dans une sorte de transe extatique.

« Que des pauvres cons ce soir, dit-il à Lorna, alors qu'ils s'attablaient ensuite pour manger.

— Qu'est-ce que tu racontes ? Ils ont adoré.

— J'ai pas trouvé qu'il y avait beaucoup de répondant, fit-il. J'ai connu des publics plus vivants à la morgue. »

Susanne paraissait réellement mortifiée, comme si le comportement du public relevait de sa responsabilité personnelle, et Lorna se hâta donc de la rassurer :

« Ne fais pas attention. Ils étaient super. C'était

une super soirée. Crois-le ou non, mais c'est sa façon de montrer sa gratitude. »

Ludwig, le propriétaire de la maison de disques, s'était joint à eux pour le dîner. Il les avait emmenés dans un restaurant baptisé Café Engländer, même si l'endroit n'avait pas grand-chose d'anglais en apparence : on y servait des spécialités autrichiennes en portions généreuses, dont une *Schnitzel* qui, à son arrivée, parut assez grosse pour satisfaire même l'appétit de Mark.

« Regardez-moi ça, s'extasia-t-il, les yeux brillants. Non mais regardez-moi ça ! »

Susanne et Ludwig rayonnaient, fiers que leur cuisine nationale soit accueillie avec autant d'enthousiasme. Seule Lorna, qui avait encore une fois commandé une salade, avait l'air de désapprouver.

« Il doit y avoir les trois quarts d'un veau là-dedans, lui glissa-t-elle à voix basse, de façon que les autres n'entendent pas. Quelqu'un comme toi ne devrait pas manger ce genre de choses.

— Quelqu'un comme moi ? fit-il en se servant de la salade de pommes de terre. Tu veux dire un gros comme moi ?

— Je n'ai pas dit ça. Je n'ai jamais dit que tu étais gros.

— Tant mieux, dit Mark. Parce que je ne suis pas gros. Selon mon docteur, je suis obèse morbide. »

Après avoir joué avec une telle intensité pendant près de deux heures, Mark et Lorna auraient préféré parler de sujets légers, mais ce n'était apparemment pas le genre de Ludwig. Il avait la cinquantaine bien tassée, une élégante chevelure grise, une barbe strictement taillée, un esprit acéré et une élocution précise et raffinée.

Au bout de quelques minutes, il entreprit de les questionner sur la situation politique en Angleterre.

« Comme tu le sais, Mark, je suis un anglophile convaincu. Je suis venu à Londres pour la première fois en 1977, au plus fort du mouvement punk. La musique ne me plaisait pas tellement, mais l'état d'esprit était fascinant, pour un jeune homme qui avait grandi à Salzbourg, une ville ultra-conservatrice et où les contre-cultures n'existent pas, en tout cas pas que je sache. C'était à l'époque du jubilé d'argent de la reine, je me souviens, et pendant un temps on aurait dit que tout le monde chantait soit l'hymne national, soit le "God Save the Queen" des Sex Pistols. D'une certaine façon, c'était incroyablement révélateur de votre psyché nationale, le fait que ces deux chansons puissent être simultanément sur toutes les lèvres. Je crois que c'est aussi à ce moment-là que j'ai vu un James Bond, *L'espion qui m'aimait*, et entendu les spectateurs pousser des hourras quand son parachute s'ouvrait et révélait un drapeau aux couleurs de l'Union Jack. Encore une fois, tellement british ! Ils se font mousser tout en se moquant d'eux-mêmes. J'ai passé trois mois à Londres et à la fin, j'étais tombé amoureux de tout ce que j'y avais découvert : la musique british, la littérature british, la télévision british, le sens de l'humour... Je me suis même mis à apprécier la cuisine. Je trouvais qu'il y avait là une énergie et une inventivité qu'on ne voyait nulle part ailleurs en Europe, et tout ça sans se prendre au sérieux, avec cette extraordinaire ironie tellement propre aux Britanniques. Et maintenant, qu'est-ce que fait cette même génération ?! Elle vote pour le

Brexit, et pour Boris Johnson ? Qu'est-ce qui leur est arrivé ? »

Avant que Mark ou Lorna ne puissent proposer une réponse à cette question difficile, il poursuivit :

« Il n'y a pas que moi. C'est une question qu'on se pose tous. Vous savez, on parle d'un pays intelligent, un pays que tout le monde admirait. Et voilà que vous avez fait ce truc qui, pour nous, de notre point de vue, vous amoindrit, vous donne l'air plus faible, plus isolé, et pourtant vous paraissez tout à fait contents de vous. Et ensuite, vous mettez ce bouffon aux manettes. Qu'est-ce qui se passe ? »

Mark jeta un coup d'œil à Lorna et dit : « Bon, on commence par où, alors ?

— Je suppose qu'on commence par préciser, dit-elle, que Londres et l'Angleterre, ce n'est pas la même chose.

— Évidemment, fit Ludwig. Ça je le comprends bien.

— Et l'Angleterre et le reste du Royaume-Uni, ce n'est pas la même chose, ajouta Mark. Ce n'est pas pour rien que j'ai déménagé à Édimbourg.

— Ça aussi je comprends. Mais tout de même, tu restes anglais dans l'âme, non ?

— Ce n'est pas comme ça que je me définis. Ce n'est pas l'essence de mon identité.

— Je ne crois pas, intervint Lorna, veillant à choisir ses mots, que l'Anglais type existe vraiment.

— Ah, j'aimerais bien en dénicher un, si je pouvais, fit Ludwig. Et une fois que je l'aurais trouvé, je lui poserais deux questions : cette nouvelle direction que vous avez prise, depuis quelques années… pourquoi, au juste ? Et pourquoi diable avoir choisi précisément ce type-là pour vous montrer la voie ? »

Juste à ce moment-là, le téléphone portable de Susanne vibra. Elle s'en empara pour regarder le message.

« Mince alors, dit-elle. On dirait que vous étiez pile dans les temps.

— Qu'est-ce que tu veux dire ?

— C'est la salle de concert. Elle ferme à partir de demain, sur ordre de la municipalité. Terminé les événements publics. Terminé les rassemblements de plus de cinquante personnes. »

Dans un premier temps, les autres accueillirent cette information en silence. L'humeur devint soudain lugubre.

« Bon, ça devait finir par arriver, conclut Ludwig. Ça fait des jours qu'ils en parlent.

— Au moins ce n'est pas un confinement total, comme en Italie, dit Susanne.

— Ça viendra, leur assura Ludwig.

— Où est-ce qu'on est censés aller demain ? demanda Mark. Munich, c'est ça ?

— Je contacterai la salle demain matin à la première heure, dit Susanne, et je vous tiendrai au courant. Mais je suis sûre qu'il n'y aura pas de problème. »

Lorna plongea sa fourchette dans sa salade, et prit deux gorgées de vin blanc. Il était plus sucré que ce qu'elle buvait d'habitude, et coulait comme du miel. Elle regarda autour d'elle dans le restaurant et se dit que c'était vraiment un très beau moment pour elle, tellement différent de sa vie à Handsworth, tellement différent de son quotidien professionnel : un monde de visages accueillants, de gens sur la même longueur d'onde, de bienveillance et de *Gemütlichkeit*. Elle espéra que tout ça ne lui serait pas arraché avant qu'elle ait le temps d'en profiter.

*

Le lendemain matin, Susanne les retrouva à l'*Hauptbahnhof* pour les mettre dans le train de huit heures et demie pour Munich. Elle commençait à avoir l'air inquiète. La tournée de Mark et Lorna comptait encore cinq dates : Munich, Hanovre, Hambourg, Berlin et Leipzig. Il paraissait désormais probable qu'au moins certains de ces concerts seraient annulés, même si chaque Land prenait ses décisions de façon autonome, selon le jugement des autorités locales.

« Le problème, c'est qu'une fois qu'il y en a un qui impose des restrictions, les autres se sentent obligés de suivre. Et je ne serai pas avec vous pour m'assurer que tout se passe bien.

— On s'en sortira, assura Mark. Si les salles ferment, on n'aura qu'à bien se couvrir et jouer dehors. Un concert acoustique. Mark Irwin et Lorna Simes *unplugged*.

— Oh, je serais vraiment déçue de manquer ça ! dit Susanne.

— On enregistrera, et tu pourras le sortir en album live. »

Elle sourit bravement, puis fit mine de serrer Lorna dans ses bras pour lui dire au revoir, comme elle l'avait fait pour l'accueillir, à peine trente-six heures plus tôt, à l'aéroport. Mais au dernier moment toutes deux se ravisèrent, préférant se livrer à la gestuelle maladroite qui se répandait de plus en plus : un jeu de coudes s'apparentant à l'écho lointain d'un contact humain normal. Mark ne voulut rien savoir. Il prit Susanne dans ses bras, la plaqua contre son gros ventre mou, et la serra contre lui pendant une bonne dizaine de secondes.

« Désolé, mais aucun virus à la noix ne devrait nous empêcher de montrer ce qu'on ressent, fit-il. Tu as été géniale. Tu nous réinvites dès que tu peux, d'accord ?

— Bien sûr. Les choses vont bientôt revenir à la normale, et on pourra vous accueillir à nouveau.

— Super. »

Il l'embrassa sur le front, puis Lorna et lui se lancèrent dans l'entreprise laborieuse qui consistait à charger leur matériel dans le train.

Le voyage durait quatre heures, et Lorna en savoura chaque minute. Le soleil de la fin de l'hiver était vif, le paysage se transformait, évoluant comme ils franchissaient la frontière entre l'Autriche et l'Allemagne et, telle une touriste, elle prit des dizaines de photos des sommets enneigés des Alpes bavaroises et des villes et villages nichés au pied de leurs pentes. Elle en envoya quelques-unes à Donny et Gran, mais ni l'un ni l'autre ne répondit. En face d'elle, côté fenêtre, Mark somnolait sur son siège, lâchant de temps à autre un ronflement qui le réveillait en sursaut. Lorna soupçonnait qu'il n'avait pas beaucoup dormi la nuit précédente. Il n'était pas rentré avec elle à l'hôtel, après le dîner : il avait préféré trouver un mec via une appli, et était sorti le rejoindre dans un club. Elle choisit de ne pas demander ce qui s'était passé ensuite.

La voisine de Mark était une jeune femme svelte

et élégante qui feuilletait un numéro du *Vogue* allemand. Lorna se prit de fascination devant les efforts qu'elle devait fournir pour tourner les pages, en raison de la paire de délicats gants de cuir fauve qu'elle arborait. Il faisait chaud dans le wagon, et la femme avait ôté son manteau et sa veste, mais malgré cela elle conserva ses gants tout au long du trajet.

*

Le virus continua à les poursuivre à travers l'Allemagne. À Munich, Hanovre, Hambourg et Berlin, la chance fut avec eux : les salles restèrent ouvertes jusqu'à ce que leurs concerts aient eu lieu, même si toutes les quatre fermèrent leurs portes dès le lendemain matin. Chaque soir, l'histoire se répétait : les réglages sonores, puis le concert, suivi d'un dîner rapide avec les organisateurs. Lors de ces dîners, la conversation finissait toujours par revenir sur le virus, les nouvelles mesures annoncées par les autorités locales, les nouvelles expressions telles que « distanciation sociale » ou « immunité collective » – que les gens maniaient désormais comme des experts –, la multiplication récente des blagues nerveuses sur l'hygiène, le salut du coude et la meilleure manière d'esquiver les poignées de main, ou encore les reportages effrayants sur le confinement à Wuhan, les spéculations sur l'Italie (comment tiendrait-elle le coup, maintenant qu'elle était elle-même confinée ?) et les autres pays européens (choisiraient-ils bientôt d'en faire autant ?). Ces conversations étaient essentiellement badines et légères, avec un arrière-fond d'appréhension incrédule, l'impression que ce dont ils parlaient ne pouvait pas réellement arriver, ou être sur le point d'arriver. Les propriétaires des salles étaient aussi aux prises avec des considérations plus immédiates et concrètes : combien de temps ces fermetures allaient-elles durer, comment payer le personnel et le loyer, avaient-ils assez de trésorerie pour traverser la crise imminente ? C'étaient des conversations alarmantes, à bien y penser, mais le vin, la nourriture, les rires et la chaleur humaine semblaient les rendre non seulement tolérables mais même agréables.

    Berlin fut probablement le meilleur concert de tous. Le jeu de Mark était particulièrement inspiré ce soir-là. C'était presque comme s'il savait que ce serait leur dernière scène avant un moment, et qu'il voulait en tirer le meilleur parti en s'absorbant dans la musique, en s'abandonnant totalement à elle, avec un degré de concentration et d'oubli de soi que Lorna n'aurait jamais cru possible. Sa performance était généreuse, aussi : généreuse envers elle. En tant que contrebassiste, son rôle aurait pu se résumer à l'accompagnement, mais il veillait à ce que ce ne soit jamais le cas, lui donnait toujours le sentiment d'être une partenaire à part entière. Pourtant, ce soir-là, elle savait qu'il jouait à un autre niveau, et qu'elle ne serait jamais capable d'égaler son inventivité patiente et nonchalante, le flot miraculeux de ses trouvailles. Peu importait. C'était un privilège d'être là à ses côtés. Ils jouaient dans un drôle de lieu, la cave d'un disquaire de l'ancien Berlin-Est, non loin de la Fernsehturm. L'endroit ne pouvait pas accueillir plus de soixante-dix personnes, et il était plein à craquer. Une fois ou deux, Lorna se surprit à regarder ces jeunes Berlinois tassés les uns contre les autres, à se dire qu'ils inspiraient, expiraient, se touchaient, touchaient les sièges, puis les sièges touchés par d'autres personnes, toussaient, même, de temps à autre, et elle eut l'impression de pouvoir visualiser ce minuscule organisme mortel dont ils venaient juste d'apprendre l'existence, en train de bondir d'une personne à l'autre, d'un hôte à l'autre, en quête de son prochain foyer, de sa prochaine occasion d'incuber et d'attaquer. Dans ces moments-là, elle savait que sa concentration vacillait et qu'elle trahissait Mark, brisant ce pacte de confiance tacite entre deux musiciens qui improvisent ensemble sur scène. Elle se reprenait bien vite et se remettait à jouer avec une concentration renouvelée. Une fois de temps en temps, Mark et elle étaient à l'unisson : leurs pics d'intensité coïncidaient, et alors, l'espace de plusieurs secondes, quelque chose de magique se produisait, et pendant ces précieux instants les spectateurs et les musiciens étaient transcendés, le temps suspendu, tandis qu'une sensation qui s'apparentait à l'extase gagnait la salle entière. Ces moments-là étaient sa raison de vivre, mais on pouvait parfois jouer un concert entier sans que cela se produise. Ce soir-là à Berlin, ils furent bénis, le nirvana fut brièvement à portée de main, et lorsqu'ils sortirent dîner ensuite, tout le monde planait encore.

Mais le lendemain matin, quand Mark et Lorna arrivèrent à Leipzig, un message les attendait à l'hôtel. Le dernier concert de la tournée était annulé.

Ils étaient plantés là, dans le hall, se sentant un peu abattus et stupides. Lorna s'agrippait à l'énorme étui brillant de son instrument, dont la taille même paraissait plus ridicule que jamais.

Ils appelèrent Susanne, qui tenta de les réconforter. « Je vous avais dit que ça finirait par arriver », soupira-t-elle. Elle proposa de leur trouver un vol pour rentrer le jour même, mais ils savaient que cela entraînerait des frais supplémentaires que la maison de disques ne pouvait guère se permettre.

« Pas besoin, dit Mark. On va juste traîner tranquillement, et prendre le vol que tu nous as réservé demain. Ne t'inquiète pas pour nous, tout ira bien. On va sortir faire un petit tour dans la ville cet après-midi. »

Lorna savait que c'était ce qu'elle devrait faire, mais elle ne parvint pas à rassembler assez d'enthousiasme pour ça. Elle comprenait que, vu les circonstances, ils avaient beaucoup, beaucoup de chance d'avoir presque bouclé leur tournée, ne manquant qu'un seul concert, mais quand même, c'était la douche froide. Elle laissa Mark faire sa balade – allez savoir au fond de quelle ruelle ça pourrait l'entraîner – et resta dans sa chambre d'hôtel à zapper sur les chaînes de télé, avant de décider enfin d'appeler Gran une dernière fois. Les informations sur le virus étaient vraiment préoccupantes, désormais. En réalité, Lorna commençait à être un peu paranoïaque à l'idée de l'attraper, d'être trop près des gens, de leur serrer la main ou de sentir leur souffle sur elle. Quant à Gran, elle avait quatre-vingt-six ans, et même si elle était en pleine forme (hormis son anévrisme), les risques étaient quand même grands qu'elle soit durement touchée si jamais elle l'attrapait. Elle avait tendance à prendre les questions de santé un peu par-dessus la jambe, ces temps-ci, et Lorna se dit qu'il était sans doute temps de lui rentrer dans le crâne qu'il faudrait se montrer prudente durant les semaines à venir.

Cette fois, pour changer, il n'y eut que trois ou quatre tonalités sur Skype, puis une réponse. Et cette fois, pour changer, ce ne fut pas le front haut et ridé de Gran qui apparut en tremblant à l'image, mais le visage de Peter – le plus jeune frère de son père – entièrement visible et parfaitement centré à l'écran.

« Oh, salut, dit-elle. Je ne savais pas que tu venais aujourd'hui.

— Je me suis décidé seulement ce matin, répondit-il.

— Tu as fait la route depuis Kew ?

— Oui, je suis arrivé il y a une heure environ. »

Son oncle Peter vivait seul dans une petite maison mitoyenne, à environ huit cents mètres des Kew Gardens, dans le sud-ouest de Londres. Il avait deux heures de route pour arriver chez sa mère, mais il le faisait assez souvent, une fois toutes les deux ou trois semaines. Elle était veuve depuis plus de sept ans maintenant, et même si elle avait enfin fini par s'y habituer, il savait – et Lorna savait – qu'il y avait des moments où la solitude lui paraissait encore pratiquement insupportable. Il estimait que c'était son devoir de monter la voir chaque fois qu'il le pouvait.

« Tu voulais parler à Gran ? demanda-t-il. Je vais la chercher. »

Lorna resta face à un écran vide, jusqu'à ce qu'un beau et gros chat, dont le pelage était un joyeux patchwork de taches noires et blanches, saute sur la table et se mette à fixer la caméra de ses yeux verts accusateurs, avant de faire volte-face et de lui offrir effrontément une vue sur son derrière. « Charlie, descends de là ! » lança la voix de Peter, et une main se tendit pour dégager la bestiole qui râlait – le fidèle compagnon de Gran – et la soustraire décemment à sa vue. Puis deux visages remplirent l'écran, que Peter avait tourné en format paysage. Gran avait l'air toute contente. Ses yeux brillaient du bonheur que lui procurait la présence de son plus jeune fils. Il y avait une note de triomphe dans son regard.

« Tu as vu qui est venu frapper à ma porte ce matin ?

— C'est chouette, dit Lorna. Combien de temps il reste ?

— Tu vas rester pour la nuit, hein ? demanda Gran en se tournant vers Peter.

— Oh, oui. » Puis il s'adressa à Lorna : « Alors, tu es où en ce moment ?

— À Leipzig. Mais le concert de ce soir est annulé.

— Oh non ! À cause du virus ?

— Tout est en train de fermer ici, dans toute l'Allemagne.

— Fais attention, dit Gran. Ne va pas respirer des germes. Et lave-toi bien les mains. C'est tout ce qu'on peut faire, apparemment. Bien se laver les mains.

— J'ai un concert dans deux semaines, dit Peter. Je me demande s'il sera maintenu.

— Tu rentres toujours demain ? l'interrogea Gran.

— Oui.

— Je crois que Donny sera content de te récupérer saine et sauve. Qu'est-ce que tu vas faire du reste de ta journée ?

— Je ne sais pas.

— Tu devrais aller voir les caveaux de la famille, dit Peter à brûle-pourpoint.

— Quoi ?

— On a de la famille enterrée à Leipzig, quelque part.

— Ah bon ?

— Oui. C'est ça, hein, Maman ?

— Eh bien, ça je ne sais pas. Mais ton arrière-grand-père, reprit-elle, s'adressant directement à Lorna, était allemand.

— Vraiment ? fit Lorna. Tu veux dire ton père ?

— Non, pas mon père. Le père de Grandpa. »

Peter intervint pour corriger : « Pas son père. Son grand-père. »

Gran eut l'air perplexe un instant, puis acquiesça : « Ah oui. Le grand-père de Grandpa.

— Donc mon arrière-arrière-grand-père », dit Lorna.

Gran se tourna vers Peter pour qu'il confirme. « C'est bien ça ?

— C'est ça. Tu parles de Carl.

— C'était lui. Carl. Le grand-père de Geoffrey.

— Et il était de Leipzig ? demanda Lorna.

— Oh, ça je ne m'en souviens pas. Il avait un accent allemand. J'avais bien du mal à le comprendre quand il parlait.

— Mais oui, il était de Leipzig, reprit Peter avec force. J'ai travaillé sur l'arbre généalogique de la famille.

— Il s'appelait comment ? demanda Lorna, soudain excitée à l'idée de visiter de vieux cimetières et de découvrir les tombes d'ancêtres oubliés.

— Schmidt, répondit Peter. Carl Schmidt.

— Oh, fit Lorna. Ça ne réduit pas franchement le champ des recherches.

— Pas vraiment. C'est un peu l'aiguille dans la botte de foin.

— Je crois que je vais sans doute me contenter d'aller au musée ou un truc comme ça.

— Bonne idée.

— Bon, fais attention, dit Gran. Et lave-toi bien les mains, pour l'amour du ciel. »

Ils dirent au revoir à Lorna, et Gran alla dans la cuisine faire du thé, pour la troisième fois déjà depuis l'arrivée de son fils. Peter la suivit et resta à la fenêtre, tandis qu'elle s'activait avec les mugs et les sachets. Il contempla le jardin : les plates-bandes qui lui avaient valu tant de réprimandes quand il les piétinait, enfant ; le rectangle de pelouse en pente qui lui servait de toboggan quand la neige consentait, de mauvaise grâce, à tomber ; le sumac envahissant dont les branches squelettiques et les feuilles vert citron lui étaient devenues si familières au fil des longs après-midi passés à lire ou à rêvasser : tout un paysage miniature qu'il connaissait intimement depuis ses dix ans, et qui n'avait pratiquement pas évolué au cours des quarante-neuf années suivantes. La famille s'y était installée en 1971. Auparavant, ils avaient vécu quelques kilomètres plus loin, à Bournville, là où sa mère était née et avait passé sa propre enfance. Jamais elle ne quitterait cette maison désormais, il en était certain, même si elle était beaucoup trop grande pour elle. « Je mourrai ici », s'était-elle mise à répéter, apparemment convaincue que l'événement était de plus en plus imminent. Près de son cœur, un anévrisme de l'aorte grossissait. Peu à peu, millimètre par millimètre, année après année. C'était inopérable, lui avait dit son cardiologue. « Est-ce qu'il va se rompre ? »

avait-elle demandé. « Peut-être. Dans un an, ou deux, ou cinq, ou dix. Peut-être que vous aurez de la chance. » « Et s'il se rompt, que se passera-t-il ? » « Eh bien, avait-il répondu, ce sera ce qu'on appelle un *incident fatal*. » Depuis lors, elle parlait de son anévrisme comme de sa « bombe à retardement ». On ne pouvait rien y faire, à part continuer à vivre, maudire le fait que ça l'empêchait désormais de conduire, et espérer que tout irait bien. Ou espérer que quelque chose d'autre l'emporterait en premier, peut-être, parce qu'à son âge, il y aurait bien un truc qui finirait par vous avoir, pas vrai ? Tôt ou tard. Elle n'avait jamais beaucoup réfléchi à l'avenir, pas plus qu'elle n'aimait s'attarder sur le passé : elle vivait dans l'instant présent, une stratégie qui avait très bien fonctionné pour elle pendant presque un siècle.

Peter trouvait ça frustrant, tout de même, cette tendance qu'avait sa mère à vivre uniquement pour le présent. Récemment, il s'était pris d'une obsession pour l'histoire familiale, qui avait commencé avec la mort de son père et avait pris de l'ampleur quand son compagnon l'avait quitté et qu'il s'était retrouvé seul, avec beaucoup trop de temps libre. Il avait fouillé les archives sur Internet, passé au crible les papiers qui étaient chez sa mère, à chacune de ses visites, mais la ressource qu'il avait vraiment envie d'exploiter, c'était sa mémoire à elle, et l'entreprise se révélait ardue. Non parce que sa mémoire s'émoussait, mais parce que le passé était un sujet qui semblait n'avoir aucun intérêt à ses yeux. Les miettes d'informations qu'il parvenait à lui arracher, elle les livrait à contrecœur, et pourtant elle était désormais la dernière survivante de sa génération, la seule personne en vie capable de se remémorer des histoires familiales qui remontaient aux années 1940 ou 1950. Que pouvait-elle lui dire, par exemple, de Carl Schmidt l'oublié, le grand-père de feu son mari, arrivé à Birmingham dans des circonstances mystérieuses dans les années 1890, et qui y avait vécu deux guerres mondiales – des guerres dans lesquelles le principal agresseur était son pays d'origine ? Quelle avait été sa position ? Quel genre d'homme était-il ?

« Oh, je ne me souviens pas de grand-chose à son sujet, fit-elle. J'étais trop jeune. Il avait l'air très sévère, effrayant. Il me fichait une trouille bleue. »

Assise dans un fauteuil près du bow-window, Charlie sur ses genoux qui ronronnait dans son petit coin de soleil, elle tendit la main pour prendre le *Daily Telegraph*, ouvert à la page des mots croisés. « Allons, reprit-elle, la sept, horizontal : "À la mode"... huit lettres, ça commence par un T. »

C'était une tentative flagrante de changer de sujet, et Peter ne l'entendait pas de cette oreille.

« Tu dois bien te souvenir de quelque chose, dit-il.

— "Tendance", fit Gran, et elle inscrivit le mot.

— Bon... quand est-ce que tu l'as rencontré pour la première fois ? »

Elle soupira, sachant que Peter ne la laissait jamais en paix quand il s'était mis en tête de la presser de cette façon.

« Eh bien, *ça* je m'en souviens, évidemment.

— C'était quand ?

— À la fin de la guerre.

— Donc quoi, vers 1944, 1945 ?

— Non non, je veux dire à la toute fin. » Elle prit avec précaution une gorgée de son thé, qui était encore trop chaud. « Le jour même où tout ça s'est terminé, dit-elle. Le 8 mai 1945, et tout le tintouin. »

UN

Jour de la Victoire

8 mai 1945

1

L'air ne sentait pas le chocolat, mais il y avait du chocolat dans l'air. Personne n'avait besoin de nommer la fabrique qui trônait au cœur du village. On l'appelait simplement « l'Usine ». Et dans cette fabrique, on produisait du chocolat. On y produisait du chocolat depuis plus de soixante ans. En 1824, John Cadbury avait ouvert sa première boutique dans le centre de Birmingham, où il vendait des fèves de cacao moulues pour la préparation du chocolat chaud : pieux quaker, comme ses frères, il considérait cette boisson comme un aliment nutritif pour le petit déjeuner, mais aussi comme une alternative saine à l'alcool, plus tard dans la journée. L'entreprise avait connu une croissance soutenue, les effectifs s'étaient développés, on avait fait l'acquisition de locaux plus spacieux, et puis, en 1879, ses fils avaient carrément décidé de déplacer la production en dehors de Birmingham. La zone qu'ils avaient choisie était principalement composée, à l'époque, de prairies vallonnées. Leur vision : la coexistence harmonieuse de l'industrie et de la nature, en symbiose, interdépendantes. Au début, la fabrique était petite. Un bâtiment en brique rouge de plain-pied, inondé de lumière sur trois côtés grâce à de généreuses fenêtres offrant une vue sur les espaces verts qui l'entouraient. Près de l'usine, on plaça des terrains de sport, des jardins et des jeux pour enfants. D'ici, le centre-ville semblait lointain. Cet endroit se voulait un village, et c'était l'impression qu'il donnait. Les ouvriers venaient de loin, à des kilomètres à la ronde, descendant à la gare qui s'appelait alors encore Stirchley Street. Ce système ne pouvait pas durer puisque, à la fin du dix-neuvième siècle, l'Usine était passée de deux cents employés à plus de deux mille cinq cents. En 1895, l'entreprise acheta davantage de terres autour des bâtiments de la chocolaterie, et bientôt les ouvriers purent profiter de nouveaux espaces récréatifs et d'un terrain de cricket. Mais les ambitions de la famille Cadbury ne s'arrêtaient pas là. Ils imaginèrent des maisons : des maisons abordables, bien construites, des maisons avec de longs jardins où pourraient s'épanouir des arbres, où l'on pourrait cultiver des fruits et des légumes. Le quakerisme restait au centre de leur projet, et leur objectif était d'« améliorer la condition de la classe laborieuse et de la population ouvrière de Birmingham et ses environs, en leur offrant de meilleurs logements, agrémentés de jardins et d'espaces ouverts dont chacun pourra[it] jouir ». Chaque fois qu'ils en avaient la possibilité, ils achetaient toujours plus de parcelles dans cette zone rurale du sud de Birmingham, bien décidés à ne pas laisser des promoteurs moins visionnaires ou plus avides de profits mettre le grappin dessus. Et c'est ainsi que le village grandit, se développa, s'étendit, essaima et s'épanouit en ramifications similaires à celles d'une plante, jusqu'à couvrir des centaines d'hectares et compter plus de deux mille maisons, dont la plupart, même si ce n'était pas la totalité, étaient occupées par des ouvriers Cadbury. Il se trouva bientôt cerné et ceinturé de tous côtés par d'autres banlieues plus ordinaires, par Stirchley, Cotteridge, Small Heath, King's Heath, King's Norton, West Heath, Northfield, Weoley Castle et Selly Oak, mais malgré tout, le village ne perdit jamais son caractère. L'épicentre en était le parc communal. Tout près de ce parc se dressait l'école primaire avec sa tour-horloge abritant le célèbre carillon. Autour de l'école on trouvait Woodbrooke Road, Thorn Road et Linden Road, des artères qui, quelle que soit la circulation qui les envahirait dans les années à venir, parvinrent toujours à conserver leur atmosphère tranquille, réminiscence bucolique de l'ombrage et des feuillages enracinés dans leurs appellations.

Quel nom donner à cet endroit si particulier ? On aurait pu croire, pour les gens qui le baptisèrent, qu'avec ses hospices et ses terrains de sport, son lac pour bateaux miniatures et ses joueurs de cricket en flanelle blanche, le village avait été bâti comme un archétype – une parodie, presque – d'une certaine conception de l'âme anglaise. Le petit ruisseau qui serpentait en son centre s'appelait le Bourn, et beaucoup s'attendaient à ce que Bournbrook soit le nom choisi. Mais c'était un village fondé sur l'esprit d'entreprise, et cette entreprise vendait du chocolat. Et jusque dans le cœur des Cadbury, ces pionniers du chocolat britannique, s'attardaient les traces d'un sentiment d'infériorité de ce produit local, comparé à ses rivaux d'Europe continentale. Les chocolats fins n'avaient-ils pas quelque chose de fondamentalement, d'intrinsèquement européen ? Les fèves elles-mêmes étaient toujours venues des recoins éloignés de l'empire, bien sûr – rien d'antibritannique là-dedans –, mais le procédé permettant de les transformer en chocolat comestible avait été inventé par un Hollandais, et, d'après une vérité universellement reconnue – quoique éternellement tue –, c'étaient les Français, les Belges et les Suisses qui avaient depuis hissé l'art de fabriquer du chocolat jusqu'à la quasi-perfection. Si le chocolat Cadbury devait devenir réellement compétitif sur ce terrain, il faudrait façonner son image de sorte qu'il évoque dans son sillage des accents de raffinement européen, de sophistication continentale.

Bournbrook ne convenait donc pas vraiment, décida-t-on. On choisit une variante. Bournville. Le nom d'un village non seulement bâti sur le chocolat et entièrement consacré à celui-ci, mais littéralement engendré par le chocolat.

2

Le matin du lundi 7 mai, il n'y avait toujours pas de nouvelles précises. La guerre était terminée, apparemment, mais la paix n'avait pas encore commencé. Les gens devenaient fébriles, guettant impatiemment une annonce. Devaient-ils continuer à aller travailler ? Quand allait-on les autoriser à fêter ça ? Au bout de presque six ans de sacrifices et de privations, ce n'était tout de même pas trop demander, quelques chansons et feux de joie, et que les pubs restent ouverts tard ? En bavardant au-dessus de la clôture, le voisin de Samuel, Mr Farthing, déclara que c'était une fichue honte, si vous me passez l'expression, et Sam acquiesça et ajouta que le gouvernement allait s'attirer des ennuis s'il ne laissait pas tout le monde se lâcher un peu, et s'amuser un jour ou deux. Les gens s'en souviendraient, à l'heure des élections.

Doll avait toutes sortes d'opinions sur la politique, mais elle n'était jamais conviée à ce genre de conversation. Tandis que Mr Farthing et son mari refaisaient le monde par-dessus la clôture du fond du jardin, elle vérifia l'heure à l'horloge de son grand-père, dans le couloir, et alla prendre son balai dans le placard sous l'escalier. Elle avait ses petites habitudes. À onze heures moins le quart, chaque jour de la semaine, elle sortait toujours balayer les marches du porche, ce qui s'expliquait par une raison bien précise : c'était à cette heure-là que les enfants de l'école d'en face prenaient leur pause matinale. Elle aimait sortir juste avant le début de la récréation, afin de profiter de quelques minutes pour savourer le silence coutumier et sonore de Bournville à cette heure-ci. Ensuite elle entendait tinter la cloche du maître, et tout de suite après c'était parti : le gazouillis de plus en plus sonore des voix haut perchées, d'abord étouffé, indistinct, puis soudain les cris à pleins poumons quand les portes principales de l'école s'ouvraient en grand et que quatre-vingt-sept enfants se ruaient sur le terrain de jeu. Doll appréciait la quiétude qui enveloppait son village la majeure partie de la journée, mais elle aimait encore plus le son des quinze minutes à venir. Elle aimait le bruit des écoliers qui s'interpellaient, les cris perçants de surexcitation, la mélopée des comptines, des moqueries enfantines et des jeux à la corde à sauter. Aucun de ces éléments n'était distinctement audible, ni séparé des autres : tout se fondait en un chœur unique, un pot-pourri adorable et chaotique de voix juvéniles (même si Doll savait aussi – et cela augmentait considérablement son plaisir à les écouter – que la voix de sa propre fille était quelque part là-dedans, bien qu'elle ne parvienne pas à l'identifier). Debout à sa porte, son balai à la main, écoutant le bruit distant de ces voix d'enfants, Doll avait le sentiment d'habiter simultanément le passé, le présent et l'avenir : cela lui faisait penser à sa propre enfance, à l'époque où elle-même fréquentait, plus de trente ans auparavant, les bancs de la petite école paroissiale de Wellington, dans le Shropshire, un souvenir ancien quoique toujours vivace. Mais cela lui rappelait aussi que ces enfants qui criaient et chantaient seraient ceux qui porteraient sur leurs épaules les années à venir, qui reconstruiraient le pays après six années de bataille, et enterreraient le souvenir de la guerre. Le passé, le présent et l'avenir : voilà ce qu'elle entendait dans les voix des écoliers qui résonnaient depuis le terrain de jeu, lors de la récréation du matin. Comme le murmure d'une rivière, comme le bruit de la marée montante, un contrepoint distant au chuintement de son balai sur les marches, une voix désincarnée chuchotant à son oreille, encore et encore, le même mantra : *Plus ça change, plus c'est la même chose.*

*

Parce qu'elle avait ses petites habitudes, Doll sortit sur le porche à onze heures moins le quart le lendemain aussi, même si elle savait qu'il n'y aurait pas d'enfants à entendre, cette fois. Les écoles étaient fermées ce jour-là. Et pourtant le silence de Bournville semblait plus profond que jamais – même en cette matinée historique. L'annonce était enfin arrivée par la radio, la veille au soir : deux jours de célébrations. Mais si certains s'attendaient à assister à des échauffourées alcoolisées ou à des scènes de danses improvisées sur les trottoirs de ces rues tranquilles et bordées d'arbres, avec leurs rangées à n'en plus finir de maisons paisibles, imperturbables, ils risquaient d'être déçus. Au contraire, les rues étaient encore plus désertes que d'ordinaire. Le silence était plus absolu. Il ne fut rompu, en fait, qu'au moment où Doll, son coup de balai terminé, s'apprêtait à rentrer : moment où elle entendit des pas et, se tournant pour voir à qui ils appartenaient, vit passer Mr Tucker du numéro dix-huit. Il portait son chapeau melon, ainsi que son plus épais pardessus en laine peignée, malgré la chaleur.

« Bonjour, Mr T., lança-t-elle, désireuse de bavarder. Que faites-vous en costume de travail, ce matin ? Personne ne vous a prévenu ?

— Eh bien non, répondit-il, du ton guindé et perpétuellement indigné qui le caractérisait. J'ai pris le tramway pour aller en ville exactement comme d'habitude, et c'est seulement quand je suis arrivé au bureau que je me suis aperçu que quelque chose clochait. La porte était fermée, et pas le début d'une explication. Mettre un mot, ça aurait été la moindre des choses. L'affaire de quelques instants.

— Quel dommage. Vous avez dû faire le trajet pour rien. J'imagine qu'ils ont dû penser qu'on avait tous entendu la nouvelle à la radio.

— Je n'ai pas de poste, dit Mr Tucker.

— Bon, eh bien. Maintenant vous avez deux jours de repos et vous allez pouvoir vous joindre aux festivités avec tout le monde. Il y aura un feu de joie à Rowheath ce soir.

— J'ai bien l'intention de trouver mieux à faire, rétorqua Mr Tucker. Ce ne sera pas difficile. »

Il s'apprêtait à poursuivre son chemin, mais même lui avait remarqué quelque chose d'inhabituel dans l'apparence de Doll, et il ne put réfréner sa curiosité.

« Mrs Clarke, puis-je me permettre de vous demander ce que c'est que cette chose sur votre tête ? »

Il désignait une feuille de papier journal, grossièrement pliée en triangle et agrémentée de bandes rouges, blanches et bleues dessinées au crayon de couleur, et qui trônait sur la chevelure auburn de Doll.

« C'est un chapeau, dit-elle. Mary a passé sa matinée à les confectionner. Voulez-vous que je lui demande de vous en faire un ?

— Non merci, répondit-il. Je comprends bien que l'heure est à la fête, mais tout de même... il existe une chose qui s'appelle la dignité. La dignité en toutes circonstances. »

Il reprit son chemin, trébuchant brièvement sur une racine de tilleul qui avait commencé à créer un renflement sous le trottoir. Doll étouffa un petit rire, tandis qu'il s'efforçait de faire comme si de rien n'était et poursuivait sa route. Elle suivit des yeux sa silhouette qui s'éloignait, et songea que cet homme était certes un mystère, mais qu'il ne faisait de tort à personne, lui qui vivait tout seul au numéro dix-huit, sans jamais causer d'histoires ni de tapage, entretenait parfaitement son jardin et repeignait ses fenêtres et ses portes tous les deux ou trois ans. Elle était vraiment bien lotie côté voisinage. Bournville était un quartier de standing. Les gens d'ici, c'était le dessus du panier, et ça comptait pour Doll, qui n'avait jamais ressenti la moindre contradiction entre ses trois principales convictions : son christianisme, son socialisme et son snobisme.

Elle vit Mr Tucker ouvrir sa porte, se retourner pour jeter un ultime regard de désapprobation à son chapeau en papier, puis disparaître. Ses pas ne faisaient pratiquement pas de bruit, mais maintenant qu'il était parti, ce drôle de silence absolu sembla retomber presque immédiatement.

L'atmosphère du village était vraiment étrange, ce jour-là. Tous paraissaient perturbés, à la fois excités et épuisés, comme déchirés entre le bonheur que la guerre soit enfin terminée et la liberté de reconnaître, enfin, quelle épreuve terrible elle avait été, et de sombrer en réaction dans une mélancolie pleine de lassitude. Doll elle-même se sentait fébrile. Elle attendait avec impatience le feu de joie de ce soir à Rowheath, mais à part ça, que faire ? Comment étaient-ils censés passer le temps ? On avait dit à Sam de prendre sa journée, et il était actuellement assis dans le salon, absorbé dans la lecture de l'album de Mary. Rentrant à l'intérieur de la maison, elle passa la tête dans l'encadrement de la porte du séjour pour voir ce qu'il faisait, et fut d'abord agacée de le découvrir en train de paresser dans son fauteuil, ignorant sa présence, le regard gaiement rivé sur une bande dessinée destinée aux enfants de dix ans. Mais elle s'adoucit en voyant le sourire sur son visage, la lueur de plaisir enfantin dans ses yeux alors qu'il suivait les derniers exploits de Desperate Dan et sa prodigieuse consommation de tourtes à la vache. Elle se réjouissait de savoir qu'il gardait une âme d'enfant, et il avait bien mérité quelques menus plaisirs, après tout ce qu'il avait traversé ces derniers temps, toutes ces années passées sur le toit de l'Usine à surveiller les feux tandis que les avions survolaient la ville, alors qu'il aurait dû rester bien au chaud à la maison avec elle. (La plupart de ces nuits, au lieu de son mari couché auprès d'elle, blotti comme il se doit contre les courbes de son corps, c'était Mary qui avait été à ses côtés, roulée en boule, son ours en peluche bien serré contre sa poitrine qui se soulevait et retombait lentement, berçant Doll et l'endormant malgré elle au rythme du flux et du reflux de sa respiration sifflante, candide.) C'est pourquoi, au lieu de lui faire des reproches, elle se contenta de lui dire d'un ton moqueur :

« Alors, on rattrape ses lectures ? »

Sam posa l'album en sursautant d'un air coupable.

« Tu m'as dit que tu comptais te mettre aux livres d'histoire. Et essayer de reprendre *Guerre et Paix*.

— Je vais le faire. Dès que j'aurai un petit moment. »

Doll ramassa l'album.

« *Korky the Cat*, lut-elle, avant de réciter la comptine qui ouvrait la bande dessinée en première page. "Korky joue à chat avec ses copains. Et devinez un peu ? Il remporte la mise en suivant son instinct." » Elle laissa retomber le magazine sur les genoux de son mari. « Un homme adulte, lire des choses pareilles !

— C'est pour ça que tu es là ? Pour me faire une scène ?

— Non, je suis venue voir ce que fabrique Mary. Je croyais qu'elle confectionnait des chapeaux.

— Elle a terminé. Elle est dans le jardin.

— Eh bien, elle ne peut pas passer sa journée dehors. Elle a des choses à faire.

— Pour l'amour du ciel, enfin, s'écria Sam, exaspéré, c'est une journée spéciale aujourd'hui ! Tout le monde est censé faire la fête.

— Il n'empêche que Mrs Barker arrive à cinq heures et demie, comme tous les mardis. Et ça fait des jours que je n'ai pas entendu Mary faire ses gammes. » Elle se dirigea vers le piano, souleva le couvercle du tabouret et sortit des partitions. « Regarde-moi ça ! Elle n'a pas touché à son Beethoven. »

Avec réticence, Sam reposa l'album et se leva.

« Je vais lui parler », dit-il. Ça ne servait à rien de laisser Doll s'en charger. Celle-ci ne parviendrait qu'à crisper la fillette, et ensuite ce serait la dispute.

Sa pipe à la main, il traversa d'un pas nonchalant le couloir, la cuisine puis le petit coin recouvert d'un toit vitré qu'ils qualifiaient pompeusement de « véranda », pour gagner le jardin. Mary était assise sous le pommier, sur le banc en bois grossier que Sam avait conçu et fabriqué quelques années plus tôt, et qui, contre toute attente, ne s'était pas encore effondré ni désintégré. Il n'était pas vraiment doué pour les choses à trois dimensions : son talent, c'était le dessin.

Il s'assit auprès de sa fille et alluma sa pipe, puis lui tendit sa tabatière et la laissa la porter à son nez, pour inhaler son parfum intense et entêtant. Elle adorait l'odeur de son tabac.

« Tu n'as pas envie de bouquiner ? demanda-t-il, désignant du menton le livre qu'elle avait posé sur ses genoux sans l'ouvrir.

— Je suis dans des grandes pensées, répondit solennellement l'enfant.

— Ah. » Sam tira deux ou trois fois sur sa pipe pour essayer de l'allumer. « Eh bien, ça n'arrive pas tous les quatre matins. Quel type de pensées ?

— Je cherchais quelle serait la meilleure façon

de le tuer. S'il fallait le pendre à un lampadaire, ou le brûler vif. »

Sam jeta un coup d'œil plein de curiosité à sa fille. Elle n'était pas souvent en proie à ce genre d'élans de sadisme.

« Ce satané Adolf, tu veux dire ? Pas la peine de t'inquiéter pour ça, je crois. Il est fichu. Probablement déjà mort.

— Non, pas Hitler, fit Mary avec un reniflement dédaigneux. Je m'en fiche, de *lui*. Je parle de Beethoven. J'ai envie qu'il souffre.

— Beethoven est mort depuis longtemps, répondit son père. Et puis qu'est-ce qu'il t'a fait ?

— Il a écrit ce morceau. Cette *Écossaise* à la noix. La semaine dernière je l'ai travaillée encore et encore et ça ne sonne toujours pas comme il faut, et cette semaine je n'ai pas travaillé du tout et Mrs Barker va être furieuse. Pourquoi est-ce que je dois la voir aujourd'hui, d'abord ? Je croyais que c'était censé être un jour férié.

— C'est un jour férié. Ça ne veut pas dire que tout doit s'arrêter. La vie doit continuer, tu sais. S'il y a bien une chose qu'on a apprise, c'est ça.

— Je parie qu'aucune de mes amies n'a de leçon de piano aujourd'hui.

— Sauf qu'elles ne jouent pas aussi bien que toi. C'est une responsabilité, tu sais. Quand tu joueras devant des salles combles au Royal Albert Hall, dans quelques années, tu seras contente d'avoir travaillé tes gammes. »

Mary se moqua. « Je ne serai jamais assez bonne pour jouer au Royal Albert Hall. »

Sam lui tapota le genou. « File juste à l'intérieur jouer un peu, tu veux bien ? Comme ça ta mère sera contente et on pourra tous avoir la paix. »

Mary se leva avec un grand soupir et s'exécuta. Samuel resta sur le banc, continuant à savourer sa pipe dans la paix et le silence, avant de profiter, quelques minutes plus tard, des échos du combat à mort que se livraient Beethoven et sa fille ; mais bientôt Doll apparut à l'entrée de la véranda et se remit à le houspiller. Cette fois, c'était le jardin qui réclamait son attention, apparemment, et sous le regard impitoyable de sa femme, il fut contraint de passer la majeure partie de l'heure suivante à quatre pattes, à éclaircir des semis, planter des choux et déterrer des patates. C'était un travail harassant, qui le laissa hors d'haleine, en sueur et avec deux grosses traces de terre aux genoux. Il était sur le point de finir quand Doll, qui l'avait finalement laissé à son affaire un instant auparavant, ressurgit de la véranda avec un visiteur inattendu : son beau-frère.

« Salut Jim. » Sam se redressa péniblement, s'essuya la main sur son pantalon et la lui tendit. « En voilà une surprise. Alors comme ça Gwen t'a lâché la bride aujourd'hui ?

— Si on veut. Elle reçoit trois voisines, et elles sont dans la cuisine en train de boire du thé et de caqueter comme des poules. Alors je me suis dit que j'allais m'échapper et voir si ça te tenterait d'aller prendre une pinte quelque part.

— Une pinte ?

— Oui.

— De bière, tu veux dire ?

— Exactement. »

Sam était gêné. « Eh bien écoute, Jim, c'est qu'on n'a rien à la maison. Doll ne croit pas...

— Je ne voulais pas dire ici. Tu ne penses tout de même pas que je vais m'inviter chez vous pour réclamer un verre ! Je me disais qu'on pourrait aller au pub. »

La gêne fut remplacée par le choc devant l'audace de cette suggestion. On était en pleine journée. Bien sûr, Sam savait que les pubs étaient ouverts en milieu de journée, mais en temps ordinaire jamais il n'aurait envisagé de s'y rendre, pas sous le nez de sa femme, pour ainsi dire.

« Ça ne te dérange pas, n'est-ce pas, Doll ? fit Jim, devançant l'objection. Bon, en temps normal ça ne me viendrait même pas à l'idée de venir tenter ainsi ton mari. Mais aujourd'hui ce n'est pas un jour comme les autres... »

Doll était loin de se réjouir, c'était assez évident. Mais elle n'était pas vraiment en position d'émettre une objection. Elle vénérait son beau-frère, avait peut-être un peu peur de lui, aussi. C'était le mari de sa sœur aînée, et cela lui conférait une grande autorité morale. S'il jugeait convenable d'aller au pub aujourd'hui à l'heure du déjeuner, alors soit. Elle n'avait plus qu'à s'en remettre à lui. La seule concession qu'elle pouvait réclamer, c'était que son mari rentre dans l'heure.

Mais c'était fort peu probable : notamment parce que le pub le plus proche se trouvait à près de deux kilomètres. Il n'y avait pas de pubs à Bournville même. Ils n'avaient pas leur place dans la philosophie qui avait présidé à la fondation du village. Il est vrai que, près d'un siècle plus tôt, la famille Cadbury considérait le chocolat à boire comme une alternative à l'alcool. Toute leur entreprise était fondée sur le principe de la tempérance. Et quand le territoire de Bournville avait été confié au Bournville Village Trust en 1900, l'acte de transmission précisait expressément que

« la vente, la distribution ou la consommation de boissons alcoolisées [seraient] entièrement prohibées ». Si Sam et le beau-frère de Doll voulaient un verre, ils allaient devoir marcher pour le mériter.

*

Et pour le mériter, ils le méritèrent. Quand Samuel rentra à la maison, une solide quantité d'alcool avait été commandée puis consommée, et se trouvait maintenant agréablement répartie dans l'ensemble de son système nerveux. Doll était tout sauf ravie. Son dépit était palpable, mais elle ne lui dit rien directement, car ce n'était pas ainsi que les choses fonctionnaient dans ce foyer. La mère et le père de Mary se disputaient rarement. Des désaccords survenaient, on échangeait le strict minimum d'allusions détournées, puis s'ensuivaient de longs silences chargés. Mais jamais on ne haussait le ton au-delà de celui, chagriné et acerbe, que prenait maintenant Doll pour déclarer :

« Tu as failli être en retard. Il est presque quinze heures.

— Pourquoi, il se passe quoi à quinze heures ? »

Elle fit claquer sa langue. « Il se passe quoi à quinze heures ? répéta-t-elle. Tu as bu combien de pintes ? Il y a Mr Churchill à la radio, voilà ce qui se passe. Comment as-tu pu oublier *ça* ? »

La radio était déjà allumée et diffusait de la musique légère, à un volume discret. Tandis que Sam se laissait tomber dans son fauteuil avec lassitude, Doll tourna le bouton et appela sa fille depuis le bas de l'escalier. « Le Premier ministre va faire un discours ! cria-t-elle. Il ne faut pas rater ça ! »

Ils écoutèrent Mr Churchill avec le même silence respectueux que celui qu'ils auraient pu observer devant le roi, ou lors du sermon hebdomadaire du révérend Chapman. Mary le trouvait franchement ennuyeux, et avait bien du mal à se concentrer. Pendant les premières minutes, on aurait dit qu'il ne faisait que réciter des noms de généraux et d'hommes politiques inconnus, et parler de signer des traités et des accords aux noms tout aussi étrangers. Elle remarqua que les paupières de son père s'alourdissaient à mesure que le Premier ministre poursuivait sa litanie. Mais ensuite, le discours commença à prendre un tour plus dramatique quand Churchill annonça : « *Les hostilités prendront officiellement fin ce soir, à minuit passé d'une minute.* » Il rappela à chacun que des Allemands combattaient encore les troupes russes, mais ajouta : « *Que cela ne nous empêche pas de célébrer ce jour et son lendemain comme ceux de la victoire en Europe. Aujourd'hui, peut-être*, poursuivit-il, *nous penserons avant tout à nous. Demain, nous rendrons un hommage particulier à nos camarades russes, dont les exploits sur le champ de bataille ont contribué de façon majeure à la victoire globale.* » À ces mots, Doll opina d'un air plein de sagesse et dit à son mari : « C'est vrai, n'est-ce pas ? Nous n'aurions jamais gagné s'il n'y avait pas eu les Russes. » Mais Sam, sous l'influence inhabituelle de trois pintes de bière au déjeuner, s'était endormi et ronflait doucement, les jambes étendues, la tête renversée en arrière et la bouche entrouverte. Doll secoua la tête, incrédule. Un moment, elle parut envisager de le réveiller en lui balançant quelques coups sous la plante des pieds, mais elle se ravisa et le laissa somnoler.

« *La guerre allemande, continuait le Premier ministre, touche ainsi à sa fin. Après des années de préparation intensive, l'Allemagne a déferlé sur la Pologne au début du mois de septembre 1939 ; et, conformément aux garanties données à la Pologne, en accord avec la République française, la Grande-Bretagne, l'Empire britannique et les nations du Commonwealth, nous avons déclaré la guerre en réaction à cette agression inique. Après la chute de la vaillante France, nous seuls, depuis cette île et notre Empire uni, avons poursuivi le combat pendant toute une année, avant d'être rejoints par la puissance militaire de la Russie soviétique, et plus tard par la force colossale et les ressources des États-Unis d'Amérique. Finalement, c'est pratiquement le monde entier qui s'est allié contre les scélérats, qui sont aujourd'hui prosternés à nos pieds. Dans cette île et l'ensemble de l'Empire britannique, tous les cœurs sont reconnaissants envers nos formidables Alliés.* »

Doll pinçait les lèvres et opinait de nouveau pour montrer son approbation, tandis que Mary réfléchissait au mot « île », que Churchill ne cessait de prononcer. Elle n'avait jamais vraiment perçu son pays comme une île, jusqu'à présent. Ce terme la faisait penser au livre que lui avaient offert Tante Gwen et Oncle Jim pour son dernier Noël. Il s'intitulait *Le Mystère de l'île aux mouettes*, et sa mère n'était pas contente parce qu'elle trouvait sa fille trop grande pour lire Enid Blyton : maintenant qu'elle allait commencer la grande école en septembre, elle était censée lire

Shakespeare, Dickens, des gens comme ça. Mais elle avait quand même lu le roman et l'avait beaucoup aimé. C'était l'histoire de quatre enfants qui passaient des vacances chez leurs oncle et tante, lesquels vivaient dans une maison sur la falaise, au bord de la mer, près de l'île de la Désolation, un endroit sinistre qui était presque toujours enveloppé de brume. Il s'y passait un tas de choses mystérieuses, et on finissait par apprendre que c'était l'œuvre d'une bande de criminels, même si le véritable méchant se révélait être le serviteur des enfants, un Noir dénommé Jojo. Enfin bref, elle avait trouvé ce livre palpitant, et depuis lors le mot « île » lui faisait toujours penser au mystère et à l'aventure. C'était agréable de se voir rappeler qu'elle-même vivait sur une île. Ça lui donnait l'impression d'être spéciale.

Le Premier ministre approchait de la fin de son discours. Il conclut :

« *Nous pouvons nous accorder un bref moment de réjouissance ; mais n'oublions pas un seul instant le travail et les efforts qui nous attendent. Le Japon, avec toute sa fourberie et son avidité, reste insoumis. Les blessures qu'il a infligées à la Grande-Bretagne, aux États-Unis et à d'autres pays, et sa cruauté détestable, méritent la justice et un châtiment. Nous devons désormais consacrer toutes nos forces et nos ressources à la réalisation de ces tâches, chez nous et à l'étranger. En avant, Britannia ! Vive la liberté ! Que Dieu protège le roi !* »

Ces trois dernières phrases semblaient calculées pour provoquer une clameur gigantesque, mais dans ce salon tranquille et peu démonstratif de Birch Road, à Bournville, elles furent accueillies avec davantage de retenue. Doll acquiesça d'un hochement de tête, Mary était soulagée que le discours soit fini, et Samuel avait dormi pratiquement tout du long. Avec un ultime coup d'œil récriminateur dans sa direction, Doll se leva et dit : « Quand ton père se réveillera, fais-lui du café, d'accord ? J'ai du travail. » Elle monta l'escalier sans faire de bruit, et se dirigea vers la chambre du fond pour commencer à décrocher les rideaux occultants.

Mary ne bougea pas et continua à écouter la radio. Après la déclaration diffusée par Downing Street suivait une émission intitulée *Cloches et fêtes de la Victoire*. Il y avait des reportages dans un tas de villes, tous remarquablement similaires : foule en liesse, cloches d'églises carillonnantes, bribes de chansons allant de « Roll out the Barrel » au chœur de l'Alléluia. Il y en eut un dans le centre de Birmingham, à quelques kilomètres de là seulement, mais du point de vue de Mary, cela aurait aussi bien pu être l'autre bout du monde : les rues de Bournville étaient toujours silencieuses et désertes, et à part la radio, ce qui faisait le plus de bruit chez eux, c'étaient les ronflements de son père.

Avant la fin de l'émission, sa mère l'appela depuis l'étage. Elle voulait que Mary monte au grenier pour ranger le tissu occultant qu'elle avait maintenant décroché de toutes les fenêtres de la maison. Pour y grimper, il fallait tirer l'échelle pliante fabriquée par Sam, que Doll ne jugeait pas capable de supporter son poids, ni d'ailleurs celui de n'importe quel adulte. Mary accepta volontiers cette tâche, car elle prenait toujours plaisir à explorer le grenier. Cela lui donnerait l'occasion de vérifier quelque chose, tant qu'elle y était. Là-haut, dans le minuscule espace entre le réservoir d'eau et la pente du toit, elle conservait une petite boîte dans laquelle elle avait entreposé ce qu'elle appelait ses « trésors ». Parmi ces derniers figuraient ses journaux intimes des années 1943 et 1944, le trèfle à quatre feuilles qu'elle avait trouvé dans un pré lors de son séjour à Warden Farm (la ferme de son oncle Owen et de sa tante Ivy, dans le Shropshire), un éclat d'obus que Tommy Hunter avait récupéré dans le jardin devant chez lui, et qu'il lui avait échangé contre un sachet de bonbons à la réglisse et une photographie dédicacée de John Mills, le célèbre acteur qui avait gratifié Bournville de sa présence par une journée d'été magique, trois ans plus tôt, quand il était venu à l'Usine pour soutenir le moral des troupes. Après avoir péniblement grimpé l'échelle chargée du tissu occultant rangé dans un carton, Mary passa quelques minutes de bonheur dans la pénombre à examiner ces trophées en se demandant ce qu'elle pourrait bien ajouter à sa collection, quand un coup sec au heurtoir de la porte d'entrée et la voix de sa redoutée professeure de piano lui rappelèrent que la journée lui réservait encore son lot de terreur. À contrecœur, elle redescendit l'échelle pour affronter sa bête noire.

Mrs Barker, sa professeure de piano, avait un visage mince et anguleux, qui s'accordait très bien à sa manière de s'exprimer, sèche et sévère. Sa voix était monocorde, dure, évoquant tout sauf un tempérament musical. En dépit de cela, elle prônait un respect intransigeant envers les grands compositeurs, que Mary ne parvenait pas à satisfaire avec son interprétation de l'*Écossaise* de Beethoven. Il y avait quatre mesures particulièrement difficiles, au rythme inflexible, qu'elle lui faisait répéter encore et encore, essayant de lui extirper un certain degré d'expressivité dans le *rubato*, et pendant que la pauvre Mary s'échinait à les jouer pour la septième ou huitième fois, elle fut surprise, en jetant un coup d'œil par la fenêtre de devant, de voir son père quitter la maison, *encore* : cette fois en compagnie d'un homme qu'elle ne reconnaissait pas. Ils descendirent l'allée et s'engagèrent ensemble dans la rue. Puis ils disparurent. Qu'est-ce que cela pouvait bien vouloir dire ?

La leçon de piano achevée, Mrs Barker, après quelques commentaires sévères sur la performance de Mary, alla dans la cuisine recevoir son salaire. Mary lui emboîta le pas. Elles trouvèrent Doll penchée sur sa plus énorme casserole, qui touillait furieusement, le front sillonné de rides de rage et de déception. En voyant Mrs Barker, elle fit de son mieux pour reprendre une contenance, mais le sourire qu'elle afficha aurait glacé jusqu'au sang n'importe qui.

« Dix shillings, comme d'habitude ? demanda-t-elle.

— C'est ça. Merci.

— Je suppose, reprit Doll en lui tendant un billet écorné de dix shillings, que vous ne voudriez pas rester pour le dîner ? »

Mrs Barker eut l'air surprise, et Mary horrifiée. Quelle mouche piquait sa mère ?

« Eh bien... » Mrs Barker parut hésiter, mais toutes deux soupçonnaient que c'était pour la forme. Elle n'avait pas de famille, et s'attendait selon toute vraisemblance à dîner seule ce soir.

« C'est du hachis au corned-beef, ajouta Doll. Le plat préféré de Sam. Je l'ai préparé spécialement pour lui, mais on dirait qu'il ne sera pas là pour le manger.

— Ah bon ? fit Mrs Barker.

— Il est allé au pub, dit Doll. Pour la *deuxième* fois de la journée.

— Je vois. Eh bien dans ce cas... » Elle inspira avec emphase, comme s'il s'agissait d'un saut irrévocable dans l'inconnu, et non simplement d'accepter une invitation de bon voisinage. « Comme c'est aimable. J'aime beaucoup le hachis.

— À la bonne heure. Il ne sera pas totalement gâché, alors, après tout le mal que je me suis donné. Mary, mets la table pour trois. Sors l'argenterie, ce soir. Tiroir du haut dans le buffet. »

3

Mary n'aimait pas manger avec ces lourds couverts en argent, qu'on ne sortait qu'une ou deux fois par an et qui donnaient à tout ce qu'ils touchaient un goût amer et métallique. Malgré cela, le dîner fut excellent : chaud, savoureux et roboratif. Elle songea que c'était vraiment dommage que son père manque ça, et espéra qu'il n'était pas trop affamé. Mais peut-être que la bière nourrissait son homme. Sa mère et Mrs Barker s'étaient accordé un verre de sherry à l'apéritif, petit mais néanmoins inédit, et étaient devenues très causantes et à l'aise l'une avec l'autre. Il semblait que sa professeure de piano n'était pas tout à fait la gorgone qu'imaginait Mary, même si sa présence et sa conversation donnaient tout de même à la maison une atmosphère sensiblement différente. Si quelqu'un lui avait demandé de quoi ses parents parlaient à table, Mary n'aurait pas su quoi répondre, même si elle dînait avec eux tous les soirs : elle savait que des mots circulaient entre eux, que des nouvelles étaient échangées, des sentiments exprimés, mais tout ce qu'ils disaient paraissait si trivial que rien ne parvenait à pénétrer sa conscience, et elle supposait que toutes les conversations d'adultes étaient comme ça. Mais Mrs Barker semblait démentir ce préjugé. Elle disait des choses comme :

« Bien sûr, ce pays ne sera plus jamais le même après la guerre.

— Vous croyez ? répondait Doll, tandis que sa fille assimilait, émerveillée, le monde de discernement et d'expérience évoqué par ces deux mots tout simples : "bien sûr". Mais tout de même, c'est précisément pour ça qu'on s'est battus... pour préserver ce que nous avions, je veux dire.

— Pas juste pour le préserver. Pour l'améliorer. Continuer à construire. »

Doll n'était pas très sûre de cela. « Je suis juste contente que ce soit fini, dit-elle, que nos enfants soient en sécurité, et que nous puissions tous de nouveau dormir dans nos lits, sur nos deux oreilles.

— Si je ne m'abuse, dit Mrs Barker, embrochant un dé de pomme de terre avant de le fourrer dans sa bouche, vous avez vous-même apporté votre petite contribution à l'effort de guerre, n'est-ce pas ? Vous avez travaillé à l'Usine un moment ?

— C'est exact, dit Doll. Seulement quelques mois, il y a deux ans maintenant. Ils manquaient cruellement de monde, alors ils ont lancé un appel à tout le village. Ils avaient déjà converti l'essentiel pour produire des munitions, à ce stade. J'ai travaillé à l'atelier, j'aidais à faire des balles, des goupilles de grenades, toutes sortes de choses.

— Et comment était-ce ?

— Oh, le travail était très ennuyeux. Et pourtant...

— Et pourtant ? » l'aiguillonna Mrs Barker. Ses yeux brillaient dans l'attente de sa réponse.

« Eh bien, je n'ai pas trouvé ça désagréable, je dois dire. Pas désagréable du tout.

— Ça vous a plu de passer du temps avec les autres femmes ? Les autres filles ?

— Oui, il y avait ça. Mais aussi, vous voyez... Ça me changeait. Une manière de sortir de la routine. Bien sûr, c'était dur pour Mary. Elle devait rentrer seule après l'école, se préparer son thé toute seule...

— Ça ne me dérangeait pas », intervint vivement Mary. Et c'était vrai. La guerre avait donné lieu à de nombreux épisodes auxquels elle n'avait pas envie de repenser : son évacuation brève et malheureuse dans le Gloucestershire, par exemple. Un autre souvenir plus traumatique encore était cette fois où ils étaient allés voir *Pinocchio* à Selly Oak, une séance interrompue par un raid aérien, suivi d'une fuite désordonnée vers les issues, et d'une course terrifiée pour rentrer à la maison sous le vrombissement des bombardiers Dornier. Mary avait le film et l'histoire en horreur, depuis. Mais les mois que sa mère avait passés à travailler à l'Usine n'étaient pas de cet ordre : Mary n'avait pas jugé désagréables du tout ces après-midi où elle trouvait la maison vide à son retour de l'école, récupérait la clé de la porte d'entrée sous le pot de fleurs dans le jardin, et pénétrait dans le silence enveloppant de la demeure. Elle faisait ses devoirs sans avoir personne sur le dos, jouait ce qui lui plaisait au piano, écoutait la radio tout son saoul, tartinait autant de confiture qu'elle le pouvait sur ses tranches de pain blanc farineux. C'était le paradis.

« Voilà, vous voyez, dit Mrs Barker. Les enfants

sont capables de beaucoup plus d'indépendance que ce que nous leur autorisons.

— Oui, mais tous ces changements à l'Usine étaient temporaires. Tout va redevenir comme avant, à présent. Ils vont se remettre à faire du chocolat.

— Naturellement. Et ils auront toujours besoin de gens compétents et intelligents. Vous pourriez trouver du travail là-bas, si vous vouliez. »

Doll fit la moue. « Je ne sais pas trop ce que Sam en penserait...

— Quoi de plus agréable que de partir au travail tous les deux chaque matin, main dans la main ? Et de rentrer ensemble à la fin de la journée. »

Présentée comme ça, l'image était effectivement séduisante. Mais Doll trouvait tout de même que ces suggestions tentantes n'avaient pas grand-chose à voir avec la réalité.

« Mais il faut bien que quelqu'un tienne la maison. C'est beaucoup de travail, vous savez, de la maintenir dans cet état.

— Je n'en doute pas une seconde. Mais si vous gagniez un salaire, ne pourriez-vous pas utiliser une partie de cet argent pour payer une femme de ménage ? Peut-être même que Sam pourrait vous aider en faisant lui-même certaines tâches plus lourdes, le week-end. »

À ces mots, Doll ne put s'empêcher de rire. Ce qui avait pu ressembler un instant à une proposition pragmatique avait soudain basculé dans le pur fantasme.

« Sam ! Ça m'étonnerait beaucoup. Il ne remue pas le petit doigt dans la maison. Il ne l'a jamais fait, et il ne le fera jamais. Rien qu'aujourd'hui il a passé une heure à planter des légumes, et ensuite il a fallu qu'il s'allonge la majeure partie de l'après-midi.

— Je croyais que c'était à cause de la bière », fit Mary.

Doll fulminait en se resservant de l'eau. « Eh bien, ça n'a pas aidé.

— Je crois simplement, dit Mrs Barker, que vous pourriez réfléchir à réintégrer le marché du travail, maintenant que la guerre est terminée. Je sais que beaucoup de mes amies – toutes des femmes mariées – y songent. Vous pourriez vous rendre compte que cela apporte à votre vie quelques satisfactions supplémentaires. Quant à Mr Clarke... » Elle sourit avec indulgence. « Ne soyez pas trop dure avec lui aujourd'hui. C'est un jour exceptionnel, Mrs Clarke. À marquer d'une pierre blanche. Je pense que les épouses britanniques peuvent peut-être lâcher la bride à leur mari pendant quelques heures.

— C'était qui, d'abord, cet homme ? demanda Mary, avant que sa mère ne puisse réagir.

— Quel homme ?

— Celui avec qui il vient de partir au pub... la deuxième fois.

— C'était Mr Lamb, dit Doll. Frank Lamb. Un ami de ton père, du travail.

— Ah ! C'est amusant, je connais justement les Lamb, dit Mrs Barker. Ils vivent à Longbridge, n'est-ce pas ? Il se trouve qu'ils sont voisins d'une de mes sœurs. Vous êtes proches amis ?

— Pas vraiment. Frank est très copain avec Sam au travail. Ils jouent au billard ensemble, et tout le tintouin.

— Très gentil couple, dit Mrs Barker. J'ai bien peur que la pauvre Mrs Lamb n'ait pas eu la vie très facile, ces dernières années. » Ni Doll ni Mary ne semblaient comprendre de quoi elle parlait, alors elle ajouta : « Elle est à moitié allemande, vous savez. Du côté de son père. Ça n'a pas facilité les choses avec le voisinage.

— Je l'ignorais, dit Doll. Comme c'est injuste. Elle n'y peut rien, si elle a un père allemand, n'est-ce pas ?

— Exactement. Mais tout le monde n'est pas aussi compréhensif que vous, Mrs Clarke. »

Un long silence suivit ce compliment. Puis Mrs Barker regarda sa montre-bracelet et dit :

« Eh bien, c'était vraiment un régal inattendu, mais je dois y aller. C'est presque l'heure d'aller à l'église.

— L'église ? demanda Doll, perplexe. Un mardi ?

— Oui. Le révérend Chapman donne une messe spéciale. Vous ne saviez pas ?

— Non, personne ne me l'a dit.

— Vous voudriez peut-être venir ?

— Bien sûr », répondit Doll en se levant avec enthousiasme. Elle ne manquait jamais une occasion d'aller à l'église. Elle adorait ça, autant que d'autres femmes aimaient aller au cinéma. « Mary, mets ton chapeau et ton manteau.

— Je suis obligée de venir aussi ? » dit Mary, le cœur serré rien qu'à cette idée. Les événements prenaient une tournure épouvantable. Dans son désespoir, elle fit une proposition téméraire : « Tu ne veux pas que je reste à la maison pour faire la vaisselle ?

— Ça peut attendre, répondit Doll. Tu la feras au retour. On devrait juste avoir le temps avant le discours du roi, à neuf heures. »

Et elles débarrassèrent rapidement la table

toutes les trois, enfilèrent leur manteau et laissèrent la maison dans un savant désordre, Doll oubliant presque dans sa hâte de fermer la porte à clé, Mary traînant la patte derrière les adultes qui descendaient Birch Road à grandes enjambées, tant elles avaient hâte de rendre grâce au Dieu qui les avait enfin libérées du péril allemand.

4

À neuf heures moins cinq, l'ambiance commençait à s'échauffer un peu au Great Stone. Dans la salle principale, Albert, le pianiste septuagénaire, avait épuisé son répertoire depuis un moment déjà et paraissait désormais se contenter de marteler « Roll out the Barrel » en boucle, mais personne ne s'en souciait : il y avait quelque chose dans cette chanson dont les gens ne semblaient jamais se lasser, ou peut-être que c'était simplement qu'ils étaient tous déjà tellement ivres qu'ils chantaient n'importe quelles mélodie ou paroles qui leur passaient par la tête, peu importait ce qu'il jouait. Pendant ce temps-là, on avait dégagé les tables et les chaises du centre de la salle, qui accueillait une sorte de bal : quelqu'un avait installé un gramophone portatif, et une vingtaine de clients dansaient le jitterbug avec enthousiasme, même s'ils furent contraints de s'interrompre un instant quand le plus âgé des couples de danseurs s'emmêla dans la guirlande de fanions rouges, blancs et bleus qui s'était détachée et pendait dangereusement bas au-dessus de la piste. Aussi l'un des deux – le mari – perdit-il l'équilibre et tomba-t-il à la renverse, créant un effet domino qui expédia au tapis sept ou huit danseurs, dans un enchevêtrement glapissant de bras et de jambes. Le vieil homme qui avait provoqué la chute se retrouva coincé sous le corps d'une séduisante jeune femme de vingt ans, situation qui n'était visiblement pas pour lui déplaire, jusqu'à ce qu'elle se dégage avec un rire amical et l'aide à se remettre sur ses pieds, et quelques secondes plus tard ils dansaient à nouveau le jitterbug, ensemble cette fois, avant que l'épouse n'intervienne et ne reprenne possession de son mari. Assistant à cette petite comédie conjugale, les danseurs survoltés poussèrent force hourras et rires approbateurs.

Retranchés loin de cette ambiance de liesse turbulente, Frank et Samuel étaient attablés face à face dans la salle privée, une petite enclave lambrissée de bois et inondée de fumée, adjacente au bar et pourtant un peu à l'écart. Dans cet espace préservé, ils percevaient bien sûr la surenchère musicale qui avait gagné la pièce voisine, entre le piano d'Albert et les hurlements du gramophone, mais ces bruits étaient considérablement assourdis, et ne perturbaient pas trop leur conversation ; ou du moins ils ne l'auraient pas perturbée si celle-ci ne s'était pas déjà tarie d'elle-même. Frank était un homme taciturne, dans le meilleur des cas, quant à Sam, pour la seconde fois de la journée, ses paupières commençaient à se faire lourdes sous l'influence des quatre ou cinq pintes qu'il avait descendues depuis son arrivée. Heureusement (peut-être), le pub était à court de bières depuis quarante-cinq minutes et, plutôt que de passer à l'alcool fort, les deux hommes sirotaient depuis des verres vides. Le tabac et les cigarettes comblaient amplement l'absence de boisson.

Mais voici que s'annonçait une distraction. Albert cessa de jouer. Le gramophone fut réduit au silence. Tom, le propriétaire, tapa des mains et réclama le silence, campé derrière son bar. Son fils et un ami hissèrent le lourd poste de radio sur le bois poli du bar et allumèrent l'appareil. Les danseurs arrêtèrent de danser et retournèrent s'asseoir, pour ceux qui avaient une table, tandis que des voix braillaient : « Le roi ! Le roi ! » et que les conversations s'éteignaient rapidement. Il y eut à peine quelques murmures plaintifs de la part de ceux qui n'étaient pas royalistes, ou qui rechignaient simplement à interrompre leurs libations.

« Je n'ai pas envie d'écouter la radio, nom d'un chien, grogna bruyamment un homme.

— C'est le roi, mon gars ! lui lança un autre client.

— Le r-r-r-r-r-roi ! » lui renvoya quelqu'un, dans une imitation cruelle du célèbre bégaiement du monarque. Ce qui déclencha quantité de rires, ainsi que quelques murmures réprobateurs et un cri : « Honte à vous ! »

L'émission précédente n'était pas encore terminée, et les bavardages des clients du pub reprirent un peu de vigueur à mesure que cela s'éternisait. Au bout d'une minute ou deux, la conversation avait de nouveau atteint un volume suffisant pour noyer la voix du présentateur de la BBC, et brouiller les premiers mots du roi quand il se lança enfin dans son allocution, de sa voix fluette et austère.

« *Chuuuuuuuuut !* » souffla-t-on à la ronde, et

les bavardages retombèrent immédiatement, à l'exception d'une femme qui continuait à jacasser, penchée sur son verre de gin citron, jusqu'à ce qu'un chauve patibulaire à la table voisine lui crie : « Fanny, Sa Majesté est en train de parler ! Un peu de respect, et ferme ton fichu clapet, pour une fois. » Il y eut quelques rires et applaudissements, puis le roi eut le Great Stone tout à lui.

« *Aujourd'hui nous rendons grâce à Dieu tout-puissant*, commença-t-il, *pour cette grande... délivrance.* (La pause avant "délivrance" fut insoutenable, et fit grimacer de gêne et de compassion nombre d'auditeurs.) *Je m'adresse à vous depuis la première capitale de notre Empire, meurtrie par la guerre mais pas un seul instant découragée ni abattue... je vous parle depuis Londres, et vous demande de vous joindre à moi dans cette action de g...* » On aurait dit qu'il n'arriverait jamais à prononcer la suite. « Allez, mon vieux, crache le morceau ! » brailla quelqu'un, et ce fut comme si le roi avait entendu, car sur les ondes crépitantes, ses lèvres parvinrent à former, enfin, le reste du mot : « *... grâce.* » Un soupir de soulagement parcourut le bar.

Après cela, il sembla se reprendre, et son discours gagna en assurance :

« *L'Allemagne*, poursuivit-il, *l'ennemi qui entraîna toute l'Europe dans la guerre, est enfin vaincue. En Extrême-Orient, nous devons encore affronter les Japonais, des adversaires cruels et déterminés. Nous nous y consacrerons avec la plus grande résolution, et y emploierons toutes nos ressources. Mais à cette heure, alors que l'ombre effroyable de la guerre s'en est allée, loin de nos foyers, de nos maisons et de nos îles, nous pouvons enfin marquer une pause pour rendre grâce, avant de tourner nos pensées vers la tâche qui nous attend dans le monde entier, dans le sillage de la paix en Europe.* »

« C'est là qu'est mon David... le Japon, marmonna un homme. Dieu sait ce que ces salopards sont en train de lui faire. » Et puis plus fort, pour que tout le monde l'entende : « Enfoirés de Japs ! Ils sont pires que ces enfoirés de Boches !

— Hé ! Ferme-la, toi ! le tança Tom derrière son bar. Et surveille ton langage, il y a des dames et le roi est en train de parler ! »

Pendant ce temps, le monologue atone s'écoulait, sans que rien puisse désormais l'arrêter :

« *Souvenons-nous de ce qui nous a permis de tenir pendant près de six années de souffrances et de dangers. Savoir que les enjeux étaient immenses : notre liberté, notre indépendance, notre existence même en tant que peuple ; mais savoir aussi qu'en nous défendant nous défendions les libertés du monde entier ; que notre cause n'était pas uniquement celle de notre nation, de notre Empire et du Commonwealth, mais celle de tous les pays où l'on chérit la liberté, et où le droit et cette liberté marchent main dans la main. Aux heures les plus sombres, nous savions que les peuples d'Europe réduits en esclavage et isolés tournaient leurs regards vers nous, et leurs espoirs étaient les nôtres, leur confiance fortifiait notre foi. Nous savions que, si nous devions échouer, l'ultime barrière dressée contre la tyrannie mondiale s'effondrerait.* »

« "Notre cause, répéta Frank, n'était pas uniquement celle de notre nation." Voilà qui est bien dit, vraiment. Mon beau-père apprécierait. Tu ne trouves pas ? Que c'est bien dit ? »

Mais Sam n'écoutait pas vraiment. La voix du

roi lui tapait sur le système – pas son bégaiement, mais les voyelles précieuses, pincées de la haute société britannique, qui sonnaient à ses oreilles comme une langue étrangère. Malgré tous ses efforts, il ne voyait vraiment pas pourquoi tout le monde (y compris sa femme, qui votait comme lui pour les travaillistes) faisait preuve de tant de déférence et d'obéissance envers cet homme dénué de charisme et sa famille de privilégiés.

« *Je trouve un grand réconfort, continua le roi, à l'idée que ces années d'obscurité et de danger qui ont vu grandir les enfants de notre pays sont révolues, et ce, plaise à Dieu, pour toujours. Nous aurons failli, et le sang de nos êtres chers aura coulé en vain si la victoire pour laquelle ils sont morts ne conduit pas à une paix durable, fondée sur la justice et la bonne volonté.* »

« Bien dit ! » s'écria Sam, qui sentait néanmoins qu'il fallait montrer un peu d'approbation, par courtoisie envers son ami royaliste, et décida qu'il n'était pas trop difficile d'adhérer aux mots « paix », « justice » et « bonne volonté » sans compromettre ses principes.

« *Gardons cela dans nos pensées en ce jour de juste triomphe et de fier chagrin, et ensuite remettons-nous donc au travail, résolus comme un seul peuple à ne rien faire qui soit indigne de ceux qui sont morts pour nous, et à faire de ce monde celui qu'ils auraient désiré pour leurs enfants et pour les nôtres. Telle est la tâche à laquelle nous sommes désormais liés par l'honneur. À l'heure du danger nous remîmes humblement notre cause entre les mains de Dieu, et Il fut notre force et notre bouclier. Remercions-Le de Ses bienfaits, et en ce moment de victoire, remettons-nous, ainsi que notre nouvelle tâche, à ces mêmes mains puissantes pour qu'elles nous guident.* »

Il y eut alors une longue pause, la plus longue jusqu'alors, et les auditeurs silencieux prirent peu à peu conscience que le discours était fini.

« Mince alors... il l'a fait, dit quelqu'un.

— Bien joué ! » cria un autre client, puis il y eut un tonnerre de bruits de chaises comme tout le monde se levait, tandis que l'hymne national commençait à résonner à la radio. Ils entonnèrent son air grandiloquent avec ferveur et avec cœur, et la plupart avaient les larmes aux yeux avant d'atteindre la fin du premier couplet. Moment que choisit Sam pour jeter un coup d'œil inquiet à sa montre-bracelet, tapoter vivement le bras de Frank et dire : « J'ai promis de retrouver Doll à neuf heures et quart. Il est déjà pratiquement l'heure. Je ne vais pas me prendre la moitié d'une rouste.

— Je viens avec toi, répondit Frank. Ma famille va aussi à Rowheath. »

Ils enfilèrent précipitamment leur manteau et entreprirent de se frayer un chemin à travers la foule du bar. Les chants étaient plus sporadiques à présent, et sonnaient un peu faux, mais le cœur y était tout autant. La majorité des clients ne connaissaient pas les paroles des derniers couplets, alors ils improvisaient, ou bien se contentaient de chanter le premier en boucle. Sam se demanda combien de temps les gens resteraient au bar, maintenant que le discours était terminé et qu'il n'y avait plus de bière. Le feu de joie à Rowheath risquait d'attirer du monde. Ils n'étaient pas les seuls à partir, remarqua-t-il.

5

Revigorée et ragaillardie non seulement par les paroles du révérend Chapman, mais aussi par le simple fait de passer trente minutes à l'église, Doll avait des étincelles dans les yeux quand elles arrivèrent à la maison, et même la performance radiophonique hachée et soporifique du roi ne parvint pas à les éteindre. Ensuite, Mary et elle enfilèrent à nouveau leur manteau, fermèrent la porte et se joignirent à tous ceux qui se dirigeaient vers le feu de joie. Le soleil avait percé les nuages en fin d'après-midi, et cette soirée douce et tiède touchait bientôt à sa fin, seule une ultime trace de bleu demeurant dans le ciel. En tournant sur Woodbrooke Road, avant de remonter la colline vers les terrains de sport, Mary ne put s'empêcher de remarquer que certaines rues avaient fait beaucoup plus d'efforts que la sienne pour marquer le coup. Il restait des guirlandes de fanions aux couleurs de l'Union Jack entre les arbres de Thorn Road, et dans l'artère suivante des tables sur tréteaux et des bancs installés sur le trottoir, parsemés de restes de gâteaux et de sandwichs, tandis que des groupes de voisins restaient là à bavarder, à terminer leurs dernières gouttes de bière et à chanter par intermittence quelques bribes de chansons. Pourquoi, se demanda-t-elle, fallait-il que sa rue à elle soit si calme et si discrète, pourquoi devait-elle toujours afficher des airs supérieurs, un peu comme si ce genre de célébration n'était pas digne d'elle ? L'autre chose qu'elle remarqua, c'était la lumière que répandaient les fenêtres de toutes les maisons. Peu de gens semblaient avoir déjà tiré les rideaux, et après toutes ces années de black-out – des années qui remontaient, aussi loin qu'elle s'en souvienne, avant son sixième anniversaire – il y avait quelque chose de délicieusement neuf dans le halo chaleureux de toutes ces lumières, venant de toutes les directions, chacune légèrement différente de sa voisine par sa texture, sa luminosité et son intensité. Et sur les terrains de sport, il y aurait plus de lumière encore, plus de chaleur encore. Le feu de joie et les feux d'artifice. Elle serra plus fort la main de sa mère en savourant ce moment d'expectative, et un frisson d'amour filial la parcourut.

Son père les attendait, comme convenu, au coin de Heath Road et de Selly Oak Road. Il n'était pas seul. L'homme avec qui il était allé au pub l'accompagnait, avec une femme et un couple beaucoup plus âgé. La mère et le père de Mary ne s'embrassèrent et ne s'enlacèrent pas en se retrouvant. Ce n'était pas du tout leur genre. Doll inspecta plutôt son mari de pied en cap – elle remarqua ses paupières un peu lourdes, le balancement quasi imperceptible de son corps – et, tirant ses propres conclusions quant à son état, émit un claquement de langue désapprobateur et attendit d'être présentée aux inconnus. Sam fut un peu long à la détente, et s'ensuivit donc un silence qui dura de nombreuses secondes avant que Frank ne finisse par lui tendre la main :

« Bonjour, Mrs Clarke. Vous n'avez jamais rencontré ma femme Bertha, il me semble ? Et voici – il se tourna vers le couple plus âgé – Mr et Mrs Schmidt. Les parents de Bertha.

— Enchantée », fit Doll, qui faillit faire la révérence, tant l'homme de grande taille à la mine grave qui lui serrait à présent la main en s'inclinant légèrement vers elle en imposait. Il portait un feutre mou de couleur noire qu'il souleva en la saluant, révélant un front haut et quelques mèches clairsemées de cheveux tirant sur le blanc. Il arborait également une moustache impeccablement taillée, un costume trois-pièces à rayures et une montre à gousset en argent, dont la chaîne pendait de sa poche de veston, dessinant un demi-cercle parfait. Si imposant soit-il, pourtant, c'était sa femme qui attirait tous les regards. Elle était presque aussi grande que son mari, et deux fois plus large d'épaules. Des mots comme « forte » ou « robuste » n'auraient pas rendu justice à sa silhouette massive, enveloppée d'un manteau en cachemire informe et surmontée d'un chapeau cloche, emblème de coquetterie féminine qui ne semblait pas du tout fait pour elle. Elle tenait le bras de son mari aussi serré qu'un chat tiendrait une souris sans défense entre ses griffes, et le regardait avec une intensité où se mêlaient adoration et farouche possessivité.

Le petit groupe se dirigeait à présent vers les terrains de sport dont il franchit les grilles, avant de commencer à se frayer un passage à travers la foule, pour tenter d'approcher le feu de joie qui rayonnait au loin. Frank et sa femme guettaient leur fils, Geoffrey, censé être quelque part dans le coin. Mary espérait qu'il serait sympathique, car la compagnie d'autres enfants commençait à lui manquer cruellement, mais quand ils finirent par le retrouver, elle fut déçue : il avait l'air tout à fait sympathique, mais beaucoup trop vieux pour qu'elle puisse se raccrocher à lui. Au moins seize ou dix-sept ans. Il était avec un groupe de jeunes gens qui paraissaient du même âge, voire plus vieux, et pire encore, la plupart d'entre eux semblaient avoir bu. D'ailleurs ils avaient des bières à la main, ainsi qu'une grande bouteille qu'ils se passaient entre eux. Geoffrey, il est vrai, avait l'air d'un garçon calme et timide, qui paraissait gêné d'être vu avec ces amis ou connaissances. Grand et dégingandé, des épaules tombantes qui lui donnaient la forme d'une bouteille de lait, il se tenait à quelques pas, écartelé, semblait-il, entre la réserve et le désir d'être remarqué, intégré. Quant au meneur de la bande, il était facile à identifier ; beaucoup plus bruyant que les autres, il parlait tout le temps, sur un ton plus agressif, et roulait davantage des mécaniques : son nom, découvrirait plus tard Mary, était Neil Burcot. Elle se trouvait près de cette bande tapageuse depuis à peine quelques secondes qu'il était déjà en train de huer et siffler un nouvel arrivant.

« La vache, les gars, cria-t-il par-dessus le bruit de la foule et celui de l'orgue de Barbarie, regardez ça ! Regardez "Kenneth" ! » Il prononça ce mot au ralenti, affectant un accent distingué. « Regardez-moi ce truc qu'il porte ! Hé, Kenny, c'est quoi l'idée ? Te pointer à un foutu feu de joie avec ce joli bout de ruban autour du cou !

— Salut Neil, répondit l'objet de ces commentaires avec une politesse mesurée. J'ai pensé que c'était une occasion spéciale, et que ça valait le coup de faire un effort. Surveille ton langage, au passage. Il y a des dames et des enfants ici. »

Il y avait clairement un passif d'inimitié profonde entre ces deux-là, car la réaction immédiate de Neil, ainsi rabroué, fut de foncer sur Kenneth en le fixant droit dans les yeux. Ensuite, portant la main sur la flamboyante cravate jaune canari qu'arborait l'autre jeune homme, il envoya valser le bout de tissu d'un geste dédaigneux : « Tu te trahis un peu sur ce coup-là, Kenny. On a toujours pensé que t'étais une tapette. Maintenant on en est sûrs. »

Kenneth l'ignora et alla saluer un autre membre du groupe qui (sous l'œil torve de Neil) lui serra chaleureusement la main : « Salut Ken, alors comme ça t'es revenu ?

— Eh oui. Je suis rentré la semaine dernière.

— Tripoli, c'est ça ?

— Pendant un temps. Ma dernière affectation était à Rome.

— L'Italie, hein ? Je parie que t'en as vu des choses. T'as des histoires à raconter, pas vrai ? »

Kenneth sourit. « Je les garde pour mes mémoires. »

Mary absorbait toute la scène, bouche bée. Elle se dit que cet homme devait être extrêmement courageux pour avoir voyagé dans ces contrées lointaines et s'être battu pour son pays. Il était aussi très beau, et elle *adorait* sa cravate jaune. Elle lui donnait une allure incroyable, et Mary détestait l'autre type, qui s'était montré si grossier à son sujet.

« Cacahuètes ! » lança alors Frank, comme sorti de nulle part. Sa femme Bertha lui adressa un regard surpris, de même que Doll et Sam. « Il y a un type là-bas qui vend des cacahuètes, montra-t-il du doigt. Des cacahuètes grillées au sel. Je vais aller en prendre quelques paquets. Qui en veut ?

— Frank, dit son beau-père en cherchant de la monnaie dans la poche de son pantalon. Je ne peux pas te laisser payer pour tout le monde. Laisse-moi participer.

— Mais non voyons, Opa. Ce ne sont pas quelques cacahuètes qui vont me ruiner. » Et sur ces mots, il partit faire ses emplettes.

Pour Mary, un élément de cet échange fut plus frappant que tout le reste : l'accent de Mr Schmidt. Elle se souvenait, bien sûr, qu'il était allemand, mais allez savoir pourquoi, elle ne s'attendait pas à ce que *sa voix* soit allemande. Ou du moins pas aussi lourdement et indéniablement allemande. Et elle n'était pas la seule à l'avoir remarqué : Neil Burcot jeta un coup d'œil acéré à Mr Schmidt dès qu'il l'entendit prendre la parole.

« Tu connais ces gens, mon chéri ? demanda Bertha Lamb à son fils, tandis que le groupe d'indésirables continuait à plaisanter, bavarder, boire et se quereller, un comportement qu'on ne pouvait pas tout à fait qualifier de trouble à l'ordre public, mais qui était constamment à deux doigts de basculer. « J'imagine qu'ils ne sont pas allés au lycée ?

— Certains si, dit Geoffrey. Celui-là (désignant Neil) était trois classes au-dessus de moi, jusqu'à ce qu'il se fasse virer.

— Je vois.

— Ils sont excités, c'est tout, dit Mr Schmidt en adressant à Neil un sourire que celui-ci perçut sans le lui rendre. C'est bien normal aujourd'hui, n'est-ce pas ? »

Sa fille semblait en douter. Sa femme lui pressa le bras, assez fort pour lui arracher une grimace.

Pile à ce moment-là, une onde parcourut la foule, un lent crescendo d'émerveillement alors qu'on allumait les premiers feux d'artifice, et que quelques secondes plus tard le ciel noir bleuté explosait de bruit et de lumière. Un mélange de cris de surprise et de soupirs s'éleva dans l'atmosphère. Mary leva les yeux vers son père, tandis que d'autres feux d'artifice partaient, et crut voir quelque chose d'étrange dans ses yeux, comme une double dimension, comme s'il contemplait le spectacle avec attention tout en se remémorant un autre souvenir. Bien des années plus tard, devenue une vieille dame, elle conserverait une image claire de son visage indéchiffrable à cet instant précis, et se demanderait s'il pensait à ces autres ciels nocturnes qu'il avait contemplés les années précédentes, posté sur le toit de l'Usine, l'obscurité quadrillée par les projecteurs, le vrombissement d'un avion au-dessus de leurs têtes, la ville ébranlée par le bruit des bombardements et des tirs antiaériens, le paysage urbain dévasté ponctué d'incendies, à perte de vue. Et puis ces autres explosions inoffensives, ces pluies de lumières et ces traînées de chaleur et de feu, qui devaient d'une certaine manière paraître une parodie festive de tout ce dont il avait été témoin. Pendant les années d'après-guerre, il était difficile de savoir si son esprit s'appesantissait parfois sur ces longues nuits, ces raids aériens. Il n'en parlait jamais. Mais étrangement, Mary conserverait toujours le souvenir du mystère fugace qui avait plané sur le visage aimé et familier de son père ce soir-là, un souvenir bien plus vif que ce qui se produisit ensuite, même si ce qui se produisit ensuite était en soi beaucoup plus dramatique.

Les ennuis commencèrent quand un autre groupe de jeunes hommes arriva, fendant la foule pour s'approcher tout près du feu de joie. C'étaient apparemment des amis de Neil, car à son passage ils le saluèrent à grands cris. L'un d'eux poussait une brouette sur laquelle était placée une effigie grossière, forme humaine approximative représentant un torse grotesque en position assise, le dos à moitié redressé. L'effigie ne ressemblait pas vraiment à un être humain, mort ou vivant, mais elle était immédiatement identifiable, car la veste élimée jetée sur ses épaules arborait un brassard à croix gammée, et au milieu de l'ovoïde cauchemardesque de son visage, sous un nez figuré par une pince à linge, il y avait une petite moustache rectangulaire confectionnée avec le crin d'un vieux balai ou d'une brosse. Dès que les gens comprirent qui il était censé représenter, le personnage déclencha une salve de huées et de sifflets, qui s'intensifièrent quand on fit rouler la brouette jusqu'à destination, pour précipiter son contenu dans les flammes. Le chancelier allemand s'embrasa immédiatement et la foule – en particulier les personnes proches de Mary et de sa famille – devint dingue. Les cris de « Brûlez-le ! Brûlez ce salopard ! » résonnèrent, ce qui poussa Mr Schmidt à élever le ton et à dire : « Messieurs, voyons ! Un peu de décence devant ces jeunes femmes, je vous prie ! »

Ce fut peut-être l'appel à la « décence » qui représenta pour lui la principale provocation, en tout cas Neil se mit immédiatement en pétard. Il se précipita sur Mr Schmidt en brandissant une bouteille de whisky, désormais vide. « Carl, attention ! » cria sa femme, mais cela aussi, ce fut une erreur. « T'as dit qu'il s'appelait comment ? siffla Neil. Carl, c'est un nom allemand, pas vrai ? Ton mari est allemand ? » Il n'y eut pas de réponse de la part du couple de personnes âgées. « Alors... t'es un Boche ou t'es pas un Boche ? » « Je suis un citoyen anglais naturalisé, commença Mr Schmidt. Je vis dans ce pays depuis plus de... » « T'es un salopard de Boche, voilà ce que t'es, rétorqua Neil. T'as un sacré culot de te pointer ici ce soir, alors que ça fait cinq ans que vous nous bombardez comme des fous et que vous tuez nos gars à l'étranger. » « Je n'ai rien à voir avec ça, insista Mr Schmidt. Je n'ai... » Mais il n'eut pas le loisir d'en dire plus.

Mary ne se rappelait pratiquement rien de ce qui s'était passé ensuite. Les éclats de verre, la volte-face soudaine et la disparition de Neil qui s'enfuyait avec ses amis, et puis Mr Schmidt étendu par terre, du sang s'écoulant d'une plaie sur son front, une plaie que Kenneth était en train de panser, après avoir ôté sa cravate jaune dont il avait fait un bandage improvisé. Après cela, elle avait tout oublié. Elle n'avait aucun souvenir de la façon dont elle était rentrée, aucun souvenir de la façon dont la cravate elle-même était rentrée avec elle, vraiment aucun souvenir de l'avoir ramassée au sol, ce qu'elle avait dû faire, dans le chaos et la confusion. Mais elle était là, le lendemain matin, dans la poche de sa robe. Une bande de tissu jaune brillant, désormais mouchetée de taches de sang séché formant un motif décoratif abstrait sur toute sa longueur.

La plaie, apparut-il, était sans gravité. Mr Schmidt était plus choqué que blessé. Sa famille ne parvint pas à le convaincre de déposer plainte. Il ne voulait pas faire d'histoires, il voulait simplement mettre cet épisode derrière lui. Ils firent tout ce qu'ils pouvaient pour qu'il change d'avis, peine perdue. C'était un vieil homme têtu. Doll et Samuel, informés par Frank quelques jours plus tard, haussèrent les épaules et dirent que c'était vraiment dommage, car les voyous de cette espèce devaient être punis, mais que la décision lui appartenait. Ensuite, les contours de cette histoire évoluèrent et se brouillèrent progressivement, à mesure qu'elle prenait place dans la mythologie partagée de Frank, Bertha, et du reste de sa famille, s'arrêtant sur une vague version autorisée, dans laquelle c'était Geoffrey qui était venu à la rescousse de son grand-père. Seule Mary ne se rappelait pas les choses de cette manière – mais qui aurait cru une petite fille à l'imagination fertile ? – et chérissait son souvenir de l'héroïsme chevaleresque de Kenneth, dont elle conservait la preuve sous la forme de sa cravate tachée de sang, bien rangée dans sa boîte au grenier, avec son trèfle à quatre feuilles, sa photographie signée de John Mills, et tous ses autres trésors enfantins.

DEUX

*Le couronnement
de la reine Élisabeth II*

2 juin 1953

1

Après le départ du technicien, Sam appela Doll au salon, et pendant une minute ou deux ils restèrent simplement là, main dans la main, à contempler avec une fierté silencieuse le nouvel objet fabuleux qui se trouvait dans le coin de la pièce. De conception simple, il se divisait en deux : dans la partie supérieure, un écran de dix-sept pouces d'un gris-vert pâle et légèrement bombé ; au niveau inférieur, une enceinte avec deux boutons en bakélite intégrés à la grille, un pour le volume, un pour le réglage. Une mince bande de plastique noire séparait les deux parties du poste, avec en son centre un petit F majuscule doré, indiquant qu'il avait été fabriqué par Ferranti, à Manchester. L'élégant appareil était tout ce qu'il leur fallait, paraissait-il, pour accéder au royaume magique qui attirait des masses croissantes de Britanniques depuis quelques années : la communauté des téléspectateurs. Désormais, ils allaient eux aussi pouvoir savourer le music-hall à l'ancienne du Stoll Theatre de Londres, regarder The Television Toppers, la troupe de danse à la mode, se produire dans « l'un des lieux les plus courus de Londres », voir les courses hippiques à Kempton Park et le hockey féminin au stade de Wembley, visiter les *Demeures historiques anglaises*, s'informer sur *Les volailles dans la production agricole*, et découvrir comment on fabriquait les battes de cricket dans *King Willow*. Doll aurait accès aux « conseils pratiques à l'usage de la maîtresse de maison » de Joan Gilbert dans *About the Home*, tandis que Sam boirait les sages analyses politiques des intervenants d'*In the News*, et tous deux pourraient développer leur culture générale en regardant le célèbre jeu télévisé *Animal, végétal ou minéral* ? Et pendant les nombreuses heures où la BBC ne diffusait rien, on pouvait dissimuler le téléviseur, dont les portes en bois de rose se refermaient discrètement sur l'écran et l'enceinte, si bien que l'appareil pouvait passer aux yeux du monde pour une armoire-bar des plus respectables. C'était cette caractéristique que Doll appréciait le plus, et elle consacra quelques heures joyeuses à tester différents vases et compositions florales à placer sur le dessus. Le résultat était tout à fait ravissant, jugeait-elle. Impossible de savoir qu'il y avait une télévision là-dedans. Malheureusement, on ne pouvait en dire autant de l'extérieur de leur maison, désormais défigurée par une antenne aussi énorme que laide, qui dérangeait affreusement les lignes pures du toit et du pignon. Elle pria Sam de faire quelque chose, mais celui-ci soutint qu'on ne pouvait rien y changer : l'antenne devait être placée exactement à cet endroit, et orientée selon cet angle précis.

Tandis que Doll se repliait dans la cuisine pour ruminer ce grief dans le silence maussade dont elle était coutumière, Sam sortit pour jeter à nouveau un coup d'œil à l'objet du délit, depuis le jardin de devant. Personnellement, il ne voyait vraiment pas ce qui contrariait tant sa femme. C'est vrai, l'antenne était extrêmement visible, mais c'était également un objet beau et moderne. Le métal rutilant et les angles aigus étaient une déclaration au monde : oui, nous vivons dans une élégante demeure, mais nous appartenons aussi à cette nouvelle ère élisabéthaine qui, à l'orée des années 1950, sait prendre la vague du changement technologique. Qu'avait-elle contre ça ? Trois ans plus tôt, en décembre 1949, un nouvel émetteur de télévision gigantesque avait été érigé au sommet d'une colline près de Sutton Coldfield, à une quinzaine de kilomètres, un événement si notable et un prodige scientifique tel que les gens faisaient le déplacement spécialement pour le voir, en guise d'excursion familiale. Doll, Mary et lui avaient fait partie de ces gens, et s'il était vrai que Doll n'avait pas paru particulièrement enthousiaste, ni particulièrement impressionnée en découvrant l'émetteur lui-même, la balade avait tout de même été mémorable (du moins dans son souvenir). Sam avait été déçu de manquer le Festival of Britain. Il aurait aimé emmener sa famille à Londres, visiter la South Bank, explorer le Dome of Discovery et ses expositions diverses et variées d'innovations scientifiques, et bien sûr le Skylon, cette merveilleuse sculpture en forme de cigare soutenue par des câbles d'acier, qui semblait flotter au-dessus de la Tamise. Allez savoir pourquoi, il n'avait pas réussi à persuader Doll et Mary de faire le voyage – il avait dû se contenter de lire des articles dans le journal –, mais Sutton Coldfield était beaucoup plus près et, à sa façon, l'émetteur était un objet tout aussi impressionnant que ce qu'il imaginait du Skylon. Et puis leur nouvelle antenne de télévision lui donnait le sentiment d'être connecté à l'émetteur, et via l'émetteur, à la Broadcasting House de Londres, et d'un seul coup Bournville ne semblait plus coupée du vaste monde. Sam était vraiment convaincu que ces nouvelles ondes électromagnétiques, qui se répercutaient depuis la capitale jusque dans chaque cité, ville et village du pays, rapprochaient les gens. Donc non, il n'enlèverait pas l'antenne du toit, et ne la changerait pas non plus de place pour qu'elle soit moins voyante. C'était une force au service du progrès, une force au service de l'union. C'était une force au service du bien.

2

Geoffrey avait commencé à courtiser Mary à l'automne 1951, alors qu'elle était encore lycéenne. Ils prenaient le même bus tous les matins, elle pour se rendre au lycée, lui pour gagner le campus universitaire. Geoffrey avait alors vingt-deux ans et Mary dix-sept. Il se comportait vis-à-vis d'elle en vrai gentleman, avec courtoisie : il ne la touchait pas, n'essayait pas de l'entreprendre ni rien de ce genre. La plupart du temps, ils se contentaient de discuter, et déjà à l'époque, jamais de choses sérieuses. Ils parlaient principalement de sport, car tous deux étaient férus de tennis. Mary était devenue une jolie jeune fille à la silhouette athlétique. Elle réussissait le tour de force d'avoir de larges épaules – et le haut du corps musclé, de façon générale – tout en gardant une taille de guêpe et une grâce, une délicatesse dans ses gestes qui attiraient l'attention de beaucoup d'hommes, outre Geoffrey. Elle était capitaine de l'équipe de crosse de l'école, faisait partie des piliers de celle de tennis, et avait récemment adhéré en tant que membre junior au club de Weoley Hill. Dès qu'il l'apprit, Geoffrey s'y inscrivit aussi.

Ils y jouaient deux ou trois fois par semaine, le week-end et parfois le soir, quand il faisait assez jour. Leurs matchs, comme c'est bien souvent le cas, reflétaient leur personnalité. Geoffrey était lent et toujours sur la réserve : intelligent et plein de ressources dans son placement de balle, mais handicapé par son tempérament prudent. Mary était tout le contraire : puissante, vive, impulsive, elle cherchait toujours la solution la plus rapide et la plus efficace à un problème, et ne s'attardait jamais à analyser ou à revenir sur ses erreurs. D'une certaine manière, ils se complétaient bien : les hésitations de Geoffrey compensaient le manque de réflexion de Mary. Après les matchs, ils allaient boire une limonade ou un soda au citron au club-house, et bavardaient gaiement, avec enthousiasme. Au début, Geoffrey essayait de lui parler de ses études, mais l'un comme l'autre se rendirent rapidement compte que tout ce que le jeune homme pouvait lui raconter lui passait au-dessus de la tête. Mary appréhendait vite et intuitivement ses propres limites : elle savait ce qu'elle était capable de comprendre et ce qu'elle ne comprendrait jamais ; et ce qu'elle ne comprendrait jamais, elle n'avait pas envie d'en entendre parler. Il lui suffisait de savoir que Geoffrey étudiait les lettres classiques, qu'il était très intelligent, qu'il écrivait une thèse sur Virgile, ou peut-être bien Ovide – c'était l'un des deux –, et que lors des rares occasions où il évoquait les deux années traumatisantes de son récent service militaire, il prétendait y avoir survécu en passant ses soirées à la garnison à traduire des passages d'*Oliver Twist* et de *Nicholas Nickleby* en latin.

Les autres membres du club s'habituèrent

tellement à voir Mary et Geoffrey ensemble que tous étaient convaincus qu'ils formaient un couple bien avant que les deux intéressés n'en prennent eux-mêmes conscience. C'était donc tout naturellement qu'une des adhérentes, Jane Sanders, les avait abordés un jour – un jour de juillet 1952 – pour leur proposer un match en double mixte. « Mon frère arrive de Londres pour quelques jours, expliqua-t-elle, et il faut que je trouve des choses à faire avec lui, alors je me suis dit que je l'emmènerais jouer vendredi soir. Ça vous dirait, un match ? Je crois qu'on est à peu près du même niveau. »

« Je me demande comment sera son frère, dit Mary en rentrant à vélo avec Geoffrey. » Pour elle, l'expression « il arrive de Londres » impliquait un degré sensationnel de sophistication.

« Kenneth ? Je le connais un peu. Il était dans mon lycée, deux classes au-dessus de moi. J'imagine que tu ne t'en souviendras pas, mais il était là le soir de la Victoire. La fois où il y avait eu du ramdam avec mon grand-père. »

Mary – qui pour sa part aurait choisi un mot plus fort que « ramdam » – ne put réfréner son enthousiasme à l'idée de revoir le héros de cette soirée. En tout cas, elle le considérait comme le héros. Elle gardait de cette nuit-là un souvenir brumeux, pas du tout fiable – cela faisait sept ans, après tout –, pourtant ce qui l'ennuyait notamment, c'était son incapacité à se rappeler le rôle joué par Geoffrey lui-même. Bien sûr, il y avait beaucoup de monde, et il n'avait pas manqué de gens pour prêter assistance à Mr Schmidt ou se lancer à la poursuite des coupables, malgré tout, c'était troublant de ne pas avoir le moindre souvenir d'une quelconque intervention de Geoffrey. Il avait peut-être simplement été trop lent à la détente, comme souvent sur le court de tennis. Mais tout de même, son propre grand-père... C'était ça, le plus curieux dans cette affaire.

Quand vint le jour de disputer leur match contre Jane et son frère, ils les battirent aisément, deux sets à zéro. En fait, ce fut Mary qui fit tout le boulot : Geoffrey était en petite forme – il paraissait plus mou que jamais en renvoyant la balle, tandis que Kenneth se révéla un peu trop doué pour le faire courir sur le court – et leur marge de victoire devait beaucoup aux fautes répétées de Jane. Après le match, puisqu'il faisait bon ce soir-là, ils commandèrent leurs boissons dans des gobelets en carton et les emportèrent sur les rives du Bourn, le ruisseau qui bordait le club au nord, et dont les eaux troubles couleur brun-vert offraient un refuge à quelques épinoches, aussi bien qu'un spectacle reposant aux joueurs de tennis.

Kenneth tint à s'asseoir près de Mary et à la complimenter sur son jeu. « Sacré revers que tu tiens là, jeune fille.

— Merci. Tu joues souvent, à Londres ?

— J'aimerais bien, mais je n'ai jamais le temps.

— Kenneth est terriblement occupé, intervint fièrement sa sœur. Il est en train de faire sensation dans le monde du journalisme.

— En écrivant sur des ventes de gâteaux et des vieilles dames qui appellent les pompiers parce que leur chaton est coincé dans un arbre, répliqua-t-il avec une bonne dose d'autodérision.

— Plus maintenant, lança Jane, qui expliqua aux autres : Il commence à l'*Evening Standard* ce lundi.

— Félicitations », dit Mary. Mais la réaction de Geoffrey fut de demander, avec une certaine aigreur :

« Mais pourquoi t'as envie de faire ce genre de sale boulot, d'abord ?

— Je ne trouve pas que le journalisme soit un sale boulot, dit Kenneth. Pas du tout. Je pense qu'il se passe des tas de choses intéressantes dans ce pays, en ce moment – des changements sociaux et tout ça, depuis la guerre –, et que le journalisme a un rôle important à jouer là-dedans. Pour expliquer les enjeux aux gens. Les tenir informés. »

Geoffrey renifla. « Ça ressemble à une vision sacrément idéaliste des choses, d'après moi.

— C'est parce que tu t'intéresses seulement à ce qui s'est passé il y a deux mille ans, rétorqua Mary. La Rome antique, et tout le tintouin. »

Geoffrey s'apprêtait peut-être à changer de sujet, mais cette remarque le piqua, si bien qu'il ajouta : « De toute façon je ne pense pas que le pays change tant que ça, *en vérité*. Juste après la guerre, on a pu croire qu'il y avait un risque que ça arrive, mais maintenant qu'on a de nouveau un gouvernement comme il faut, tout est rentré dans l'ordre.

— Un risque ? fit Kenneth. C'est comme ça que tu qualifierais ce que faisait le gouvernement Attlee ? Créer un système de santé publique ? Un État-providence ? Tu penses que tout ça c'est dangereux ?

— Oh allez, quoi, les garçons, implora Jane. Vous n'allez pas vous disputer pour des histoires de politique ! Il y a de meilleurs sujets de conversation, par une agréable soirée comme celle-ci, vous ne croyez pas ? Est-ce que tu t'y connais en petits bateaux, Geoff ?

— En petits bateaux ? Pas vraiment, pourquoi ?

— Parce que mon adorable sœur, dit Kenneth, m'a embringué pour emmener son fiston à Valley Park demain matin, avant mon retour à la capitale. Il pense pouvoir compter sur quelqu'un qui maîtrise le sujet, et moi je n'y connais rien.

— En bon journaliste, je suis sûr que tu y arriveras au bluff », fit Geoffrey.

« Pourquoi as-tu été aussi acerbe avec lui ? » demanda plus tard Mary, alors que Geoffrey la raccompagnait chez elle. Il était neuf heures passées, encore une longue soirée d'été qui touchait à sa fin. Les rues arborées de Bournville étaient toujours baignées d'une pâle lueur tirant sur le vert.

Au lieu de répondre, Geoffrey lança d'un ton rêveur : « Jane s'est bien débrouillée en épousant Derek Sanders. Elle a gravi un ou deux échelons.

— Un ou deux échelons ?

— Sur l'échelle sociale. Kenneth et elle ne sont pas vraiment du coin, tu sais. Ils ont grandi à Cotteridge, dans une toute petite maison mitoyenne. Je l'ai vue une fois. L'authentique petit lotissement en enfilade, tu vois. »

Écoute-toi donc, songea Mary. Tes parents et toi, vous vivez encore dans un bungalow. Et en bois, en plus. Mais elle se contenta de dire : « Tu penses que ce sont des petites gens, alors ?

— Non, mais je dirais qu'ils étaient plutôt classe moyenne inférieure, pas moyenne moyenne comme nous, dit Geoffrey, avant d'ajouter : Il va vite perdre cet accent de Birmingham à Londres, tu verras. »

Mary ne voyait pas bien quelle différence cela faisait d'être de classe moyenne inférieure ou moyenne moyenne ou je ne sais quoi encore. Et elle n'avait même pas remarqué que Kenneth avait un accent. Geoffrey était vraiment casse-bonbons ce soir. Quelle mouche l'avait piqué ?

Ils s'arrêtèrent au portail de sa maison, et Geoffrey posa leurs sacs de tennis pour pouvoir prendre les mains de Mary entre les siennes. Elle ne résista pas, mais le cœur n'y était pas ce soir.

« J'avais l'intention de te dire, continua Geoffrey, que je fais une virée en voiture demain. Ma cousine Sheila débarque dans la matinée avec son nouveau fiancé, et on file aux Malverns. Faire un pique-nique.

— Ah ? dit Mary.

— Il s'appelle Colin. Colin Trotter, dit Geoffrey, comme si c'était important. Je crois que je suis censé me faire un avis sur lui, voir si la famille approuve.

— En testant son accent ? » lui demanda-t-elle, taquine, mais non sans mordant.

Il ignora sa question. « Ça te dit de venir aussi ? On serait quatre. Ce serait super si tu venais. Super pour moi, je veux dire. »

Mary hésita. Elle n'avait pas de projets le lendemain. D'un autre côté, un début d'intention était en train de germer dans sa tête – une intention si vague qu'on ne pouvait pas vraiment parler de projet. Et elle était assez remontée contre Geoffrey.

« Je suis désolée, mais je ne peux pas », dit-elle. Il fallait un mensonge. Elle n'était pas très douée pour ça, mais en inventa promptement un. « J'ai promis à Maman que j'irais faire du shopping en ville avec elle. Qu'on y passerait la journée. Déjeuner chez Rackham, etc.

— Bon, tant pis, c'est dommage. » Il soupira

puis ajouta : « Bon, tant pis » encore une fois, et enfin se pencha pour son baiser d'adieu. Il y eut un instant de confusion alors qu'il cherchait sa bouche et qu'elle lui offrait sa joue, et il finit par lui en planter un sur l'oreille. Franchement, au bout de six mois de flirt, ils auraient dû être meilleurs à ce jeu.

« Bonne nuit », murmura Mary, toute rouge, et elle était déjà devant la porte d'entrée de ses parents quand elle se rendit compte que son sac de tennis était resté sur le trottoir, et dut retourner le chercher.

Cet été 1952 profitait d'une météo sans nuages, et le lendemain matin aussi ce fut une journée splendide, chaude et ensoleillée. C'était un samedi de début juillet, et le temps que Mary s'aventure du côté du lac aux petits bateaux de Valley Park (évidemment, ce n'était pas son itinéraire habituel, mais pourquoi pas ?), le soleil était au zénith et le bleu profond du ciel se reflétait dans les eaux calmes. Le terrain de jeu derrière le lac et les grands chênes qui ceinturaient le mystérieux domaine de Woodbrooke, le long de sa rive, créaient un décor tellement bucolique qu'on aurait facilement pu se croire à la campagne – seul le bruit de la circulation toute proche sur Bristol Road rompait l'illusion. Mais même les rues étaient tranquilles, ce matin-là. Bournville semblait jouir d'une atmosphère d'un calme ineffable, presque enchantée. Il y avait quelques personnes sur les bancs près de l'eau, et trois petits bateaux sur le lac, dont l'un appartenait à Kenneth et son neveu, qui le regardaient, impuissants, flotter en direction du centre, encalminé et tout à fait hors de leur portée.

« Salut, dit Kenneth, l'air heureux mais pas particulièrement surpris de la voir. On est en situation de crise. Voici Timothy, au fait. Je suis content que tu sois passée. Le timing aurait pu être meilleur, par contre.

— Comment allez-vous le récupérer ? demanda Mary.

— On va devoir se contenter d'attendre un petit coup de vent, je crois. Mais pour le moment il n'y a pas l'air d'y en avoir tellement. »

Timothy, qui ne se préoccupait guère de la situation, s'éloigna pour regarder les canards, tandis que Mary et Kenneth prenaient place sur un banc au soleil.

« Mon père m'emmenait souvent ici, dit Kenneth en renversant la tête pour profiter de la chaleur des rayons. Avant la guerre. Ça n'a pas changé. Pas changé du tout.

— J'aime beaucoup cet endroit, répondit Mary. Mais j'ai du mal à croire que le coin puisse te manquer beaucoup. Il doit y avoir tellement de choses à faire à Londres, comparé à ici.

— C'est vrai.

— Quand est-ce que tu t'es installé là-bas ?

— Ça fait un peu plus d'un an. Tu as raison, tout semblait bel et bien se passer là-bas. Le Festival venait de s'ouvrir. Tous les nouveaux bâtiments, sur la South Bank. Le Skylon, les Pleasure Gardens. Tellement de choses excitantes.

— J'imagine qu'à côté, ça fait un peu trou perdu, ici.

— Pas vraiment, dit Kenneth. Plutôt une sorte d'oasis. C'est un endroit très... préservé, pas vrai ? Les gens qui habitent ici sont assez privilégiés, mais je ne suis pas sûr qu'ils s'en rendent compte.

Comme les Londoniens qui vivent à Hampstead. Les gens qui ont eu de la chance dans la vie n'aiment pas trop qu'on le leur rappelle.

— Tu penses que j'ai de la chance ?

— Bien sûr. Tu aurais pu naître n'importe où, dans n'importe quelle famille. Mais tu as atterri ici. Et il n'y a pas à dire, c'est un chouette coin. »

Pile à ce moment-là, Timothy arriva au galop pour attirer l'attention de son oncle sur les progrès de leur bateau. La brise l'avait enfin écarté du centre du lac, et le poussait tout droit vers la rive la plus éloignée. Kenneth attrapa la main de son neveu, et ils coururent tous deux le récupérer. Mary resta sur le banc, d'abord un peu piquée par ces remarques – sa famille ne lui paraissait pas « privilégiée » pour un sou, et elle n'aimait vraiment pas ce terme. Cependant, comme à son habitude, elle évacua ce sentiment et refusa de l'analyser, préférant s'absorber dans la contemplation du spectacle qu'offraient les deux garçons, penchés sur l'eau pour secourir leur voilier. Elle voyait que Kenneth était quelqu'un qui aimait les enfants, et savait comment interagir avec eux, une qualité qui arrivait en tête de liste parmi celles que Mary jugeait désirables chez un homme. Ils lancèrent à nouveau le bateau, et parurent s'être mieux débrouillés cette fois côté trajectoire. Le voilier voguait à présent en ligne droite vers Mary et, à mesure qu'il s'offrait à sa vue, se révéla une miniature très réussie, la coque peinte d'un rouge brillant, la voile doucement gonflée par le vent. Timothy ne le quittait pas des yeux, rayonnant d'une fierté de propriétaire en faisant le tour du lac pour le suivre.

Satisfait du cours que prenaient les choses,

Kenneth rejoignit Mary sur le banc. Pendant un petit moment, aucun des deux ne parla. Puis Mary dit sur un ton désinvolte :

« Est-ce que Dartford est près de Londres ?

— Dartford ? Assez près, oui. À environ une demi-heure de train, je dirais. Pourquoi ?

— C'est là que je vais en septembre. Il y a une faculté d'éducation physique et sportive, là-bas.

— Éducation physique ? Genre prof de sport ?

— C'est ça.

— Alors tu vas devenir prof de sport ? C'est logique. Je suis sûr que tu seras excellente. Combien de temps tu vas rester là-bas ?

— Trois ans. Donc j'imagine que je viendrai très souvent à Londres. »

Kenneth fut lent à comprendre le message ; mais il finit par le faire.

« Très bien, alors, dit-il en fouillant dans sa poche, dans ce cas il faut vraiment qu'on se voie. Enfin si… je veux dire, tu auras peut-être envie que quelqu'un te fasse visiter. »

Il sortit un carnet de sa poche de pantalon, y inscrivit son adresse et son numéro de téléphone, et déchira la page. Mary essaya de ne pas la lui arracher trop avidement.

« Merci », dit-elle, et même si le temps qu'elle passa encore avec eux défila bien trop vite, et se conclut sans rien de plus excitant qu'une poignée de main polie de l'oncle comme du neveu, elle n'était pas trop abattue. Elle reverrait Kenneth à l'automne, c'était ça l'important. Comme d'habitude, elle ne s'attarda pas sur les raisons cachées derrière tout ça.

3

14 septembre 1952

Maman et Papa m'ont emmenée en voiture depuis Birmingham et nous sommes arrivés à Dartford College à 15 heures. Quel endroit sinistre. J'ai senti mon cœur chavirer dès que nous nous sommes engagés dans l'allée. Nous avons défait mes bagages, et puis après leur avoir fait au revoir de la main, j'ai dû monter pleurer un petit coup dans ma chambre. C'était très gênant car voilà qu'a débarqué Alice, une de mes colocataires. Il va falloir que je m'habitue à n'avoir aucune intimité, ici ! C'est tellement différent par rapport au fait d'avoir ma propre chambre à Birch Road. Enfin bref elle a réagi très gentiment et il y a une autre fille avec nous qui s'appelle Laura et qui a l'air gentille aussi. Je crois qu'on va toutes drôlement bien s'entendre, une fois qu'on s'y sera fait.

27 septembre 1952

Première sortie à Londres pour retrouver Geoffrey. Malheureusement il a plu des cordes, mais ça ne nous a pas empêchés de passer une merveilleuse journée. Je l'ai accueilli à sa descente du train à Euston et, après avoir pris un thé et une part de gâteau à la gare, nous sommes allés au British Museum. J'apprends tellement de choses, avec G. pour me servir de guide ! Il ne parle pas beaucoup, mais on dirait qu'il connaît tout sur tout. Ensuite nous sommes retournés à la gare, et il est resté si longtemps à m'embrasser pour me dire au revoir qu'il a failli manquer son train, et a dû piquer un sprint. J'ai pris le métro jusqu'à Charing Cross puis je suis rentrée dans ce trou de Dartford, complètement à plat. Il me manque tellement.

26 octobre 1952

La routine commence à s'installer ici, et je m'habitue peu à peu à ce rythme. L'organisation est assez simple : on est nourries, puis on sort brûler nos calories, puis on nous nourrit encore, on retourne se dépenser, et ainsi de suite. Le régime est bien bourratif. Des tartines et des corn flakes au petit déjeuner, des petits pains et des beignets à la pause matinale, un plat chaud et nourrissant au déjeuner (viande hachée et haricots, apparemment une des recettes préférées du cuisinier), scones ou gâteaux secs l'après-midi, puis quelque chose d'un peu plus léger pour le dîner, comme une salade au fromage ou au jambon, avec un fruit. Je prendrais des kilos si on ne me faisait pas faire autant d'exercice ! Du hockey, du netball, du tennis, de la course à pied, du volley. Dieu sait ce qu'on va faire quand les jours vont raccourcir et le temps se rafraîchir. Beaucoup de gymnase, j'imagine ! Pas encore de pratique pédagogique, ça commence au prochain trimestre.

Retournée à Londres hier, pour voir Geoffrey. C'était la troisième fois. On commence à se repérer dans la ville, comme deux vrais cockneys. On va généralement au musée ou visiter une galerie, puis faire une promenade dans un des grands parcs, et enfin dîner avant son retour. Hier, on a fait des folies et on est allés à la Maison Lyons à Marble Arch. J'ai pris du coq au vin – quelle aventure ! – et G. un assortiment de grillades tellement copieux qu'il n'a pas réussi à le terminer. Affreusement triste quand il est rentré comme d'habitude. Failli pleurer dans le train du retour, mais j'ai réussi à me reprendre à temps.

22 novembre 1952

Depuis le jour où je suis arrivée ici, j'avais l'intention d'écrire à Kenneth, mais un peu de mal à trouver le courage. Eh bien je n'aurais pas dû m'en faire, car cette semaine il m'a envoyé une adorable carte postale avec une proposition géniale. Il disait qu'il avait un billet en plus pour une pièce de théâtre à Londres, si jamais je voulais l'accompagner. Si je voulais ? Essayez un peu de m'en empêcher !

Il n'a pas précisé ce qu'on allait voir, et je ne l'ai su qu'une fois arrivée au théâtre – c'était cette nouvelle pièce d'Agatha Christie dont tout le monde parle : « La Souricière ». Avant le spectacle on a bu du vrai champagne au bar (je n'ai pas osé demander combien ça lui avait coûté – de toute façon Kenneth a dit qu'il ferait tout passer en note de frais), mais malheureusement nous n'avions pas le temps de dîner après, sinon j'aurais manqué le dernier train pour Dartford. J'ai dû me préparer une tartine de fromage à la cuisine, pas terrible comme conclusion à cette journée, mais j'étais littéralement affamée et puis de toute façon ça ne me dérangeait pas vraiment vu qu'on a passé un moment tellement merveilleux. Kenneth a tellement de conversation. Il est beaucoup plus bavard que Geoffrey, et commence à connaître des gens tellement intéressants. Je pourrais l'écouter parler pendant des heures.

Quant à la pièce, je dois dire que j'ai été plutôt déçue, et que je l'ai trouvée assez médiocre, par rapport à ses livres. C'était très lent et prévisible. Je suis contente de l'avoir vue à ce moment-là parce que j'imagine qu'elle ne se jouera plus très longtemps.

14 janvier 1953

Eh bien m'y revoilà, de retour au turbin, comme on dit. Et le mal du pays est plus fort que jamais, cette fois. Quel merveilleux Noël nous avons passé en famille, et tous ces moments formidables avec Geoffrey. Je me souviendrai longtemps du jour où nous sommes allés patiner à Rowheath. Et maintenant c'est retour au turbin, et même si c'est chouette de retrouver Alice et Laura, je suis terriblement tentée de courir à la gare prendre le premier train pour rentrer à la maison. Je me demande si ça finira par devenir plus facile un jour. Il faut juste que je m'accroche à l'idée que je reverrai G. dans dix jours.

Dix jours ! À l'heure actuelle, ça ressemble à une éternité.

14 mars 1953

Quelle journée ! Je ne sais pas trop comment je vais pouvoir raconter tout ça dans un journal intime. Mes mains tremblent tellement que c'est à peine si je peux tenir mon stylo.

D'abord... rien de tout ça ne serait arrivé si j'avais accepté l'invitation de Kenneth à l'accompagner pour une "visite privée" dans je ne sais quelle galerie d'Hampstead. Ça paraissait tout à fait fascinant comme programme, et j'ai failli accepter, mais je ne pouvais vraiment pas reporter mon rendez-vous avec Geoffrey, je savais à quel point il avait hâte de me voir et de m'emmener au zoo. Je l'ai retrouvé au train de 11 h 30, nous avons enchaîné avec notre habituel déjeuner aussi copieux qu'indigeste, et puis nous sommes allés au zoo, où la file d'attente pour entrer était énormissime. On a tout de même passé un moment formidable. Curieusement, Geoffrey n'a pas voulu m'accompagner dans le pavillon des reptiles, il a une peur panique des serpents et refuse de les regarder, même bien en sécurité derrière une vitre. Il a vraiment de drôles de manières, parfois. Puis après le zoo nous sommes allés au parc nous asseoir au bord d'un des bassins d'agrément, l'atmosphère était tellement romantique, et c'est à ce moment-là qu'il a dit la dernière chose que je m'attendais à entendre : "Mary, ma chérie, veux-tu m'épouser ?" il a dit, et mon cœur a failli exploser. Bien sûr j'ai dit oui. Donc maintenant je suis officiellement fiancée et je vais me marier !!! Je n'arrive vraiment pas à y croire. J'ai passé les dernières vingt-quatre heures sur un petit nuage et pour l'instant tout ça me paraît complètement irréel. Bien sûr j'ai appelé Maman et Papa et je leur ai dit et ils étaient aux anges aussi, même si Papa m'a quand même demandé si je ne trouvais pas que j'étais un peu jeune pour me fiancer, mais je crois qu'il ne le pensait pas, c'est juste qu'il était tellement sous le choc qu'il ne savait pas trop quoi dire.

18 mai 1953

Encore une belle journée à Londres avec Geoffrey. On est allés dans le quartier des bijoutiers se renseigner pour faire agrandir la bague, parce qu'elle me serre beaucoup trop le doigt. C'était un quartier de Londres où ni lui ni moi n'étions jamais allés, et ça m'a bien plu, mais Geoffrey n'avait pas l'air à l'aise du tout. En fait il était carrément à côté de ses pompes quand on est revenus à Oxford Street, et quand je lui ai demandé ce qui n'allait pas, il a juste dit : "Tu as vu le nombre de gens de couleur dans le bus ?" Bien sûr j'avais remarqué, mais ça m'était égal. Je ne vois toujours pas de raison de s'énerver pour ça. Vivre et laisser vivre, voilà ma devise ! Ensuite nous avons passé un après-midi plutôt tranquille à Hyde Park. Il faisait très beau et chaud, alors on est simplement restés allongés sur l'herbe, et j'ai fait des colliers de pâquerettes pendant que Geoffrey lisait son livre. Ça m'a un petit peu fâchée, mais ça faisait six semaines qu'il s'était inscrit sur liste d'attente à la bibliothèque, alors j'imagine que je peux lui pardonner. Ça s'appelle Casino Royale *et ça parle d'un espion qui est censé être très courageux et très sexy. Geoffrey semblait clairement captivé, et il n'a pas eu l'air content du tout quand j'ai posé une grande couronne de pâquerettes sur ses cheveux pendant qu'il bouquinait. Je trouvais que ça lui donnait une allure adorable, mais il ne voyait pas ce qu'il y avait de drôle.*

23 mai 1953

Que faire pour le couronnement ? Est-ce que je devrais passer la journée à Londres avec mes amis, ou rentrer à Bournville en famille ?
La bonne nouvelle, c'est que Maman et Papa ont reçu leur téléviseur à temps. Apparemment il a été livré seulement la semaine dernière, et ils sont vraiment soulagés, car ils ont entendu dire que certains avaient été mis sur liste d'attente pendant des mois, et qu'à Radio Rentals ils disaient ne pas pouvoir garantir que tout le monde aurait un poste à temps pour le couronnement. Enfin bref, maintenant ils l'ont – et c'est un vrai petit bijou, d'après Papa.
Mais ça semble un peu dingue de faire tout le chemin jusqu'à Birmingham pour regarder ça à la télévision, alors qu'en réalité ça se passe à deux pas de chez moi, pour ainsi dire. Il y a ici toute une petite bande qui a l'intention d'aller se mêler à la foule, elles m'ont proposé de venir, et je dois dire que c'est très tentant. Imaginez un peu ce que ça ferait de voir la reine en personne passer dans son carrosse !
En plus de ça, ce matin j'ai reçu une lettre de Kenneth qui me demandait si je serais à Londres ce jour-là, et disait que si oui il aimerait qu'on se voie. C'est sûr que ce serait chouette de le revoir. En fait, je crois que ça règle la question.
Geoffrey sera déçu si je ne suis pas là, bien sûr,

mais je lui écrirai que sa famille et lui sont toujours absolument les bienvenus pour venir regarder la cérémonie sur le poste de Papa et Maman, puisque eux n'en ont pas. Je parie qu'ils ne seront pas les seuls à en profiter !

4

Doll raccrocha et revint au salon.
« C'était Frank au téléphone », dit-elle.
Sam, les yeux rivés sur l'écran, ne l'entendit pas.
« Attention ! cria-t-il à la télévision.
— Attention ? Attention à quoi ?
— Il y a un sacré gros requin là-dessous », fit-il.
Doll se pencha et regarda l'image en plissant les yeux.
« Mais de quoi est-ce que tu parles ? Quel requin ?
— Là ! insista Sam en pointant l'écran du doigt. En tout cas je crois que c'est un requin. »
Il désignait un carré monochrome entièrement composé de diverses formes et taches grises, certaines plus claires, d'autres foncées, et qu'on ne distinguait qu'à travers un blizzard intense.
« C'est pas un requin, ça, dit Doll avec mauvaise humeur. C'est un homme en combinaison de plongée. Je disais : Frank vient d'appeler.
— Ce type, ce Français, continua Sam, ignorant pour la deuxième fois cette dernière information, il plonge en eaux profondes et il embarque sa caméra. Tu n'imagines même pas ce qu'il voit

là-dessous. Ils ont trouvé un navire qui était là depuis deux mille ans. Deux mille ans ! Près de l'île du Grand Congloué.

— Quel grand Congolais ?

— Le Grand Congloué. Au large de la côte française. À Marseille. "Grand Congloué", ça s'appelle. Ça veut probablement dire « Gros Nez » en français.

— Je m'en fiche complètement, fit Doll en s'interposant ostensiblement entre son mari et l'écran du téléviseur. Qu'est-ce que j'en ai à faire, de l'île du Grand Glouglou ? À quoi ça va me servir ? C'est de l'obsession, voilà ce que c'est. Tu serais prêt à regarder n'importe quelles bêtises sur ce truc.

— Des bêtises ? Comment peux-tu dire ça ? C'est extrêmement instructif, ce truc.

— Pour la troisième fois, c'était Frank au téléphone. Bertha veut savoir si elle peut amener son père.

— Décale-toi un peu, dit-il, agitant la main avec irritation. Amener son père où ?

— Ici, bien sûr.

— Et pourquoi elle veut amener son père ici ?

— Oh, pour l'amour du ciel ! Ils viennent mardi ! Pour regarder le couronnement. Ça fait cent fois que je te le dis.

— Ah oui. » La voix de Sam était différente, d'un coup. Il avait baissé le ton, paraissant contrit. « Tu me l'as dit en effet. Sauf que…

— Sauf que quoi ?

— Eh bien, ça a dû m'échapper. Parce que j'ai dit au voisin, Mr F., qu'il pouvait venir. Il y aura Janet et les deux enfants. »

Doll posa les mains sur ses hanches et le fixa, horrifiée.

« Tu as fait quoi ? Comment est-ce qu'on va tous les faire tenir ici ? Eux quatre, plus Frank et Bertha, et Geoffrey, et Carl...

— C'est qui Carl ?

— Le père de Bertha, l'Allemand ! Plus nous deux. Ça fait dix personnes. Où est-ce qu'ils vont bien pouvoir s'asseoir ? Comment on va faire pour nourrir et abreuver tout ce monde ? »

De retour sur le pont, Jacques-Yves Cousteau s'adressait à la caméra, probablement pour expliquer quelque chose à propos de sa dernière plongée, mais avec un accent français à couper au couteau, au point que Sam avait du mal à comprendre le moindre mot. Doll se rendit compte qu'elle avait encore perdu l'attention de son mari et n'aurait de réponse à aucune de ses questions. Comme d'habitude, elle allait apparemment devoir résoudre toute seule ce nouveau problème domestique. Elle soupira et quitta la pièce.

*

Le lendemain matin, entendant frapper inopinément, elle alla ouvrir et trouva sa mère Julia sur le pas de la porte, munie de la valise bleu marine qu'elle ne connaissait que trop bien.

« Oh non, fit Doll. Ne me dis pas que tu l'as encore quitté ?

— Je l'ai encore quitté, confirma Julia, la voix plus stridente et perçante que jamais, une véritable agression pour les oreilles.

— Qu'est-ce qui s'est passé cette fois ?

— Hein ? Quoi ?

— Tu as pris ton appareil auditif ?

— Non, je l'ai encore perdu.

— Oh, Maman...

— Bon, tu vas m'inviter à entrer, ou bien je dois rester plantée là toute la matinée ? »

Doll fit volte-face et rentra en traînant les pieds, geste équivalent à une invitation résignée. Sa mère lui emboîta le pas. Ces séparations d'avec son mari étaient fréquentes mais imprévisibles, généralement provoquées par un désaccord insignifiant qui serait rapidement résolu au téléphone, après un court délai de réflexion. Doll était parvenue depuis longtemps à la conclusion que tout ça était surtout un prétexte pour que sa mère puisse venir s'incruster chez eux quelques jours, et profiter d'un peu de confort domestique sans être dérangée par la présence de son mari. Doll l'aurait de toute façon bien volontiers accueillie mais, allez savoir pourquoi, sa mère préférait que ça se passe de cette façon. Et de fait, cette fois, il semblait y avoir une motivation supplémentaire, puisque au lieu de suivre Doll dans la cuisine, elle fila tout droit au salon, où Sam savourait quelques minutes de solitude en lisant les bandes dessinées en dernières pages du *Daily Mirror*.

« Bonjour, Grand-Mère, dit-il en se levant. Quelle surprise.

— Alors c'est ça ? » Elle toisa le téléviseur et émit un sifflement appréciateur. « Un vrai petit bijou, dis donc !

— Doll est allée vous préparer un thé ?

— C'est très gros, hein ? Ça occupe l'espace.

— Vous restez un peu ? Voulez-vous que je porte cette valise à l'étage ?

— Allez vas-y, allume-le. »

Sam soupira. Manifestement l'audition de sa belle-mère avait encore empiré. Soit ça, soit il n'y avait qu'une seule chose qui l'intéressait : le nouveau téléviseur.

« Il n'y a rien qui passe en ce moment, lui répondit-il. Pas à cette heure-ci.

— Vas-y, allume-le ! s'exclama-t-elle, plus fort que jamais.

— Il n'y a rien qui passe, répéta Sam. Les programmes ne commencent qu'en milieu d'après-midi.

— En milieu d'après-midi ? Eh bien, ça ne m'arrange pas. Porte-moi cette valise à l'étage et je vais m'allonger un peu avant le déjeuner. Je suis éreintée. Qu'est-ce qu'on mange ? Je prendrais bien de la salade au jambon. »

5

Mary avait proposé de se retrouver sur les marches de la National Gallery, mais Kenneth savait que cela aurait été impossible, et effectivement, le jour J, une foule incroyable s'entassait sur Trafalgar Square et les marches en question. Certains avaient dormi là toute la semaine pour être sûrs d'avoir une place. Il proposa plutôt un point de rendez-vous dans une petite rue généralement tranquille, près de Victoria Station. Mary y arriva peu après dix heures, accompagnée de ses colocataires, Alice et Laura, qui furent impressionnées comme il se doit par ce fringant jeune homme, digne représentant de la presse londonienne. Ce jour-là, il portait encore une de ses cravates, non pas jaune cette fois mais d'un bleu marine intense. Alice et Laura s'entichèrent immédiatement de lui. Ensemble, ce quatuor mal assorti parvint – en suivant un chemin détourné repéré à l'avance par Kenneth – à progresser vers l'abbaye de Westminster en évitant le gros de cet embouteillage humain. Malgré tout, il leur fallut pratiquement cinquante minutes pour se rapprocher ne serait-ce qu'un peu de l'abbaye elle-même.

« Dis donc, quelle foule ! fit Alice, alors qu'ils avançaient tout doucement sur Old Pye Street. Tu es vraiment fort, Kenneth, de connaître ainsi les moindres recoins de la ville. On aurait été complètement perdues sans toi.

— Eh bien, je ne suis pas d'ici, dit-il, mais j'ai appris à m'orienter. »

Mary ressentait une fierté inexprimable d'avoir déniché ce guide plein de ressources. Enfin ils atteignirent Storey's Gate, au-delà de laquelle il n'était pas possible d'aller plus loin, et s'aperçurent que toutes les perspectives qu'ils auraient pu espérer avoir sur l'abbaye étaient bouchées par cinq ou six rangs de spectateurs massés en foule compacte. C'était un océan de drapeaux britanniques, qui s'étendait à perte de vue.

« Quelle barbe, se plaignit Alice. On ne va rien voir du tout. »

Mais Mary avait une réponse à cela. Elle sortit de son sac un objet intrigant, apparemment fabriqué à la main : un long cylindre en carton, avec de petits miroirs ronds encastrés à chaque extrémité.

« Et voilà, dit-elle d'un ton triomphant, une création originale de Geoffrey le génie ! »

*

Installé dans le salon des parents de sa fiancée, Geoffrey ne pouvait s'empêcher de se demander si Mary utilisait son ingénieux présent, ce matin-là. Il lui avait fallu une bonne partie de l'après-midi du vendredi précédent pour fabriquer ce périscope, et même si elle l'avait remercié dans sa lettre, il n'était toujours pas certain qu'elle comprenne entièrement à quoi il servait, ni qu'elle ait l'intention de l'emporter à Londres. Cela allait de pair, peut-être, avec son impression tenace d'être légèrement sous-estimé par Mary. Un sentiment irrationnel, sans aucun doute : car il était là, après tout, dans la maison de ses parents, accompagné de sa mère, son père et son grand-père, et on l'accueillait aussi bien que s'ils faisaient tous partie de la même famille. C'était presque comme s'ils étaient déjà mariés. Et pourtant il se rendait compte qu'il ne serait jamais tout à fait en confiance avec elle, tant que les vœux ne seraient pas prononcés et la bague passée à son doigt.

Il y avait maintenant sept personnes rassemblées autour du téléviseur dans le salon de Doll et Sam. Cela faisait du monde, mais rien d'ingérable. La mère de Geoffrey, Bertha, était assise d'un côté du canapé, avec l'irascible Julia de l'autre, une tasse de thé posée en équilibre sur l'accoudoir à côté d'elle, et sur ses genoux, une assiette copieusement chargée d'une pile de biscuits sablés. Au milieu trônait Carl Schmidt, désormais âgé de quatre-vingt-un ans et pris en tenaille entre les deux femmes, ce qui avait plutôt l'air de le réjouir. Il est vrai que depuis la mort de Nellie, son indomptable épouse, l'année précédente, sa fille et son gendre avaient remarqué un changement subtil mais manifeste chez le vieil homme, une lueur inconnue qui faisait légèrement briller son regard, un petit sourire en coin inhabituel qui naissait perpétuellement aux commissures de sa bouche. Il semblait avoir retrouvé un peu de sa joie de vivre, et paraissait rajeuni de vingt ans.

Frank et Samuel avaient pris les deux fauteuils restants, celui de Sam positionné tout près du poste de façon qu'il puisse se pencher et ajuster les réglages, puisque l'image se mettait à danser et trembloter toutes les cinq minutes, au point qu'on n'y reconnaissait plus rien. Pour une raison mystérieuse, cela se produisait chaque fois qu'ils allumaient la bouilloire ou ouvraient la porte du frigo. Doll avait apporté trois chaises supplémentaires de la salle à manger, et avait proposé la meilleure à Geoffrey qui, en tant que fiancé de Mary, jouissait du rang d'invité d'honneur. Doll, quant à elle, était assise au fond de la pièce, sur une chaise inconfortable, d'où on ne voyait pas grand-chose.

Ça semblait merveilleux, miraculeux, de pouvoir regarder tout ça à la télévision, de se trouver là à Birmingham et d'assister à ces scènes à l'instant même où elles avaient lieu à l'abbaye de Westminster. Par bien des aspects, l'image télévisuelle n'était pas un substitut parfait de la réalité ; par d'autres, cela avait quelques avantages sur celle-ci. Par exemple, les téléspectateurs profitaient d'un commentaire expliquant ce qui se passait. Alors que résonnait en fond sonore un passage de procession solennelle, les intonations pleines de déférence de Richard Dimbleby jaillirent du haut-parleur :

La musique emplit tout le bâtiment tandis que nous attendons. Toute la scène se dévoile, avec ses somptueuses couleurs. Pour l'instant pratiquement immobile. Nous l'avons vue se composer, un peu comme une mosaïque, un fragment de couleur après l'autre...

« Un peu comme quoi ? s'époumona Julia.

— Une mosaïque, répéta Sam en appuyant lentement sur chaque syllabe. Il dit que c'est comme une mosaïque. Plein de couleurs différentes.

— Si seulement il parlait plus fort. Tu ne peux pas monter un peu le son ?

— Il n'arrête pas de parler des couleurs, se plaignit Bertha. Mais on ne peut pas les voir, les couleurs. Il pourrait au moins nous dire lesquelles. »

La voix poursuivit :

... depuis ce matin aux aurores alors que l'abbaye était presque vide jusqu'au moment que nous atteignons maintenant, avec sa splendide architecture dessinant une croix sous nos yeux, une croix dont le trône occupe le centre, nous attendons. Le corps épiscopal en rangs serrés, chacun vêtu de sa soutane et de son surplis...

« Le corps *quoi* ? fit Julia. Qu'est-ce qu'il a dit ?

— Le corps épiscopal, répéta Sam en articulant chaque syllabe, et les soutanes et les surplis.

— Épiscopal ? Qu'est-ce que ça veut dire ? C'est quoi un corps épiscopal ?

— Aucune idée. Et ne me demandez pas non plus ce qu'est une soutane, parce que je n'en sais rien.

— Une soutane, c'est ce que portent les évêques, intervint Frank, serviable.

— Oui bon, ça on le sait tous.

— Où ça ? demanda Julia.

— Où ça ? À l'église, évidemment.

— Non, je veux dire, à quel niveau du corps est-ce qu'ils portent ça ? Est-ce que c'est une soutane... ce truc qu'il a sur la tête ?

— Non, ça je pensais que c'était une mitre.

— Je pensais que les mitres, c'était ce truc qu'ils tiennent dans la main.

— Non, ça c'est une crosse. Une crosse épiscopale.

— Allons, allons ! s'exclama Carl Schmidt d'un

ton étonnamment passionné. Voulez-vous vous taire, tous ? Nous sommes en train de manquer les moments les plus importants de la cérémonie. »

Il avait parlé avec une telle autorité que tous firent silence, et pendant les quelques minutes qui suivirent, le seul bruit qui concurrença le commentaire de la BBC fut celui de l'implacable progression de Julia en train d'engloutir sa pile de biscuits.

De sa place au fond de la pièce, Doll songea que ça ne se passait pas si mal, jusque-là. Elle était capable de gérer un tel nombre de visiteurs. Et les voisins, les Farthing, étaient en retard. Peut-être avaient-ils décidé de ne pas venir, en fin de compte. À peine commençait-elle à se sentir réconfortée par cette idée qu'il y eut un coup sonore frappé à la porte d'entrée. Elle alla ouvrir et se retrouva nez à nez avec six complets inconnus : un homme, une femme et quatre jeunes enfants.

« Bon, je sais ce que vous vous dites, mais faut pas vous en faire, lança l'homme, brandissant un grand sac en papier, plein à ras bord de choses enveloppées dans du papier sulfurisé. On a apporté nos sandwichs. »

*

La messe de couronnement en tant que telle devait durer près de trois heures. Une fois que Mary et ses amis eurent chacun profité d'un aperçu fugace de la reine faisant son entrée à Westminster (en se passant le périscope, avec force commentaires admiratifs sur l'intelligence de Geoffrey), il n'y avait plus tellement de raisons de s'attarder. Ils décidèrent de gagner Hyde Park et d'essayer de se placer de façon à bien voir le cortège royal quand il passerait sur East Carriage Road, un peu plus tard dans l'après-midi. Le soleil ne souriait pas à Londres ce jour-là, et l'atmosphère était déjà chargée d'une légère bruine, qui menaçait de tourner à l'averse. Aucune importance. Ils déployèrent un tapis sur la pelouse, dévissèrent le bouchon de leurs thermos et se servirent une tasse de thé. Il faudrait plus que quelques gouttes de pluie pour décourager ces jeunes patriotes.

*

L'inconnu se révéla être le frère de Mr Farthing, et avait fait la route depuis Coventry avec toute sa famille. Mr Farthing l'avait invité à la séance de télévision, apparemment, sans prendre la peine d'en informer les hôtes. Fort heureusement, tous les six se contentèrent volontiers de s'installer par terre – tout comme Mr Farthing lui-même, quand il fit son apparition dix minutes plus tard, avec sa femme et ses deux filles. Tous se tassèrent donc en demi-cercle autour du téléviseur, ce qui faisait désormais dix-sept spectateurs au total.

Le commentaire se poursuivait :

Puis, à l'extrême droite, dans le transept sud-est, patientent les pairs du royaume. Dans leur somptueuse robe, ils pénètrent sous nos yeux, un à un et deux par deux, dans ce bâtiment historique, à l'occasion de cet événement exceptionnel, avec leurs somptueux manteau et cape d'hermine tout de blanc chamarré d'or, tenant leur couronne sur leurs genoux.

« De l'hermine ! dit Mrs Farthing. Imaginez un peu comme ça doit être doux.

— Comme de caresser un gros chat persan », acquiesça sa belle-sœur.

Et de l'autre côté des stalles désertes, nous découvrons le premier rang où sont assises les pairesses, leur diadème brillant et scintillant de mille feux, rangée après rangée, face à leurs époux, les pairs...

« Il est drôlement poétique, hein ?
— Très. "Brillant et scintillant de mille feux."
— Splendides diadèmes, je dois dire. Vous croyez qu'ils s'habillent comme ça au petit déjeuner ? Vous savez, le pair avec son hermine, la pairesse avec son diadème, et puis hop : "Passe-moi les corn flakes, chéri." »

Mrs Farthing s'esclaffa ainsi jusqu'à ce que son mari lui donne un coup de coude aussi discret qu'appuyé et lui fasse les gros yeux en portant un doigt à ses lèvres. Elle se retourna et vit que Bertha, Julia et Carl Schmidt la regardaient fixement depuis le canapé. Elle reprit son sérieux et pivota à nouveau vers l'écran de télévision.

... et toujours les deux chaises vides, et le jeune duc, tout seul, le prince du sang, qui attend. Le somptueux tapis doré recouvre l'intégralité de la nef, d'où il rejoint le tapis bleu plus foncé qui dissimule le sol en damier noir et blanc du chœur de l'abbaye.

« Bleu ! fit Bertha. Je ne sais pas pourquoi, je croyais qu'il était rouge.
— Je suis contente qu'il nous dise la couleur, maintenant. Ça aide à mieux se représenter les choses. »

... Nous regardons à présent depuis l'est, positionnés au-dessus de l'autel, le théâtre des opérations qui se déploie à nos pieds, et en perspective l'église sur toute sa longueur. Vous apercevez le bleu foncé

du tapis du chœur, qui s'étend à perte de vue. Et de chaque côté de ce tapis bleu foncé, dans les stalles en chêne sculpté de l'abbaye, sont installés nos éminents visiteurs. Si vous regardez la cinq ou sixième stalle du fond, la silhouette de cette femme qui vient de se pencher en avant, et qui lit – c'est la grande reine Sālote de Tonga.

« Qui ? dit Julia très fort. C'est qui ? C'est la reine d'où ça ?

— De Tonga, l'informa Sam.

— Une Africaine ! Que Dieu nous garde.

— Le Tonga n'est pas en Afrique. C'est dans l'océan Pacifique.

— Oui, bon, ils sont tous noirs, non ? Regarde-la donc. »

... Reine si formidable qu'à son entrée dans l'abbaye ce matin, les deux officiers de la garde qui l'escortaient semblaient des nains à ses côtés.

« Vous avez entendu ça ? Elle a amené deux nains avec elle. Où sont-ils, vous les voyez ?

— Oh, taisez-vous un peu. Il n'y a pas de nains. Pourquoi y aurait-il des nains ?

— Eh bien, vous ne savez pas de quoi ils sont capables, à Tonga. »

... Une femme qui sert le Commonwealth, et la seule reine de plein droit présente dans cette abbaye aujourd'hui, en dehors des reines de notre propre famille royale...

« Vous avez entendu ça ? » Sam se tourna pour s'adresser à pleins poumons à sa belle-mère, articulant distinctement les mots : « "Elle sert le Commonwealth." Donc on se moque de sa couleur de peau, non ? »

... Et ainsi avec les évêques, les pairs, les pairesses, et une vaste assemblée de têtes couronnées,

de diplomates et d'hommes d'État, on atteint les sept mille personnes.

« Nom d'un chien, sept mille ! dit Frank. Ça fait un paquet de monde à faire entrer dans une église, hein ! »

Un autre coup sonore se fit entendre à la porte.

« On en aura bientôt autant dans notre salon, au train où vont les choses », marmonna Sam, et Doll se leva avec appréhension pour aller voir qui étaient ces nouveaux arrivants.

*

Vers treize heures environ, la pluie commença à se calmer, et Kenneth proposa une promenade dans Hyde Park. Le cortège ne passerait pas avant au moins deux heures encore, mais Alice et Laura s'inquiétaient de perdre le poste d'observation privilégié qu'ils avaient gagné en arrivant tôt.

« Vous pourriez peut-être nous garder la place, alors ? suggéra Kenneth. Mary et moi allons juste faire une balade rapide autour du lac. Ensuite ce sera votre tour si vous voulez.

— Eh bien dis donc ! fit Alice en les regardant s'éloigner. Il ne nous a pas tellement laissé le choix, sur ce coup-là ! Je me demande ce que dirait le pauvre Geoffrey s'il voyait sa fiancée se balader dans Londres bras dessus bras dessous avec un apollon pareil.

— Elle cache bien son jeu, notre Mary, acquiesça Laura en secouant la tête. Elle cache bien son jeu. »

Mary avait tout à fait conscience de l'effet que cela avait produit sur ses amies, de la voir soudain se faire embarquer pour un tête-à-tête impromptu.

Kenneth, en revanche, ne semblait se rendre compte de rien. Prenant les devants avec délicatesse, sans paraître réagir au fait que Mary venait de passer son bras autour du sien, il la mena tranquillement au-delà de la fontaine et du kiosque, en direction du Queen Caroline Memorial, à l'extrémité ouest de la Serpentine. Ils marchaient à contre-courant de la marée humaine, la plupart des gens se pressant toujours en direction de Park Lane et du parcours du cortège.

« Tu penses qu'Alice et Laura vont réussir à nous garder nos places ? demanda Mary, à présent inquiète à l'idée de manquer une seconde occasion d'apercevoir le carrosse royal.

— Obligé. Elles ont l'air tout à fait capables. Et puis de toute façon, ça ne sera pas la fin du monde si on les perd, non ? »

Mary n'était pas sûre de comprendre ce qu'il voulait dire.

« Tu vas écrire un article sur cette journée ? s'enquit-elle.

— Oh, ils ont des dizaines de gars qui couvrent déjà l'événement. Seulement si j'arrive à trouver un angle un peu différent. J'ai essayé de les intéresser aux habitants de ma rue qui organisent une fête anti-couronnement, mais ils n'ont pas mordu.

— *Anti*-couronnement ? dit Mary.

— Crois-le ou non, répondit Kenneth, mais il y a en effet des gens qui pensent que toute cette histoire n'est qu'une mascarade ridicule. En fait ça avait l'air rudement chouette, ce qu'ils proposaient. Des chants républicains, des parties de cartes en retirant le Roi et la Reine du jeu. Je crois qu'ils ont failli aller jusqu'à la fausse exécution.

— J'imagine qu'il faut de tout pour faire un

monde…, admit Mary. Mais toi, tu ne penses pas que c'est une mascarade ridicule, si ? »

Kenneth regarda la foule autour de lui, les gens par milliers, les couleurs de l'Union Jack partout, les rosettes rouge, blanc, bleu, les revendeurs qui fourguaient des drapeaux, des fanions, et tous les colifichets patriotiques imaginables, et il dit : « Je ne sais pas ce que je pense, pour être franc. Tout ça me dépasse un peu. Je suppose que les gens ont encore besoin de se remonter le moral après ce qu'on a vécu pendant la guerre, mais tout de même, tu vois, j'ai vraiment cru qu'on irait dans l'autre sens. Je pensais que Mr Attlee avait trouvé une voie d'avenir, et qu'on allait tous lui emboîter le pas. Mais au lieu de ça, on l'a flanqué dehors, et maintenant… maintenant voilà ce qu'on a. Enfin quoi, regarde un peu ! C'est quand la dernière fois que tu as vu un truc pareil ? Le 8 mai 1945, je suppose.

— Le feu de joie à Rowheath », répondit Mary.

Il lui jeta un regard en coin. « Oh, c'est vrai… tu étais là aussi, n'est-ce pas, ce soir-là ?

— Bien sûr. C'était la première fois qu'on se rencontrait, toi et moi. »

Kenneth eut l'air sincèrement surpris. « Vraiment ? Je ne crois pas.

— Tu ne te souviens pas que Geoffrey était là ?

— Oui, je me souviens de Geoffrey, bien sûr. Il y a eu une sale embrouille avec son grand-père, l'Allemand.

— Eh bien j'étais là. J'ai assisté à tout ça. »

Il plissa les yeux, réfléchissant. « Il y avait une petite fille… » Se tournant à présent vers elle, il reprit, stupéfait : « C'était *toi* ? »

Mary opina. « Tu n'avais pas fait le lien ?

— Non, je n'en avais aucune idée.
— J'ai trouvé ça tellement héroïque, la façon dont tu l'as aidé.
— Ah bon ? Il y avait du monde, ce soir-là. Des tas de gens sont intervenus et ont fait leur part.
— Toi, surtout. »

Kenneth avait repéré un banc disponible au loin – une rareté –, et suggéra alors de le rejoindre. Comme ils accéléraient le pas, il poursuivit :

« Une belle ordure, ce gars, Burcot, celui qui a déclenché ça. Il était dans la même classe que moi, au lycée. Il s'est enfui ce soir-là avant que j'aie pu lui dire quoi que ce soit, mais je l'ai revu quelques mois plus tard. Il s'est pointé un soir et s'est planté juste à côté de moi au pub The Hare and Hounds, tout à fait tranquille. » Le banc était toujours inoccupé quand ils l'atteignirent, et ils s'y installèrent avec soulagement, même si Mary ne put s'empêcher de remarquer, presque immédiatement, la sensation de froid et d'humidité sous ses fesses. Aucune importance : l'endroit était très joli, et ils avaient une vue grandiose sur les eaux métalliques et agitées de la Serpentine. « Je voyais bien qu'il n'avait pas envie de me parler, poursuivit Kenneth, mais je n'allais pas le laisser s'en tirer comme ça. J'ai commencé à lui dire qu'il avait de la chance de ne pas être en prison à l'heure qu'il était – et c'est totalement vrai –, mais il a eu un rire dédaigneux et m'a demandé à quoi je m'attendais, ce qui pouvait bien arriver à un Allemand qui se pointait à ce genre de célébration. Bien sûr, il y a un tas de choses que j'aurais pu lui répondre, mais je ne voyais pas tellement l'intérêt. Le truc, c'est que des gens comme lui, j'en ai rencontré un paquet... j'ai même combattu à leurs côtés. Bon... ils étaient tous beaucoup plus courageux que lui, mes camarades de l'armée, mais ils avaient la même attitude. Si tu leur disais que tu combattais le fascisme – ou juste que tu te battais pour la démocratie –, ils te prenaient pour un dingue. Pour eux, c'était une simple histoire d'autodéfense : les Allemands voulaient nous envahir, nous occuper, un peu qu'on allait les arrêter, merde. (Désolé pour les gros mots. Remarque, ils auraient dit bien pire.) Eux contre nous, point barre, tu vois. Bon, y a rien de mal à ça, bien sûr. Ils se sont battus comme des héros sur ce principe, on ne peut pas leur enlever ça. Mais ils voyaient ça simplement comme une guerre contre les Allemands : et pour être honnête, si tu les poussais à parler politique, tu t'apercevais que certains avaient des opinions pas si éloignées que ça de celles des nazis. Je suis désolé, mais c'est vrai. Peut-être que ça te choque.

— Non, pas vraiment », répondit Mary. (Elle était intriguée, plus que choquée. Geoffrey ne lui parlait jamais de cette manière.)

« C'est juste que je pense qu'il y a une certaine idée de la guerre que les gens aiment bien cultiver. Comme quoi c'était une affaire politique. Comme quoi tout le monde était convaincu que le véritable ennemi, c'était le fascisme. Et je ne suis pas sûr que ce soit vrai. C'est une sorte de mythe. Un mythe que les gens de gauche sont de plus en plus prompts à embrasser. »

Sentant que Kenneth attendait une réponse de sa part, mais pas encore tout à fait certaine de comprendre ce dont il parlait, Mary demanda :

« À gauche... c'est-à-dire les travaillistes, c'est bien ça ?

— Par opposition aux conservateurs, oui. » Kenneth sourit, mais son sourire n'avait curieusement rien de condescendant. Il y mettait beaucoup d'affection. « Tu ne t'intéresses pas tellement à la politique, hein ? Après tout, pour quoi faire ? Pourquoi les gens s'y intéresseraient ?

— Mes parents sont travaillistes, dit Mary, qui en était assez fière, pour des raisons qu'elle ne s'expliquait pas vraiment. Ils achètent le *Daily Mirror*, tout ça. Pas Geoffrey et sa famille, par contre. Eux ce sont des conservateurs pur jus. Et toi ?

— En ce moment travailliste. Mais je ne crois pas que ce qu'on vote tous les quatre ou cinq ans devrait nous définir. On verra bien ce qui se passe.

— Je suppose qu'en tant que journaliste tu dois de toute façon être strictement impartial. »

Kenneth rit. « Je ne crois pas que ça importe vraiment, au niveau où j'en suis pour le moment. Mais garder l'esprit ouvert, c'est toujours une bonne idée, oui. »

*

Debout à la porte du salon, Doll passa en revue la scène sous ses yeux et se rassura : malgré le nombre ahurissant de gens qui avaient débarqué pour revendiquer l'usage de sa maison, la situation était plus ou moins sous contrôle. Tout le monde avait quelque chose à boire, tout le monde avait quelque chose à manger, grâce à son dur labeur en cuisine. Elle avait été assistée dans ses efforts par sa nièce Sylvia, arrivée vers midi en compagnie de ses parents, Gwen et Jim. Sylvia avait maintenant vingt-neuf ans, et traînait un air mélancolique : l'homme qu'elle aurait dû épouser, un représentant de commerce nommé Alex auquel elle avait été fiancée pendant près de cinq ans, s'était révélé être une crapule, un menteur et un bon à rien qui avait toute une ribambelle d'autres fiancées aux quatre coins du pays. La vérité n'avait vu le jour que quelques semaines plus tôt, et depuis lors elle était engluée dans la dépression, absorbée dans un quasi-mutisme, le regard perpétuellement absent et lourd de déception. Doll lui jeta un coup d'œil : elle était assise dans un coin du salon sur un tabouret qu'on avait apporté de la cuisine, et si son regard était rivé sur la télévision, sa tante voyait bien que Sylvia ne faisait pas vraiment attention à la cérémonie.

« C'est quoi son problème ? » demanda Bertha à Julia en se penchant au-dessus de Carl pour lui envoyer un coup de coude dans les côtes.

Les intonations suaves de Richard Dimbleby résonnaient à nouveau dans le téléviseur :

Voici venu le moment de chanter le magnifique hymne composé par Haendel, Zadok the Priest. *Au milieu de cet hymne, la reine se préparera à recevoir l'onction, un acte qui commence par l'invocation du Saint-Esprit. C'est le moment le plus sacré de la cérémonie, puisqu'il s'agit de sanctifier la reine. Ce n'est qu'une fois sacrée, comme Salomon fut sacré par Zadok, qu'elle pourra être couronnée.*

« Elle a eu une déception amoureuse, brailla Julia, plus fort que jamais.

— Oh, la pauvre petite. »

Pendant l'hymne, on la débarrassera de sa robe de couronnement de couleur pourpre et de tous ses bijoux, et on lui enfilera une simple tunique de lin blanc. Ainsi parée de ce vêtement immaculé, dans un formidable contraste avec les splendeurs qui l'entourent...

« Pendant cinq ans, elle a attendu que ce gars-là se décide. Bien sûr, on savait tous que ça n'arriverait jamais. Mais parfois, on s'accroche à ses espoirs ! Il le faut bien, quand on est désespérée. »

... *elle s'installera pour la première fois*, conclut Mr Dimbleby, *sur la chaise du roi Édouard.*

C'est alors que Sylvia se leva de la sienne et quitta précipitamment la pièce, en larmes.

*

« On devrait vraiment retourner à notre poste d'observation, fit Mary.
— Très bien, dit Kenneth, vas-y toi. Mais je pense qu'il est sans doute temps pour moi de m'éclipser.
— T'éclipser ? Mais tu n'as pas vu le passage du carrosse. Tu ne vas quand même pas manquer ça ?
— Je survivrai. »

Si Mary était déçue, ce n'était pas seulement parce que Kenneth s'en allait, mais à cause de la raison invoquée.

« Je ne suis pas très monarchiste, tu sais, lui dit-il comme pour s'excuser. Je me disais que tu l'avais compris, à ce stade.
— Mais il nous *faut* un roi ou une reine. C'est la tradition, c'est l'histoire anglaise, c'est... c'est essentiel.
— Ceux d'aujourd'hui n'ont pas grand-chose d'anglais, répondit-il en riant. Ils sont plus

allemands qu'anglais. Je ne dis pas que je n'aime pas mon pays. Bien sûr que je l'aime...

— C'est évident. » Mary n'avait absolument aucun doute là-dessus. « Tu t'es battu pour lui, pas vrai ?

— Oui, c'est vrai », répondit Kenneth. Percevant le changement d'intonation dans la voix de Mary, il décida de saisir le moment : car il avait quelque chose de bien plus important à lui exprimer que son point de vue sur la monarchie héréditaire. La prenant par le bras, il entreprit de la guider sur le chemin qui ceinturait le lac. La pluie tombait à nouveau, assez dru à présent, mais ni l'un ni l'autre n'avait de parapluie. Mary sortit un foulard de la poche de son manteau et l'enroula autour de sa tête d'un geste ferme. « Écoute, dit Kenneth. Avant que j'y aille, il y a quelque chose que je dois te demander. J'espère que tu ne vas pas me trouver trop direct. »

Ils poursuivirent leur marche dans un long silence, jusqu'à ce que Mary n'y tienne plus. « Bon allez, vas-y, dis-moi, à la fin.

— Je sais que tu sors avec Geoffrey depuis un moment maintenant.

— Oui ?

— Eh bien, je veux dire, où est-ce que vous en êtes tous les deux ? C'est du sérieux ? »

Le cœur de Mary s'arrêta.

« Pourquoi cette question ?

— Parce que j'aimerais bien passer plus de temps avec toi. Beaucoup plus de temps, en fait. » Tremblant intérieurement d'excitation nerveuse, Mary ne dit rien d'abord, alors il continua à débiter son discours : « Je me doute que tu es très occupée, avec tes études, tout ça, mais...

— Nous sommes fiancés et allons nous marier », confia-t-elle alors. Et maintenant c'était Kenneth qui était réduit au silence.

« Je suis désolée, poursuivit-elle, j'aurais dû te le dire avant. Je ne sais pas pourquoi je ne l'ai pas fait.

— Mais... tu ne portes pas de bague, observa Kenneth.

— Elle est chez le bijoutier, lui répondit Mary. On la fait agrandir. »

Il se tut.

Ils approchaient désormais d'East Carriage Road, et il commençait à y avoir énormément de monde. Ils étaient cernés de toutes parts par des gens qui poussaient et jouaient des coudes pour entrapercevoir le cortège royal : on criait, riait, chantait des bribes de n'importe quelles chansons, depuis « Rule, Britannia ! » jusqu'à « How Much is That Doggie in the Window ? ». Ce n'étaient pas les conditions idéales pour une ultime conversation entre deux personnes dans un état d'agitation émotionnelle. Kenneth décida qu'une retraite précipitée était probablement la meilleure chose à faire.

« Écoute, il vaut mieux que je mette les voiles, dit-il. Il va me falloir un moment pour retourner au bureau, à ce rythme.

— Très bien, répondit tristement Mary.

— Je t'écrirai, tu veux bien ?

— Oui, s'il te plaît. »

(Mais il ne lui écrivit jamais.)

« Et la prochaine fois que je viens en ville, ajouta-t-elle, peut-être qu'on pourrait se revoir. »

(Mais ça n'arriva pas non plus.)

« D'acc. » Il l'embrassa sur la joue, un geste

ordinaire qui cependant ne dura pas une seconde ou deux, comme il était de rigueur, mais sembla se prolonger quatre ou cinq fois plus longtemps que nécessaire, et auquel Mary dut mettre un terme elle-même en repoussant gentiment Kenneth. Qu'il lui ait dit « Adieu » ou non – par la suite, elle aurait du mal à s'en souvenir –, quelques instants plus tard il avait disparu, happé par la foule, désormais totalement invisible. Elle scruta la masse mouvante de corps humains dans l'espoir de distinguer sa silhouette qui s'éloignait, mais il n'y avait nulle trace de lui : à la place, elle repéra les boucles blondes d'Alice, bien identifiables, et entreprit laborieusement de se frayer un chemin à travers les rangs interminables d'hommes, de femmes et d'enfants réjouis qui tendaient le cou, jusqu'à ce qu'elle parvienne à rejoindre ses amies.

*

Un calme plein de déférence s'était installé dans le salon. Les spectateurs étaient silencieux, et la télévision aussi pour le moment, à l'exception du fond sonore de sifflements et grésillements, ce tapis de bruit blanc quasi inaudible qui avait accompagné le programme la journée durant. Toutes les personnes présentes sentaient que quelque chose d'important était sur le point de se produire, même si elles ne comprenaient pas encore de quoi il s'agissait. En tout cas pas avant que la voix de Richard Dimbleby ne se fasse à nouveau entendre, et qu'il commence à le leur expliquer :

La reine a reçu tous les vêtements royaux. Elle reçoit désormais les sublimes et inestimables joyaux de la couronne, avec en point d'orgue la couronne elle-même. Mais d'abord… Sa Majesté rend le globe, et l'archevêque passe à présent au quatrième doigt de sa main l'anneau, anneau serti d'un saphir, et à l'intérieur de ce dernier, d'une croix en rubis. On l'appelle souvent l'alliance nuptiale de l'Angleterre.

« L'alliance nuptiale de l'Angleterre », répéta Gwen, presque dans un soupir. L'expression était de toute beauté.

« Je me demande bien qui l'appelle ainsi, fit Julia. Je n'avais jamais entendu ça avant. » Mais même elle parlait tout bas, à présent.

On donne le signal, et voici qu'arrivent de toutes parts les pages, apportant les couronnes de tous ceux qui ont participé à la messe… L'heure de couronner la reine approche.

Doll était debout derrière le canapé. À ces mots, elle sentit des larmes lui piquer les yeux et attrapa un mouchoir pour les éponger. Sa réaction n'échappa pas à Geoffrey qui, de sa place à l'autre bout de la pièce, jouissait d'une bonne vue sur les dix-neuf autres qui contemplaient, muets et envoûtés, le téléviseur. Tout comme eux, il était pris dans la tension dramatique de l'instant, cependant son attention ne se portait pas uniquement sur les images à l'écran, mais aussi sur l'effet qu'elles produisaient sur ces spectateurs. Pour lui, le moment où la couronne fut placée sur la tête de la nouvelle monarque représenta une apothéose, une libération. Comme tous les autres, même avec l'aide du commentaire télévisé, il n'avait pas vraiment saisi ces dernières étapes de la messe ; mais pour lui, elles dégageaient néanmoins un certain sens de la bienséance qui était en fait renforcé, et non sapé, par leur caractère mystérieux. Geoffrey n'avait pas apprécié le climat des toutes premières années d'après-guerre : des forces dangereuses – le rationalisme, l'intégration, l'égalitarisme – semblaient avoir été libérées par la guerre et menaçaient d'ébranler les fondements de l'ordre ancien. Mais ce jour-là, cette cérémonie indigeste, ésotérique et incompréhensible lui faisait l'effet d'une bouffée d'air rance, qui ramenait l'assistance à un monde passé, plus solide, un monde qui ne reposait pas sur de douteuses valeurs humaines, mais était entièrement fait d'éblouissantes abstractions et de hiérarchies occultes. Juste devant leurs yeux, la reine elle-même, cette femme passive et insondable de vingt-sept ans qui était au centre du rituel, avait cessé d'être un être humain au véritable sens du terme pour devenir un pur symbole. Et c'était totalement juste. C'était sa destinée.

Regardez donc, se dit Geoffrey, comme chacun ici est subjugué par la solennité de cet instant, et accepte sa vérité, son caractère inéluctable. Même (jetant un coup d'œil à Doll au moment où il se faisait cette réflexion), même les socialistes ! Les vieilles habitudes ont encore gagné. La tradition a encore gagné. Et ce sera toujours ainsi. L'Angleterre ne change pas.

C'est seulement quand la couronne fut bien installée sur la tête d'Élisabeth qu'il poussa un long soupir – un soupir de soulagement, presque – et se rendit compte qu'il avait retenu sa respiration.

*

« God save the Queen ! »
« Longue vie à la reine ! »
Alice et Laura hurlèrent ces phrases à tue-tête, encore et encore, peinant malgré tout à se faire

entendre dans le bruit phénoménal des cris, des acclamations et des hourras des milliers de personnes qui se pressaient autour d'elles. Elles étaient à un peu moins de deux cents mètres du balcon du palais. Trop loin pour voir autre chose que la silhouette indistincte des quatre personnes qui s'y tenaient : les petits Charles et Anne, qui agitaient la main, perplexes, devant la marée de visages levés vers eux, et derrière le couple royal, Philip et Élisabeth, un sourire figé plaqué sur leur visage. Mary, l'œil vissé à son périscope, était plutôt contente : toute la journée elle avait espéré avoir une aussi bonne vue sur la famille, et il avait fallu fendre la foule pendant plus d'une heure et demie pour s'approcher à ce point. Elles pourraient rentrer satisfaites à Dartford. Et pourtant, elle n'avait pas envie de se joindre au chœur d'adulation de ses amies. Les multiples émotions que la journée avait suscitées en elle étaient bien trop complexes pour trouver à s'exprimer ainsi. Voir les quatre membres de cette famille sur le balcon – exactement le genre de famille qu'elle espérait, comptait avoir elle-même quelques années plus tard – déclenchait un pincement d'espoir, et par-dessus le marché elle avait la surprenante déclaration – ou quasi-déclaration – de Kenneth à digérer. Elle resterait pratiquement silencieuse dans le train qui les ramènerait à Dartford, ignorant les bavardages surexcités de ses camarades, et au lit cette nuit-là, ses rêves offriraient un mélange désordonné et troublant de scènes imaginaires de leurs existences futures, la sienne, celle de Geoffrey, et celle du pays auquel ils appartenaient. Presque tous les scénarios semblaient possibles.

TROIS

Finale de la Coupe du monde : Angleterre – Allemagne de l'Ouest

30 juillet 1966

1

5 juillet 1966

Ma chère Bertha,

J'ai été ravi de recevoir ta lettre, et je suis extrêmement touché par ta proposition de nous loger à Birmingham pendant notre séjour, Lothar et moi. Crois-moi, je n'essayais pas de m'« incruster » en t'écrivant pour annoncer notre venue ! C'était tout simplement parce que je crois que c'est important d'entretenir les liens familiaux, même distants, et d'autant plus au regard des événements historiques récents, bien sûr. En d'autres termes, je vois ça comme l'occasion de contribuer, même de façon mineure, au renforcement des relations anglo-allemandes. Lothar et moi serions donc ravis d'accepter ta proposition, et nous sommes impatients de séjourner chez toi. J'apporterai quelques photographies, documents et souvenirs des premières années de ton père Carl à Leipzig, qui t'intéresseront je l'espère, et auront peut-être même une valeur sentimentale à tes yeux [...].

2

Au mitan des années 1960, Mary a maintenant trente-deux ans. Geoffrey et elle sont mariés depuis onze ans. Ils ont trois fils, âgés de dix, huit et cinq ans. La carrière de Geoffrey a pris un tour inattendu, et ce diplômé en lettres classiques plutôt cérébral est désormais directeur de banque à Solihull. Mais il est heureux dans son travail, et heureux en ménage. Toute la famille est heureuse.

La cousine Sylvia aussi est heureuse, dans l'ensemble. Après sa déception amoureuse, elle a eu la bonne fortune de rencontrer un nouvel homme au cours de longues vacances passées à randonner en Suisse, l'été suivant. Il s'appelle Thomas Foley, et travaillait alors dans la fonction publique à Londres. Ils se sont mariés, et pendant un moment ils ont vécu en banlieue à Tooting, avec leur fille, la petite Gill, mais ensuite Sylvia a convaincu son mari de s'installer dans les Midlands, et ils vivent dorénavant à Monument Lane, au sommet des Lickey Hills, à quelques kilomètres à peine de Bournville. Mary et Sylvia ne sont plus seulement cousines mais sont devenues aussi des amies intimes, malgré les dix ans qui les séparent. Elles se voient au moins une fois par semaine. Des jours heureux.

Même le pays est heureux, pour ainsi dire. Les années 1950 n'ont pas été une décennie facile pour la Grande-Bretagne. L'austérité de l'après-guerre a traîné en longueur. Le rationnement semblait voué à s'éterniser. L'Empire a commencé à se disloquer, et avec lui les certitudes de l'Angleterre. Mais à présent, on assiste à une sorte de petite renaissance : non pas économique, ni politique, mais culturelle. D'ici quelques jours, John Lennon déclarera au monde que les Beatles sont plus populaires que Jésus. La chanson de l'été, c'est « Sunny Afternoon » des Kinks, actuellement numéro un au hit-parade pour la deuxième semaine consécutive. Les deux cousines ont vu le groupe chanter ce titre à *Top of the Pops*, qu'elles ne manquent jamais de regarder avec leurs enfants. Elles connaissent tous les groupes : les Kinks, les Beatles, les Rolling Stones, les Hollies, les Who, Herman's Hermits, Dave Dee, Dozy, Beaky, Mick and Tich. Chaque semaine, elles dévorent des yeux et désirent secrètement ces jolis garçons aux cheveux longs qui se déhanchent devant la caméra en chemise à fleurs et col pelle à tarte : c'est comme si ces chansons étaient les dépêches d'un autre monde, un monde de mélodies et de couleurs, de liberté et de légèreté, d'ambiguïté et de transgression. À un peu plus de cent cinquante kilomètres de là, Londres swingue, à ce qu'il paraît. Et Bournville ? Pas vraiment.

Aujourd'hui, Mary et Sylvia ont emmené leurs plus jeunes enfants au lac des bateaux miniatures. Le même où Mary avait retrouvé Kenneth et son neveu, un matin de l'été 1952 ; mais ce jour-là elle n'y songe pas. Tout ça c'était il y a si longtemps. Toutes deux portent une robe à bretelles, des lunettes de soleil et un chapeau de paille. Il souffle une brise légère, des nuages vaporeux ponctuent le ciel. En dehors de cela, Bournville se définit, comme toujours, par sa quiétude.

Ni le fils de Mary (Peter), ni celui de Sylvia (David) ne possèdent de bateau miniature, et d'ailleurs ils ne sauraient pas trop quoi en faire, mais David a apporté un petit jouet Thunderbird 4 en plastique qui flotte plus ou moins, et ils entreprennent donc de s'amuser avec. Sylvia constate :

« C'est chouette de les voir jouer ensemble. On dirait qu'ils s'entendent bien !

— Mais oui, acquiesce Mary. Je suis contente que David apprécie Peter. Mon petit dernier n'a pas l'air de s'être fait beaucoup de copains au jardin d'enfants.

— Ah bon ? Je me demande bien pourquoi.

— La timidité, j'imagine. C'est une petite chose craintive. Il tient de son père. »

Sylvia lui jette un coup d'œil. Ce n'est pas la première fois qu'elle entend Mary faire ce genre de remarques : pas exactement une critique envers Geoffrey, mais pas franchement un compliment non plus. Elle songe soudain qu'elles sont mariées à des hommes très similaires : tous deux sont désespérément réservés et peu communicatifs.

« Je sais que Geoffrey est timide, dit-elle, essayant de tourner les choses de façon positive, mais c'est pour ça que vous êtes un couple si solide. *Toi*, tu es tellement chaleureuse et sociable. Si vous étiez tous les deux pareils, ça ferait peut-être beaucoup.

— Hmm. Peut-être. Je voudrais juste qu'il ne soit pas aussi... Enfin, regarde comment il est avec Jack, par exemple. Le pauvre garçon meurt d'envie qu'on l'emmène voir un match de la Coupe du monde. Mais Geoffrey ne veut pas. Il refuse tout net.

— Il paraît que ça ne passionne pas les foules, en fin de compte », dit Sylvia. Il se trouve qu'une partie du tournoi se joue à deux pas de chez elles – fait incroyable, l'équipe argentine est logée à l'hôtel Albany, dans le centre de Birmingham, et trois matchs sont programmés à Villa Park – mais leurs amies n'en parlent pas tellement (ni leurs maris, d'ailleurs).

« Chez nous, si ! répond Mary. Jack est un vrai fana de football. Il a recouvert les murs de sa chambre de photos et de tableaux de classement. Il est capable de donner le nom de n'importe quel joueur anglais, et combien de buts il a marqués pendant la dernière saison. Et tout ce qu'il veut, c'est que Geoffrey l'emmène voir un des matchs de Villa Park.

— Mais pourquoi est-ce qu'il refuse ? »

Mary secoue la tête et lâche dans un soupir : « Je ne sais pas. » Puis, après y avoir réfléchi un moment, elle reprend : « En fait si. Tu sais quoi, je crois qu'il trouve que ça fait trop populo. Le tennis, le golf, ça c'est pour les gens comme lui, pas le foot. Et il ne veut pas aller à Villa Park parce qu'il pense que le quartier est pourri et qu'il arrivera quelque chose à sa voiture s'il la gare là-bas. Il est terriblement snob, tu sais. Je crois qu'il tient ça de ses parents.

— Ou de son grand-père.

— Son grand-père ?

— Je l'ai rencontré une fois, chez tes parents. Le jour du couronnement de la reine. Il était terriblement rigide, je me souviens de ça.

— Carl ? Oui, il était rigide, mais... oh, il était sympa, en vrai. Quelqu'un de plutôt doux et gentil, derrière les apparences.

— Si tu le dis.

— Je ne l'ai jamais vraiment connu ni rien, mais juste avant sa mort on a eu une chouette conversation. C'était bizarre... il était très malade, et moi très enceinte de Jack. Geoffrey m'a dit que Mr Schmidt voulait me voir, alors j'y suis allée ; il était assis dans son lit, dans cette même petite maison où il vivait depuis cinquante ans, et il avait vraiment une mine de déterré... Mais on a papoté un assez long moment, une demi-heure peut-être, et il m'a dit qu'il était vraiment heureux que je sois enceinte et que Geoffrey soit sur le point de devenir papa. Ce qu'il voulait me raconter, c'était que Nellie – c'était sa femme – disait toujours que l'époque où ses filles étaient petites avait été la plus heureuse de sa vie, il tenait à ce que je le sache, et il espérait que les années à venir seraient comme ça aussi pour moi.

— Oui, c'est vrai que c'est gentil de sa part, reconnut Sylvia. Et ç'a été le cas ? »

Mary réfléchit à la question.

« La période la plus heureuse de ma vie ? Je suppose que oui, jusqu'à maintenant. »

3

« Terminé », annonce Martin d'un ton désinvolte, et il balance sa BD sur le lit de son frère aîné.

Jack lève le nez de son exemplaire de l'*Evening Mail*, dont il est en train de déchirer une page avec précaution, avant de la redécouper avec des ciseaux pour la coller dans son album de la Coupe du monde.

« Super, cette semaine, hein ? dit-il.

— Pas mal. »

La BD en question s'appelle *The Victor*. Elle n'est pas vraiment du goût de Martin. Il ne s'intéresse pas tellement aux récits héroïques de la Seconde Guerre mondiale. Les exploits de « Killer » Kennedy le laissent de marbre. Les aventures de Matt Braddock avec sa croix de Victoria – cette fois il pilote des avions de chasse Beaufighter et affronte un appareil allemand qui largue des mines – ne le passionnent pas du tout. Au contraire de son grand frère qui dévore tout ça avec délectation, semaine après semaine : ces histoires d'actes de bravoure en temps de guerre, quelle que soit la variété des situations, se résument toujours à une bataille primordiale entre vaillants Anglais et odieux Teutons, et se terminent invariablement de la même manière : l'Anglais, du seul fait d'être anglais, gagnera toujours contre les Allemands, même quand tout semble pencher en faveur du Boche. (En fait, plus le combat est inégal, plus le triomphe est grand, et plus la victoire est serrée, plus elle est délicieuse.)

« Il n'y a pas beaucoup de blagues dans ce truc, développe à présent Martin. Je croyais que c'était censé être marrant, les BD.

— Pas toutes, assure Jack. Enfin bref... en voilà une, de blague. Comment t'appelles un Allemand qui participe à la finale de la Coupe du monde ?

— Je sais pas, répond Martin.

— L'arbitre. »

Son frère le dévisage, l'air ahuri.

« Je comprends pas.

— Parce que en vrai leur équipe n'ira pas en finale. »

Martin y réfléchit. Ça n'a pas vraiment de sens. « Je croyais que leur équipe était censée être bonne. »

Jack le fusille du regard, puis attrape ses ciseaux. « Oui, ils sont bons. C'est juste une blague.

— Pourquoi tu découpes cet article, d'abord ? »

Il tend le cou pour examiner la coupure de journal, et voit la photo floue d'un homme d'âge mûr à la mine grave. L'article qui l'accompagne l'informe qu'il s'agit de Mr Ronald Tucker, domicilié au 18 Birch Road à Bournville, âgé de cinquante-cinq ans, et reconnu coupable de deux chefs d'accusation pour outrage à la pudeur, et condamné à six mois de prison.

« C'est de l'autre côté, idiot. »

Martin retourne la page pour découvrir une histoire nettement plus susceptible d'intéresser son aîné obsédé de foot. Il y a là deux photos : un footballeur aux cheveux noirs portant le maillot argentin, et un type débonnaire en blouse blanche, qui adresse un grand sourire à l'objectif en brandissant une espèce d'instrument chirurgical. Le gros titre dit : « L'ARGENTIN RATTÍN A MAL AUX DENTS. »

« C'est qui, ça ? demande Martin.

— Le capitaine argentin. Il a eu une rage de dents, alors ce type lui en a arraché une. Son cabinet est juste au bout de la rue. » Il découpe un petit carré de scotch et entreprend de coller la page dans son album. « À sa place, poursuit-il, je lui aurais pas fait de piqûre avant.

— Pourquoi ?

— Ils jouent salement, les Argentins. Tout ce qu'ils veulent, c'est truander l'adversaire. Ils s'en fichent carrément que ça se voie. Ils sont la honte de ce sport. La pire équipe de la compétition.

— Pire que les Allemands de l'Ouest ?

— Ils sont pas aussi sales que les Argentins. – Il lève les yeux. – C'est vrai qu'on a un cousin allemand ?

— Oui.

— Et on va le rencontrer ce week-end ?

— Oui. C'est génial, hein ?

— Pas vraiment, fait Jack. À mon avis on aura pas grand-chose en commun. De quoi on va bien pouvoir parler ?

— Eh ben, de foot, répond Martin. Ça me paraît pourtant évident. »

4

Le capitaine de l'équipe argentine, contraint de se faire arracher une dent par un dentiste de la banlieue de Birmingham, n'est pas le seul footballeur étranger à avoir l'occasion de découvrir le pays hôte un peu plus que prévu. À mesure que la compétition avance et monte en puissance, l'Angleterre – à qui l'on a pu reprocher, après guerre, d'être un pays assez replié sur lui-même – ouvre prudemment ses portes aux visiteurs des quatre coins du globe, et diverses cultures footballistiques sont amenées à se côtoyer.

L'équipe italienne, découvrant ses quartiers à la cité universitaire de Durham, remplace illico tous les meubles. Les matelas, expliquent-ils aux journalistes, sont particulièrement inacceptables.

L'équipe d'Uruguay arrive à son premier entraînement au centre sportif de Hounslow pour découvrir qu'il y a eu un doublon dans les réservations, et que les lieux sont déjà occupés par un groupe de scouts du coin. Les Uruguayens observent avec une certaine perplexité ces jeunes pionniers jouer à chat, à saute-mouton, et courir en relais un ballon posé sur la tête ; puis ils se mettent en quête d'un autre endroit où jouer.

Les Nord-Coréens, cantonnés à Middlesbrough, se plaignent de ne pas pouvoir dormir à cause du bruit de l'aéroport de Teesside. Mais en accueillant ces visiteurs communistes, la population locale s'est sentie davantage connectée à Londres et aux autres métropoles. « Les gens de Middlesbrough ont désormais le sentiment de faire partie de ce pays », déclare un porte-parole.

Le feuilleton télé le plus populaire du pays s'appelle *Des agents très spéciaux*, et il se trouve que les Russes en sont aussi dingues que les Anglais. Ils se pressent en masse dans un salon de coiffure de Durham pour réclamer « la coupe de Robert Vaughn ».

Les Bulgares ont besoin d'adversaires pour s'entraîner, et des volontaires de la mairie de Manchester sont ravis de leur fournir une équipe. Tout le monde s'amuse beaucoup pendant le match, que les Bulgares remportent 12-1.

Un petit scandale éclate quand l'équipe française est accusée de faire payer les autographes aux fans anglais.

On rapporte que l'équipe portugaise, qui séjourne à Wilmslow, a apporté six cents bouteilles de vin et plusieurs tonneaux d'huile d'olive vierge, ayant supposé (à juste titre) qu'il leur serait impossible de se procurer des substituts convenables pour ces denrées en Angleterre.

Leur équipe médicale a interdit aux Espagnols de boire l'eau du robinet anglaise, affirmant qu'ils tomberaient sûrement malades, sinon.

Entre-temps, on a demandé au joueur vétéran Ron Flowers de lister les avantages dont jouissent les Anglais en jouant à domicile, et il répond sans aucune hésitation que le principal, c'est de « pouvoir manger correctement ».

Que ce soit pour cette raison, ou qu'il y ait une autre explication davantage liée à leurs compétences footballistiques, l'équipe anglaise commence à afficher un parcours tout à fait respectable. À un honnête match nul contre l'Uruguay succède une victoire 2-0 sur le Mexique. Le match remporté contre la France le 20 juillet au stade de Wembley leur assurera une place en quart de finale. Les gens remarquent peu à peu que leurs performances se sont considérablement améliorées ces derniers temps, et il se pourrait bien que la compétition finisse par attirer non seulement l'attention des fans les plus fervents, comme Jack, mais aussi celle du pays tout entier.

5

Geoffrey sort leur voiture de l'allée en marche arrière (une Austin A60 Cambridge, « blanc symphorine », avec une bande « marron ambassadeur » sur le côté).

Les premières minutes de trajet entre Bournville et West Heath les amènent à passer par Birch Road et devant la maison où Mary est née, et où elle a passé les vingt premières années de sa vie. Ils roulent aussi devant le numéro 18.

« C'est là qu'il habite, dit Mary en désignant la maison par la vitre. Les rideaux sont tirés, à ce que je vois. On se fait oublier.

— Là qu'habite qui ? intervient Peter depuis la banquette arrière.

— Juste quelqu'un qu'on connaissait. »

Martin se tourne vers son frère et murmure : « Il va aller en prison.

— Pourquoi ? Qu'est-ce qu'il a fait ?

— Il a embrassé d'autres hommes. »

Les yeux de Peter s'écarquillent.

« Où ça ?

— Je sais pas... sur la bouche, j'imagine. »

Jack rit. « Je crois pas que c'était sa question. »

Il se penche vers son plus jeune frère pour lui répondre : « Dans les toilettes publiques. »

Leur mère se retourne pour les sermonner. « Allons, vous trois, ça suffit.

— Maman, j'ai pas comp...

— J'ai dit ça suffit ! » Elle se renfonce dans le siège passager. « Ces hommes-là sont la lie de l'humanité. C'est tout ce que vous devez retenir. La lie de l'humanité. »

Cette expression frappante pénètre dans la conscience de Peter où elle reste logée. Les mots ricochent dans son crâne pendant le reste du voyage, qu'il passe dans un silence songeur. La voiture familiale s'engage sur Turves Green dans un bruit de ferraille, puis tourne sur Oak Walk. Il est douze heures quarante-cinq un dimanche après-midi, les rues sont donc de toute façon tranquilles. Malgré cela, un changement s'exerce, subtil mais profond, quand ils quittent la route principale. Ils sont en train de pénétrer dans un quartier baptisé Longbridge Estate. (Des années plus tard, il prendra le nom d'Austin Village.) Pour Peter, le plus jeune fils de Mary, cet endroit possède une aura enchantée. Ses frères aînés, assis à ses côtés sur la banquette arrière – Martin le flegmatique, Jack l'impulsif, l'impatient –, ne semblent pas le remarquer, mais cette rue bordée d'arbres marque l'entrée d'un monde qui, aux yeux de Peter, est encore plus spécial que Bournville. Ils laissent derrière eux les maisons sans caractère, les tours qui viennent de pousser – les années 1960, en d'autres termes –, et se retrouvent comme par enchantement dans un endroit secret, magique. Il y a trois artères ici, parallèles les unes aux autres – Coney Green Drive,

Central Avenue et Hawkesley Drive –, reliées par des rues plus petites, qui se croisent en une série de ronds-points gazonnés, où poussent des sycomores. Ici tout est verdoyant, arboré, paisible. Le long de chacune des rues principales, on trouve les maisons : mais comme elles sont curieuses ! Ce sont des bungalows bardés de bois, fraîchement repeints en blanc, qui rappellent un peu la Nouvelle-Angleterre : le genre de bâtisses que l'on imagine contemplant sereinement l'océan, sur le rivage de Rhode Island. Comment ces bungalows ont-ils atterri ici, dans ce coin du sud-ouest de Birmingham ? On les a expédiés par bateau, préfabriqués : deux cents exemplaires venus de Bay City dans le Michigan en 1917, quand Herbert Austin a eu besoin en urgence de logements supplémentaires pour les ouvriers de son usine automobile en plein essor. Plus tard, ils ont commencé à se vendre à des jeunes couples en quête d'un logement pratique et abordable : des couples comme Frank et Bertha Lamb, qui ont fait l'acquisition de leur bungalow sur Hawkesley Drive dès 1924, et qui y vivent toujours, quarante-deux ans plus tard, pour la plus grande fascination de leur petit-fils Peter, qui aime tout de cette demeure exotique et de ses environs. Il adore l'étroite véranda envahie de plantes, le salon avec ses meubles tarabiscotés et démodés, la minuscule cuisine à l'arrière, dominée par un réfrigérateur américain tout en courbes, la petite échelle aux marches en bois contre la porte de derrière, là où la maison surplombe le sol de quelques dizaines de centimètres, créant un espace de la taille d'un enfant où l'on peut se fourrer, se tapir à l'abri des regards pour écouter les bruits de la vie des adultes au-dessus, les pas lourds sur le plancher, les voix étouffées. Il adore le jardin tout en longueur, avec ses carrés potagers plantés serrés d'un côté, et ses plates-bandes de fleurs odorantes de l'autre, séparés par une allée dallée idéale pour jouer à la marelle. Mais tout ça n'est qu'un prélude. Car cette allée conduit, au bout d'une petite vingtaine de mètres, à la véritable merveille de cet endroit, le joyau de la couronne : l'abri. L'abri antiraid aérien, comme le nomment les adultes, bien que Peter n'ait qu'une très vague idée de ce que peut être un raid aérien, et de la raison qui a pu un jour pousser ses grands-parents à construire un abri pour s'en protéger. La construction est magnifiquement camouflée, le toit recouvert de gazon et la porte en bois peinte du même vert pelouse. (Dans les années à venir, en repensant à ses visites dans cette maison, il se fera la remarque que l'abri ressemblait de façon frappante à la maison de Bilbon Sacquet dans *Le Hobbit*, livre qu'il considérera un bref moment comme la plus grande œuvre de tous les temps.) On descend dans les profondeurs souterraines par une volée de sept marches en brique – un escalier que Frank a construit lui-même, pendant les jours terrifiants de l'automne 1939 –, et aujourd'hui, comme toujours, Peter a tellement hâte d'y aller que voici la première chose qu'il dit à sa grand-mère :

« Bonjour Nana, je peux aller jouer dans l'abri s'il te plaît ? »

Bertha lui sourit, mais Peter sent une pointe de désapprobation dans ce sourire.

« Après déjeuner, d'accord ? Nous avons deux invités à la maison, vois-tu, et tu ne les as même pas encore rencontrés. »

Contrit, Peter attend qu'on lui dise les noms des deux inconnus qui se tiennent devant lui : un grand échalas tout pâle, à peu près de l'âge de son père, et un garçon trapu aux cheveux noirs, un peu plus petit que Jack (bien qu'il ait en réalité deux ans de plus). L'homme porte veston et nœud papillon, ce que Peter n'avait encore jamais vu, et le garçon, chose absurde, arbore un bermuda qui lui descend en dessous des genoux.

« Voici Volker, dit Bertha en présentant le grand échalas. Volker est ton grand-cousin issu de germain. Et voici Lothar... (elle présente le garçon), ton cousin au troisième degré. Ils ont fait tout ce chemin depuis Gütersloh, en Allemagne. »

Les deux invités tendent la main. Peter reste un instant perplexe, puis devine qu'il est supposé la leur serrer. Il tend lui aussi la main. Puis Jack et Martin tendent la main. S'ensuit un échange confus : deux mains allemandes cherchent trois mains anglaises, elles se trouvent, se saisissent, se lâchent et se saisissent à nouveau dans une sorte de méli-mélo de poignées de main aussi ferventes que maladroites. Bertha les regarde avec un grand sourire approbateur.

« Quel moment merveilleux, dit-elle. Les deux branches de la famille se rencontrent enfin. »

Ils s'attablent pour le déjeuner. Les neuf invités sont entassés les uns contre les autres autour de la petite table, mais Bertha a catégoriquement insisté toute la matinée pour que la famille entière mange ensemble, ne tolérant pas l'idée qu'adultes et enfants déjeunent séparément. Elle a préparé un assortiment de plats froids. Quand Peter vient dîner chez sa Nana et son Grandad, il est toujours bizarrement fasciné – et bizarrement rebuté – par les mets qu'on lui sert. C'est la première fois qu'il comprend que la cuisine de sa grand-mère a des accents germaniques qui lui viennent de son père Carl, lequel avait tenu à apprendre à sa femme comment préparer les *Kartoffelpuffer* et les *Spätzle*, l'*Eintopf* et les *Rinderrouladen*, une tradition également transmise à leurs trois filles. Peter n'avait jamais saisi que cela explique la saveur différente de la viande froide, plus sucrée, plus épicée ou plus fumée que le jambon anglais que lui donne sa mère à la maison, ou encore les drôles de cornichons vinaigrés vert citron et globalement non comestibles qui sont toujours empilés sur le côté de son assiette, et y restent systématiquement pendant tout le repas, intacts. Et aujourd'hui, les plats sont plus germaniques que jamais. Il y a de la choucroute, de la moutarde forte de couleur jaune et du pain de seigle brun foncé, rustique et plein de graines, qui n'a absolument rien à voir avec les fines tranches toutes blanches auxquelles il est habitué. Il picore dans son assiette, horrifié et en même temps subjugué par l'enthousiasme avec lequel Volker et son fils attaquent leurs plats, lâchant force petits grognements polis d'approbation, et quelques compliments par-ci par-là : « C'est délicieux ! Encore mieux qu'à la maison.

— Demain, dit Bertha, je vous préparerai une vraie spécialité anglaise. Une tourte à la viande de bœuf et aux rognons. Mais aujourd'hui je voulais vous servir quelque chose pour que vous vous sentiez chez vous. »

Malgré le succès des plats, et l'occasion exceptionnelle, la conversation n'est pas aussi fluide que chacun aurait pu l'espérer.

« C'est une grande ville, Gütersloh ? demande Geoffrey à son cousin.

— Il y a à peu près soixante-quinze mille habitants, répond Volker. C'est une ville agréable. Il y a un parc, des magasins très bien, et les maisons ne sont pas trop chères. Mes parents ont emménagé là-bas quand j'avais huit ans, et la famille de ma femme y est depuis plus longtemps encore. Nous y sommes très bien, et ne prévoyons pas de partir.

— Elle n'est pas venue avec vous, alors ? s'aventure Mary.

— Je vous demande pardon ?

— Votre femme. Pour voir le football. »

Volker rit. « Oh non, non ! Elle et la sœur de Lothar sont très contentes de rester à la maison, je vous assure. Le football, ce n'est pas du tout leur tasse de thé.

— Comment était le match hier ? » demande Mary. Elle se passionne pour tous les sports, même si le foot n'est pas son préféré, et s'intéresse beaucoup plus au déroulement de cette compétition que son mari ou sa belle-famille.

« Il y a eu zéro-zéro, répond Lothar dans son excellent anglais. C'était assez ennuyeux, en fait. J'ai été très déçu par notre équipe. Je pensais qu'ils marqueraient deux buts, voire plus.

— Et l'Argentine ? demande Jack. Est-ce qu'ils ont respecté les règles ?

— Il y a eu beaucoup de fautes, dit Volker. À un moment, il y a eu une dispute entre six ou sept joueurs, l'arbitre a dû interrompre le match, et le sélectionneur argentin a accouru sur le terrain pour se plaindre. Ils ont expulsé un gars de leur équipe.

— Classique ! fait Jack. Je parie que c'était Albrecht.

— Il suit les matchs de très près, intervient fièrement Mary. Il pourrait vous donner le nom de tous les joueurs de toutes les équipes.

— Pourquoi n'es-tu pas allé au match hier ? demande Lothar. Alors que c'était chez toi ?

— Je n'avais personne pour m'emmener, explique Jack, la voix lourde de griefs. Papa n'aime pas le foot. La seule personne qui m'emmenait voir les matchs, c'était mon Grandpa. Il m'emmenait voir les Wolves et West Brom. Mais maintenant lui et Grandma ont déménagé. Ils vivent à des kilomètres d'ici, dans le Lake District. » (Sam et Doll ont quitté Birmingham deux ans plus tôt pour prendre leur retraite à Coniston, et Jack ressent cruellement leur absence. Ce n'est pas juste pour qu'on l'emmène aux matchs. L'humour de son grand-père lui manque, sa présence chaleureuse et bienveillante, sa façon d'interagir avec les enfants sans la moindre trace de gêne ou de condescendance. Jack n'a jamais caché qu'il préférait de loin Sam et Doll à ses austères et distants grands-parents paternels.) Sur un ton bravache mais pas pleinement convaincu, il ajoute à présent : « Bien sûr, j'ai suivi le match à la télévision. D'ailleurs on voit beaucoup mieux comme ça. Et l'Allemagne de l'Ouest n'a pas super bien joué, si vous voulez mon avis. »

Avant que Lothar n'ait le temps de répondre à ça, Martin met son grain de sel :

« Pourquoi c'est l'Allemagne de l'*Ouest*, déjà ? Pourquoi c'est pas l'Allemagne entière qui joue ?

— Ah. Eh bien, c'est une histoire longue et compliquée, dit Volker. L'Allemagne est divisée depuis la fin de la guerre, vois-tu. Ton pays et les États-Unis étaient en charge de la moitié ouest. L'Union soviétique contrôlait l'est. Ton arrière-grand-père, Carl, venait de Leipzig, qui appartient maintenant à l'Allemagne de l'Est. C'est là que vivent toujours la plupart des membres de notre famille. Par chance, mes parents ont déménagé à Gütersloh dans les années 1930, donc nous sommes à l'Ouest.

— Pourquoi par chance ?

— Parce que l'Est n'est pas libre. C'est un pays communiste. Tout ce que font les gens, la police secrète est au courant, et nos proches n'ont pas le droit de quitter le pays pour venir nous rendre visite. Seulement pour des occasions très spéciales, comme les enterrements, et même là ils doivent demander l'autorisation, et souvent on met tellement de temps à la leur accorder que c'est trop tard.

— Mais ils ont bien une équipe de foot ? »

Volker sourit. « Bien sûr. Mais pas très bonne.

— Mon père dit qu'Harold Wilson est un communiste, fait Jack. C'est vrai, hein, Papa ? »

Geoffrey est si embarrassé de se voir attribuer cette opinion tranchée qu'il ne sait littéralement plus où se mettre. Dans un premier temps, rien ne lui vient.

« Bien sûr que non, le reprend Volker. Le Premier ministre anglais ?

— Eh bien…, finit par dire Geoffrey. Concrètement, ça y ressemble beaucoup.

— Croyez-moi, soutient Volker. Je suis allé en Allemagne de l'Est. J'ai vu le communisme en action. Votre Premier ministre n'a rien d'un communiste.

— Peut-être pas, dit Frank, volant à la rescousse de son fils, mais il est à la botte des syndicats, et c'est bien la dernière chose qu'il nous faut en ce moment. Les syndicats sont déjà beaucoup trop puissants dans ce pays. C'est l'une des raisons pour lesquelles l'Allemagne s'en sort si bien, si vous voulez mon avis. Ce ne sont pas les syndicats qui font la pluie et le beau temps, là-bas.

— Eh bien, je ne suis pas certain..., répond Volker, diplomate.

— Comment vous expliquez ça, alors ?

— Le *Wirtschaftswunder* ? Le miracle économique allemand ? » Il prend une gorgée du *Liebfraumilch* déniché par Frank au débit de boissons du coin et fait une légère grimace. « Peut-être que le danger, quand on gagne une guerre, c'est que ça vous donne un sentiment de triomphe et de réussite – tout à fait justifié – qui porte à croire qu'on peut se permettre de se laisser aller pendant un temps. Alors que la défaite, en particulier une défaite comme celle que nous avons subie, ne vous laisse pas d'autre choix que de vous relever, et de commencer à reconstruire en ne ménageant pas vos efforts pour y parvenir. En tout cas cela semble être la philosophie de notre chancelier, Mr Erhard. »

Un silence méditatif suit cette déclaration.

« Tu peux me passer le beurre, s'il te plaît ? » dit à présent Bertha en se penchant vers Mary, et pendant cette distraction bienvenue, Geoffrey se tourne vers Volker et lui glisse sur le ton de la confidence :

« Nous ne parlons pas vraiment de ce genre de choses, dans ce pays, vous savez. Pas de politique à la table familiale. À votre place, je changerais de sujet. »

Volker prend une minute ou deux pour digérer ce conseil – ou plutôt cette consigne. Puis, s'adressant à Jack d'un ton aimable :

« Pour en revenir au football, il se trouve que je suis d'accord avec toi. Nous n'avons pas très bien joué hier. Espérons que nous ferons mieux mercredi.

— Vous allez voir celui-là aussi, hein ? ne peut s'empêcher de demander Jack.

— On est là pour voir *tous* les matchs, fanfaronne Lothar. À Villa Park mercredi, et puis, si notre équipe gagne celui-là, on va à Sheffield, et ensuite pour le match suivant à Liverpool, et enfin on ira à Wembley voir notre équipe remporter la finale et rapporter la coupe du monde à la maison. »

Jack le regarde fixement et tout son corps se gonfle de haine. Il se dit : Ce garçon va aller à Wembley ? Il va aller au *stade de Wembley* pour la finale, alors que j'ai même pas le droit d'aller à Villa Park au bout de la rue ? Il est fou de rage.

« Tu dis n'importe quoi, rétorque-t-il froidement. C'est l'Angleterre qui va gagner la Coupe du monde. »

Lothar pouffe. « Personne n'y croit.

— Vous n'irez même pas en finale. Ni en demi-finale, ni même en quart de finale. »

Au lieu de répondre, Lothar se saisit de l'aliment le plus dégoûtant qu'il y ait à table – un long cornichon imbibé de vinaigre et qui, avec sa couleur vert vif et sa consistance un peu flasque, ressemble à une limace radioactive – et enfourne le truc entier dans sa bouche. Il le mastique, l'air pleinement satisfait, avant de l'avaler bruyamment. Jack l'observe avec dégoût, pris d'un haut-le-cœur. Il brûle maintenant de haine pour ce garçon.

« Je vous aide à débarrasser la table, Nana ? demande Mary en se levant.

— Oh, c'est très gentil, merci. » Bertha se tourne vers Volker : « Pendant qu'on prépare le pudding, vous pouvez peut-être montrer à Geoffrey et aux garçons les photos qu'on a regardées hier ?

— Oui, bien sûr. »

Il prend une chemise en carton sur une table, de l'autre côté de la pièce, et pendant quelques minutes Jack, Martin et Peter doivent faire mine de s'intéresser à ces tirages anciens en noir et blanc, dont certains ont tellement pâli que les images sont pratiquement impossibles à discerner, mais qui semblent principalement représenter des patriarches à la mine patibulaire arborant soit une longue barbe blanche, soit une fantastique moustache tarabiscotée, dans une gamme de tenues allant du costume strict et inflexible à l'uniforme militaire allemand au complet, avec les médailles, et dans un cas, une impressionnante rapière. Les trois garçons ne se sentent absolument pas concernés par cette galerie de caricatures teutonnes. Fort heureusement, leur bol de salade de fruits en conserve arrive bientôt et, après l'avoir noyé de lait concentré pour le rendre comestible, chacun liquide rapidement le sien et a enfin le droit de quitter la table.

Les quatre garçons traversent maintenant la cuisine en file indienne et vont s'entasser sur le banc en bois au bout du jardin, sauf qu'il n'y a pas vraiment d'espace pour Peter : après avoir essayé en vain de se faire une place, le voilà obligé de s'asseoir en tailleur sur les dalles, ce qui n'est pas très confortable. Ils ne savent pas du tout de quoi ils pourraient parler, mais Martin a apporté un petit transistor, alors il l'allume et tripote le bouton de réglage jusqu'à ce qu'il tombe sur le

Light Programme. Ils arrivent pile à temps pour les dernières minutes d'une émission comique. Jack reconnaît la voix du principal comédien et dit : « Ooh, c'est Ken Dodd... il est trop marrant lui, vraiment. » Davantage pour appuyer ses dires que parce qu'il comprend cet humour, Jack passe les cinq minutes restantes de l'émission plié de rire, tandis que Martin le regarde avec dédain et Lothar avec perplexité.

« Je n'y comprends rien du tout, fait ce dernier. Qu'est-ce qui se passe ? Pourquoi le public rigole ? »

Jack se tourne vers Martin et demande : « Qui a dit que les Allemands n'ont pas le sens de l'humour, hein ? » Comme Martin ne répond pas, il balance quand même la chute : « Tout le monde ! » Personne d'autre que lui ne rit, mais il s'esclaffe assez fort pour les quatre. Puis il s'adresse à Peter : « Où tu vas ? »

Peter s'est levé et s'éloigne dans l'allée. L'émission suivante vient de commencer et elle lui flanque la frousse : c'est un concert des George Mitchell Minstrels, également connus sous le nom de Black and White Minstrels, et même si bien sûr il ne les voit pas, il lui suffit de se remémorer leurs affreuses figures noircies, qui l'effraient à chacune de leurs apparitions à la télévision, avec leurs grimaces bizarres et le rictus de leurs lèvres peintes en blanc. En plus, il ne peut plus attendre pour aller dans l'abri. Dès qu'il a descendu les marches et soulevé la porte qui gémit bruyamment sur ses charnières rouillées, il allume l'ampoule nue suspendue au plafond : elle éclaire faiblement les outils de jardinage et les sacs de légumes rangés par terre. Il y a une large étagère en bois sur toute la longueur du mur, depuis la porte jusqu'au fond de l'abri, et après avoir arpenté les lieux de long en large à plusieurs reprises en considérant ses différentes options, Peter entreprend de la convertir en circuit improvisé pour les deux petites voitures Dinky qu'il garde toujours dans sa poche. Des boîtes de peinture, des bidons d'huile, une pelote de ficelle et même quelques échalotes prises dans un petit sac en toile de jute sont réquisitionnés pour former une série d'obstacles, entre lesquels il manœuvre les voitures avec le plus grand soin, tout en entretenant un dialogue continu dans sa tête, imaginant une conversation entre deux commentateurs sportifs de la BBC. Il fait des bruits de moteur à voix haute et vocalise les cris et les encouragements de la foule enthousiaste. Il est tellement absorbé par son jeu qu'il perd toute notion du temps, et ne voit même pas Jack descendre les marches pour le rejoindre dans la pénombre de ce havre, faisant brutalement irruption dans son monde imaginaire avec ces mots :

« Qu'est-ce que tu fabriques, minus ? »

Peter attrape promptement les voitures sur l'étagère et fait volte-face, la mine coupable, même s'il n'a rien fait de mal.

« Je joue, c'est tout. » Il remet les voitures dans sa poche. « Où sont les autres ?

— Ils parlaient de trucs *super barbants*, lâche Jack. Et maintenant ils sont partis faire un tour : encore plus barbant. Ça te dit de jouer aux cartes ? »

Peter est surpris, et ravi. Son grand frère, qu'il vénère, lui fait rarement ce genre de propositions. Le problème, c'est qu'il ne connaît aucun jeu de cartes. Jack essaie de lui expliquer les règles du whist ou du vingt-et-un, mais elles sont trop compliquées. Ils finissent par jouer à la bataille. Peter se sent coupable, et il a honte de ne pas être assez grand ni assez intelligent pour jouer à un vrai jeu de cartes avec son frère, mais ça n'a pas l'air de déranger Jack. Celui-ci semble préoccupé. Les sourcils froncés, il n'est pas très concentré et laisse Peter gagner quatre des cinq premières parties. Peter est mal à l'aise. Son frère n'est manifestement pas lui-même cet après-midi. Quelque chose a dû le perturber. Peter n'a pas fait attention à la conversation au déjeuner – il a pris l'habitude de décrocher, de se détacher de toute situation qui lui paraît trop complexe, trop inconfortable ou simplement trop ennuyeuse – mais il devine que cela a quelque chose à voir avec leur nouveau cousin. Quelle que soit la raison, c'est inquiétant. Peter déteste voir son frère à côté de ses pompes, et voudrait faire tout ce qui est en son pouvoir pour qu'il se sente mieux. Il est réconforté, un tout petit peu, quand au bout d'un moment son aîné semble retrouver sa concentration, et remporte les quatre dernières parties coup sur coup.

Jack est en train de rebattre les cartes quand il entend des pas dans l'escalier. C'est Martin et Lothar. Ils ont fini leur balade et arrivent les bras chargés de présents.

« Regardez, dit Martin, Nana nous a donné ça pour qu'on partage. » C'est une barre de chocolat Bournville de chez Cadbury. Le noir, classique. « Et Lothar a apporté du chocolat d'Allemagne.

— Pour nous ? fait Jack.

— Si vous voulez, dit Lothar, pas franchement chaleureux.

— Bon, ok, voyons la différence. » Jack prend la barre de chocolat Bournville des mains de Martin, casse quatre carrés et en donne un à chacun des trois autres. « Maintenant, garde bien en tête, dit-il à Lothar, que le chocolat anglais est le meilleur *du monde*. Et Cadbury fait le meilleur chocolat d'Angleterre. Nos deux grands-pères travaillaient pour eux, et Nana a travaillé pour eux, et toutes ses sœurs travaillaient pour eux, et… en gros, c'est le meilleur chocolat que tu goûteras de toute ta vie. »

Peter est surpris d'entendre Jack dire ça. Il sait pertinemment qu'il n'aime pas vraiment le chocolat classique Bournville. Il n'en achète jamais, et en mange rarement quand on lui en propose, car il préfère de loin la version au lait. Il dit que le Bournville est trop amer, trop corsé. Mais voilà qu'il croque ostensiblement un carré de chocolat et ferme les yeux en le dégustant, comme si le goût le mettait en extase. « Mmm, dit-il. Mmm, c'est tellement bon. Vas-y Lothar, goûte, goûte un peu le meilleur chocolat du monde. »

Lothar fourre son carré dans sa bouche avec désinvolture. Il mâche, avale et dit :

« Il est un peu gras à mon goût. Mais bon, c'est pas mal.

— *Pas mal ?* rétorque Jack. T'es en train de me dire que le chocolat Bournville de Cadbury est juste pas mal ? Visiblement t'y connais rien en qualité. Vas-y alors. Voyons voir ce que vous avez à proposer, vous autres. »

Il prend la barre de chocolat allemand des mains de Lothar. Elle est enveloppée d'un papier mauve, décoré d'une image attrayante qui montre un paysan menant sa vache solitaire sur un alpage. Le mot *Milka* est imprimé dessus, en blanc, et en dessous, la légende *Hochfeine Alpenmilch-Schokolade*. Jack déballe et renifle le chocolat, comme si ça pouvait être toxique. Apparemment satisfait, il casse quatre carrés, comme la fois précédente, et les distribue.

Tous mettent leur morceau en bouche au même moment. Martin ne dit rien, mais Peter est tout de suite enthousiaste. Ce chocolat est merveilleusement crémeux, léger et savoureux. En fait, c'est de loin le meilleur chocolat qu'il ait jamais goûté. « Super bon ! lance-t-il. Je peux en avoir encore ? » Mais quand il se tourne vers son grand frère en tendant la main, il est confronté à une vision terrifiante. Jack a le visage convulsé et, portant les mains à sa gorge, il commence à faire le bruit de quelqu'un qui s'étouffe. Il devient rouge vif et recrache le carré de chocolat à moitié croqué sur le sol de l'abri.

« Argh ! s'écrie-t-il. Horrible ! Révoltant ! Ça a un goût de... de... Bon, je sais même pas quel goût ça a. C'est le truc le plus atroce du monde. T'essaies de nous empoisonner ?

— Vous empoisonner ? T'es dingue ?

— Non, je suis pas dingue. Je vous connais, vous autres.

— Comment tu pourrais me connaître ? On vient juste de se rencontrer.

— Vous les Allemands, vous êtes toujours en train d'essayer d'empoisonner les Anglais. Encore pas plus tard que la semaine dernière.

— La semaine dernière ? De quoi tu parles ?

— La semaine dernière "Killer" Kennedy a été capturé par les nazis et ils ont voulu l'empoisonner. Ils lui ont proposé une tasse de thé et il y avait du poison dedans. Il a fait semblant de boire mais il a tout recraché.

— Je suis pas un nazi.

— T'es un Hun, non ?

— Je sais pas ce que ça veut dire. J'ai jamais entendu ce mot.

— Bon, eh ben voilà ce que "Killer" Kennedy fait aux Huns. »

Jack s'empare de la pelote de ficelle de jardinage sur l'étagère en bois et commence à la dérouler. Ses gestes sont vifs et efficaces, mais en vérité Lothar est tellement médusé qu'il pourrait prendre tout le temps qu'il veut.

« Allez, fait Jack à son petit frère. Attachons-le. On va voir quel genre de secrets on peut faire cracher à ce sale *Schweinhund*. »

Peter comprend ce qui se passe, à présent : c'est un jeu. Jack veut jouer à un jeu avec Lothar, mettre en scène une des histoires de sa BD *The Victor*. Il tient fermement la pelote de ficelle pendant que Jack l'enroule autour de Lothar. Celui-ci se laisse faire quelques secondes, mais ensuite il tente de résister, et à ce moment-là Jack le pousse brutalement par terre.

« *Schweinhund ! Dummkopf !* hurle-t-il.

— Aïe, ça fait vraiment mal ! se plaint Lothar, qui est tombé lourdement sur la cheville et se l'est tordue.

— Pas grave », dit Jack. Son ennemi n'est qu'à moitié attaché, alors il le cloue au sol en montant sur lui à califourchon et en le tenant par les poignets. « Dis-moi tout, espèce de saleté de lâche allemand ! Dis-moi tous tes secrets !

— Oui, dis-nous tout ! répète Peter de sa voix aiguë, en donnant de faibles coups de pied dans la cuisse gauche de Lothar.

— Eh bien, fait Lothar, il y a une chose que

je peux vous dire. » En un clin d'œil, et sans aucun effort apparent, il s'est libéré de ses liens dérisoires, a retourné Jack, et le tient à son tour cloué au sol sur le ventre, les bras tordus dans le dos. « À l'école je fais du judo, et je suis ceinture bleue. Et si *jamais* tu lèves à nouveau la main sur moi – et c'est valable (il se tourne vers Peter, qui le regarde, subjugué), c'est valable aussi pour toi –, si jamais vous levez à nouveau la main sur moi, je vous démolis. Je vous démolis tous les deux. »

Il repousse Jack qui s'étale par terre, se redresse, s'époussette et remonte à la lumière du jour à pas mesurés, posés. Après un instant de réflexion médusée, Martin le suit.

Restent donc Jack et Peter. Jack s'assoit et se frotte le dos de la main, qui a été égratigné et saigne légèrement. Il regarde Peter d'un air accusateur.

« Dis donc, tu m'as pas aidé.
— Désolé. C'était rien qu'un jeu de toute façon.
— C'est ça. Rien qu'un jeu. »

Il se redresse et se dirige en boitant vers l'escalier. Peter le suit. Bientôt, les quatre garçons sont de retour dans le salon, où les adultes terminent leur café. Frank et Volker ont repris leur conversation sur les performances industrielles de la Grande-Bretagne et de l'Allemagne. Mary a l'air de s'impatienter et semble se préparer au départ. Bertha arbore un sourire triomphant. Tout le monde s'entend bien. Tout le monde est content. Cette réunion familiale est un franc succès.

6

Les deux matchs du mercredi sont importants. L'après-midi à Villa Park, sous les yeux de Volker et Lothar, l'Allemagne de l'Ouest bat l'Espagne deux buts à un. Le soir à Wembley, alors que Jack suit le match sur le téléviseur peu fiable et ridiculement petit de ses parents, chez eux à Bournville, l'Angleterre bat la France deux à zéro.

Le sélectionneur espagnol est submergé de honte par la défaite de son équipe. Dans ce que la presse britannique considère globalement comme une démonstration absurde de mélodrame à la méditerranéenne, il s'effondre en larmes et déclare aux journalistes réunis : « Je démissionne. Je prends ma retraite du foot. Ce soir j'en ai fini avec ce sport. La défaite de l'Espagne, c'était la goutte de trop. »

Pour ne pas être en reste, le sélectionneur italien, dont l'équipe a également été éliminée, explique à un autre groupe de journalistes : « Je n'ai pas encore parlé aux joueurs, parce qu'ils sont trop bouleversés. À quoi ça servirait de leur parler ? Ils sont comme une famille sans parents. Mais c'est pour moi que c'est le pire. Personne ne peut comprendre à quel point ça fait mal. Dans l'état où je suis actuellement, je ne suis pas en mesure de donner mon opinion sur tel ou tel joueur, ni sur le match lui-même. »

Mais ces mémorables effusions d'émotions à l'européenne sont bientôt éclipsées par les échauffourées qui accompagnent le quart de finale disputé par l'Angleterre et l'Argentine, le samedi 23 juillet. Au bout de trente-cinq minutes de match, le capitaine argentin, Rattín, se fait sortir pour avoir contesté à plusieurs reprises les décisions de l'arbitre ouest-allemand. Il refuse d'abord de quitter le terrain, et le match est suspendu sept minutes pendant qu'il s'engueule avec l'arbitre, tandis que plusieurs officiels argentins et représentants de la FIFA viennent mettre leur grain de sel. À un moment, on dirait que toute l'équipe argentine s'apprête à quitter le terrain. Geoff Hurst marque le seul but du match à la 78ᵉ minute, mais les joueurs argentins n'en démordent pas : ils auraient gagné, disent-ils, s'ils n'avaient pas dû jouer à dix, et à la fin du match on assiste à des scènes lamentables. L'arbitre se fait bousculer par des membres de l'équipe alors qu'il essaie de rejoindre le tunnel, et l'un des joueurs semble lever le poing, si bien que des policiers et des responsables doivent intervenir. L'un des cadres de la FIFA impliqués déclare ensuite avoir vu l'arbitre « se prendre des coups de pied et se faire bousculer » par des joueurs argentins : « J'ai attrapé un de leurs joueurs par l'épaule pour qu'il se retourne, dans le but de noter le numéro de son maillot. C'était le vingt, Onega, et il m'a craché au visage. J'ai déjà vu des joueurs déçus après une défaite – j'en ai même vu pleurer – mais là, c'était l'hystérie totale. C'était effrayant. La rixe a continué dans le tunnel, jusque dans les vestiaires. »

Dans une interview après le match, le sélectionneur anglais, Alf Ramsey, affirme : « Nous jouerons notre meilleur football contre l'équipe qui viendra pour jouer au foot, et non pour se conduire comme des animaux. »

Excédés par ce commentaire, les Argentins répondent que Mr Ramsey n'aura pas le droit d'entrer dans leur pays tant qu'il ne se sera pas excusé. Ses paroles sont « indignes de lui et de nous », dénonce Juan Santiago, qui dirige la délégation argentine à la Coupe du monde. « Il ne devait pas être dans son état normal, ou alors il était drogué. »

Leur sélectionneur Juan Carlos Lorenzo clame : « Maintenant tout ce qu'on veut c'est se tirer d'Angleterre et rentrer chez nous. On nous a gâché notre Coupe du monde. »

On rapporte qu'à Buenos Aires, des gardes armés ont été enrôlés pour protéger l'ambassade britannique, à cause de la flambée du ressentiment anti-Anglais. Le journal argentin *Crónica* écrit : « Les Anglais ont volé le match. Ils restent ces pirates qui pillèrent les Caraïbes et s'emparèrent des Malouines. »

Plus tard, Mr Ramsey retirera ses propos, déclarant qu'ils étaient « inexcusables ».

Néanmoins le résultat est là, et l'Angleterre passe donc en demi-finale. De même que l'Allemagne de l'Ouest, qui a battu l'Uruguay 4-0 au Goodison Park de Liverpool. Les deux équipes remportent chacune leur demi-finale, éliminant du tournoi le Portugal et l'Union soviétique. Autrement dit, chose incroyable : la finale de la Coupe du monde de 1966 se jouera le 30 juillet entre l'Angleterre et l'Allemagne de l'Ouest, au stade de Wembley.

Bien sûr, cette rencontre portera les traces d'une histoire aussi douloureuse que récente, mais pointer cela du doigt constituerait assurément une atteinte aux bonnes manières et au tact anglais.

Le matin du match, Jack ouvre l'exemplaire du *Daily Mail* de son père pour lire le point de vue du journaliste sportif Vincent Mulchrone. « Il se peut que l'Allemagne de l'Ouest nous batte à notre sport national aujourd'hui, écrit Mr Mulchrone, mais ce ne serait que justice. On les a battus deux fois au leur. »

7

« Pourquoi vous ne venez pas tous ? propose Sylvia au téléphone. Thomas n'est pas là, et Gill et moi ça ne nous intéresse pas, alors David n'a personne avec qui regarder le match. Il serait super content que tes garçons soient là. Et notre téléviseur est beaucoup plus grand que le vôtre. On pourrait se mettre au jardin ou aller faire un tour à Beacon Hill pendant le foot. »

Et c'est ainsi que le jour de la finale de la Coupe du monde, après un déjeuner pris de bonne heure, l'Austin Cambridge blanc symphorine reprend du service, et Geoffrey conduit toute la famille chez Sylvia et Thomas, sur Monument Lane au sommet des Lickey Hills.

C'est une maison imposante, qu'ils ont meublée dans un style moderne, très différent de la décoration classique et discrète adoptée par Geoffrey et Mary dans leur maison mitoyenne de Bournville. Mary oublie parfois que Thomas n'est pas des Midlands, à l'origine. Il a grandi dans le Surrey et a commencé très jeune à travailler à Londres : dès l'époque de la guerre, lui semble-t-il, il était employé à Whitehall, un poste de fonctionnaire subalterne, quelque chose de ce genre. Après sa rencontre en vacances avec Sylvia puis leur mariage, ils ont vécu à Londres un moment – à Tooting, ou un endroit comme ça – et tous deux sont restés bien plus au fait de la vie de la capitale que Mary ne l'est aujourd'hui. Thomas y va souvent pour ses affaires, et parfois Sylvia et lui descendent y passer le week-end et visiter ces boutiques, ces rues et ces monuments qui furent brièvement familiers à Mary pendant son séjour à Dartford, mais lui paraissent à présent aussi lointains et irréels que les boulevards de Paris ou les canaux de Venise. Il y a un nouveau magasin sur King's Road, apparemment – elle a lu ça dans le supplément couleur du *Sunday Times* –, qui s'appelle Habitat et se spécialise dans les meubles modernes et minimalistes de style scandinave, et même si Sylvia n'y a en fait jamais rien acheté, hormis deux tapis et un porte-brosses à dents, cette boutique a manifestement une grande influence sur elle. Dans sa maison, en effet, nulle trace du bazar, du bric-à-brac, des souvenirs de famille, des bibelots en porcelaine, des rangées de photos encadrées dont Mary aime remplir son foyer. Et de fait, chaque fois que Mary franchit le seuil de chez Sylvia, elle a l'impression de pénétrer dans un univers extraterrestre. La cloison entre le salon et la salle à manger a été abattue pour créer un spacieux espace de vie, mais l'audace ne s'arrête pas là : en prime, la cloison entre la salle à manger et la *cuisine* a été abattue, si bien que tout le rez-de-chaussée n'est plus qu'une seule et immense pièce, avec de larges portes-fenêtres donnant sur le jardin et le paysage vallonné qui s'étend derrière. L'escalier d'origine du premier étage a été supprimé et remplacé par une volée de marches flottantes en bois poli de style contemporain, qui renforce encore l'impression de lumière et d'espace. L'ameublement est racé, chic (et selon Mary, assez inconfortable), la chaîne hi-fi (sur laquelle Thomas passe ses soirées à écouter sa collection d'obscurs disques classiques) est une Bang & Olufsen et, nec plus ultra, il y a un téléviseur (de marque ITT) aux lignes pures et élégantes, et dont l'écran est beaucoup plus grand et plus net que tout ce que Mary a pu connaître. Sylvia a déjà disposé des coussins en cercle autour du poste, pour que David et les trois frères Lamb puissent s'installer et regarder le match de cet après-midi.

Il y a des en-cas et des amuse-gueules dans des bols en plastique multicolores, des martinis pour les adultes, de la citronnade et de l'orangeade pour les enfants.

C'est la première fois que les fils de Mary viennent chez Sylvia. Martin et Peter restent de marbre, mais Jack ne peut dissimuler son admiration. Il fait le tour de la grande pièce du rez-de-chaussée, bouche bée devant la chaîne hi-fi, le téléviseur et la vue spectaculaire, et contemple avec un mélange de perplexité et d'envie les quelques bibelots triés sur le volet, comme cette maquette argentée étincelante de l'Atomium présenté à l'Exposition universelle de Bruxelles, en 1958. Mary le regarde, et sait ce qu'il est en train de se dire : tout ça est tellement mieux que ce qu'on a chez nous. Ces gens ont plus d'argent que nous. J'ai envie de vivre dans une maison comme ça. Si c'est pas maintenant, alors un jour.

La pluie s'est arrêtée, et il fait doux cet

après-midi, malgré la grisaille. Heureusement, les meubles de jardin sont restés au sec grâce au parasol, et Sylvia, Geoffrey et Mary peuvent s'installer avec leurs martinis tandis que Gill, qui a neuf ans, les rejoint à la grande table ronde avec sa limonade et un tome d'*Alice*.

À Wembley, la pluie est passée aussi, environ une demi-heure plus tôt, mais elle a laissé un terrain lourd et humide : bonne nouvelle pour l'équipe anglaise, qui a l'habitude de ce genre de conditions. Jack est ravi. Pendant que retentissent les hymnes nationaux, il scrute les visages des spectateurs dans le fond, mais l'image est beaucoup trop floue pour qu'on puisse distinguer le moindre détail, et il ne parvient pas à repérer Volker et Lothar, même s'il sait qu'ils doivent être là quelque part.

Alors l'arbitre suisse donne un coup de sifflet et le match débute.

« Ça a commencé ! » lance Jack à sa mère, au jardin.

En temps normal, Mary aurait peut-être répugné à abandonner Sylvia à la compagnie de son mari, dont la conversation est souvent aride, voire inexistante. Mais aujourd'hui, il semble littéralement pétiller. Il est vrai qu'il parle d'un sujet qui lui est cher : la façon dont Sylvia pourrait mieux gérer ses finances. L'amie de Mary raconte qu'elle dépense trop et ne cesse de creuser son découvert. Mais Geoffrey lui explique que sa banque a désormais une solution : un nouveau service baptisé « carte de crédit », un petit morceau de plastique brillant qu'il suffit de présenter dans n'importe quel magasin pour obtenir un crédit gratuit sur un mois. À l'écouter, Mary se rappelle à quel point son mari peut être attentif et bienveillant, surtout quand il s'adresse à une femme, et comme il s'enthousiasme parfois (ce qui ne laisse pas de la surprendre, vu sa passion pour les langues anciennes) quand il parle d'innovations et de nouvelles technologies. Sylvia, en tout cas, a l'air tout à fait captivée, alors Mary n'a pas de scrupules à les laisser tous les deux dans le jardin, et se précipite à l'intérieur. Elle se retrouve bientôt en tailleur par terre avec les enfants, absorbée par le déroulement du match.

Les premières minutes sont tendues. Ce sont surtout les Anglais qui courent et enchaînent les occasions, mais au bout de douze minutes, désastre : l'Allemagne marque en premier. Ray Wilson, l'arrière gauche, essaie de dégager de la tête après une offensive allemande, mais parvient seulement à envoyer le ballon tout droit sur le buteur adverse, Helmut Haller, qui en profite aussitôt pour tirer direct dans le dos du gardien anglais, Gordon Banks, qui a plongé. Mary, Martin et David gémissent en se prenant la tête entre les mains. Peter, qui ne comprend toujours pas tout aux règles, a l'air un peu perdu. Seul Jack semble imperturbable.

« Ok, c'est un revers, fait-il, mais dans un sens c'est peut-être bon signe. Depuis la guerre, toutes les équipes qui ont marqué en premier en finale de Coupe du monde ont fini par perdre. » C'est le genre d'informations qu'il semble avoir toujours sous le coude, ces derniers temps. Son public est impressionné, et rassuré.

Et effectivement, la confiance de Jack paraît justifiée. À peine six minutes plus tard, Geoff Hurst, l'avant-centre anglais, égalise. Bobby

Moore tire un coup franc rapide, offrant à Hurst une puissante frappe de la tête qui déborde facilement Tilkowski, le gardien allemand. Un partout. À Wembley les spectateurs deviennent fous. De même que, à leur manière plus discrète, les spectateurs installés autour de la télévision de Sylvia.

Il y a toujours un partout à la mi-temps, quand Mary ressort dans le jardin.

« C'est très excitant là-dedans, dit-elle. Vous loupez quelque chose.

— On va venir regarder la deuxième mi-temps, répond Sylvia. Mais Geoffrey et moi avions une conversation passionnante.

— Ah ? » dit Mary, curieuse. Sa situation bancaire ne pouvait tout de même pas les avoir occupés plus de quarante-cinq minutes ?

« Il me raconte, reprend Sylvia, que vous envisagez de déménager.

— Oh. Eh bien... oui, il faut croire que oui. »

Mary, pour dire la vérité, est toujours très heureuse à Bournville, mais Geoffrey a récemment commencé à exprimer son insatisfaction. Il n'a pas vraiment détaillé les raisons. Il balance des remarques d'ordre général, par exemple que « le quartier change trop vite », ou même « se dégrade ». Il fait de vagues suggestions, du genre « il faut nous éloigner du centre de Birmingham, ce n'est plus comme avant ». Il parle de surpopulation et de la nécessité d'avoir des voisins davantage « comme nous ». Il évoque l'envie de se rapprocher de la nature, des collines, de vivre au grand air et de faire de longues promenades dans la campagne : autant d'idées que Mary trouve extrêmement séduisantes. Mais elle est réfractaire au changement, et il faudra encore quelques années à son mari pour parvenir à ses fins.

« Eh bien. J'essayais de le convaincre que vous devriez vous installer par ici. Pour qu'on soit voisins. »

Cette idée-là aussi plaît à Mary. Tous les trois sont encore en train d'en discuter quand la seconde mi-temps débute, et elle regagne la maison.

Il s'est remis à pleuvoir à Wembley, une bruine fine qui ne menace pas d'interrompre le match, même si le terrain est clairement en train de devenir boueux. On a ouvert des parapluies un peu partout dans les gradins. L'Angleterre attaque avec férocité et enchaîne une série de tirs qui manquent le but de justesse, et pendant lesquels leur cœur s'arrête de battre : Mary et les garçons hurlent de frustration.

Sylvia, Geoffrey et Gill doivent finalement rentrer pour voir ce qui cause tout ce boucan. Avant de s'installer sur le sofa, Sylvia s'arrête une ou deux secondes, assimilant la scène. Elle regarde Mary, assise par terre, les quatre garçons autour d'elle, tous les yeux rivés sur l'écran, et se rend compte que sa cousine est dans son élément : entourée d'enfants, absorbée par le sport. C'est l'image d'un bonheur sans nuages. Quand toutes les deux auront vieilli, quand leurs enfants auront depuis longtemps atteint l'âge adulte, Sylvia continuera à chérir ce souvenir de sa cousine Mary.

À douze minutes de la fin du match, soudain, miracle : Martin Peters marque le deuxième but anglais, interceptant un tir croisé de Bobby Moore et contournant Tilkowski à seulement quatre ou cinq mètres du but. Le gardien allemand n'a pas la moindre chance. « Ouiii ! Ouiii ! » hurlent Mary et Jack, et désormais plus personne n'échappe au frisson d'excitation qui les gagne devant cette hypothèse aussi incroyable qu'inattendue : l'Angleterre est peut-être sur le point de gagner. Douze minutes à jouer. Douze minutes séparent leur équipe de la gloire suprême.

C'est presque trop dur à regarder. Mais nul ne peut détacher les yeux de la télévision. Onze minutes insoutenables s'écoulent, mais tout semble encore en bonne voie. Les joueurs ouest-allemands ne parviennent pas à briser la défense anglaise.

Et puis, alors qu'il ne reste plus qu'une minute à jouer, l'arbitre prend une décision extraordinaire. En bondissant pour dégager de la tête, Jack Charlton passe par-dessus l'un des joueurs allemands, une faute est sifflée contre lui et un coup franc est accordé.

« Il n'y a jamais eu faute, proteste Mary. Comment ça, faute ? Tout ce qu'il a fait...

— Tais-toi Maman ! fait Jack. Ils vont tirer d'une seconde à l'autre. Ça ne va pas traîner. »

Le coup franc est effectivement tiré très rapidement, par Lothar (ce prénom honni !) Emmerich. Le ballon pénètre dans la surface de réparation anglaise en suivant une trajectoire un peu brouillonne, et s'ensuit un cafouillage pour en récupérer la possession. Mais soudain un défenseur, Wolfgang Weber, réceptionne le ballon tout près du but et l'expédie dans les filets. Égalisation. Égalisation dans la dernière minute ! À Wembley les fans allemands ont du mal à en croire leur chance, et au milieu de leurs hourras et de leurs sauts de joie, Jack imagine Volker et son détestable fils en train de se réjouir quelque part dans les tribunes, et de se prendre dans les bras dans une étreinte serrée et extatique. À présent transi de désespoir, il jette un coup d'œil à son propre père, de l'autre côté de la pièce, qui contemple la télévision avec flegme, acceptant ce monstrueux coup du sort avec le même stoïcisme morose qu'il semble adopter face à toutes les catastrophes et les déceptions de l'existence.

« Qu'est-ce qui se passe maintenant ? demande Sylvia.

— Prolongations. Ils jouent une demi-heure de plus.

— Je vais aller mettre la bouilloire à chauffer.

— Pas le temps ! Ils ont déjà commencé. »

Sur le point de se lever du canapé, Sylvia s'y renfonce, avant de se pencher en avant, concentrée, désormais prise dans la tension du moment. Pendant les quatre premières minutes des prolongations, l'Angleterre a déjà décoché trois tirs : Alan Ball, d'abord, repoussé au-dessus de la barre transversale par le gardien, puis Bobby Charlton, écarté sur la ligne par Tilkowski, et enfin Roger Hunt, un tir à vingt mètres qui passe au large. Chaque tentative suscite des cris haletants, d'excitation d'abord, puis de déception. Mais l'action suivante est plus dramatique encore. Au terme d'un travail d'approche tout en finesse de l'équipe anglaise, le ballon parvient à Hurst, qui échappe au marquage, se retourne et frappe. Le tir déborde Tilkowski, mais la balle heurte la barre et rebondit derrière la ligne – ou dessus, personne ne sait. Au rebond suivant, en tout cas, un défenseur allemand la dégage.

« BUUUUUUUUUUUUT ! crie Jack à pleine voix.

— Il y a eu but ? fait Mary. Il y a vraiment eu but ? »

La confusion règne à présent sur le terrain. Au début, on dirait que l'arbitre signale la reprise du jeu, mais ensuite il va consulter le juge de touche. Le commentateur de la BBC ne sait pas quoi dire.

« Y a jamais eu but, dit Martin.

— Jamais, acquiesce David.

— Merde, y a but je vous dis !

— Jack ! le sermonne sa mère. Attention aux gros mots devant la famille. »

Jack ignore la réprimande parce que l'arbitre a pris une décision, et qu'elle est sensationnelle : le but est validé. Il se tourne d'un air suffisant vers son jeune frère et son cousin, et pointe sur eux un doigt accusateur :

« 3-2 ! scande-t-il. 3-2, 3-2, 3-2 ! Y a bien eu but, vous voyez. Notre pays a marqué un but et vous deux vous n'y avez pas cru. Traîtres !

— Oh, arrête de dire n'importe quoi, réplique Martin, agacé au plus haut point par le triomphalisme de son frère.

— On va gagner ! s'écrie Jack, bondissant sur ses pieds pour exécuter prématurément une danse de la victoire. L'Angleterre va gagner la Coupe du monde !

— Assieds-toi et tais-toi, fait Martin. Il reste encore un quart d'heure à jouer. Il peut se passer n'importe quoi. »

Et de fait, vu la tournure qu'a prise le match, il a plutôt raison. Tout semble possible cet après-midi-là. Il y aura d'ailleurs encore une surprise, mais ce ne sera pas une égalisation allemande, cette fois. Dans les toutes dernières secondes des prolongations, alors que certains spectateurs sont tellement convaincus que le match est fini qu'ils sont déjà en train de courir sur le terrain, Bobby Moore envoie adroitement une passe longue à Geoff Hurst, qui l'expédie au fond des filets, pour la dernière action de la journée.

« BUUUUUUUUUUUUUT ! » hurle à nouveau Jack, et cette fois tout le monde se joint à son exultation, même si Martin ne peut s'empêcher de dire : « Bon, c'est un peu limite. L'arbitre avait déjà sifflé.

— Non, pas du tout ! C'est quoi ton problème ? Pourquoi faut toujours que tu pinailles ? T'as pas envie qu'on gagne ? » Jack secoue son frère par l'épaule : « *L'Angleterre a gagné la Coupe du monde, mec*. Arrête un peu d'être aussi rabat-joie.

— Je pense toujours que le troisième n'était pas un vrai but.

— Seigneur Dieu... »

Jack ne parvient toujours pas à se faire entendre de son frère, et c'est à ce moment-là, pour la première fois de sa vie, qu'il comprend qu'un profond fossé philosophique les sépare. Pendant ce temps-là, son petit frère et David, qui semblent en passe de devenir très bons amis, ont couru dehors et sont déjà en train de taper dans un ballon. Ils essaient de reproduire les actions phares du match, le jardin de Sylvia remplaçant le terrain de Wembley. Jack n'arrive pas à croire qu'ils n'aient pas envie de rester pour assister au plus grand moment de l'après-midi : celui où Bobby Moore s'empare du trophée Jules Rimet en or, et le brandit face à la clameur de la foule, et face à la reine. Durant des années, on se souviendra du geste courtois avec lequel il a essuyé ses paumes en sueur sur son short avant de lui serrer la main, pour ne pas souiller les gants d'un blanc virginal d'Élisabeth II. Il aurait pensé à ça, le capitaine ouest-allemand ? Bien sûr que non. Il n'y a que les Anglais qui savent se tenir !

Une demi-heure plus tard, alors que la famille traverse la grande banlieue de Birmingham pour rentrer chez elle et que les rues se remplissent déjà de gens sortis célébrer la victoire, les bras chargés de canettes et de pichets de bière, Jack se repasse sans relâche les deux derniers buts. Ce qui inspire tant de réserve à Martin est précisément ce qui l'enthousiasme le plus dans cette victoire : l'Angleterre n'a pas seulement gagné, elle a gagné, de fait, sur le fil, l'un des buts victorieux étant contesté et l'autre ayant coïncidé avec le coup de sifflet final. Exactement comme « Killer » Kennedy ou Matt Braddock, ils ont vaincu les Allemands au dernier moment, ont déjoué leurs plans contre toute attente, et l'ont échappé belle. Ce triomphe leur appartient, à eux seuls.

Malheur aux vaincus : voilà le système idéal, décide-t-il, en sport comme dans la vie.

Martin, pendant ce temps-là, assimilant tout ce qui se passe autour de lui avec la circonspection méthodique dont il est coutumier, voit son père attirer l'attention de sa mère sur un petit immeuble au coin de la rue, et l'entend dire, alors qu'ils passent devant :

« *Voilà* le genre de choses dont je te parle. Tu te souviens quand c'était une petite épicerie de quartier tout à fait comme il faut ?

— Ça l'est toujours, répond Mary.

— Oui, mais regarde ces pancartes dans la vitrine. Non mais qu'est-ce que c'est que cette langue, d'abord ? »

Dans la rue, le propriétaire de la boutique, coiffé

d'un turban, ramasse une caisse en bois pleine de légumes d'aspect exotique, que Mary ne parvient pas à identifier, et la rapporte à l'intérieur. Un groupe de quatre jeunes hommes et une femme, qui ont déjà l'air fin saouls, le croise en titubant, scandant : « Angleterre, Angleterre, Angleterre ! » et manque lui rentrer dedans en renversant la caisse par terre.

Ravi de ce spectacle, Jack baisse la vitre arrière de la voiture et leur crie :

« *Deux guerres mondiales et une Coupe du monde !* »

Ils rient à gorge déployée et lèvent le pouce en le regardant, tandis que deux des types soulèvent la jeune femme sur leurs épaules et entreprennent de la porter jusqu'au bout de la rue.

8

Chère madame Lamb,

C'était un grand plaisir de vous rencontrer, vous et votre famille, à Birmingham le mois dernier. Lothar et moi chérirons à jamais le précieux souvenir de notre déjeuner dans la belle maison de Bertha.

Notre séjour en Angleterre a été très agréable et intéressant, et nous sommes particulièrement contents d'avoir enfin noué des liens avec notre famille anglaise. Bien sûr, la « cerise sur le gâteau », pour reprendre une de vos expressions, aurait été la victoire de l'Allemagne de l'Ouest à la Coupe du monde ! Mais on ne peut pas tout avoir dans la vie. Ce jour-là, nous avons tous deux eu le sentiment que la meilleure équipe l'avait emporté.

J'ai senti la déception de votre aîné, à l'idée de ne pouvoir regarder les matchs qu'à la télévision plutôt qu'en vrai, alors en pensant à lui, Lothar et moi avons acheté deux programmes souvenir de la finale à Wembley. Vous en trouverez un dans cette enveloppe. Veuillez le remettre à Jack, avec les compliments de Lothar, en mémoire de leur première (mais j'espère bien pas dernière) rencontre.

Avec nos meilleurs sentiments,
Volker Schmidt.

*

La joie de posséder un véritable programme de la finale de la Coupe du monde 1966 est tempérée, pour Jack, par son ressentiment face à ce geste de générosité de la part de ses cousins allemands. Néanmoins, l'objet a le potentiel pour devenir un vrai petit trésor, s'il le conserve en parfait état : sauf que quelques semaines après l'avoir reçu par la poste, Jack défigurera le document en ajoutant une moustache façon Hitler sur la photo de tous les joueurs allemands. À la suite de quoi le programme sera remisé dans une vieille malle, survivra à une série de déménagements, mais ne reverra la lumière du jour que le dimanche 27 juin 2010, alors que Jack et son fils de vingt et un ans, Julian, regardent le huitième de finale de la Coupe du monde opposant l'Angleterre à l'Allemagne : une catastrophe pour l'Angleterre, qui conduira à une défaite 4-1. Quand le tir de Frank Lampard frappe la barre transversale et rebondit clairement de l'autre côté de la ligne, mais que l'arbitre invalide le but, impossible de ne pas percevoir l'écho inversé du match de 1966. Plus tard, Jack raconte à son fils toute l'histoire de cette fameuse finale, et ressort la relique entreposée dans une chambre d'amis pour illustrer ses propos. Mais quand Julian découvre ce que son père a fait aux photos des joueurs, des années auparavant, il n'est manifestement pas amusé du tout. En fait il est horrifié, et ne fait rien pour le dissimuler. C'est seulement à ce moment-là que Jack, embarrassé par les actes de celui qu'il fut dans sa jeunesse, se débarrasse discrètement du programme.

QUATRE

L'investiture du prince de Galles

1er juillet 1969

De : David Foley
À : Peter Lamb
Envoyé : vendredi 22 juillet 2005, 11:42
Objet : Llanbedr

Cher Peter,

Cela fait quelques semaines que tu m'as écrit, et je suis vraiment désolé d'avoir mis autant de temps à te répondre. Pour commencer : tu m'as demandé si j'avais des photos qui pourraient aller dans l'album que tu es en train de préparer pour les noces d'or de tes parents. Je n'en ai trouvé qu'une seule, mais elle est très bien : nos deux familles en vacances ensemble à Llanbedr, pendant l'été 1969. Nous sommes huit, assis devant votre caravane (j'imagine que mon père prenait la photo). On vient de faire un barbecue, et tout le monde a l'air vraiment heureux et satisfait. Les cinq enfants sont devant, les adultes assis derrière. Tes parents sont particulièrement bien sur ce cliché : le sourire de ta mère illumine la photo, comme toujours. (Et tu ne la lâches pas d'une semelle, comme toujours. En l'occurrence, tu es cramponné à ses jambes.) Tu la trouveras jointe à ce mail. J'ai bien peur que le fichier soit assez lourd – presque deux mégas !

J'espère que le téléchargement ne fera pas planter ton ordinateur.

Au passage, transmets mes félicitations à ta maman et à ton papa. Cinquante ans de mariage, c'est une sacrée prouesse. Mes parents aussi les auraient peut-être atteints, j'imagine, si Maman ne nous avait pas quittés si tôt. Mais j'ai toujours pensé que le mariage de tes parents était un tantinet plus solide. Maman et Papa ont connu pas mal de difficultés au fil des ans – c'était déjà le cas, en fait, quand nous avons passé ces vacances ensemble. Mais bien sûr tu n'aurais pas pu remarquer ce genre de choses, tu étais si jeune.

En réalité j'ai trouvé cette photo il y a plus de trois semaines, juste après ton message, et j'ai voulu t'écrire tout de suite, mais le mail qui en a résulté s'est révélé tellement long que je l'ai fini seulement hier soir. C'est devenu un compte-rendu assez détaillé de mes souvenirs de cette semaine-là. Je te l'adresse aujourd'hui, également en pièce jointe, avec, je dois le reconnaître, quelques appréhensions. J'espère ne pas avoir été trop franc : certaines choses seront peut-être un peu difficiles à lire pour toi, je crois, mais comme tu le sais, en tant qu'écrivain, mon credo a toujours été de raconter la vérité aussi directement que possible (*RAS-LE-CUL DE TOUS CES MENSONGES*[1], comme disait le grand B. S. Johnson). J'espère aussi que ma mémoire n'a pas trop déformé les choses : tout cela s'est passé il y a trente-six ans, après tout ! Mais j'avais déjà commencé à tenir mes fameux journaux, à l'époque, alors je sais au moins que les dates et horaires sont exacts. En vérité, j'ai toujours voulu écrire sur cette semaine, sur Sioned et nous, et le lac de retenue de Capel Celyn, parce

---

1. In B. S. Johnson, *Albert Angelo*, roman traduit de l'anglais par Françoise Marel, Quidam éditeur, coll. « Made in Europe », 2009.

que dans mon esprit c'est toujours resté extrêmement frais, et aujourd'hui tu m'as donné l'inspiration pour m'y mettre. Tu disais que tu allais prononcer un petit discours à l'anniversaire de tes parents, alors si jamais tu as envie de piocher dans ce récit, ne te prive pas. J'espère que tout se déroulera à merveille, en tout cas. Vous allez passer un merveilleux moment en famille, j'en suis certain. Ce coin du Devon est magnifique à cette période de l'année.

Avec tout mon amour,
David.

*

Peter cliqua alors immédiatement sur la pièce jointe et lut :

CAPEL CELYN

Souvenirs, par David Foley

Alors, Peter, voici ce dont je me souviens :

C'était les vacances d'été 1969. J'avais dix ans, et toi presque huit. C'était la deuxième année que je tenais un journal. Chaque Noël à compter de l'année 1967, je devais recevoir (entre autres) un agenda Letts, cadeau de mes parents. J'ai décroché en 1980, mais je m'y suis remis récemment, et je possède maintenant près de vingt volumes de ce genre, dont les tranches multicolores et les lettres dorées me contemplent du haut de l'étagère au-dessus de mon bureau, alors même que je tape ces mots. Je peux donc donner avec une certitude absolue non seulement la date de notre départ (samedi 31 mai) mais aussi l'heure : dix heures du matin. Nous avons fait le voyage en convoi, à trois voitures. Ton père avait déjà revendu son Austin Cambridge, et acheté une robuste Volvo P1800 de couleur bleu clair – dans l'idée, j'imagine, qu'elle serait assez puissante pour tracter votre nouvelle caravane. Jack et lui sont donc partis dedans, avec la caravane en attelage. Ta mère dans sa Hillman Imp, un vrai petit bolide, suivait en milieu de convoi, accompagnée de Martin et de toi. Fermant la marche, il y avait nous quatre, entassés dans la Morris Minor de ma mère. Depuis deux ans, Papa commençait à bien gagner sa vie dans la publicité, et il en avait profité pour s'acheter une Jaguar, mais cette fois nous l'avions laissée à la maison. Je pense qu'il comptait s'en servir durant la semaine, quand il rentrerait, et puis il ne faisait sûrement pas confiance à Maman pour négocier les routes étroites de la campagne galloise sans l'esquinter.

Mon journal, qui regorge des détails les plus triviaux, me dit que nous nous sommes arrêtés à deux reprises pendant le trajet. La première fois à Llangynog, dans la vallée de la Tanat, où nous avons fait une pause pipi. C'est également là que nous avons modifié notre répartition dans les véhicules : toi et moi, tu t'en souviens sûrement, étions très bons amis, à l'époque, et j'ai demandé à passer dans la voiture de ta mère, pour pouvoir monter derrière avec toi. Martin, de son côté, a décidé de rejoindre son père et son grand frère qui tractaient la caravane. Ta mère, toi et moi avons été les premiers à redémarrer pour grimper la côte raide qui mène aux abords du parc national de Snowdonia, où le paysage devient brusquement sauvage, dégagé, et où le principal danger qui menace les conducteurs, ce sont les moutons qui se promènent sur la route étroite et sinueuse. J'étais fasciné par la façon de conduire de ta mère. Mes parents étaient tous deux très prudents au volant, ils freinaient dans les virages et rétrogradaient dès qu'ils abordaient un carrefour ou un feu tricolore. Ta mère n'avait pas de temps à perdre avec ces sottises. Elle roulait aussi vite qu'elle le pouvait et négociait les virages en épingle à cheveux à toute allure, avec l'assurance experte d'un pilote de Formule 1. Si la voiture de devant allait trop lentement, elle la doublait à la première occasion, pas forcément la plus sûre d'ailleurs. En quelques minutes, votre caravane et la voiture de ma famille se sont retrouvées des kilomètres derrière, plus qu'un lointain souvenir. C'est pourquoi, quand nous sommes arrivés à Llyn Celyn, le lac de barrage qui se trouve à sept ou huit kilomètres après Bala, nous avions du temps à tuer avant que les autres ne nous rattrapent.

Nous nous étions arrêtés au bord du lac pour pique-niquer. Ce n'était pas vraiment nécessaire : nous étions à moins d'une heure de notre destination, près de la côte. Mais il était treize heures, l'heure du déjeuner, et votre mère était très à cheval sur les repas partagés en famille. Elle avait emballé tout un lot de sandwichs concombre-fromage dans du papier d'aluminium, avait également apporté des paquets de chips et des thermos de thé, et c'était prévu pour être mangé tout de suite : pas question de manger une heure plus tard ou une demi-heure plus tôt. Mais par politesse, il fallait qu'on laisse le temps aux autres de nous rejoindre, et pendant qu'on patientait, elle nous a emmenés tous les deux au bord de l'eau.

Bon, à ce stade il faut que je dise quelques mots de ma relation un tantinet particulière avec ta mère. Non seulement nous étions parents (je crois bien que c'est ma cousine au deuxième degré, même si tu te souviendras peut-être qu'on l'appelait toujours « Auntie Mary », tout comme tu appelais ma mère « Auntie Sylvia »), mais c'était aussi ma prof d'éducation physique à l'école. Ainsi, curieusement, je la connaissais mieux que toi : ou du moins la partie de sa vie que tu ne voyais pas, et à laquelle tu ne songeais même probablement jamais (parce que la vie professionnelle de nos parents ne nous intéresse pas quand nous sommes enfants, absolument pas), m'était très familière. Elle n'était pas seulement ma prof d'éducation physique, en fait, car le rôle joué par « Mrs Lamb » dans la vie de notre établissement dépassait largement cette fonction. Elle donnait aussi des cours de piano, jouait de cet instrument au rassemblement du matin, et nous lisait parfois des histoires à la fin de la journée.

Il arrivait de temps à autre, cependant, qu'avoir une enseignante qui par ailleurs faisait partie de ma famille donne lieu à des situations compliquées : par exemple, si jamais j'enfreignais une règle et qu'elle était obligée de me punir. C'est vrai qu'en réalité il y avait peu de risques que cela arrive, car j'étais presque pathologiquement bien élevé. Néanmoins je me souviens très bien d'une fois où ce dilemme s'est présenté. Comme beaucoup de mes camarades, je tombais régulièrement sous la coupe du pire garnement de l'école, qui s'appelait Tony Burcot. D'un charisme ténébreux, il était très craint, et avait un talent inné pour faire des bêtises : sauf que ce terme ne rend pas vraiment justice à son comportement qui, vers la fin de notre scolarité dans le primaire, dépassait largement les bêtises pour atteindre le harcèlement, la délinquance et, au moins une fois, l'agression sexuelle. La plupart des garçons de notre classe se relayaient dans le rôle de second couteau plus ou moins volontaire, et c'était mon tour quand quelque chose de bizarre s'est produit. Un jour, plusieurs affichettes ont fait leur apparition dans les toilettes et d'autres endroits stratégiques dans l'école pour informer tout le monde qu'il y avait une GRAVE PÉNURIE D'EAU et que chacun devait veiller à n'utiliser que le MINIMUM D'EAU pour se laver les mains et pour boire et SURTOUT NE PAS LAISSER LES ROBINETS OUVERTS après les avoir utilisés. Naturellement, la tentation était irrésistible pour Tony Burcot, qui a passé la récréation du matin à faire le tour des toilettes – des filles comme des garçons – pour ouvrir tous les robinets, et m'a enrôlé pour lui prêter main-forte. C'est alors que par un double coup du sort, nous avons été pris la main dans le sac non seulement au pire endroit possible – les toilettes des petites – mais aussi par la pire personne possible – ta mère, qui a débarqué pile au moment où nous venions de commettre notre acte de sabotage. Ce moment a été l'un des plus douloureux de ma jeune vie, et reste encore gravé dans ma mémoire. Tony et moi étions clairement complices de ce crime, donc il n'était pas question que ta mère fasse du favoritisme en me laissant m'en tirer avec un reproche amical : je devais subir la pleine mesure de sa réprobation officielle. C'était une mortification insupportable : non pas ses mots à mon égard, mais le savoir cuisant – savoir équitablement partagé entre elle et moi – que tout ça n'était qu'une terrible méprise, alors que le week-end précédent encore j'accompagnais Mrs Lamb et ses trois fils au cinéma voir *L'Extravagant Docteur Dolittle*, et que nos familles avaient prévu une sortie à Silverstone le samedi suivant, pour voir les courses de voitures. Jamais elle ne m'aurait parlé ainsi à ces occasions-là : il n'était pas question pour elle de me critiquer ni de me réprimander, même le plus gentiment du monde, par considération pour ma mère. Et pourtant ce jour-là, voilà qu'elle me grondait, et nous traitait, le diabolique Tony Burcot et moi, comme si nous étions de la même espèce. Tout ça n'était qu'un mensonge, une imposture. Elle a énoncé notre sanction – rester après l'école pour ramasser les déchets – et pendant le reste de la journée, j'ai eu le visage brûlant de honte : jusqu'à ce que, dans un acte de bonté qui lui ressemblait tellement, elle mette un terme à ma détresse en trouvant un moment tranquille pour me prendre à part avant la dernière leçon de l'après-midi, et me dire : « Tu sais que j'étais obligée de faire ça, hein ? » J'ai opiné du chef, incapable de croiser son regard, et puis je lui ai posé une drôle de question, pas franchement pertinente, et qui, je ne sais pourquoi, me turlupinait depuis quelques heures : « Pourquoi il n'y a pas assez d'eau, d'abord ? » Elle m'a expliqué qu'il y avait un problème d'approvisionnement au niveau local : c'était aux infos des Midlands, il y avait eu un accident, une rupture, une conduite rompue à West Hagley – la localité m'est restée en tête je ne sais comment. Mais je ne devais pas m'inquiéter, ce serait bientôt réparé et tout rentrerait dans l'ordre. Après ça je me suis senti beaucoup mieux, et elle m'a fait sortir pour rejoindre mes camarades de classe rassemblés sur la bande de gazon derrière le terrain de jeu, vingt ou trente enfants rangés en cercle autour de sa chaise, au soleil de la fin d'après-midi, pour l'écouter nous lire à voix haute *Le Jardin de minuit*. Ce qu'elle a fait avec une verve et une expressivité incroyables, donnant vie aux personnages et embellissant même parfois l'histoire (à mon avis) avec des fioritures et des digressions bien à elle. C'était – et je suis sûr que tu me confirmeras que c'est toujours le cas – une merveilleuse conteuse.

Et pour en revenir à notre sujet, quelle histoire incroyable elle nous a racontée cet après-midi-là au pays de Galles, Peter ! Tu t'en souviens ?

Elle nous a fait descendre sur la berge du lac, le long d'un petit sentier sauvage qui serpentait entre les rochers et les arbres, et puis, après avoir contemplé l'eau quelques instants, elle a dit :

« C'est magnifique, hein, les garçons ? »

Nous avons opiné du chef. L'endroit était pittoresque, et je crois que j'atteignais tout juste l'âge où je commençais à apprécier les beautés du monde naturel. D'un autre côté, après tout, ce n'était qu'un lac : vraiment pas de quoi s'exciter outre mesure.

« On ne devinerait jamais, n'est-ce pas, a-t-elle repris, qu'il y a tout un village là-dessous, au fond de l'eau. »

Alors toi et moi avons tendu l'oreille. Ta mère, voyant qu'elle avait toute notre attention, a poursuivi :

« Eh oui. Il y a un village entier au fond de ce lac. Un village englouti. Des maisons, des boutiques, une église. L'église, c'est le bâtiment principal, en plein milieu. Le clocher est tellement haut qu'il dépasse presque de l'eau parfois. À côté il y a le moulin avec le meunier...

— Qui dort ? l'as-tu interrompue, te remémorant la comptine.

— Bien sûr. Toutes les échoppes bordent la grand-rue, et au bout se trouve la place du village, avec la tour d'horloge et le kiosque...

— Est-ce qu'il y a des habitants, sous l'eau ? as-tu demandé.

— Non, les habitants sont partis il y a longtemps. Tout le village a été déserté. Abandonné. C'est ce qui lui donne cette atmosphère vraiment étrange.

— Il y a peut-être des fantômes là-dessous. (Ça, c'était moi.) Les fantômes des gens qui habitaient là autrefois.

— C'est tout à fait possible, a répondu ta mère. Parfois on aperçoit des ombres sous l'eau. Je me suis toujours dit que c'étaient les reflets des nuages, mais peut-être que tu as raison. Peut-être que ce sont les fantômes des villageois. » Elle se tourna pour voir l'effet que ces paroles produisaient sur nous et, apparemment satisfaite, ajouta : « Enfin bref, je crois qu'on ferait mieux de remonter à la voiture. Les autres vont arriver d'une minute à l'autre, et ils vont vouloir manger. »

Elle s'est lancée dans l'ascension pour regagner le parking, mais nous ne l'avons pas suivie tout de suite. Aucun de nous deux n'avait envie de quitter cet endroit. Tu contemplais la surface de l'eau avec une espèce de fascination dans les yeux. Quant à moi, je plongeais mon regard dans les profondeurs, tentant d'entrapercevoir ces spectres informes et abstraits que le récit de ta mère avait fait naître dans mon imagination. Au loin, sur la gauche, s'étendait un étroit plateau rocheux, et juste devant, une impressionnante structure grise de forme cylindrique perçait la surface du lac. Il s'agissait bien sûr du barrage qui retenait les eaux, et de la tour de tension. Mais je l'ignorais à l'époque, et n'ai pas vraiment prêté attention à ces constructions de main humaine. J'étais beaucoup trop occupé à penser au merveilleux village englouti et à ses habitants aquatiques.

« On remonte ? as-tu fini par dire. Faudrait pas qu'ils mangent toutes les chips avant qu'on arrive. »

Nous avons donc dégusté notre pique-nique, puis repris la route vers notre destination. Mais le trajet a été très silencieux, car nous étions bien trop distraits par l'histoire que nous venions d'entendre, et par le détour totalement inattendu dans lequel nous avait entraînés ta mère : un voyage vers un royaume perdu, magique, foisonnant d'images fantasmatiques plus étranges les unes que les autres.

*

Le camping réservé par tes parents n'était rien de plus qu'un champ. Un champ au milieu de nulle part. Néanmoins c'était très beau. Pour y parvenir, il fallait entrer dans Llanbedr en venant de Harlech, et tourner à gauche devant l'auberge Victoria. Au bout de quelques centaines de mètres, on roulait sur une route incroyablement étroite qui longeait d'abord la rivière Artro. Avec le recul, je ne peux que m'émerveiller du talent de ton père pour négocier ce chemin sans incidents, en remorquant une caravane. Pas étonnant qu'il ait eu l'air très content de lui au moment de se garer. Pendant qu'il installait la caravane sur son terrain et la branchait à la batterie automobile de rechange qu'il avait apportée (il était toujours ingénieux pour ce genre de choses, je me souviens), il n'arrêtait pas de plaisanter, de fort belle humeur. Camper dans un coin isolé avec sa famille et ses amis semblait révéler le meilleur de lui-même.

Le champ où vous étiez appartenait à un fermier dont la maison se trouvait à quelques centaines de mètres, nichée dans une clairière entre les arbres. Et c'est là que nos deux familles se sont séparées, temporairement. Nous avions loué la ferme pour une semaine. Le paysan lui-même (il s'appelait Glyn) allait passer les jours à venir avec son épouse et sa fille dans une petite dépendance qu'il avait convertie en logement rudimentaire, de façon à pouvoir, durant l'été, louer la maison principale aux vacanciers anglais désireux de goûter au rêve bucolique gallois. Laisser les campeurs planter leur caravane dans son champ représentait apparemment une activité d'appoint assez nouvelle et qui n'avait pas encore vraiment décollé : cette semaine-là, il n'aurait pas d'autres clients que ta famille. Cependant, il n'avait pas fait tellement d'efforts pour apporter les aménagements nécessaires. Il n'y avait pas l'eau courante – pour ça, il fallait aller jusqu'à la maison et utiliser le point d'eau de la cour de ferme – et en matière de gestion des déchets (déchets humains, s'entend), il n'y avait qu'un grand trou rectangulaire dans le sol, recouvert par quelques planches clouées. Après que vous y aviez résidé un jour ou deux, j'ai bien peur de devoir dire que ce trou commençait à dégager une odeur nettement perceptible.

*

Le dimanche 1ᵉʳ juin, je me suis réveillé tard – un peu après neuf heures – et suis resté au lit à écouter le mélange de sons agréables qu'apportait la brise matinale : pépiements des grives et des sansonnets, bêlements des moutons, murmure lointain de la rivière, et le premier mouvement de la *Partita n° 3 en mi majeur* pour violon seul de Jean-Sébastien Bach – *BWV 1006*.

C'était toi, bien sûr, qui étais à l'origine de ce dernier bruit. Tu étais déjà un prodige au violon, et ta mère ne t'aurait jamais laissé manquer ta séance quotidienne, même dans une caravane en pleine cambrousse. Je me suis levé, j'ai enfilé des vêtements et suis sorti dans la cour de la ferme, d'où l'on apercevait votre champ, et je me suis retrouvé face à une vision surréaliste mais néanmoins impressionnante : ton pupitre avait été installé dehors, à côté de la caravane, et tu étais là, debout dans le soleil matinal, en train de régaler les moutons d'une interprétation impeccable, à la note près, de cette exigeante partition de Bach. Bon, je ne connais pas grand-chose à la musique classique (et à l'époque je n'y connaissais rien du tout), mais ça sonnait bien à mes oreilles : assez bien pour que je sois agacé, profondément agacé, en fait, de l'entendre interrompue par le bruit d'une radio portative qu'on allumait. Je me suis retourné, et il y avait là la fille du fermier, Sioned, assise sur une marche avec cette radio sur les genoux. Elle diffusait une chanson à laquelle j'ai instantanément voué une haine profonde, et que je n'ai jamais cessé de détester depuis – « My Way » de Frank Sinatra. Une ballade larmoyante et lourdingue qui m'a mis les nerfs à vif dès le premier couplet, avant de s'étirer de façon interminable jusqu'au final grandiloquent. J'ai décidé d'aller dire deux mots à Sioned.

« Je déteste cette chanson », je lui ai dit.

On ne s'était encore jamais parlé, et c'était donc une façon abrupte de me présenter, mais ça n'a pas eu l'air de la déranger.

« Moi aussi, a-t-elle répondu.
— Alors éteins.
— Non. Ils vont passer un truc mieux dans pas longtemps.
— Je n'entends plus mon ami jouer du violon.
— Je sais. C'est pour ça que j'ai allumé. On dirait qu'il est en train d'étrangler un chat. »

Elle paraissait à peu près de mon âge (en réalité elle avait un an de plus), avec des cheveux bruns qui tombaient en cascade sur son visage pâle constellé de taches de rousseur, l'encadrant de boucles naturelles. En dépit du soleil brûlant, elle portait un épais pull en laine qui dégageait une odeur puissante mais agréable d'animaux de ferme. Son expression était pleine de défi, et elle ne semblait pas perturbée le moins du monde par ma présence à cet endroit, au beau milieu de son foyer familial.

« J'aime bien les Beatles, a-t-elle repris. Et toi ?
— Oui. » Tout le monde aimait les Beatles.

Elle s'est mise à chanter le premier couplet de « Get Back » puis je me suis joint à elle, et nous avons chanté le refrain ensemble. Mais je me suis tu, gêné, en m'apercevant qu'un homme avait fait son apparition derrière nous. Émergeant de la dépendance, il a adressé un signe de tête à Sioned, m'a jaugé d'un bref coup d'œil, avant de traverser la cour en direction du portail en métal. Il a sorti un paquet de cigarettes et en a allumé une, avant de s'appuyer au portail pour fumer en contemplant les champs.

« C'est mon oncle », a dit Sioned. Elle avait légèrement baissé le ton, même s'il était largement hors de portée de voix.

« Est-ce qu'il vit avec toi ? ai-je demandé.

— Il vit un peu partout. Partout où il peut manger gratis, comme dit Maman. Ça fait déjà plus d'une semaine qu'il est chez nous. » Elle a plissé les yeux et a ajouté : « Je parie que ces cigarettes sont même pas à lui. » Et puis, changeant abruptement de sujet : « Tu viens d'Angleterre, c'est ça ? Quel coin ?

— Le Worcestershire », ai-je répondu. C'était ce que je répondais toujours, imitant ma mère, qui était tellement snob qu'elle refusait toujours d'admettre qu'en réalité son adresse avait un code postal de Birmingham.

— Je sais pas où c'est.

— C'est au milieu.

— Je suis jamais allée en Angleterre. Pas spécialement envie.

— Je te comprends. Pour quoi faire ? C'est beaucoup plus joli ici.

— Ça devient lassant au bout d'un moment. On est tellement loin de tout. Il faut faire une demi-heure de route rien que pour aller au cinéma. Je voudrais vivre dans une grande ville quelque part, genre Aberystwyth.

— C'est où, ça ? » ai-je demandé. Je n'avais jamais entendu parler d'Aberystwyth.

« Pas loin d'ici. Y a une université et tout. J'y suis allée... deux ou trois fois. Tu devrais voir ça ! Les magasins ! Y en a des centaines et des centaines.

— Y a des tas de magasins à Birmingham, me suis-je vanté, pour ne pas être en reste.

— Pas autant qu'à Aberystwyth, je suis sûre.

— Bon mais au moins, ici, tu n'es pas loin de la mer. » Elle m'a regardé sans comprendre, alors j'ai ajouté : « Pour te baigner. »

Sioned a réagi en pouffant de rire. « C'est juste un truc que font les gens qui viennent ici en vacances. Je ne me baigne quasiment jamais. Mes parents sont paysans. Ils cultivent la terre. Ils travaillent dur. Tout ça – elle a fait un geste pour désigner les alentours – c'est pas que pour le plaisir des yeux, tu sais. »

À cet instant, la porte de derrière de la ferme s'est ouverte. Dans un premier temps, personne n'est sorti, mais on entendait des voix en provenance de la cuisine : celles de ma mère et de mon père, en pleine dispute.

« ... me dis jamais *rien*, ai-je entendu ma mère dire.

— Oh, n'importe quoi, a répondu mon père.

— Je ne vois pas à quoi ça sert d'être mariés, si tu ne veux pas me parler.

— Tu réagis comme une hystérique, comme d'habitude. »

Ces mots ont semblé mettre un terme à la discussion, en tout cas pour lui. Il est sorti de la maison puis s'est arrêté une seconde ou deux dans l'encadrement de la porte, s'efforçant de reprendre son sang-froid. Il a regardé autour de lui, enregistré la scène – y compris la présence de l'oncle de Sioned –, puis nous a remarqués, elle et moi, assis tout près, et, affichant un sourire visiblement forcé, il s'est approché de notre marche.

« Vous faites connaissance ? » a-t-il demandé, et aucun de nous deux n'a su quoi répondre. « Quelle belle journée », a-t-il poursuivi, et on ne savait pas quoi répondre à ça non plus. Alors, désignant le portail, il a posé à Sioned une question beaucoup plus simple :

« Qui est cet homme ?
— Mon oncle Trefor. Le frère de Maman.
— Il vit ici ?
— Des fois. »

Il a hoché la tête, baissé les yeux vers nous une dernière fois, et ajouté, inutilement : « Bon. Continuez », avant de s'éloigner en direction du portail. Je l'ai regardé partir et me suis demandé – comme tous les enfants, depuis la nuit des temps – pourquoi il fallait toujours que mes parents soient si bizarres, et pourquoi ils tenaient autant à faire étalage de leur bizarrerie chaque fois que j'étais avec d'autres enfants. J'avais le visage brûlant de honte, mais Sioned ne semblait avoir rien remarqué de fâcheux. Elle se concentrait sur la radio pour changer de fréquence, et c'était aussi bien, car voilà que mon père adoptait un comportement plus bizarre encore. Il est allé discuter avec Trefor, mais les sons qui sortaient de sa bouche n'avaient aucun sens pour moi. Il m'a fallu quelques secondes pour comprendre qu'il parlait dans une langue étrangère. Il n'a prononcé que deux ou trois mots, mais alors Trefor l'a regardé d'un air surpris, avant de lui répondre dans la même langue.

J'ai deviné qu'ils parlaient en gallois. En gallois ! Depuis quand mon père parlait-il le gallois ? Il réservait bien des surprises, pas de doute. Et bientôt il y en a eu une autre, car Trefor a offert une cigarette à mon père qui, à ma stupéfaction, l'a acceptée et glissée dans sa bouche, laissant l'oncle de Sioned l'allumer pour lui. Incroyable ! De toute ma vie, je n'avais jamais vu mon père fumer, pas une fois. Il n'y avait pas de cendriers chez nous, et les invités qui avaient envie d'une cigarette étaient invariablement envoyés au jardin, même de nuit, même sous la pluie. Mais qu'est-ce que c'était que cette histoire ?

Cependant, avant que j'aie le loisir d'y réfléchir davantage, Sioned – qui n'avait rien trouvé d'intéressant à écouter à la radio – s'est levée et m'a fait une proposition irrésistible :

« Ça te dit de venir voir les serpents ?

— Y a des serpents ? ai-je demandé en lui courant après, car elle filait déjà en direction du champ où se trouvait ta caravane.

— Tu vas voir.

— Mon ami peut venir aussi ? Mon copain Peter.

— Pourquoi pas ? Tout est bon pour qu'il lâche ce violon. »

Nous avons donc fait un léger détour, et interrompu tes exercices en pleine cadence. Dès qu'elle a entendu la musique s'interrompre, ta mère a passé la tête à la porte de la caravane pour protester, mais je lui ai lancé, sur un ton que j'espérais désarmant : « On va juste voir les serpents, Auntie Mary. Peter revient tout de suite. »

Nous avions filé avant qu'elle ait le temps de répondre.

C'était la première fois – pour toi aussi je crois – que je voyais des couleuvres dans la nature. Comment Sioned avait su où les trouver, je l'ignore. Mais ils étaient bien là, sur le chemin qui longeait ton champ, sur un bout de mur en pierre sèche envahi par les herbes : trois serpents, une mère et ses deux petits, sans doute, qui prenaient le soleil matinal, entremêlés dans leur sommeil. Leur peau était d'un vert brun pâle qui se fondait parfaitement dans leur environnement. D'abord, ils n'ont pas remarqué notre présence, et nous ont aimablement laissés les observer pendant cinq bonnes minutes tandis qu'ils s'enroulaient et se déroulaient à leur aise, formant des anneaux ensommeillés lovés les uns contre les autres. C'est seulement quand je me suis lassé et que j'ai essayé de donner un petit coup à la mère avec un bâton ramassé sur le bord de la route qu'ils se sont offusqués, et ont filé en ondulations langoureuses parmi les fougères environnantes, pour ne plus jamais réapparaître.

*

Par la suite, pendant deux ou trois jours au moins, Sioned est devenue officieusement membre de notre famille. Elle nous accompagnait lors de toutes nos sorties, que nous allions à la plage, en voiture à Llyn Cwm Bychan (que nous appelions : « le lac de l'Écho ») pour un énième pique-nique, ou escalader les dalles grises d'époque médiévale du col de Bwlch Tyddiad (que nous appelions : « les Marches romaines »). Nos pères n'avaient pas pris leur semaine de congé, alors ils étaient tous les deux rentrés à Birmingham le dimanche soir dans la P1800 de ton papa, et reviendraient seulement le vendredi, pour nous ramener chez nous. Cela signifiait que désormais, avec Sioned en plus, l'équilibre des sexes était respecté dans notre petit groupe ; même si dans mon souvenir, ma sœur ne montrait aucune envie de devenir amie avec elle, et que c'est donc à trois – toi, moi et Sioned – que nous avons formé une petite bande, un trio soudé et pratiquement inséparable pendant ces premiers jours bienheureux, gorgés de chaleur et de soleil.

Le charme de l'histoire de ta mère à propos du village englouti avait commencé à s'estomper, mais s'est vu ravivé un après-midi (un mercredi, d'après mon journal) quand on nous a emmenés à Harlech pour visiter le château. Sioned n'était pas avec nous ce jour-là – elle était allée à Wrexham passer deux nuits chez son grand-père –, et toi et moi étions donc seuls pour explorer les ruines. C'est en grimpant les marches qui menaient au sommet de la tour de guet que j'ai eu une vision.

« Et s'il y avait un *château* là-bas ? ai-je fait.

— Un château où ça ? as-tu demandé.

— Au fond du lac. » Tu n'avais pas l'air convaincu, en toute honnêteté, alors j'ai essayé de donner vie à la scène en la décrivant dans ses moindres détails. « Un immense château en ruine. Une famille de serpents de mer y habite. Enfin, des serpents de lac, je veux dire. On les aperçoit, enroulés autour des colonnes antiques…

— Comme ces couleuvres, as-tu dit.

— Exactement. Et il y a une chambre souterraine remplie de trésors.

— Quel genre de trésors ?

— Du corail, ai-je dit d'un ton résolu. Parce que c'est ce qu'il y a de plus précieux, dans le monde englouti. Pas l'or, l'argent ou les diamants. Le corail. »

Nous étions au sommet de la tour de garde et contemplions l'eau, la mer d'Irlande et au-delà la péninsule de Llŷn. Je ne sais pas si c'était pareil pour toi, mais mon imagination commençait à s'emballer, comme une locomotive à vapeur qui n'avait pas encore de wagons.

« On devrait écrire tout ça, ai-je dit. On devrait écrire une histoire ensemble. »

Tu avais l'air dubitatif.

« Une histoire ? Sur quoi ? Il se passerait quoi ? »

Je n'avais pas de réponse à cette question pour le moment, mais un surcroît d'inspiration est arrivé plus tard, ce soir-là, d'une source inattendue. Après le château de Harlech nous sommes allés à Porthmadog pour dîner de bonne heure, nous avons dégusté un (délicieux) fish and chips assis sur la rade, et puis nous sommes allés au cinéma. C'était une reprise d'*Opération Tonnerre*, le James Bond. À l'époque il était courant que ce genre de films ressorte tous les deux ans : les directeurs de cinéma qui peinaient à attirer des spectateurs avec les productions récentes – toutes ces comédies musicales qui faisaient un four, du type *Hello, Dolly !* ou *La Kermesse de l'Ouest* – pouvaient toujours compter pour remplir leurs salles sur l'une de ces curieuses fantaisies adolescentes sado-patriotiques qui, pour je ne sais quelle raison, ont hypnotisé la nation entière pendant la majeure partie des années 1960. Ta mère comme la mienne étaient amoureuses de Sean Connery, et apparemment rien ne leur paraissait plus séduisant que l'idée d'être brutalement violentée par lui dans une chambre d'hôtel, à ses moments perdus, entre deux combats à mains nues contre les sbires de l'ennemi ou un énième assassinat perpétré avec désinvolture à l'aide de son fidèle Walther PPK. Détournant de l'écran mes yeux horrifiés alors que James s'adonnait à l'une de ses séances de galipettes, j'ai entrevu le visage de nos mères, dans l'atmosphère vaporeuse du cinéma, et je n'ai jamais oublié leur expression de désir impuissant, presque angoissé, leurs yeux embrumés et leur bouche entrouverte tandis qu'elles s'abandonnaient à leurs rêveries concupiscentes. Si troublant soit ce spectacle, il ne m'a détourné que temporairement de l'intrigue palpitante du film, résolue dans les trente dernières minutes via un enchaînement de combats aquatiques. En regardant les ennemis en combinaison de plongée s'entretuer dans les profondeurs troubles des Caraïbes, difficilement identifiables, chaque combattant réduit à une silhouette noire amphibie traînant dans son sillage les filets de bulles de son appareil respiratoire, j'ai repensé au village englouti de Llyn Celyn, et j'ai commencé à entrevoir le point d'orgue du récit dont il pourrait constituer le décor.

Nous nous sommes réveillés le lendemain matin sous une pluie battante, qui ne montrait aucun signe d'accalmie après le petit déjeuner. Sans se démonter, nos mères ont proposé une excursion à Aberystwyth, pour une matinée shopping. Comme les fois précédentes, nous sommes tous les deux montés dans la voiture de ta mère. Il y a de la route, de Llanbedr à Aberystwyth : la plupart des gens auraient mis environ une heure et demie, mais elle a réussi à écourter le trajet d'au moins dix bonnes minutes en employant sa tactique habituelle, qui consistait à faire des pointes à plus de cent dix kilomètres-heure dans les lignes droites, prendre les virages en trombe sans se servir de son frein, et doubler résolument les véhicules plus lents, même dans les conditions les plus périlleuses (et les trombes d'eau ce jour-là n'ont pas suffi à l'en dissuader). Quand nous nous sommes enfin garés dans un crissement de pneus sur un parking du front de mer, nous étions tous les deux pantelants sous le coup de l'émotion et, puisque les autres étaient encore loin derrière, nous avions tout le temps de passer au kiosque qui vendait des bonbons et barres chocolatées. Tu as dépensé quelques pennies dans une barre Dairy Milk. Avec un certain snobisme, je me suis abstenu.

(Je devrais m'expliquer sur ce point, peut-être, au cas où tu ne l'aurais jamais remarqué. Nous avions un rapport très élitiste au chocolat, dans ma famille. Dans les années 1950, mon père avait passé quelque temps en Belgique, où il avait développé un goût pour les chocolats fins du cru. Et c'était le seul genre de chocolat que nous mangions chez nous. Je sais : pure hérésie, dans la ville de Cadbury. Papa nous rapportait quelques fines barres chocolatées de je ne sais quelle boutique de luxe à Londres, quand il y allait, et donc Gill et moi ne mangions vraiment pas souvent de chocolat. Je sais que ta mère, en revanche, t'achetait chaque jour une petite barre de chocolat Cadbury. Tu m'as dit une fois que cette friandise t'attendait toujours après l'école. Sur le manteau de la cheminée, chez vous, il y avait des portraits studio de Martin, Jack et toi, et chaque jour quand tu rentrais de l'école vous trouviez une barre chocolatée à côté de votre photo encadrée. Je me souviens que tu m'as raconté ça, et que j'étais terriblement envieux. Et bien sûr quelques années plus tard, je me suis rebellé, et à l'heure où la plupart des ados expérimentaient la drogue et l'alcool, moi je me shootais aux barres chocolatées Cadbury, à coups de Fruit & Nut, Bar Six et autres Curly Wurly.)

Plus tard, alors que nous errions sous la pluie dans les rues d'Aberystwyth, je me souviens que nous sommes passés devant des bâtiments appartenant à l'université, et que ma mère a dit à la tienne :

« C'est ici qu'il habite en ce moment, non ? Peut-être qu'il y est à cet instant. »

Cette suggestion sembla leur procurer à toutes les deux un frisson d'excitation, et quand j'ai demandé qui elles entendaient par « il », ta mère m'a répondu que c'était le prince Charles, le fils aîné de la reine et l'héritier du trône. Elle avait lu dans le journal qu'il vivait actuellement à Aberystwyth, où il étudiait à l'université en prévision de son investiture en tant que prince de Galles, quelques semaines plus tard.

« Il étudie ? ai-je demandé. Il étudie quoi ?

— L'histoire du pays de Galles, j'imagine, a répondu ta mère. Tu sais... Owen Glendower, et tout le tintouin. »

Je dois reconnaître que je ne partageais pas vraiment leur excitation. Qu'est-ce que ça pouvait faire si un prince snobinard se trouvait à quelques centaines de mètres, en train de bachoter ses bouquins d'histoire du pays de Galles dans une bibliothèque universitaire ? J'ai été plus enthousiasmé par notre passage dans une papeterie locale, la papeterie étant l'une de mes nouvelles marottes un peu bizarres. Je me suis acheté un carnet A4 à petites lignes avec une jolie aquarelle du château de Harlech en couverture. J'étais particulièrement épris de cette image, à la suite de notre visite au château la veille, et curieusement – après n'avoir entendu que des bribes de la discussion de nos mères au sujet du prince Charles – je m'étais mis en tête que c'était là-bas qu'aurait lieu son investiture. Bien sûr, c'est au château de Caernarfon que j'aurais dû penser, mais peut-être que pour un jeune garçon (surtout un garçon anglais), tous les châteaux gallois se ressemblent.

Cet après-midi-là, de retour à Llanbedr et à la ferme, alors que la pluie continuait à ruisseler, je t'ai convoqué dans ma chambre et t'ai annoncé que nous allions commencer à écrire l'histoire ensemble. Je t'ai montré la première page du carnet, sur laquelle j'avais déjà inscrit :

LE VILLAGE ENGLOUTI

par David Foley
avec Peter Lamb

Ces mots étaient accompagnés par de très jolies illustrations de cottages engloutis entourés de sirènes et d'hippocampes mais, curieusement, ce n'est pas ce qui a retenu ton attention.

« Mon nom n'est pas du tout aussi gros que le tien, as-tu objecté.

— Bien sûr que non. C'était mon idée d'écrire cette histoire.

— Est-ce qu'on va l'écrire ensemble ?

— Oui.

— Alors pourquoi est-ce que ça ne dit pas "par David Foley *et* Peter Lamb" ? Pourquoi ça dit *"avec"* ? »

J'y ai réfléchi un instant, impatient, et n'ai pas trouvé de réponse : « Écoute, on ne va jamais réussir à l'écrire si tu n'arrêtes pas de poser des questions stupides. Allez, on s'y met. »

Et pendant le reste de l'après-midi, c'est exactement ce que nous avons fait. Et le lendemain matin aussi. Le vendredi à l'heure du déjeuner, notre chef-d'œuvre était achevé. De tout ce que j'ai écrit depuis, il n'y a pas eu grand-chose qui me soit venu aussi vite, aussi facilement. L'histoire complète était longue de vingt, vingt-cinq pages, ce qui n'est pas mal du tout, je trouve, pour un travail collaboratif accompli par deux jeunes garçons comme nous. Après une bonne tartine de descriptions, peut-être un peu trop élaborées et qui consacraient un temps non négligeable à décrire des arbres en algues et le banc de grands requins blancs qui transportaient des passagers sur leur dos, servant de système de transport public à la population, nous enchaînions sur l'intrigue principale. Il était question des habitants d'un village rival, dans un lac tout proche, qui avaient envahi Capel Celyn et assiégé le village (on ne précisait jamais comment ils étaient arrivés là, voyage dont on peut supposer qu'il impliquait un passage par voie terrestre). Leur but : mettre leurs sales mains de méchants sur les réserves de corail entreposées dans un trésor bien gardé, sous le château en ruine. Inutile de dire que l'invasion donnait lieu à toutes sortes de batailles aquatiques, décrites en long et en large par des phrases comme : « Il tira avec son pistolet à rayon mortel et la balle frappa sa cible en plein cœur, projetant du sang dans tous les sens, ce qui attira un banc de requins meurtriers. » À la fin, cependant, les vaillants villageois de Capel Celyn repoussaient les hordes d'envahisseurs, la paix était rétablie, et tout rentrait dans l'ordre.

Cet après-midi-là, après le déjeuner, nous avons donné le carnet à ta mère et nous sommes installés sur le canapé au fond de la caravane, tendus et impatients pendant qu'elle le lisait du début à la fin. Plus tard, elle nous a généreusement félicités. Je n'ai pas la moindre idée de ce qu'elle en avait vraiment pensé, et elle n'avait pas beaucoup de critiques pertinentes à faire (« il y a des scènes assez violentes, non ? » – un peu fort de la part d'une fan des films de James Bond, au passage) mais, comme toujours, elle avait le génie pour faire en sorte que les enfants se sentent appréciés, valorisés. Il me semble qu'on peut mesurer ce génie au fait que je me moquais totalement de ce que ma propre mère avait à dire sur cette histoire, alors que le verdict de la tienne a suffi à m'auréoler d'un sentiment d'accomplissement littéraire qui a duré toute la soirée.

Et la soirée en question devait en fait apporter d'autres événements joyeux. D'abord, le soleil est revenu. Ensuite, nos pères sont rentrés de Birmingham, vers dix-neuf heures, largement à temps pour faire un barbecue. Et peu de temps après leur arrivée, Sioned est arrivée de Wrexham. Alors que nous remontions la route de la ferme avec ton père, la voiture de Glyn nous a dépassés et s'est garée dans la cour. Sioned a sauté du véhicule, couru à notre rencontre, et elle nous a fait un gros câlin à tous les deux. Je dois dire que c'était presque trop pour moi. Je n'avais pas l'habitude que les filles me témoignent physiquement leur affection. Ensuite elle a glissé sa main dans la mienne et m'a entraîné sur le chemin, tandis que tu nous courais après en essayant de suivre le rythme. Nous nous sommes installés sur notre marche habituelle, elle ne nous a pas dit grand-chose, et elle a sorti un cadeau que lui avait fait son grand-père, un jeu de cartes au dos illustré de divers animaux des bois, et on s'est mis à jouer au whist. Pendant ce temps-là, le père de Sioned commençait à décharger la voiture, puis Trefor est sorti de la dépendance pour l'aider, et ils se sont immédiatement lancés dans une conversation en gallois. Ce qui a plongé ton père dans un embarras atroce. Il nous avait accompagnés jusque-là précisément pour voir Glyn – et le payer pour l'occupation du champ cette semaine –, et pourtant il n'avait pas l'air de savoir comment attirer son attention. Il faisait peine à voir, à faire le pied de grue à côté d'eux, tandis que les deux hommes l'ignoraient et poursuivaient leur conversation comme s'il n'était pas là. Enfin, Glyn a eu pitié et a pris acte de sa présence, et ton père a entamé son approche en ces termes épouvantables : « Bien le bonsoir, messire ! », affectant un pseudo-accent du peuple atroce, qui n'avait rien à voir avec son élocution normale – ni celle de personne d'ailleurs, car qui irait appeler les gens « messire », franchement ? Puis il a sorti une autre phrase tout aussi atroce, comme quoi il était venu remettre sa « livre de chair », une expression si inappropriée que dans un premier temps Glyn n'avait pas l'air d'avoir la moindre idée de ce dont il parlait. Bref, en fin de compte, il est parvenu à se faire comprendre, et la transaction a été conclue. Plus tard, il se plaindrait à ta mère que les deux hommes avaient parlé gallois pour l'exclure, et elle acquiescerait, ayant eu (disait-elle) la même expérience dans les magasins du coin :

« Dès que tu rentres, ils se mettent à parler dans cette langue, a-t-elle dit. Juste pour te mettre mal à l'aise.

— Ils ne nous aiment pas, tu sais, lui a répondu ton père.

— Mais pourquoi ? a-t-elle protesté. Qu'est-ce qu'on leur a fait ? On est restés dans notre coin !

— Je ne parle pas de toi et moi, a-t-il expliqué. Je parle de *nous*. Les Anglais. Les Gallois ne nous aiment pas, c'est tout. » Mais dans mon souvenir, c'était surtout que cet homme qui semblait toujours si détendu, si aimable avec sa propre famille – ou avec n'importe quelle personne qu'il connaissait bien –, ne savait tout simplement pas comment s'adresser à deux étrangers, en particulier deux étrangers issus d'une classe sociale très différente de la sienne.

Pardonne-moi, Peter, de m'attarder sur ce détail. Je ne cherche pas du tout à me moquer de ton père, parce qu'il était mal à l'aise en société. Mais je crois qu'en vieillissant, en atteignant l'âge mûr, ce qui est indubitablement notre cas, on commence à s'intéresser au mystère de sa propre personne, et la clé de ce mystère, c'est notre relation avec nos parents. Je ne comprends pas mon propre père. Je ne l'ai jamais compris. Quand j'étais petit – à l'époque que je te raconte aujourd'hui – il allait et venait, entrait et sortait de nos vies, apparemment au gré de sa fantaisie. Au début de cette décennie-là, il travaillait au service des relations publiques de Phocas Industries, à Shirley, qui fabriquait des composants électriques pour voitures, mais au bout de quelques années il est parti aider une grande agence de pub à monter une antenne à Birmingham. Leur siège était à Londres, et à partir de là, il a donc fait beaucoup d'allers-retours à la capitale, mais pas que : ils avaient aussi beaucoup de contacts en Europe de l'Est, apparemment, alors il était toujours en train de s'envoler pour la Hongrie, l'Allemagne de l'Est, la Tchécoslovaquie. Il revenait de ces voyages les bras chargés de drôles de cadeaux et autres souvenirs d'Europe de l'Est (pour nous), et de disques classiques du label Supraphon (pour lui). Gill et moi adorions recevoir ces cadeaux, bien sûr, mais ils étaient de pure forme : nous n'avions pas le sentiment d'une véritable chaleur ou d'une intimité entre nous. Papa était réservé avec ses enfants, réservé au point d'être froid, mais dans son cas j'ai toujours pensé que c'était un choix de sa part – il savait être tout à fait chaleureux avec les gens quand il voulait –, tandis que les silences de ton père m'ont toujours semblé le signe évident qu'il était timide, et pas très sûr de lui en présence d'inconnus. Et la raison pour laquelle je te raconte cette histoire aujourd'hui, en revenant sur ce séjour au pays de Galles (une des raisons, en tout cas), est peut-être qu'il y a quelque chose à propos de cette semaine – quelque chose, plus précisément, en rapport avec ce qui différenciait l'attitude de Papa envers Glyn et Trefor de celle de ton père – qui me turlupine, qui me fait penser (ou espérer) que c'est là que réside la clé de sa personnalité, des secrets que je le soupçonne d'abriter et de garder enfouis encore aujourd'hui.

Comme on le fait tous, sans doute.

La démonstration la plus flagrante de cette différence est venue le lendemain matin, quand ma mère, Gill et moi avons eu droit à une surprise. Nous nous attendions à reprendre la route de Birmingham dès dix heures, pour voyager en convoi avec ta famille comme à l'aller, mais voilà que mon père nous a dit d'arrêter de faire nos bagages, et nous a annoncé qu'en fait nous ne partirions que le soir. La raison ? Il s'était attiré les bonnes grâces de Glyn et son beau-frère, à tel point qu'ils avaient décidé d'aller pêcher ensemble. C'était encore une belle journée ensoleillée, et ils partaient remonter l'Artro, armés de cannes à pêche, de sandwichs au jambon (fournis par la mère de Sioned) et de douze canettes de Double Diamond.

Ma mère a accueilli ce rebondissement avec une colère froide.

« Et puis merde, tu n'en fais qu'à ta tête, hein ? l'ai-je entendue dire, ce qui était un choc, car je ne l'avais encore jamais entendue prononcer un mot comme "merde". Et nous, qu'est-ce qu'on va faire toute la journée ?

— Emmène les enfants à la plage, a répondu mon père avec désinvolture. Retrouvons-nous ici en fin d'après-midi, et on rentrera à la maison vers dix-huit heures. »

Ma mère a pris bonne note de la pointe d'autorité froide et quasiment méprisante de son ton. « On dirait vraiment que pour toi, si on n'existait pas, ce serait pareil », a-t-elle lâché.

Ils ont échangé d'autres paroles de ce genre, mais je ne m'en souviens pas très bien. Évidemment, j'ai aussi pu déformer le souvenir de celles-ci. Ce dont je me souviens, c'est d'avoir senti – un sentiment totalement nouveau, et glaçant – qu'il y avait peut-être quelque chose qui clochait sérieusement dans le couple formé par mes parents, et que ce que j'avais jusqu'à présent tenu pour acquis, ce qui avait été le décor et très clairement le fondement de ma jeune existence, n'était pas tel que je l'imaginais. Ce couple pouvait potentiellement vaciller, se désagréger et peut-être même carrément voler en éclats. (Et je n'étais pas si loin du compte, car plus tard cet été-là, Gill et moi avons été expédiés chez mes grands-parents dans le Shropshire pour quelques semaines, pendant que mes parents partaient quelque part – en France, je crois – pour s'atteler à réparer leur mariage. Ce qui a fonctionné, semble-t-il, du moins jusqu'à un certain point puisque, après cet épisode, dans mon souvenir en tout cas, les choses allaient un peu mieux entre eux.)

Enfin bref, tout ça c'est anecdotique. Pendant ce temps-là, ma mère, Gill et moi avons profité d'une journée supplémentaire à la mer, accompagnés de Sioned qui avait choisi comme d'habitude de venir avec nous pour passer la journée dans les dunes en retrait de la plage la plus proche : cette longue bande de sable qui borde Mochras (Shell Island, pour les Anglais) sur toute sa longueur. C'est là, dans ces dunes, pendant que Gill et ma mère se baignaient dans la mer en fin de matinée, que Sioned m'a plaqué au sol, s'est couchée sur moi de tout son long, m'a embrassé sur la bouche et m'a dit qu'elle allait m'épouser. Elle ne m'a pas demandé de l'épouser, note bien : elle m'a informé que c'était ce qui allait se passer. Je n'avais pas mon mot à dire, non d'ailleurs que je ne sois pas flatté, et ravi. Et pourtant, ce qui est drôle, c'est que je ne me souviens pas de ce que je lui ai répondu.

Enhardi, en tout cas, par ce nouveau lien de confiance et d'intimité entre nous, j'ai décidé d'offrir à Sioned le privilège inestimable de lire notre histoire. J'avais apporté le carnet dans notre sac de plage, avec les serviettes et les lunettes de nage, le frisbee et le jeu de cricket. Je lui ai remis la chose en faisant tout un cérémonial, et elle a eu l'air convenablement impressionnée quand je lui ai expliqué qu'il s'agissait d'une création personnelle (il se peut que j'aie oublié de mentionner ta contribution), que j'avais l'intention de devenir écrivain une fois adulte, et qu'en fait je l'étais déjà. Et puis je l'ai laissée, et je suis parti marcher le long de la plage, chérissant l'agréable idée que la fille que j'aimais était, à cet instant précis, en train de découvrir que son jeune fiancé n'était rien de moins qu'un génie créatif.

J'ai parcouru toute la plage en suivant la courbe de la péninsule (c'est une péninsule, pas une île) jusqu'à atteindre l'endroit où la plage devient rocailleuse, et je me suis attardé là un petit moment au bord des flaques, entre ces rochers, à chercher des crevettes, des crabes ou n'importe quel signe de vie marine. J'ai décidé de laisser à Sioned au moins quarante-cinq minutes pour lire l'histoire, car ce genre de choses ne souffrait pas la précipitation. Le texte était dense, plein de trouvailles littéraires, et il y avait aussi les illustrations à admirer. Je suis donc rentré à pas très lents, longeant le bord de l'eau (c'était pratiquement marée haute), pateaugeant parfois jusqu'aux mollets. L'eau était froide, et je n'avais pas particulièrement envie de nager. À mesure que la matinée avançait, la plage se faisait de plus en plus animée, et dans l'air retentissaient les cris des enfants qui jouaient au ballon, se jetaient en glapissant dans l'eau, essayaient d'attirer l'attention de leurs parents. Un son intemporel. Je veux dire, littéralement. Le passé, le présent et l'avenir : voilà ce qu'on entend, dans la voix des enfants. Un murmure dans l'air, qui te dit : *Plus ça change, plus c'est la même chose*. Et j'entends encore ces voix aujourd'hui, avec le bruit des vagues qui se brisaient doucement sur la plage, et les cris des goélands qui volaient au-dessus de ma tête. Je me revois tel que j'étais ce matin-là : vêtu d'un tee-shirt à rayures et d'un short bleu marine, planté dans la mer, de l'eau pratiquement jusqu'aux genoux, à penser... à Dieu sait quoi. À pas grand-chose, je suppose, mais impatient de recevoir l'admiration que Sioned s'apprêtait à faire pleuvoir sur ma tête.

Quand je suis revenu à notre coin de dunes, ma mère et Gill étaient de retour après avoir fini de nager, et s'étaient séchées. Sioned était assise un peu à l'écart, les genoux remontés sous le menton. Elle grignotait une pomme. J'ai remarqué qu'elle avait remis le carnet dans notre sac de plage.

« Alors ? ai-je dit en me laissant tomber à ses côtés.

— Alors quoi ? a-t-elle fait en croquant à nouveau.

— T'as lu l'histoire ?

— Oui. »

J'ai attendu les premières louanges. Elles ne sont pas venues.

« Et... ?

— C'est le truc le plus débile que j'aie jamais lu de ma vie. »

Je l'ai regardée fixement. Difficile de croire qu'elle avait vraiment prononcé ces mots. Impossible, au début.

« Qu... ? ai-je bafouillé. Qu'est-ce que tu veux dire ?

— Est-ce que tu sais quoi que ce soit sur Capel Celyn ? demanda-t-elle. Tu sais au moins où c'est ?

— Bien sûr que je sais où c'est. On s'y est arrêtés en chemin pour venir ici, la semaine dernière. On y a pique-niqué.

— Oh, donc t'y as passé quoi, dix minutes, c'est ça ? »

Je n'ai pas répondu. Alors elle m'a posé une question qui m'a paru sans rapport :

« Tu sais à quoi ressemble la maison de mon grand-père à Wrexham ?

— Non, bien sûr que non.

— Elle est affreuse. C'est une affreuse petite maison moderne entourée d'affreuses petites maisons modernes, dans un grand lotissement. Les murs sont déjà en train de se fissurer, le toit fuit et la fenêtre de la chambre où je dors est tellement petite et placée tellement haut qu'on a l'impression d'être en prison. Il déteste cet endroit. Déménager là-bas l'a rendu tellement malheureux qu'il a perdu tous ses cheveux.

— Quel rapport avec mon histoire ? demandai-je.

— Eh bien, où tu crois qu'il habitait avant de se faire expulser ?

— Expulser par qui ?

— La municipalité.

— Je sais pas... il habitait où ?

— À Capel Celyn, bien sûr. »

Même là, ce n'était pas la réponse à laquelle je m'attendais. En fait ça n'avait aucun sens pour moi.

« Tu veux dire qu'il vivait au fond de l'eau ?

— Mon Dieu, tu dois être la personne la plus stupide que j'aie jamais rencontrée. Le village n'était pas au fond de l'eau il y a quelques années. Ils ont jeté tout le monde dehors et ils l'ont inondé. Ils ont inondé toute la vallée. »

Elle n'arrêtait pas de dire « ils » sans expliquer de qui elle parlait. C'était très agaçant.

« Qui ils ? ai-je demandé.

— Les Anglais. *Vous*. Les tiens. »

Ça non plus, ça n'avait pas de sens. « Pourquoi ils feraient ça ?

— Parce qu'ils voulaient construire un réservoir. Pour fournir l'Angleterre en eau. »

J'ai réfléchi à ça quelques instants, et j'ai bien dû reconnaître : « Ce n'est pas très juste.

— Non, ça ne l'est pas. Et ce n'était clairement pas juste de forcer mon grand-père, qui a passé toute sa vie dans ce village, à quitter sa maison pour emménager dans une nouvelle baraque affreuse à Wrexham. Alors toutes ces histoires de châteaux en ruine bourrés de trésors et de gens qui se baladent à dos d'hippocampe, c'est juste – elle essaya de trouver les mots justes, mais tout ce qu'elle parvint à dire finalement fut – un gros ramassis de conneries, franchement. »

Je suis resté assis là, silencieux. C'était horrible. C'était pire que la pire chose qui me soit jamais arrivée. Pire que me faire chambrer par Tony Burcot et sa bande, ou gronder par ta mère à l'école. Pendant une minute, j'ai cru que j'allais pleurer.

« Mais si c'était vrai, ai-je repris – car je n'avais pas du tout envie que tout ça soit vrai –, les gens seraient plus en colère, forcément.

— Oh, les gens sont en colère, crois-moi. C'est juste que vous n'en entendez jamais parler, vous autres. Les seules fois où vous venez ici, c'est pour passer vos vacances. Mais les gens sont en colère, t'en fais pas pour ça. Tu devrais entendre mon père et mon oncle Trefor quand ils en parlent. Et y a pas que Capel Celyn qui les mette en colère. C'est un ensemble.

— Qu'est-ce que tu veux dire, un ensemble ?

— Tout ce qui concerne votre manière de traiter les Gallois.

— J'aimerais bien que t'arrêtes de dire "vous autres". Moi, je ne... »

Sioned m'a ignoré et a poursuivi : « Cette idée débile de vouloir faire du prince Charles le prince de Galles, déjà.

— Mais le prince Charles *est* le prince de Galles, ai-je dit.

— Ah bon, et qui a eu cette idée ? On ne lui a jamais demandé d'être notre prince. S'il faut un prince de Galles, pourquoi ça ne peut pas être un Gallois ? Pourquoi faut que ce soit un Anglais ? »

Dit comme ça, je ne voyais pas vraiment de bon contre-argument.

« On en a marre qu'on nous malmène et qu'on nous donne des ordres et qu'on nous vole notre eau et tout le reste. Et le voir lui se faire couronner prince, c'est vraiment le bouquet, franchement.

— Tu vas pas regarder la télé, alors ? ai-je demandé. Quand ils vont le couronner prince ? » Je pensais que tout le pays allait suivre l'événement à la télévision.

« On va probablement nous obliger à regarder ça, a fait Sioned. Mais moi, je ne regarderai pas. Je fermerai les yeux et je me boucherai les oreilles avec mes doigts. » Elle était maintenant bien énervée, le ton proprement indigné. « Et j'aime *pas* ton histoire à la noix et je t'aime pas non plus, *toi*. Et je ne vais *clairement* pas me marier avec toi. Carrément hors de question. »

Pour appuyer ses dires, elle est allée parler à Gill – à qui elle avait à peine adressé la parole de toute la semaine – et avant que j'aie le temps de comprendre, elles s'étaient toutes les deux levées et couraient sur la plage avec mon frisbee en se faisant des passes. L'une comme l'autre étaient vraiment nulles, n'ai-je pu m'empêcher de remarquer. Mais j'y trouvais, somme toute, une piètre consolation, après avoir vu mes ambitions littéraires réduites en poussière avec tant d'éloquence, sans parler du fait d'avoir été impliqué (même de façon totalement passive) dans ce qui était sûrement les plus courtes fiançailles de tous les temps.

*

Je ne garde pas un souvenir très clair de cette journée en tant que telle. Le 1ᵉʳ juillet 1969, je veux dire. Mon journal, comme d'habitude, fournit quelques détails. BBC One a commencé à diffuser l'investiture à dix heures et demie, et ça a duré cinq heures et quarante-cinq minutes. J'ai du mal à croire que beaucoup de gens aient regardé l'intégralité de la chose. Je me souviens en revanche que toute l'école a été rassemblée dans la salle commune à un moment, peut-être en fin de matinée, pour regarder la cérémonie à la télévision. J'étais déchiré entre deux élans contradictoires. D'un côté, j'avais suffisamment assimilé l'indignation légitime de Sioned pour que la pantomime qui s'apprêtait à se jouer me laisse sceptique, et ça me plaisait bien de me considérer comme un cynique, un outsider, un rebelle : celui qui dégonflerait la grandiloquence de toute cette affaire d'un trait caustique, balancé *sotto voce* à mes camarades de classe. D'un autre côté, alors que nous nous rendions à la salle commune, je n'ai pas pu m'empêcher de me vanter d'avoir, à peine un mois plus tôt, visité justement le château où la cérémonie allait avoir lieu, et j'ai décrit en détail l'ascension jusqu'au sommet de la tour de garde, et la vue imprenable sur la mer d'Irlande. Quand j'ai compris que l'événement se tenait dans un tout autre château, que je ne reconnaissais pas du tout, je me suis trouvé très embarrassé, et à partir de là je n'ai plus pipé mot.

La mauvaise qualité de l'image en noir et blanc, manquant de clarté et de contraste ; la lumière filtrant par les fenêtres de la salle commune, reflétée sur l'écran de télévision, qui empêchait encore plus de distinguer ce qui se passait ; l'épaisse poussière recouvrant les lames de plancher sur lesquelles nous étions tous agenouillés ou en tailleur : voilà mes souvenirs les plus vifs de cette journée. Plus un vague sentiment, j'imagine, d'être témoin de l'histoire en marche : car je savais que tous les écoliers du pays avaient vu leurs cours interrompus comme les miens, qu'ils étaient assis dans leur propre salle commune poussiéreuse, devant des téléviseurs tout aussi médiocres. Sioned en faisait partie, bien sûr. Tandis que le prince Charles prononçait son discours à la nation dans son gallois consciencieux, mesuré et atone, je l'imaginais grimacer et, dans un soudain mouvement de solidarité avec elle, j'ai fermé les yeux, fronçant fort les paupières, et j'ai enfoncé ostensiblement les doigts dans mes oreilles. Pas longtemps, cela dit. Très vite, ma détermination s'est fissurée, et j'ai ouvert les yeux pour regarder autour de moi et voir qui avait remarqué ce singulier acte de rébellion. Chacun avait les yeux rivés sur la télévision, ou était absorbé dans son petit monde enfantin, en train de tracer des formes dans la poussière avec un doigt, ou bien de regarder par la fenêtre en rêvant de grand air et d'évasion. Personne n'avait rien vu. Enfin personne, sauf ta mère, Auntie Mary, Mrs Lamb, qui était assise avec les autres membres du personnel à côté du téléviseur, dans sa tenue de sport, et me faisait les gros yeux en agitant un doigt, le geste de réprimande de l'enseignante.

Derrière son geste, pourtant, il y avait de la tendresse ; et même une certaine complicité. Et ses yeux souriaient. Comme c'était d'ailleurs, maintenant que j'y pense... presque toujours le cas.

CINQ

Le mariage de Charles, prince de Galles, et de Lady Diana Spencer

29 juillet 1981

How can I rise if you don't fall ?
(Comment puis-je m'élever sans que tu tombes ?)

ROBERT WYATT, « The British Road »

1

27 juillet 1981

Martin était assis dans son lit, un carnet sur les genoux et un bic tout prêt entre les doigts. Autour du lit, il y avait une demi-douzaine de caisses à thé et de boîtes en carton. Ils n'avaient pas encore eu le temps de commencer à déballer les affaires de la chambre, mais malgré le chaos, la petite pièce était douillette. Il aimait le plafond en pente au-dessus du lit, et le fait de pouvoir parler à Bridget sans avoir à hausser le ton, même quand elle se brossait les dents dans la salle de bains. Il aimait savoir que lorsqu'il se réveillerait le matin, le soleil estival inonderait déjà la chambre à travers la fenêtre orientée à l'est. Par-dessus tout, il aimait vivre à nouveau à Bournville, à moins d'un kilomètre de la maison où il avait passé les douze premières années de sa vie. Cela ressemblait à un authentique retour au bercail.

En haut d'une nouvelle page, il avait écrit CRÉ-MAILLÈRE / MARIAGE ROYAL. Ils n'avaient pas encore décidé ce qu'on fêterait. Eh bien, un peu les deux, en réalité, c'était justement l'idée. En dessous, il avait déjà dressé une liste d'invités assez exhaustive. Sa mère et son père. Ses grands-parents encore en vie, Doll, Sam et Bertha. Ses frères Peter et Jack. La petite amie du moment de Jack, Patricia. Et maintenant, il y avait la question de leurs nouveaux voisins.

« Alors, tu as demandé aux Taylor s'ils voulaient venir ?

— Oui.

— Ils ont dit quoi ? »

Bridget apparut à la porte de la chambre, sa brosse à dents toujours dans la bouche, les lèvres mousseuses de dentifrice.

« Eh bien, j'ai parlé à Heather, et je lui ai dit qu'on recevait quelques amis et parents pour regarder le mariage de Charles et Diana, si ça leur disait de venir.

— Et ?

— Elle a dit que la famille royale n'était qu'un ramassis de parasites qui se gavent sur le cadavre putride d'un système social en faillite.

— On prend ça pour un non, alors ?

— Je crois.

— Ils sont comment, à part ça ?

— Ils ont l'air très sympas. Elle m'a prêté son sécateur pour que je puisse m'attaquer à cette vigne vierge derrière la maison. »

Elle retourna dans la salle de bains. Des bruits de crachats et de gargarismes suivirent.

« Et les gens de l'autre côté ? Comment ils s'appellent, déjà ?

— Les Gupta. Sathnam et Parminder. Ils ont l'air très gentils. Ils ont dit qu'ils viendraient sans faute.

— Bien », fit Martin en les ajoutant à la liste.

Il leva les yeux et suçota son bic d'un air sombre. Une pensée importune venait de surgir dans son esprit au sujet du comportement potentiel de son père en présence de ce couple, mais il la garda pour lui.

« Alors, ça fait combien ? demanda Bridget.

— Ça fait dix. Sans nous compter. »

Bridget sortit de la salle de bains et se glissa au lit à ses côtés. Sa peau était tiède, même à travers le tissu de son tee-shirt et de son short de pyjama.

« On va être un peu à l'étroit, non ?

— Bon, tout le monde ne sera peut-être pas là le jour J. Papa a parlé d'aller plutôt jouer au golf.

— Quoi ? Il faut que ton père vienne. Il a vraiment dit ça ?

— Oh, je ne sais pas. Peut-être que j'ai mal entendu. Pour être honnête, je m'en fiche un peu qu'il vienne ou non. On ne peut pas vraiment compter sur lui pour mettre l'ambiance. »

Bridget le regarda avec curiosité. « Tu as vraiment la dent dure avec lui, ces derniers jours.

— Tu trouves ?

— Depuis que tu l'as vu jeudi soir. »

Martin traça une ligne sous la liste des invités, et dessous il inscrivit un nouveau mot : « BUFFET ».

« Qu'est-ce qu'on va offrir à manger et à boire à tout ce petit monde, alors ?

— Il s'est passé quelque chose ? insista Bridget. Vous vous êtes disputés, ou quoi ? Tu es rentré d'une humeur affreuse ce soir-là.

— Je te l'ai dit, fit Martin. Le film était nul. C'était une perte de temps.

— C'était un James Bond. Tu adores les James Bond. Ça ne pouvait pas être si mauvais que ça. Tout le monde a l'air d'aimer. »

Martin soupira. « C'est juste qu'il me gonfle, des fois, c'est tout.

— Roger Moore, ou ton père ? »

Ça déclencha un sourire, au moins. « Papa. Il est vraiment en train de virer au vieux con grincheux.

— Ton père n'est pas vieux. Il a quoi, cinquante ans ?

— Cinquante-deux.

— Eh bien dis-lui de ma part qu'il faut qu'il vienne. Dis-lui que je serai très fâchée, sinon. » Martin ne répondant pas, elle ajouta : « Vous vous parlez toujours, hein ? » Il ne répondit pas non plus. « Pour l'amour du ciel, Martin, qu'est-ce qui s'est passé jeudi ?

— Je n'ai pas envie d'en parler, d'accord ? »

Il referma brutalement le carnet, le posa sur la table de chevet et éteignit la lampe. Allongé, tournant le dos à Bridget, il sentit sa main s'approcher de sa taille, se glisser plus bas et se diriger avec détermination vers son entrejambe. Mais même à cette tentante invitation, il ne répondit pas.

2

13 octobre 1980

Si Martin avait un credo, c'était la modération en toutes choses. En 1976, il avait quitté son lycée de King's Norton avec des résultats modérément bons. Il était allé à l'université de Lancaster étudier le français et l'allemand, deux langues qu'il maîtrisait modérément bien. En 1980 – après quatre ans de cursus, dont une année à l'étranger modérément agréable –, il avait eu son diplôme avec une note modérément bonne correspondant à une mention bien. Ses professeurs l'avaient trouvé discret, raisonnable, un étudiant facile, et ils l'avaient totalement oublié dès l'instant où il était parti. Après Lancaster, il retourna dans les Midlands, emménagea chez ses parents pour l'été et se mit à éplucher les offres d'emploi dans le *Birmingham Post* en quête de quelque chose qui corresponde à ses talents. C'étaient les débuts du gouvernement Thatcher, et le chômage était en train de grimper en flèche. Cependant, Martin était convaincu de pouvoir trouver ce qu'il cherchait : une carrière qui lui apporterait de la satisfaction personnelle, le sentiment de contribuer à l'intérêt général et une gratification financière. Le tout avec modération, de préférence.

Ses recherches finirent par le ramener à l'usine Cadbury, celle-là même qui dominait de sa silhouette massive le quartier où il avait passé son enfance. Il repéra une annonce pour un poste à pourvoir au sein du service des loisirs du personnel, en tant qu'adjoint du directeur. C'était une position subalterne, mais il se dit que ça pourrait lui convenir, au moins comme porte d'entrée. Une personne plus affirmée aurait sans doute davantage insisté sur ses diplômes universitaires, mais dans sa lettre de candidature, Martin se contenta d'y faire brièvement allusion. Il eut cependant la chance de se voir proposer un entretien et finit par obtenir le poste, pour un salaire assez modeste au départ, mais avec l'assurance d'augmentations (modérées) régulières. Et ainsi, le lundi 13 octobre 1980, modérément stressé mais aussi modérément excité, il se retrouva dans la voiture de sa mère qui le conduisait à la gare de Barnt Green, sous le ciel bleu d'une journée d'automne rayonnante de promesses et de possibilités.

Mary et Geoffrey, qui avaient quitté Bournville dix ans plus tôt, vivaient désormais dans une maison à flanc de colline sur Rose Hill, une large route bordée de bois de part et d'autre et qui grimpait abruptement en tournant le dos à la grande banlieue de Birmingham, jusqu'aux abords du Worcestershire rural. À cette heure matinale, la voie était encombrée par le flot continu des voitures des ouvriers, qui descendaient la colline en direction de l'usine British Leyland de Longbridge pour prendre leur poste à huit heures. Mais Mary ne se laissa pas impressionner et s'engagea dans la circulation en exécutant une marche arrière, manœuvrant prestement, avec détermination. Elle colla au pare-chocs de la voiture qui la précédait jusqu'au rond-point de Cofton Hackett, puis vira à droite, laissant derrière elle les autres banlieusards, et put alors accélérer pour atteindre la vitesse confortable de quatre-vingt-dix kilomètres-heure. Martin se retrouva agrippé à la poignée de la portière, à se demander pourquoi sa mère tenait toujours à rouler à tombeau ouvert.

« On est en avance, lança-t-elle, alors qu'ils approchaient du carrefour avec Fiery Hill Road, à huit heures moins le quart.

— Ça ne m'étonne pas, répondit Martin.

— Viens, je veux te montrer quelque chose », reprit sa mère, et au lieu de tourner vers la gare elle s'engagea dans le village de Barnt Green, où elle se gara devant une petite maison mitoyenne moderne, avec un panneau « À vendre » planté dans le bout de jardinet situé en façade. « Qu'en penses-tu ? demanda-t-elle.

— Pour Papa et toi ? » fit Martin, surpris. Il imaginait bien que leur maison actuelle était sans doute trop grande pour eux, maintenant que Jack avait déménagé, que Peter était parti à l'école de musique et que lui-même n'était de retour que temporairement. Mais ça paraissait vraiment radical.

« Non... pour Granma et Grandpa. Je voudrais qu'ils reviennent vivre ici. Ils prennent de l'âge, et ils sont trop loin, là-bas dans le Nord. »

« Là-bas dans le Nord », c'était Coniston, dans le Lake District. Depuis seize ans maintenant, c'était là que vivaient Doll et Samuel, depuis que ce dernier avait quitté Cadbury en 1965. Mais le choix de cette région qu'ils avaient d'abord adoptée avec enthousiasme, occupant leurs premières années de retraite avec des balades dans les collines, des tours en bateau et des virées en voiture sur les rives de lacs pittoresques, commençait depuis peu à poser quelques difficultés. Ils n'aimaient pas être à plusieurs heures de route de leur fille unique, et la santé de Sam se dégradait. D'abord il y avait eu la prostate. À présent il souffrait d'une toux persistante, le souffle court en permanence.

« Papy n'a pas le cancer, hein ? demanda Martin.

— On ne sait pas, répondit Mary. (Mais elle soupçonnait que son père avait un cancer du poumon, et quand Martin lui posa cette question, quelque chose remonta, spontanément, des profondeurs de son réservoir de souvenirs : l'odeur du pot à tabac de Samuel. C'était une odeur associée pour toujours à son enfance et au jardin de la maison de Birch Road. Comme elle adorait lui prendre ce pot des mains pour plonger le nez dans le tabac et respirer son arôme de fumée, infiniment rassurant !) Il faut qu'il fasse des examens. Et il faut qu'il soit dans le coin, pour qu'on puisse l'emmener au Queen Elizabeth, où ils sauront quoi faire. Alors je me suis dit que je pourrais les installer dans cette maison. Qu'en penses-tu ? »

Aux yeux de Martin, la maison paraissait déprimante. Il songea au cottage de ses grands-parents dans le Lake District, à la vue sur Coniston Water, aux nombreuses vacances que ses frères et lui avaient passées là-bas dans les années 1960 et 1970, et ne parvenait pas à les imaginer revenir à ce décor étriqué, sans caractère.

« J'imagine que ça leur conviendra, répondit-il. En tout cas ils seront près de toi.

— Tout à fait, dit sa mère. Comme ça je pourrai venir les voir en cinq minutes au lieu de quatre heures. » Elle passa brusquement la première, exécuta prestement un demi-tour en trois temps, et ils furent repartis. « Je ferai une offre ce matin », confirma-t-elle, laissant Martin émerveillé, comme souvent, par sa capacité à vivre comme elle conduisait : en fonçant tête baissée, sans jamais regarder dans le rétroviseur.

*

Quand Martin fut de retour à la gare de Barnt Green après son premier jour de travail, Mary était à nouveau là, qui l'attendait dans sa voiture.

« Qu'est-ce que tu fais ici ? dit-il. J'allais rentrer à pied.

— À pied ? Ça te prendrait des heures.

— Tu ne peux pas venir me chercher à la gare tous les jours.

— Pourquoi pas ? Ça ne me dérange pas. Ça me rappelle il y a quelques années, quand tu étais encore au lycée. »

Oui, songea Martin : c'est exactement le problème. Et son cœur se serra encore plus quand il arriva à la maison, s'affala dans un fauteuil avec un exemplaire de l'*Evening Mail*, et entendit sa mère lancer depuis la cuisine :

« N'oublie pas ton œuf ! »

Il regarda autour de lui : « Quel œuf ?

— À côté de ta photo ! »

Et effectivement, devant son portrait encadré sur le manteau de la cheminée, sa mère avait placé un Creme Egg Cadbury. Martin le prit et l'emporta dans la cuisine.

« Qu'est-ce que c'est que ça ?
— C'est un Creme Egg.
— Maman, je n'ai plus dix ans.
— On n'est jamais trop vieux pour manger du chocolat.
— Et je travaille chez Cadbury, maintenant. Je suis entouré de chocolat. Toute l'usine sent le chocolat. Je respire littéralement du chocolat toute la journée. La dernière chose dont j'ai envie quand je rentre à la maison, c'est de manger du chocolat.
— Eh bien garde-le pour plus tard, si tu n'en as pas envie maintenant. »

Mais avant qu'il ait le temps de répondre, la sonnette retentit.

« Ça doit être ton frère. Il a dit qu'il passerait ce soir. Tu veux bien aller lui ouvrir ? »

Jack était encore en tenue de travail, même s'il avait desserré sa cravate et jeté sa veste sur son épaule.

« Salut frangin, fit-il. Comment ça se passe dans le monde du cacao ?
— Eh bien, comme un premier jour, commença Martin, je dois dire que... » Mais son frère n'avait aucune envie d'entendre la réponse à sa question, et le planta là pour filer au salon. Sa mère vint le saluer et l'embrassa tendrement sur la joue.

« Coucou mon chéri... ça te dit un Creme Egg ?
— Oui, merci. »

Il s'étala sur le canapé, débarrassa le chocolat de son emballage et le liquida en deux bouchées satisfaites.

« Devine qui vient à l'usine la semaine prochaine ? lança-t-il à son frère, la bouche encore pleine de chocolat.
— Le prince Charles, répondit Martin.

— Oh... elle te l'a dit ? »

Martin opina. « Elle l'a mentionné. Tu sais, juste en passant, genre cinquante ou soixante fois. Mais tu vas vraiment pouvoir le rencontrer ? »

L'usine en question était, encore une fois, celle de British Leyland à Longbridge, où Jack faisait actuellement un stage en tant que cadre commercial. Ces derniers mois, il avait travaillé intensivement sur un unique projet, le lancement d'un nouveau modèle, l'Austin Metro, sur lequel reposaient d'énormes enjeux : la survie même de l'entreprise, d'après certains. L'agence de publicité chargée de promouvoir ce modèle avait choisi un thème patriotique, évoquant le rôle de la Grande-Bretagne dans la Seconde Guerre mondiale. Des pubs étaient sorties dans les journaux depuis la fin de l'été, garantissant aux conducteurs qu'ils allaient adorer conduire la nouvelle Metro, avec comme slogan : « C'est peut-être votre jour de gloire. » Le prince Charles allait honorer l'usine de sa présence lors du lancement, tandis que Margaret Thatcher devait visiter le stand Metro à la Foire automobile de Londres, quelques semaines plus tard. Toute la campagne tournait autour du thème du renouveau national, sujet qui, on le savait, passionnait tout particulièrement la Première ministre en personne. L'époque moribonde des années 1970, désastreuse sur le plan économique et paralysée par les grèves, était révolue. Le Royaume-Uni n'était plus l'homme malade de l'Europe. Il n'était plus honteux de célébrer son pays, d'exprimer sa fierté patriotique, de défendre l'idée que l'époque de gloire de la Grande-Bretagne était tout sauf terminée : tel était l'axe principal de la rhétorique de Mrs Thatcher, et British Leyland avait relevé le défi, avec une nouvelle voiture qui devait restaurer la confiance dans l'industrie automobile nationale.

« La campagne de pubs télé commence ce soir, raconta Jack à son frère. Au milieu de *Coronation Street*.

— C'est pour ça que t'es venu ? fit Martin. Pour nous faire regarder une pub ?

— Tu ne voudrais pas louper ça. Je l'ai vue, et c'est vraiment incroyable, bordel. Ça va te mettre la larme à l'œil, crois-moi. »

Avant d'assister à cette excitante première, Mary, Geoffrey et leurs deux fils dînèrent et interrogèrent Martin sur sa première journée de travail. Il n'avait pas grand-chose à raconter. Malgré tous ces discours sur le renouveau national, la Grande-Bretagne restait accablée par les difficultés liées à la hausse du prix du pétrole, et le gouvernement avait récemment donné pour instruction à toutes les municipalités de baisser la température des piscines publiques de deux degrés Celsius.

« Alors Ted – c'est mon nouveau chef – et son bras droit ont passé l'essentiel de la matinée à essayer de décider s'ils devraient le faire aussi. S'il fallait baisser la température dans la piscine des employés. Vous savez, pour donner l'exemple, dans la ligne de la philosophie Cadbury. Ou s'il fallait la laisser à la même température, pour montrer à tout le monde la chance qu'on a de travailler pour une entreprise comme Cadbury, et de ne pas être obligé d'aller à la piscine municipale. Et l'après-midi, quand ils se sont décidés, j'ai dû écrire une annonce à ce sujet pour le *Bournville News*. »

Il y eut une pause pleine d'expectative.

« Et... ? » demanda Mary.

Martin leva le nez de son crumble aux pommes.

« Et quoi ?
— Et qu'est-ce qu'ils ont décidé ?
— Oh. Ils ont décidé de baisser la température. »

Il n'avait pas pensé à conclure l'anecdote, car pour lui la fin tombait à plat. Ce qui lui était arrivé de plus intéressant lors de ce premier jour de travail, et de loin, était une chose qu'il ne mentionna pas auprès de sa famille, mais qui occupait à présent ses pensées. En déjeunant seul à l'une des longues tables communes de la cantine principale (des côtelettes d'agneau avec de la purée), il avait remarqué un groupe de quatre femmes installées à quelques mètres de lui. Remarqué l'une d'entre elles en particulier. Remarqué son petit sourire discret pendant que les autres bavardaient. Remarqué son regard qui papillonnait régulièrement dans sa direction, remarqué la courbe de sa joue et le brun foncé de ses yeux, presque exactement de la même couleur que le chocolat au lait Dairy Milk de chez Cadbury. Mais il ne lui avait pas adressé la parole, et la seule chose qu'il savait à son sujet avec certitude (parce qu'il avait entendu une des autres femmes le dire) était son prénom.

Jack regarda sa montre et se leva.

« Venez, dit-il. Ça va passer dans cinq minutes. »

Ils allèrent dans le salon et allumèrent la télévision, réglée, comme d'habitude, sur la BBC One. En appuyant sur la touche trois pour zapper sur ITV, Martin eut le sentiment d'accomplir un acte presque transgressif, tant cette chaîne était rarement regardée chez ses parents, et tant la désapprobation paternelle, muette mais puissante, se faisait sentir quand une telle chose arrivait. Ils se retrouvèrent devant *Coronation Street*, un feuilleton qui attirait régulièrement jusqu'à vingt millions de téléspectateurs, mais qu'aucun d'eux n'avait jamais vu, ne serait-ce que quelques secondes. Ils ignoraient tout des noms des personnages à l'écran, ou de leurs sujets de conversation. Martin baissa le volume au maximum, et ils restèrent plantés devant dans un silence perplexe jusqu'à ce que la légende « Fin de la première partie » annonce le début de la pause publicitaire.

Celle de la Metro fut la deuxième à passer.

« La voilà ! On y est ! » lança fièrement Jack, croisant les jambes et les bras.

Au début, quand la pub démarra, Martin se crut devant un vieux film de guerre anglais. Le premier plan montrait une flotte de quatre barges de débarquement militaires, stationnées en position hostile le long de la côte. La voix menaçante d'un narrateur entonna :

« *Certains d'entre vous ont peut-être remarqué que ces dernières années la Grande-Bretagne a été envahie... par les Italiens, les Allemands, les Japonais et les Français.* »

Le mot « envahie » était pratiquement craché, en appuyant brutalement sur la deuxième syllabe. Les proues des navires s'ouvrirent d'un coup, et une armée de Fiat, Nissan, Citroën et BMW descendirent les rampes. Mais avant que les téléspectateurs aient eu le temps d'être saisis de terreur à la vue de ce spectacle, l'image se dissipa pour laisser place à une chaîne de production industrielle, sur laquelle défilaient une succession de voitures en construction, avec ce commentaire :

« *Nous avons maintenant les moyens de nous défendre : la nouvelle Austin Metro.* »

Suivait alors une avalanche de statistiques sur l'aérodynamique et la consommation d'essence de la voiture, mais c'était le visuel, et non les mots, qui retenait l'attention : tandis qu'une escouade de ces nouveaux véhicules intrépides filait à toute allure sur l'autoroute, une foule de spectateurs les admirait depuis un pont, et les acclamait en agitant des drapeaux britanniques. Alors qu'elles pénétraient dans un village de carte postale, les voitures durent freiner et s'arrêter pour laisser passer un fermier grisonnant, qui traversait un gué avec ses deux poneys : une scène pastorale anglaise idyllique. La bande-son devint soudain plus forte et plus identifiable – c'était une version pour orchestre de *Rule, Britannia !* Les voitures parcoururent le village, empruntant une étroite rue pavée décorée de guirlandes de fanions rouges, blancs et bleus. Devant un énorme drapeau britannique, un gentleman âgé – la poitrine bardée de médailles, manifestement un vétéran de la guerre – se tenait au garde-à-vous et saluait. Une fanfare jouait. Les villageois agitaient leur mouchoir à la fenêtre sur le passage des voitures...

« La vache », fit Martin.

Jack lui lança un regard acéré. « Quoi ?

— Ça fait beaucoup, quand même. »

C'était presque terminé. « *La nouvelle Austin Metro*, proclamait le commentateur. *Une voiture britannique...* (il marqua une pause pour l'effet)... *POUR AFFRONTER LA TERRE ENTIÈRE.* » Et à ces mots, l'escadrille de voitures atteignit sa destination : les falaises blanches de Douvres, au sommet desquelles, sous un soleil couchant triomphal, elles formèrent un petit peloton pour monter la garde, au cas où les hordes d'envahisseurs reviendraient.

« Ça a l'air un peu dangereux, fit Geoffrey, remarquant que deux voitures étaient tout près du bord de la falaise.

— Ils en ont perdu une, à ce qu'il paraît, répondit Jack avec un sourire satisfait. Apparemment elle a glissé et dégringolé jusqu'à la plage. Heureusement, il n'y avait pas de conducteur à l'intérieur. Alors, vous en pensez quoi ? »

Son père chercha simultanément son verre de whisky et l'une de ces tournures de phrases évasives qu'il affectionnait. « Vraiment mémorable.

— Est-ce que c'était le type qui joue dans *Dad's Army* ? demanda Mary, à propos du vétéran décoré. Il ressemblait vraiment à... comment s'appelle-t-il... au caporal Jones.

— Je ne crois pas. C'est juste un acteur engagé pour la journée.

— Eh bien c'est excellent, lui assura-t-elle. Je suis certaine que vous allez en vendre des centaines, maintenant que les gens ont vu cette publicité.

— On a fait venir tous les concessionnaires pour une projection la semaine dernière.

— Et ?

— Ils ont adoré. Ils ont *adoré*, bon Dieu. »

Martin resta silencieux quelques instants puis, se rendant compte qu'il était aussi censé dire quelque chose, posa une question : « L'affronter sur quoi ?

— Tu peux répéter ? fit Jack, qui était en train de se resservir un verre de bière.

— Le mec a dit que c'était une voiture pour affronter la terre entière. L'affronter sur quoi ?

— Sois pas débile, répondit Jack. L'affronter... sur la production automobile, bien sûr. L'industrie.

— Mais c'est pas comme si c'était une compétition, non ? C'est pas comme si c'était un match de foot. »

Jack soupira. « T'es tellement naïf. Bien sûr que si. C'est *exactement* ce que c'est. La concurrence, t'en as déjà entendu parler, non ? Qu'est-ce que tu crois, qu'on va faire la charité et distribuer ces bagnoles gratis ?

— Non, mais... *Affronter la terre entière*. C'est quand même une drôle d'expression, tu trouves pas ? Une drôle de mentalité. Eux contre nous.

— Martin, fit son frère en lui tapotant le dos, reviens sur terre. Les années 1960, c'est fini. Les années *1970*, c'est fini. On a une nouvelle Première ministre, t'as pas remarqué ? Et elle ne croit pas à toutes ces conneries babas cool. À partir de maintenant, eux contre nous, c'est comme ça que ça va être. Tu gagnes ou tu perds. Si tu poses un truc sur une balance, il se passe quoi ? Y a un côté qui descend et l'autre qui monte. C'est l'ordre naturel des choses. Et si le monde doit se diviser entre gagnants et perdants, moi je sais de quel côté je veux être. On doit tous faire ce choix-là. Tu ferais mieux d'y penser aussi... et vite, avant de te retrouver sur le carreau. »

Plus tard ce soir-là, alors que Martin lisait au lit, sa mère vint lui souhaiter bonne nuit.

« Ne fais pas trop attention à ton frère, dit-elle. Tout ça c'est de l'esbroufe.

— Je sais.

— Il ne pense pas à mal. C'est un brave garçon.

— Ça aussi je sais. »

Elle l'embrassa sur le front et ajouta, juste avant

de quitter la pièce : « Je te materne un peu trop, non ? »

Martin sourit : « Juste un peu.

— Je ne peux pas m'en empêcher. C'est terrible de voir ses enfants grandir. Toute la maison paraît vide. C'est tellement bon de t'avoir à nouveau ici. »

Martin était sur le point de lui dire qu'il n'allait pas rester longtemps, mais ne put s'y résoudre. Il reprit : « Eh bien je suis là maintenant, et Jack n'est pas loin, et Peter garde le contact, alors... tu ne t'en sors pas si mal.

— Je sais, mon chéri. Bonne nuit. »

Après son départ, Martin songea à l'expression intense et mélancolique qui passait toujours dans le regard de Mary quand on mentionnait son plus jeune fils. Elle aimait chacun de ses garçons de la même façon, il en était certain, elle n'avait jamais eu de préféré, mais tout de même... Allez savoir pourquoi, il y avait une proximité entre Peter et sa mère à laquelle ni Jack ni lui ne pourraient jamais prétendre.

Eh bien, la vie de famille était pleine de mystère. Martin éteignit la lumière, se coucha sur le côté et se murmura le prénom « Bridget » avant de s'endormir.

3

29 juillet 1981, 7 heures du matin

Pour Martin, avoir accès à sa propre télévision d'adulte, en couleurs, paraissait plus miraculeux encore qu'être locataire de sa propre maison. Il avait réglé l'alarme à six heures et demie et promis à Bridget qu'il prendrait juste une douche rapide et se mettrait à préparer les sandwichs pour les invités, mais quand elle descendit juste après sept heures, elle le trouva allongé dans le canapé, ignorant sa présence, captivé par un dessin animé.

« Tu rattrapes ton retard, hein ? »

Martin se redressa dans un sursaut coupable.

Bridget s'apprêtait à faire une nouvelle remarque sarcastique, mais l'action qui se déroulait à l'écran retint son attention, et elle s'installa à côté de lui.

« Oh, j'adorais *Tom et Jerry*.

— Ce n'est pas un des vieux classiques. Je crois que celui-là date des années 1960. C'est très mauvais.

— Et pourtant tu le regardes. »

Martin saisit le message et se leva. « Les sandwichs.

— Je vais venir te donner un coup de main. »

Ils laissèrent la télévision allumée, et depuis la cuisine ils entendirent le début des programmes consacrés au mariage : ça commença dès huit heures moins le quart, plus de trois heures avant la cérémonie prévue. Pendant les quatre-vingt-dix minutes qui suivirent, il y eut d'interminables débats sur la robe de Lady Diana, et des reportages depuis le château de Balmoral et celui de Caernarfon, où il ne semblait pas se passer grand-chose. Martin et Bridget s'affairèrent à préparer à manger et à déplacer des chaises dans le salon.

À neuf heures et demie, plus tôt que prévu, Mary arriva. Elle était avec ses parents, Sam et Doll, qu'elle était passée prendre dans leur nouvelle maison de Barnt Green. Ils y vivaient depuis quelques semaines et ne s'y faisaient pas du tout. Martin trouva qu'ils avaient l'air souffreteux, déprimés et très, très âgés. Malgré tout ils étaient heureux de le voir, et ne firent pas mystère de leur curiosité à l'idée de rencontrer Bridget. Doll offrit à cette dernière une poignée de main formelle, mais Sam se montra plus chaleureux. « Jusqu'à présent je ne t'avais vue qu'en photo. C'est trop tôt pour te faire un bisou ?

— Ooh, je ne crois pas, répondit Bridget en tendant la joue. C'est un jour spécial, après tout. »

Sam fit une bouche en cul-de-poule et posa ses lèvres ridées sur la peau douce de la joue de la jeune femme. Doll le fusilla du regard et, plus tard, quand ils furent seuls dans le salon, le tança : « Quel besoin avais-tu de l'embrasser ? Il faut toujours que tu en fasses trop, hein. »

Mary serra brièvement Bridget dans ses bras et demanda si elle pouvait faire quelque chose en cuisine. Pendant ce temps-là, Martin apporta du café à ses grands-parents et s'efforça de les installer. Déjà, avec cinq personnes dans la maison, il était en train de se rendre compte qu'elle était vraiment minuscule. Même les meubles paraissaient trop petits pour Sam, assis avec raideur dans le fauteuil, visiblement mal à l'aise, agrippant l'anse d'un mug de café posé sur son genou fragile. Quand Peter et Geoffrey arrivèrent, Bertha était avec eux : normalement, Sam se serait levé pour l'embrasser – malgré toutes leurs différences, il appréciait beaucoup la veuve de son vieil ami – mais ce jour-là il n'en trouva pas l'énergie.

« Bonjour, Sam, dit-elle en se penchant pour effleurer sa joue avec la sienne. Ça fait un moment qu'on ne s'est pas vus. Pas depuis l'enterrement de Frank. » Se tournant vers sa femme, elle ajouta d'un ton plus brusque : « Doll.

— Bertha », répondit Doll sur le même ton. Aucune des deux n'était capable de se souvenir quand ou pourquoi leurs rapports s'étaient dégradés, mais c'était le cas. Bertha se laissa tomber sur le canapé, hors d'haleine. « J'irai dire bonjour à Martin dans une minute. » En tendant le cou, elle pouvait voir la cuisine par la porte du salon. « J'imagine que c'est sa petite amie, c'est ça ?

— Oui, fit Doll.

— Tu l'as rencontrée ? Elle est comment ?

— Elle a l'air très polie. Sam l'a embrassée, et elle ne s'est même pas plainte. »

4

27 février 1981

Un jour, quelques mois après les débuts de Martin chez Cadbury, quelqu'un, quelque part, passant en revue les fiches cartonnées qui constituaient le répertoire des employés de l'Usine, remarqua une chose intéressante : un diplômé en langues vivantes, qui parlait couramment le français et l'allemand, croupissait au service des loisirs du personnel, où il gaspillait ses talents. Suivirent alors une série de coups de fil en interne, un entretien informel, et très vite Martin se vit proposer un nouveau poste : assistant adjoint au responsable des exportations, délégué aux territoires scandinaves.

« Pourquoi la Scandinavie ? demanda-t-il lors de son premier jour.

— Pourquoi pas ? » répondit son nouveau patron. Il s'appelait Phil Gable, et avait l'air très sympathique.

« Eh bien, parce que je parle français et allemand. Donc je me disais que la France et l'Allemagne seraient les territoires les plus évidents.

— Excellent argument, bien vu, répliqua Phil. J'imagine qu'on ferait mieux de lui dire, hein, Kash ? »

« Kash », c'était Kashifa Bazaz (assistante du responsable des exportations, déléguée aux États-Unis), la troisième occupante du vaste et agréable bureau en open space qui dominait le parking des cadres et, au-delà, l'un des terrains de cricket. Phil était resté assis dans une posture décontractée, les pieds croisés et posés sur son bureau ; il se leva alors et s'approcha de la baie vitrée.

« Ce n'est pas aussi simple que ça, vois-tu, dit Kashifa. Le problème, c'est qu'on doit faire avec la CEE.

— Comment ça ?

— Tu aimes le chocolat Cadbury, Martin ? dit Phil en faisant volte-face pour s'adresser directement à lui.

— Oui, je l'adore.

— Je parie que tu en manges depuis tout petit, pas vrai ? »

Martin acquiesça.

« Évidemment. Comme nous tous. Ça fait partie de notre enfance, de ce que nous sommes en tant que pays. C'est quelque chose qui nous lie les uns aux autres. Le goût du chocolat au lait Dairy Milk de Cadbury. Délicieux. Le nectar des dieux. Cependant, nos amis et voisins du continent n'ont pas le même point de vue, pas vrai, Kash ?

— Malheureusement non.

— Vas-y alors, raconte-lui. »

Kashifa se pencha sur son bureau. « La CEE, dit-elle sur un ton dramatique, ne considère pas le chocolat Cadbury – ni d'ailleurs aucun chocolat britannique – comme du chocolat. »

Martin la fixait sans comprendre.

« Ils disent qu'il contient trop de matières grasses végétales, et pas assez de beurre de cacao.

— Mais... Enfin, c'est juste une question de goût, non ?

— Malheureusement non, intervint Phil. L'idée même de la Communauté économique européenne, c'est que ses membres respectent les mêmes normes. Et pour ce qui est du chocolat, les Anglais, apparemment, ne sont pas à la hauteur.

— Nous n'exportons pas en France ni en Allemagne, dit Kashifa.

— Ni en Belgique, ni en Espagne, ni en Italie, ni... bon, vous avez compris.

— Mais c'est scandaleux, reprit Martin. Qu'est-ce qu'on peut faire ?

— Pas grand-chose, dit Phil. On peut faire du lobbying à Bruxelles. Essayer de faire changer la loi, ce qui implique de passer par des votes et des étapes de commissions à n'en plus finir. Ça fait huit ans que ça dure et à mon avis on en a encore pour dix de plus. D'ici là, eh bien... refourgue autant de barres chocolatées que tu peux à la Suède et à la Norvège. »

Une humeur morose s'abattit temporairement sur le bureau, alors que tous trois méditaient cette injustice flagrante, et leur apparente impuissance à y faire quoi que ce soit. Puis Phil s'empara du *Daily Mail* qui traînait sur le bureau de Kashifa et regarda la première page, sur laquelle figurait un portrait du prince Charles et de Lady Diana Spencer, en dessous d'un gros titre annonçant leurs fiançailles.

« Enfin, reprit-il, tout n'est pas complètement noir, hein ? Regardez-moi ces deux-là. Un amour naissant... c'est pile ce qu'il nous faut comme remontant, en ce moment. »

Ce qui, comme Martin le comprendrait bientôt, était typique de son nouveau patron. Rien ne pouvait assombrir son humeur bien longtemps : il se pliait en quatre pour égayer ses collègues et maintenir une atmosphère animée au bureau. Plus tard dans la semaine, il suggéra qu'ils aillent tous boire un verre et dîner le vendredi soir. Il invita aussi les deux dactylos du bureau voisin, et quand Kashifa répondit qu'elle était déjà censée sortir avec une connaissance qui travaillait au service juridique, il ajouta : « Pas de problème... elle peut venir aussi. À moins que ce ne soit un "il" ?

— Non, c'est juste une copine, dit Kashifa. Elle va vous plaire, elle est vraiment sympa. Elle s'appelle Bridget. »

*

Au début, Martin crut qu'elle avait décidé de ne pas venir. Leur soirée commença dans un pub, le Clifton sur Ladywood Road, et même s'il y avait plus de monde qu'il ne s'y attendait – l'une des dactylos, Durnaz, avait invité plusieurs de ses cousins-cousines, dont la plupart avaient amené leur petite copine ou copain –, Bridget n'était pas parmi eux. Au bout d'une heure environ, ils marchèrent huit cents mètres jusqu'à Stoney Lane, où Kashifa et Phil s'arrêtèrent dans une supérette pour acheter de la bière et du vin. Apparemment, le restaurant où ils allaient n'avait pas sa licence. Bien que tous les autres soient d'excellente humeur, et malgré le plaisir de se retrouver dans un coin de la ville où il n'était encore jamais allé – ici la plupart des enseignes étaient en ourdou, et l'air embaumait les odeurs d'épices inconnues dégagées par les épiceries et les restaurants –, Martin commençait à désespérer quand il repéra la silhouette familière de Bridget en train de les attendre devant un resto de curry baptisé Adil's, qui était apparemment leur destination. À l'intérieur, ils retrouvèrent encore d'autres amis de Kashifa, et furent bientôt tassés sur des bancs autour d'une table en verre pour douze. Plusieurs personnes le séparaient de Bridget, mais ils étaient tous tellement serrés qu'il aurait tout le loisir de lui parler, si seulement il pouvait trouver quelque chose à dire. Les autres paraissaient savoir exactement quoi commander, et il était trop embarrassé pour admettre qu'il ne connaissait strictement rien à la cuisine du Cachemire et que, lorsqu'il était enfant, ce que sa mère appelait faire un curry consistait à prendre les restes du poulet de la veille et à les noyer sous une sauce en sachet sans saveur, en ajoutant une poignée de raisins secs. Enfin, l'une des cousines de Durnaz lui vint en aide en lui suggérant l'agneau masala épicé, avec muscade et cardamome noire entière : comme tous les autres plats, il était servi brûlant dans la cocotte en inox dans laquelle il avait cuit, et on l'invita à manger sans couverts, en prenant de délicieuses bouchées épicées avec des morceaux de naans, eux-mêmes merveilleusement légers et moelleux. Il se dit qu'il n'avait jamais rien mangé d'aussi délicieux de sa vie. Quand il demanda quel genre de cuisine c'était, il déclencha involontairement une querelle, car Kashifa déclara que ça s'appelait un balti, tandis que quelqu'un d'autre prétendait n'avoir jamais entendu ce terme, qu'elle avait sûrement inventé. Alors Kashifa s'indigna et affirma qu'elle savait très bien de quoi elle parlait, qu'elle connaissait même la personne qui avait *inventé* cette façon de cuisiner, quelqu'un qui avait travaillé dans ce même restaurant, qui s'appelait Raheem, et qui était le beau-frère de la tante de sa belle-sœur, et alors une autre répliqua que c'était n'importe quoi, que le balti (parce qu'elle aussi avait déjà entendu ce mot) avait été inventé par un tout autre chef, Bashkar, le meilleur ami de son oncle qui travaillait au restaurant Diwan sur Moseley Road, et il devint clair que les origines de cette nouvelle technique culinaire, qui n'existait que depuis un an ou deux, s'étaient déjà perdues dans la mythologie.

Mais tout le monde avait désormais le ventre plein, le vin et la bière coulaient à flots, et on passa au sujet de débat suivant : les fiançailles du prince Charles et de Lady Diana. La plupart des gens s'étaient rués sur l'événement comme sur un timide rayon de soleil à la fin d'un hiver sombre et maussade, mais Durnaz était en train de dire que la dynamique de ce couple lui faisait froid dans le dos et que treize ans, c'était une bien trop grande différence d'âge entre mari et femme.

« Il y a un truc pas net chez lui, fit-elle. Je n'arrive pas à mettre le doigt dessus. Je ne crois pas qu'elle sache dans quoi elle met les pieds.

— N'importe quoi, intervint Phil Gable, avant d'annoncer à l'ensemble de la tablée, avec une grande autorité : C'est comme un conte de fées, pour une femme comme elle, épouser un prince. C'est ce dont rêvent toutes les femmes.

— Pas moi, affirma Kashifa. Donnez-moi un homme de mon âge, merci bien. D'ailleurs, vous avez remarqué ce qu'il a dit, quand ce journaliste leur a demandé s'ils étaient amoureux ? "Enfin tout dépend de ce qu'on entend par *amoureux*." Dans le genre romantique !

— Si tu veux mon avis, dit Bridget, il a plus une tête à avoir envie de se taper le frère de la mariée. »

Les femmes éclatèrent de rire, tandis que les hommes – élevés à coups de feuilletons comiques dans lesquels il était naturel que les femmes soient la cible de plaisanteries, beaucoup moins qu'elles en soient à l'origine – affichaient une mine gênée, tout en essayant tant bien que mal de se joindre à l'hilarité. En réalité, Martin était ravi non tant par la réplique elle-même que par la manière dont Bridget l'avait balancée. Il avait découvert, à ce stade, qu'elle était originaire de Glasgow, et il adorait la musicalité de son accent écossais.

Martin partagea un taxi pour rentrer dans le sud-ouest de Birmingham avec Bridget, Phil et Maureen, l'autre dactylo. Alors qu'ils quittaient cette partie inconnue et si dynamique de la ville, empruntant Bristol Road puis traversant Northfield, avec ses mornes enfilades de restaurants de fish and chips, bars à burgers et supermarchés Sainsbury's, il commença à se rembrunir, et même à se sentir un peu déprimé. Après des semaines à se contenter de brèves entrevues muettes avec Bridget à la cantine, il avait enfin passé une soirée avec elle, mais il n'y avait pas eu d'étincelle particulière, pas de coup de foudre. Elle semblait mieux s'entendre avec les autres qu'avec lui. Il était dans un coin du taxi, à ruminer cette pensée morose, tandis que Maureen s'extasiait sur le bon moment qu'ils venaient tous de passer.

« C'était génial, fit-elle. On devrait faire ça toutes les semaines. »

Cette suggestion paraissait excessive aux yeux de Martin, et il ne put s'empêcher de répondre :

« Disons tous les mois, peut-être. »

Il y eut un bref silence, mais Bridget ne put dissimuler son amusement bien longtemps.

« Ah c'est vrai, fit-elle en s'adressant au groupe en général, mais aussi, en même temps, à Martin en particulier. La voix de la raison... »

Martin la regarda à l'instant même où elle prononçait ces mots. Son sourire le mettait au défi, la note d'ironie délicieuse dans sa voix était sans ambiguïté. Leurs yeux se croisèrent un long, long moment.

5

29 juillet 1981, 10 h 20

Le soleil brillait fort sur la cathédrale Saint-Paul tandis que Mrs Thatcher montait les marches recouvertes d'un tapis rouge, son mari Denis la suivant à quelques pas derrière.

« Mais enfin, qu'est-ce que c'est que cette tenue ? fit Doll. On dirait qu'elle va à un enterrement. »

Bertha n'était pas d'accord. « Je la trouve très chic. Pile dans le ton.

— Mais pourquoi elle est tout en noir ?

— Ce n'est pas du noir. C'est du bleu marine.

— Elle n'a rien à faire là, d'abord, insista Sam. Regardez-moi ce sourire narquois. » Il se mit à crier sur la télévision : « Et les chiffres du chômage, hein ? Et les millions de gens qui se retrouvent sur le carreau ?

— Baisse d'un ton, pour l'amour de Dieu », rétorqua sa femme. Elle jeta un coup d'œil nerveux à Geoffrey, mais celui-ci – comme toujours – faisait mine de ne pas avoir remarqué cet élan d'indignation socialiste.

« Allons, Papa, dit Mary. Mets-toi dans l'ambiance, un peu. Ce n'est pas comme si elle pouvait t'entendre !
— Si seulement. Je lui ferais savoir le fond de ma pensée. »

Pendant ce temps-là, les voisins de Martin, Sathnam et Parminder, venaient d'arriver, portant chacun un plateau chargé de nourriture. Martin les emmena directement à la cuisine, où les plateaux furent déposés sur la table avec ce qui ressemblait déjà aux prémices d'un copieux banquet.

« Ça a l'air fantastique », dit Bridget. Elle observa de plus près les assiettes enveloppées de cellophane. « Racontez-moi ce que c'est que tout ça.

— Ici ce sont juste des samoussas, expliqua Parminder en écartant la cellophane. Je les ai faits pas trop épicés, tout le monde n'aime pas ça. Et ici c'est du paneer tikka, et du tandoori aloo. Là ce sont des kebabs végétariens. Et dans les bols vous trouverez du raïta et du chutney vert – faits maison.

— Tout est fait maison, ajouta fièrement Sathnam.

— C'est fabuleux, dit Bridget. Merci infiniment. Si vous alliez dans l'autre pièce, vous trouver un endroit où vous asseoir ? On va déballer tout ça et l'apporter. » À Martin, une fois leurs invités partis au salon, elle chuchota : « Est-ce qu'il y a des trucs là-dedans que ta famille mangera ?

— Va savoir, fit Martin. Grandma n'aime même pas la sauce hollandaise sur ses asperges.

— Bon, on a eu raison de faire une tonne de roulés aux saucisses. »

Sathnam et Parminder étaient au salon, mais dans un premier temps personne ne remarqua leur entrée. Tout le monde avait les yeux rivés sur la télévision, les marches de Saint-Paul, la foule qui applaudissait et agitait la main sous le soleil londonien.

« Ooh regardez, fit Bertha. Nancy Reagan vient d'arriver. »

Ne reconnaissant pas ce nom, Doll jeta un coup d'œil en direction de Bertha et fut ainsi la première à remarquer la présence des nouveaux invités. Elle se leva avec effort et serra la main de Parminder.

« Bonjour Nancy, dit-elle. C'est un plaisir de vous rencontrer. »

6

21 avril 1981

Le jour où il retourna au travail après le week-end de Pâques, Martin rentra un soir et découvrit une personne inconnue dans la maison familiale : une personne inconnue jeune, séduisante et de sexe féminin, et qui était apparemment l'invitée de son père, aussi surprenant que cela puisse être.

« C'est qui, avec Papa ? glissa-t-il à Peter qui était rentré de la fac pour les vacances de Pâques, et s'était installé à la table de la cuisine pour lire un roman de John Fowles en poche, les oreilles dissimulées sous d'énormes écouteurs branchés à un magnétophone à cassette Sanyo. Devant la cuisinière, leur mère essayait de déchiffrer les instructions sur un paquet de pâtes, s'apprêtant à préparer des spaghettis bolognaise, une nouveauté exotique dans son répertoire culinaire.

Peter retira ses écouteurs. « Quoi ?
— C'est qui la femme à côté avec Papa ?
— Sa secrétaire. »
Martin ne savait même pas que son père avait

une secrétaire. (Comme Peter et Jack, il manquait obstinément de curiosité sur sa vie professionnelle.)

« Elle s'appelle Penny, ajouta sa mère.

— Bon, et qu'est-ce qu'elle fait là ?

— Aucune idée, dit Peter.

— Il est en train de lui montrer son nouveau gadget, répondit Mary. L'ordinateur.

— Très jolie, je dois dire, fit Martin en regardant de nouveau furtivement par la porte de la cuisine.

— T'es pas censé sortir avec ta nouvelle copine, ce soir ? demanda Peter de manière appuyée.

— Si. Ça ne veut pas dire que je ne peux pas trouver une autre fille jolie ! Tu ne trouves pas qu'elle est jolie ?

— Pour être franc, je m'en fiche un peu. »

Peter remit ses écouteurs sans rien ajouter de plus et, prétextant vouloir récupérer les tasses dans lesquelles ils avaient bu leur thé, Martin passa dans le salon pour voir ce qui se tramait entre son père et la mystérieuse secrétaire. Il les trouva installés autour de la table basse, qu'on avait déplacée devant la télévision et sur laquelle était posé le nouvel ordinateur portable de Geoffrey. Ce dernier avait été acheté dans un magasin du centre de Birmingham l'après-midi du samedi précédent, et rapporté avec une excitation intense que les autres membres de la famille n'avaient pas réussi à imiter. Il portait le nom de Sinclair ZX81 et se composait d'un simple boîtier en plastique noir, équipé de quarante touches alphabétiques et numériques qui ressemblaient (sans en avoir le toucher) au clavier d'une machine à écrire. Pour voir ce qu'on tapait, il fallait le brancher sur un téléviseur. À ce moment-là, Penny semblait être en train d'essayer de rédiger une lettre à l'écran. Martin voyait qu'elle en était pour le moment à la date du jour, « À qui de droit » et « Merci pour votre lettre de ».

« Ces touches ne sont vraiment pas faciles à utiliser, se plaignait-elle.

— Je suis sûr que tu vas t'y faire, dit Geoffrey. De toute façon, c'est un tout premier prototype. Tout ça va s'améliorer d'ici un an ou deux.

— Je préférerais de loin utiliser une machine à écrire », dit-elle. Avant d'ajouter : « Bonjour », s'adressant en souriant à Martin qui se baissait pour prendre sa tasse.

« Vous avez terminé ? demanda-t-il.

— Oui, merci. Je m'appelle Penny.

— Martin. »

Son sourire se fit aguicheur alors qu'elle désignait du coin de l'œil les trois portraits encadrés sur le manteau de la cheminée. « Je sais. Je vous ai reconnu. Le beau gosse. »

Martin, qui n'avait jamais flirté avec qui que ce soit de sa vie, ne sut pas quoi répondre à ça.

« Pourquoi ce chocolat, d'ailleurs ? demanda-t-elle, faisant allusion à la barre Double Decker Cadbury placée devant sa photo.

— Oh, je ne sais pas ce que ça fait là... », bégaya Martin, attrapant la friandise pour la déplacer sur le buffet, d'un geste assez inutile.

Geoffrey était impatient de poursuivre son explication : « Ce qu'il y a, c'est qu'avec un ordinateur comme celui-ci, tu n'auras à écrire cette lettre qu'*une seule fois*. Ensuite tu demandes à l'ordinateur de la mémoriser, et la prochaine fois

que tu as besoin de l'envoyer, tu n'as qu'à changer le nom. Pense à tout le travail que ça pourrait t'épargner !
— Comment il fait pour mémoriser une lettre alors ?
— Ah... alors tu vois, c'est ça qui est malin. Il utilise un magnétophone. Un magnétophone à cassette. Martin, où est le magnétophone de ton frère ?
— Il est en train de l'écouter dans la cuisine.
— Alors va le chercher, tu veux bien ? »
Peter protesta bruyamment à l'idée de devoir interrompre le *Concerto pour piano n° 3* de Prokofiev qu'il était en train de savourer, pour que son père puisse poursuivre sa vaine démonstration scientifique, mais il finit par obtempérer en boudant, et apporta l'appareil dans l'autre pièce. Plus tard, il monta dans sa chambre pour continuer à lire son roman de John Fowles, et n'allait plus repenser à cet épisode pendant trente-deux ans : cela ne lui reviendrait qu'au printemps 2013, après la mort de Mrs Thatcher, après la guerre menée par la Grande-Bretagne contre l'Irak, la disparition de la princesse Diana et le quasi-effondrement du système financier mondial, la destruction des tours jumelles et la chute du mur de Berlin, alors que Peter se trouvait assis à l'étage de sa maison de Kew, dans son bureau éclairé d'une lampe, à l'âge de cinquante et un ans, en train d'écrire l'oraison funèbre pour l'enterrement de son père. Alors, il serait soudain accablé par un sentiment de culpabilité longtemps réprimé : culpabilité parce que aucun d'entre eux – ni lui, ni Martin, ni Jack, ni même Mary – n'avait jamais vraiment écouté son père ni ne l'avait pris au

sérieux quand il essayait de les pousser à s'intéresser aux nouvelles technologies. Il avait renoncé depuis longtemps à essayer d'éveiller en eux de l'enthousiasme pour le latin et pour le grec, mais en vérité, pourquoi n'avait-il pas eu davantage de succès avec son autre dada ? N'avait-il pas acheté à Peter (à grands frais) un walkman de chez Sony en lui expliquant que désormais il n'aurait plus besoin de transporter un lourd magnétophone partout, quand il voudrait écouter de la musique en privé ? N'avait-il pas loué un caméscope haut de gamme pour la famille, parce qu'il pensait que c'était l'avenir du divertissement, même si lui ne regardait jamais la télévision ? N'avait-il pas été contraint de ramener sa secrétaire à la maison pour lui démontrer le potentiel du Sinclair ZX81 en matière d'économie de travail, parce que sa famille s'en fichait totalement ? Pourquoi, se demanderait Peter ce soir-là, n'avaient-ils jamais fait attention à lui ? Peut-être parce que Geoffrey avait toujours eu énormément de mal à s'affirmer, à communiquer ses enthousiasmes, étant donné que Mary était la personnalité dominante de la famille, et qu'elle-même, tout au long de leur mariage, n'avait jamais essayé de comprendre ces choses que son époux trouvait si intéressantes, si urgentes et si importantes. Quelle que soit la raison, cette nuit-là – celle du 17 avril 2013 – il se surprit à repenser au début des années 1980, et fut étreint par un élan de compassion envers son défunt père, alors si débordant d'excitation discrète quand il entrevoyait tout un monde de possibilités naissantes, sentiment qu'il n'avait su ni exprimer ni partager. Là-haut, dans ce bureau éclairé d'une lampe, dans cette petite maison d'un coin tranquille de Kew, les trente-deux années qui séparaient le passé du présent semblèrent soudain voler en éclats, le cours du temps comme suspendu...

*

Mais ça, ce serait trente-deux ans dans le futur. Remontons plus loin encore, mais à rebours cette fois, trente-six ans dans le passé : le soir du 8 mai 1945, les deux grands-pères de Martin, Frank et Samuel, s'étaient attablés face à face dans la salle privée d'un pub baptisé le Great Stone Inn. C'était une petite enclave lambrissée de bois et emplie de fumée, adjacente au bar principal, mais tout de même à part. Dans cet espace préservé, ils avaient fumé pipe et cigarettes dans un quasi-silence amical, et écouté le discours de la Victoire du roi George VI à la radio. Martin et Bridget ne pouvaient pas le savoir, mais le soir du 21 avril 1981 (le jour même où Geoffrey avait ramené sa secrétaire à la maison pour lui montrer le fonctionnement du Sinclair ZX81, et où ils étaient allés voir *Les Chariots de feu* à King's Norton), ils s'installèrent exactement à la même table. Parce qu'ils n'étaient pas encore prêts à se dire bonne nuit et à rentrer chacun de leur côté après la séance de cinéma, ils avaient décidé d'aller boire un verre au pub juste avant la fermeture. Mais au lieu de s'attabler face à face, comme Frank et Samuel autrefois, ils se glissèrent sur la banquette, serrés l'un contre l'autre, leurs épaules se touchant et leurs cuisses collées. Ils sirotèrent lentement leur verre, le savourèrent, et entre deux gorgées ils s'embrassaient, se regardaient dans les yeux et se perdaient dans le sourire de l'autre. Leur conversation était ralentie, tendre, un chuchotement.

« Le film t'a plu ? demanda Bridget.

— Oui, répondit Martin. J'ai beaucoup aimé.

— C'était bien, hein ?

— Très bien.

— J'adore la bande originale.

— Moi aussi j'adore la bande originale.

— On devrait l'acheter.

— Oui, bonne idée.

— Vangelis. Je n'avais jamais entendu parler de lui.

— Il est grec.

— Cette scène sur la plage...

— Où ils courent...

— Et la musique...

— C'était magnifique.

— C'était quoi le message, tu penses ?

— Le message ?

— Tu crois qu'il y avait un message ?

— Crois en toi.

— Suis ton rêve. »

À ces mots, Bridget sourit et ajouta :

« Ou peut-être pas, en ce qui te concerne. Vu que t'es la Voix de la Raison, tout ça. »

Martin rétorqua, feignant l'indignation :

« J'en ai, des rêves.

— Des rêves modestes, je parie.

— Tu me trouves chiant ?

— Non. Je te trouve fascinant. Je n'ai jamais rencontré quelqu'un d'aussi délicieusement... sensé. » Lui caressant la main, elle renchérit : « C'est quand la dernière fois que tu as fait quelque chose d'impulsif, Martin ? Quelque chose d'inattendu ? »

Et c'est alors que Martin la surprit en prenant le temps de réfléchir à la question, avant de répondre : « Aujourd'hui, en fait.

— Aujourd'hui ? » Elle recula légèrement. « Vraiment ?

— Oui, vraiment. »

Elle attendit qu'il développe, avec un sourire de plus en plus large. Comme il gardait le silence, elle reprit : « Ok, je te crois. Tu as fait quoi ? » Toujours pas de réponse. « Tu t'es inscrit à des cours d'aviation, et tu vas devenir pilote ? »

Il secoua la tête.

« Tu as présenté ta démission chez Cadbury, et tu vas aller bosser dans un kibboutz pendant six mois. »

Martin secoua de nouveau la tête.

« Ok, j'abandonne. Quoi, alors ? »

Martin prit une grande inspiration et annonça : « J'ai rejoint le SDP. »

Il s'écoula bien cinq secondes, puis Bridget reposa son verre de vin et éclata de rire.

« Tu as fait *quoi* ?

— Aujourd'hui, dit-il, calmement mais avec une pointe de fierté dans la voix, je suis devenu membre à part entière du Parti social-démocrate.

— Et ça, fit Bridget, une fois l'information assimilée, c'est ce que tu appelles suivre ton rêve ? »

S'il était possible de boire de façon défensive, Martin en fit alors la démonstration en prenant une gorgée défensive de sa Guinness.

« Absolument. Tu n'es pas pour les conservateurs, n'est-ce pas ?

— Pas franchement.

— Alors qu'est-ce que tu vas voter aux prochaines élections ? Travailliste ?

— Je n'y avais pas réfléchi. On ne vote pas avant un bout de temps, si ?
— Eh bien, laisse-moi te dire... moi je ne *peux pas* voter travailliste. Ils sont complètement passés sous la coupe des extrémistes. Mais désormais il y a une alternative. Ce nouveau parti : c'est ce qui est arrivé de plus excitant dans la politique anglaise depuis... eh bien, depuis aussi longtemps que je m'en souvienne. Ils sont réalistes, ils sont pragmatiques, ils sont... pourquoi tu me regardes comme ça ? »

L'expression de Bridget était effectivement ambiguë. C'était difficile de dire si elle avait envie d'exploser de rire à nouveau, ou de se jeter sur Martin pour le prendre à même la table.

« T'es beau quand t'es en colère, c'est tout.
— Je suis pas en colère.
— D'accord, alors t'es beau quand t'es modérément enthousiaste à propos d'un truc. »

Il la regarda, se sentant à la fois blessé et extrêmement heureux.

« Tu te fiches de moi, hein ? fit-il, et elle opina. Ça me dérange pas, cela dit.
— Pourquoi ça te dérange pas ? demanda Bridget en se penchant plus près de lui encore.
— Parce que... Eh bien, parce que je suis tombé amoureux de toi », dit Martin.

Les mots demeurèrent suspendus dans le peu d'espace qui les séparait pendant quelques secondes, lourds de sens, irrévocables. Il attendit sa réponse. Il ne parvenait pas à résoudre le mystère dans ses yeux, qui le regardaient intensément.

« Tu n'as pas entendu ? s'inquiéta-t-il. J'ai dit que j'étais tombé amoureux de toi.

— Moi aussi, dit Bridget, et elle le récompensa enfin d'un long et tendre baiser, avant d'ajouter : "Enfin tout dépend de ce qu'on entend par amoureux". »

7

29 juillet 1981, 11 h 10

« Salut tout le monde, fit Jack en débarquant dans le salon, sa copine du moment lui collant au train. Désolés d'être en retard. On est venus en calèche, mais un des chevaux a trébuché et s'est salement amoché les paturons. Ça peut faire rudement mal. Y a de quoi vous mettre la larme à l'œil. »

La plupart du temps, personne ne comprenait vraiment l'humour de Jack, mais il semblait égayer tout le monde – notamment les aînés de la famille –, chacun se nourrissant de sa bonne humeur. Il parvenait mystérieusement à redonner de l'énergie à toutes les personnes présentes : bien plus que Peter, en tout cas, car ce dernier avait apporté son volumineux magnétophone à cassette et ses écouteurs plus volumineux encore, et il était déjà installé dans un fauteuil, dans un coin, tout courbé, en train d'écouter de la musique en lisant *Le Jeu des perles de verre* d'Hermann Hesse, ignorant purement et simplement les images à la télévision aussi bien que la conversation autour de lui. Voyant son plus jeune frère s'isoler ainsi des festivités, Jack lui arracha ses écouteurs et dit :

« Allez, toi, fais un petit effort. Tu peux écouter Mozart n'importe quand.

— C'était Samuel Barber, en fait, fit Peter en jetant un regard noir à son frère.

— Laisse-le tranquille, dit Mary, ébouriffant les cheveux de son benjamin. Tout va bien, mon ange ? »

Mais ce geste parut agacer suprêmement Peter, plus encore que les paroles de son frère. De mauvaise grâce, affichant un mépris étudié, il tourna son attention vers la télévision et consentit à regarder comme tout le monde.

« C'est ok si je me pose là ? dit la copine de Jack en s'asseyant sur un bras du canapé, à côté de Parminder. Je m'appelle Patricia, au fait. Vous avez vu tout ce monde ! C'est où, à l'abbaye de Westminster ?

— La cathédrale Saint-Paul, répondit Parminder.

— Le type qui fait le commentaire vient de dire qu'il y avait trois mille invités.

— Voilà au moins un truc qu'on sait faire dans ce pays, hein ? lança Jack.

— Gaspiller des millions de livres en cérémonies inutiles, tu veux dire ? fit Peter.

— Oh, change de disque, Lénine.

— Pas étonnant qu'il y ait eu tant d'émeutes ces dernières semaines.

— Nom de nom, je regrette de pas t'avoir laissé tes écouteurs, maintenant. » S'adressant à Patricia, Jack reprit : « Ça te dit de boire un coup ? Je vais voir ce qu'il y a. Je dois dire que le service est épouvantable dans cet établissement. »

Il s'en fut dans la cuisine, où Martin et Bridget s'affairaient toujours à préparer le buffet.

« Salut, les amoureux. »

Martin – qui était en train de couper un concombre – lui adressa un grognement de bienvenue tandis que Bridget se soumettait à l'une de ces accolades un peu trop énergiques qui semblaient être la spécialité de Jack.

« Qu'est-ce qu'il faut faire pour avoir deux bières, ici ? demanda-t-il.

— Sers-toi, elles sont dans le frigo, dit Martin. Désolé, on a presque fini. Je te fais visiter la maison dans une minute si tu veux.

— Visiter ? répondit Jack, qui s'esclaffa en se penchant dans le frigo. Je veux pas te vexer, mon pote, ça a l'air très mignon et tout, mais c'est un peu comme si tu me proposais de faire une rando dans une cabine téléphonique !

— C'est peut-être petit, mais on s'y plaît beaucoup tous les deux, intervint Bridget.

— M'est avis que ça ressemble au secret d'un mariage réussi », rétorqua Jack, incapable de réprimer un sourire en coin tandis qu'il attrapait deux verres à bière et remarquait, ce faisant, avec une fascination consternée, le rythme prudent et mesuré avec lequel son frère progressait sur ce concombre. « La vache, t'en viendras jamais à bout comme ça, lança-t-il en lui prenant le couteau des mains. Allez, laisse-moi faire. »

Il entreprit de débiter le légume avec de petits mouvements de couteau rapides, et il ne lui fallut que quelques secondes pour s'entailler l'index. On attrapa un torchon, on passa la plaie sous l'eau froide du robinet, et on essuya le sang tout autour.

« Lentement mais sûrement, c'est toujours mieux, lui rappela Martin. À moins que tu n'aies oublié notre dernière partie de billard ? »

8

8 mai 1981

C'était Jack qui avait eu l'idée d'inviter Grandpa à revenir à l'Usine, un vendredi après-midi.

« Ça lui changera les idées, dit-il à Martin au téléphone. Et avec un peu de chance, ça ravivera quelques bons souvenirs. »

Sam et Doll ne s'étaient pas encore installés dans leur nouvelle maison – la vente semblait traîner en longueur, pour Dieu sait quelle raison –, mais ils avaient dit adieu au cottage de Coniston. Leur mobilier et leurs affaires étaient stockés dans un garde-meuble, et ils s'étaient installés, provisoirement, dans l'ancienne chambre de Jack chez leur fille, sur Rose Hill. Tout le monde savait qu'il s'agissait d'un arrangement temporaire, malgré tout, Sam avait du mal à s'y faire. Il ne s'entendait pas particulièrement bien avec Geoffrey, et ça l'ennuyait de devoir accepter son hospitalité. Il était devenu maussade, taciturne. Il avait des douleurs aux articulations, aux poumons, à l'aine. Doll n'était pas d'une grande aide pratique, et la charge de prendre soin de Sam et de lui remonter le moral incombait largement à Mary, qui avait également un travail exigeant, en tant qu'enseignante dans une école adaptée. Elle aussi commençait à avoir la mine fatiguée, tendue. Elle trouva donc attentionnée cette suggestion de Jack.

« Emmenons-le au club, ajouta celui-ci, s'adressant à son frère. Il disait qu'il y allait souvent, à l'époque. »

Et c'est ainsi qu'à seize heures ce vendredi après-midi, ils se retrouvèrent plantés aux côtés de leur grand-père, chacun lui saisissant un bras en douceur pour l'aider à monter le large escalier qui menait vers une salle isolée, spacieuse et haute de plafond, nichée dans un des recoins les plus tranquilles de la fabrique. Là, d'antiques stores vénitiens recouverts de multiples couches de poussière filtraient l'essentiel du soleil de l'après-midi, d'épais abat-jour tamisaient encore la lumière faiblarde des plafonniers, et l'air était chargé de volutes de fumée de cigarettes et d'odeur de tabac. Au centre de la pièce se dressaient deux tables de billard, dont le tapis vert et le cadre en acajou répondaient au papier peint défraîchi et aux meubles vermoulus placés dans les coins. C'était le seul endroit de Bournville à posséder une licence, et entre les deux plus grandes fenêtres il y avait un bar, derrière lequel un jeune homme en smoking blanc, les cheveux gominés et la mine désabusée, astiquait des verres. La plupart des tables étaient vides. Il y avait un quatuor de joueurs de cartes, un autre type qui regardait dans le vide, la mine impénétrable, sirotant une pinte de bière, et une unique courageuse qui lisait son journal, munie d'un gin-tonic. L'une des tables de billard était déjà occupée, et Martin se dirigea donc vers la deuxième, où il commença à installer les billes pour une partie de snooker. Jack prit trois queues dans un support mural et en tendit une à son grand-père, mais Sam secoua la tête :

« Non, je vais juste regarder.
— T'es sûr ?
— Oui, ma vue n'est plus ce qu'elle était.
— Je peux quand même t'apporter un verre ?
— Une pale ale, s'il te plaît. Juste un demi. »

La partie s'engagea lentement. C'est-à-dire que Martin commença, s'attarda plus d'une minute sur son premier coup, et ensuite, quand Jack eut brièvement essayé et échoué à mettre une rouge, prit encore cinq bonnes minutes pour jouer un break de trois coups (rouge-bleu-rouge) qui lui rapporta à peine sept points.

« Bonté divine, fit Jack en sirotant un double scotch, à minuit on y sera encore, au rythme où tu joues.

— T'es sûr que tu ne veux pas essayer, Grandpa ? demanda Martin en proposant sa canne à Sam.

— Ça va. J'essaierai peut-être de tirer quelques coups tout à l'heure. C'est chouette d'être là, tout simplement. » Il regarda autour de lui, joyeux. « Nom d'une pipe, j'en ai passé des heures ici dans les années 1940 et 1950. Et ça n'a pas tellement changé depuis, je peux vous dire.

— Je voulais te demander quelque chose », fit Martin. C'était à nouveau son tour de jouer, après que Jack avait empoché une rouge avant de louper par négligence une rose facile, et il faisait le tour de la table, pour examiner sous différents angles ce qui promettait d'être un tir plutôt simple. « Quand tu travaillais ici, à l'époque, est-ce qu'on vendait beaucoup de chocolat en Europe continentale ?

— En Europe continentale ? Eh bien, je ne sais pas. Ce n'était pas mon service. J'étais dessinateur industriel. Je faisais des croquis techniques, je travaillais sur les machines. Pourquoi cette question ?

— Parce que de nos jours, fit Martin en poussant une rouge dans une poche avant de passer à la marron, on n'a pas le droit de vendre du chocolat en Europe.

— Pas le droit ? Qui dit ça ?

— La CEE. On ne met pas assez de beurre de cacao, apparemment, et on utilise trop de matières grasses végétales.

— Pas croyable, fit Jack. Ça doit être ces enfoirés de Français, je parie. Ou les Allemands. Les deux, probablement. Tu vas la mettre, ou tu vas continuer à la regarder pendant une demi-heure ?

— Ne commence pas à me presser », répondit Martin. Il frappa la bille blanche en douceur, et avec un clic satisfaisant elle vint toucher la marron et l'expédia dans une poche d'angle. Mais il manqua la rouge suivante.

« C'est à Frank qu'il aurait fallu demander ça, dit son grand-père. M'est avis que ça remonte à la guerre, cela dit.

— La plupart des choses remontent à la guerre, intervint Jack.

— Comment ça ? demanda Martin.

— Eh bien, c'était pas facile de s'approvisionner en beurre de cacao à l'époque, tu vois. On en manquait. Alors ils ont changé la recette des barres Dairy Milk. Le "chocolat de rationnement", ils appelaient ça. Moins de cacao, plus de gras.

— Et ils sont revenus à l'ancienne recette quand le rationnement a cessé ?

— Bon, je suis pas sûr qu'ils l'aient vraiment fait. Les gens s'étaient habitués, à ce stade. Ils s'étaient mis à aimer. Le goût leur rappelait un peu la guerre, j'imagine.

— Mais pourquoi les gens voudraient se rappeler la guerre ?

— Parce qu'à l'époque, l'Angleterre était puissante », répondit Jack.

Martin, qui était en train de mettre une autre rouge, leva les yeux vers son frère. Il était toujours ébahi par sa capacité à sortir ce genre de discours, sans rien y connaître, sans vraiment réfléchir à ce qu'il disait. Il se rendit compte que c'était Jack, parmi eux trois, qui avait hérité de l'impulsivité de leur mère, de son talent pour naviguer à vue, à l'instinct. Jusqu'à présent, ça lui avait plutôt réussi. Serait-ce la même chose pour Jack ?

« Ton problème, dit Sam à l'aîné de ses petits-fils, c'est que tu es toujours trop pressé. Tu devrais consacrer un peu plus de temps aux choses. Regarder où tu mets les pieds, si je puis dire. »

Cette remarque n'avait rien à voir avec ses opinions politiques. Ils étaient tous trois de retour sur le parking, et Sam faisait allusion à la technique de snooker de son petit-fils. Ce dernier avait perdu trois jeux à deux, principalement parce qu'il avait commis une série d'erreurs dues à la précipitation.

« Oui mais comme ça tu ne vas nulle part, rétorqua Jack. Il y aura toujours un type avec un temps d'avance sur toi. » Ils étaient arrivés au niveau de la voiture de Martin, une Austin Allegro de 1976, vert avocat. « Mince alors, regardez-moi cette vieille guimbarde. C'est avec ça que tu roules en ce moment ?

— C'est tout ce que je peux m'offrir », répondit Martin. Son nouveau poste s'était accompagné d'une augmentation, mais peu substantielle. Il était néanmoins fier de posséder sa propre voiture. « Et elle fait le boulot. Elle m'emmène d'un point A à un point B. »

La voiture de Jack, une nouvelle Austin Metro rutilante, telle que récemment promue par Margaret Thatcher *et* le prince Charles – et dans laquelle roulait actuellement Lady Diana Spencer, à en croire la rumeur –, était garée à quelques mètres. Avec une rapide poignée de main fraternelle, les deux petits-fils se dirent au revoir, et Martin ramena son Grandpa à quelques kilomètres de là, dans la maison qu'ils partageaient temporairement.

*

Ramener Sam à l'Usine semblait avoir eu l'effet escompté. Au dîner ce soir-là, il était d'une exceptionnelle bonne humeur. Pour marquer encore davantage cette occasion spéciale, Doll s'était extirpée de sa torpeur pour préparer un rôti pour toute la famille. Comme d'habitude, la viande était cuite au point d'être méconnaissable. Quand Grandma cuisinait, la seule manière d'identifier avec certitude l'animal que vous mangiez, c'était la sauce servie avec : sauce à la menthe signifiait agneau, sauce à la pomme voulait dire porc, et sauce au raifort se traduisait par bœuf. Aujourd'hui, c'était sauce à la pomme.

Sam dévorait son assiette. « C'est délicieux, fit-il. Bravo, Ma.

— Contente de voir que tu retrouves l'appétit, dit Mary.

— Cette journée m'a revigoré. » Tout en se resservant de la sauce à la pomme, il ajouta : « Ma seule déception, c'est que je n'ai pas eu l'occasion de rencontrer la bonne amie de Martin.

— Eh bien, aucun de nous n'a encore eu ce plaisir », dit Mary, sa voix dénotant un sentiment d'injustice sincère.

Il y avait une étincelle dans le regard de Sam quand il lâcha : « Je commence à croire qu'elle n'existe pas. »

Tout le monde était ravi de voir réapparaître son côté taquin, même Martin.

« Bien sûr qu'elle existe, répondit-il en se prêtant au jeu.

— Il n'y a pas de preuves, souligna Sam.

— D'accord. » Martin se leva. « Si vous voulez une preuve, en voici une. »

Il alla à la petite penderie sous l'escalier, farfouilla dans les poches de sa veste et revint muni d'une petite photographie en couleurs.

« Et voilà tout le monde, je vous présente Bridget », dit-il, avant de tendre la photographie à sa mère.

Mary prit la photo et la regarda attentivement quelques instants. Elle donnait le sentiment d'être sur le point de choisir soigneusement ses mots.

« Quelle jolie fille », finit-elle par dire. Puis, se tournant vers Martin : « Il me semblait que tu avais dit qu'elle venait d'Écosse.

— C'est le cas. De Glasgow. »

Mary passa la photo à Geoffrey. Il sortit ses lunettes de la poche de sa chemise, les chaussa, regarda la photo, ôta ses lunettes, les rangea dans la poche de sa chemise et passa la photo à Doll sans prononcer un mot. Son visage était un masque, immobile et sans expression.

Doll approcha la photo tout près de son visage, puis l'éloigna un peu, plissa les yeux pour faire la mise au point, puis dit, regardant Martin mais s'adressant à toute la tablée :

« Bonté divine, elle est noire comme du charbon.

— Allons, Maman, fit Mary, intervenant promptement. Pas la peine d'insister. »

Doll ne lâcha pas la photographie, jusqu'à ce que Sam perde patience et dise : « Et moi, j'ai le droit de regarder ? » Alors elle la lui passa. Il jeta seulement un bref coup d'œil à la photo avant de la rendre à Martin : « Bien joué. On dirait que tu t'es dégoté un beau petit lot.

— Est-ce que tu es pareil avec elle ? voulut savoir Doll. Je veux dire… est-ce que tu es pareil avec elle qu'avec n'importe quelle autre fille ?

— Quelle question stupide », dit son mari.

Martin le pensait aussi, mais il sourit et répondit aussi poliment que possible. Sa grand-mère avait presque quatre-vingts ans après tout, elle avait grandi à une époque très différente, et il savait que tout ce qu'elle pouvait dire – stupide ou pas – était toujours plein de bonnes intentions. Il s'inquiétait davantage de la réaction de son père. Geoffrey n'avait toujours pas prononcé le moindre mot.

9

29 juillet 1981, 11 h 20

Geoffrey resta silencieux, même quand Lady Diana monta les marches de l'église, et sa femme se tourna vers lui, en quête de soutien.
« Ce n'est pas vrai, hein ? insista-t-elle.
— Quoi ?
— Ce que Jack a dit. Que c'était un gauchiste.
— Qui ? De quoi est-ce qu'on parle ? »
Mary laissa échapper un long soupir de frustration. C'était de plus en plus difficile de savoir, avec son mari, s'il faisait sciemment de l'obstruction ou n'écoutait tout simplement pas les conversations qui l'entouraient. Ces deux manières d'interpréter son silence étaient aussi exaspérantes l'une que l'autre. Le débat en question avait été lancé par Jack et Peter qui, plutôt que de se détendre et de regarder la cérémonie, d'adhérer à l'esprit de fête et d'unité nationale, ne faisaient que s'asticoter depuis quelques minutes. Tout avait commencé quand Peter avait une nouvelle fois fait allusion au contraste entre tout ce faste royaliste et la situation et les émeutes qui avaient eu lieu

durant tout le mois, aux quatre coins du pays – à Brixton et Toxteth, à Sheffield et Nottingham, Leeds et Wolverhampton, Handsworth et Moss Side. Quel genre de pays, voulait-il savoir, pouvait laisser coexister deux réalités aussi différentes ?

« Ah, d'accord, fit Jack. Donc toi aussi t'as regardé *Newsnight* l'autre soir, c'est ça ? Parce que t'es en train de répéter comme un perroquet tout ce qu'a dit ce journaliste gauchiste qu'ils avaient invité.

— Ken Fielding, rétorqua Peter, dit des tas de choses sensées.

— Foutaises. J'ai écouté ce qu'il avait à dire, il sert la soupe aux lecteurs du *Guardian*, c'est tout.

— Ce n'est pas pour ce journal qu'il écrit.

— Tu as dit Ken Fielding ? intervint Mary. Kenneth Fielding ? À la télévision ?

— Oui, pourquoi ?

— Je l'ai connu, autrefois. Il est du coin, vous savez. De Cotteridge. En fait, ton père et moi l'avons tous les deux connu. On jouait au tennis avec lui et sa sœur.

— Il a perdu son accent de Birmingham, alors. »

La voix de Mary se fit murmure, et on ne savait plus trop si elle s'adressait aux autres personnes présentes, ou juste à elle-même. « Ce bon vieux Kenneth. Je ne l'ai pas revu depuis des années... Oh, je suis tellement contente qu'il ait fait quelque chose de sa vie. » Puis, s'adressant directement à son aîné : « Je ne dirais pas que c'était un gauchiste, par contre. Pas quand je l'ai connu, en tout cas. Qu'en dis-tu, Geoff ? »

Et voyant qu'elle n'obtenait ni le soutien qu'elle espérait, ni même une réponse tout court, elle surprit tout le monde – elle comprise – en se levant et en quittant le salon pour aller s'asseoir au jardin.

Pendant ce temps-là, Lady Diana pénétrait dans la cathédrale, agrippée au bras de son père, sa traîne blanche à la longueur interminable déployée derrière elle, suivie par deux minuscules fillettes d'honneur qui ajoutèrent un peu de suspense à l'événement en s'approchant dangereusement de la traîne en question, et en menaçant de marcher dessus. La jeune mariée, dont la nervosité était perceptible même sous son voile, commença alors à avancer vers l'autel, se lançant dans ce que le commentateur de la BBC choisit d'appeler dans son langage précieux : « *la marche la plus longue et la plus heureuse de toute sa vie* ». En entendant ces mots, Peter, lui aussi, décida qu'il en avait assez et sortit d'un pas lourd pour profiter de l'air frais et du soleil de la fin de matinée, qui l'obligea aussitôt à mettre sa main en visière.

« Viens t'asseoir, mon chéri », l'interpella Mary en tapotant la place à côté d'elle. Elle était assise sur le muret qui divisait le petit espace en son milieu. Il n'y avait pas de mobilier de jardin. Peter alla la rejoindre.

« Tu n'avais pas envie de regarder ? demanda-t-il.

— Oh, je vais rentrer dans une minute. Je voulais juste... respirer un peu, c'est tout. » Elle passa le bras autour du sien et dit, pensive : « Dommage que tu ne m'aies pas dit que Kenneth était à la télévision l'autre soir. J'aurais bien aimé regarder.

— Je ne savais pas que tu le connaissais.

— Il était habillé comment ? »

Peter jeta un regard à sa mère, trouvant la question bizarre.

« Je ne me souviens pas.

— Est-ce qu'il portait une cravate ?

— Une cravate ? Je ne crois pas.
— Il en mettait parfois, pour les grandes occasions. Je me demandais s'il faisait toujours ça. J'imagine que ça paraîtrait un peu vieux jeu, de nos jours... » À moitié pour elle-même, elle poursuivit : « On se voyait assez souvent, en fait, à l'époque. Quand j'étais étudiante. Je crois que j'avais un peu le béguin pour lui et... eh bien... réciproquement. »

Peter n'avait pas l'habitude d'entendre sa mère parler ainsi, et ne savait pas comment réagir. Parfois il avait l'impression qu'ils se comprenaient à la perfection ; à d'autres moments – comme celui-ci – on aurait dit qu'ils étaient à des années-lumière l'un de l'autre. D'un point de vue rationnel, en surface, il voyait bien qu'il s'était éloigné d'elle en grandissant, et qu'ils n'avaient désormais presque plus rien en commun. Mais il y avait encore parfois des épisodes de connexion intense entre eux qui venaient contredire ce sentiment. En janvier, au cœur de l'hiver, elle était descendue à Londres lui rendre visite au Royal College of Music, et il l'avait emmenée voir un concert donné par ses camarades d'école. Son père n'avait pas voulu venir, préférant passer la soirée dans sa chambre d'hôtel. On jouait l'*Hymnus Paradisi* de Howells, que ni Peter ni sa mère n'avaient jamais entendu. Les sièges de la salle de spectacle étaient très rapprochés, et parce qu'il faisait froid, sa mère n'avait pas retiré son manteau en fausse fourrure, les contraignant ainsi à une proximité physique à laquelle Peter, quand la musique commença, s'abandonna avec délice : c'était comme se lover contre une créature des bois tout droit sortie d'un livre pour enfants, chaleureuse, douce et infiniment rassurante. Dans cet état semi-infantile, il se laissa aller à la musique, ne sachant pas à quoi s'attendre, et découvrit que cette pièce qu'il écoutait était l'une des plus émouvantes qu'il ait entendues de toute sa vie. Il savait que Howells l'avait composée après le décès de son fils, mais cette œuvre, il le perçut immédiatement, dépassait la mort, dépassait la seule tragédie individuelle. Dans les dissonances aiguës du premier mouvement, dans la mélodie cristalline et vulnérable chantée par la soprano dans le deuxième mouvement, il sentit s'exprimer le deuil de tout ce que lui ou n'importe qui d'autre avait pu perdre un jour – perte de l'innocence, perte de l'enfance, des possibles, de l'espoir –, jusqu'à ce que la musique enfle et se fasse hurlement de douleur devant la plus ordinaire et la plus cruelle des réalités : le passage du temps lui-même. Alors que la terrible beauté de cette musique lui donnait des picotements sur le cuir chevelu, il se blottit plus près encore du corps de sa mère, certain qu'elle ressentait la même chose, et que ces instants qu'ils étaient en train de partager, bien que déjà condamnés à être relégués dans le passé, ne seraient jamais oubliés, ni de l'une ni de l'autre. Plus tard, quand ils sortirent de la salle de concert, ils découvrirent que la neige avait commencé à tomber dans les rues. Comme il la raccompagnait à pied à l'hôtel, tous deux se prirent par le bras, et le moment où il baissa les yeux sur la vision fugace des flocons en train de se poser sur la manche du manteau de sa mère fut encore un de ces instants indélébiles. L'intimité qu'ils partageaient lui paraissait alors absolue, indéfectible. Et pourtant ce jour-là, dans le jardin de la nouvelle maison de Martin et Bridget, il était gêné de sentir son bras passé autour du sien, et d'être invité à partager ces confidences embarrassantes sur un ancien amour contrarié, qui ne signifiait rien pour lui. Heureusement, il échappa à l'obligation de trouver quoi répondre grâce à l'arrivée de Bridget et Parminder, chargées du plateau de samoussas. Tous les quatre s'installèrent sur le muret pour déguster les amuse-gueules.

« Rudement bon, dit Mary, une note d'incertitude dans la voix. C'est drôlement épicé.

— Qu'est-ce qui se passe là-dedans ? demanda Peter. Elle est toujours en train de marcher vers l'autel ?

— Ça va lui prendre au moins dix bonnes minutes.

— Vous pourriez faire des merveilles avec ce jardin, assura Mary.

— Oui, on a des projets, répondit Bridget, des tas de projets. C'est le jardin qui nous a décidés à la prendre, en fait.

— La maison est mignonne aussi, cela dit. Petite, mais mignonne. Je crois que vous allez être très heureux ici. »

Bridget sourit. « Je le crois aussi. Dès qu'on l'a vue, on a su qu'on la voulait. Un vrai coup de foudre. »

10

6 juillet 1981

À l'heure du déjeuner, comme convenu, Martin alla trouver Bridget dans son bureau. Elle était au téléphone avec sa mère.

« Maman, tout va très bien, disait-elle. Je ne vis pas du tout dans le coin de Handsworth. Tu es venue à l'appartement. Je suis parfaitement en sécurité. Il n'y a pas d'émeutes à Balsall Heath. »

« Bien sûr que je vais bien. »

« Non, je ne rentre pas. »

« De toute façon, ça ne va sans doute pas tarder à chauffer aussi à Glasgow. C'est partout, on dirait. »

Après avoir raccroché, elle adressa un sourire triste à Martin en disant : « Les parents. »

Près de trois mois s'étaient écoulés depuis les premières émeutes de Brixton. Mais pendant le week-end, de nouveaux troubles avaient éclaté dans le quartier de Toxteth à Liverpool, à Wolverhampton, Leicester et Coventry, et à Handsworth, une localité située à une bonne dizaine de kilomètres de l'usine Cadbury. Comme toujours avec ce genre d'événements, personne ne comprenait vraiment pourquoi les violences avaient explosé à ce moment précis, à ces endroits précis : un mélange, sans aucun doute, de pauvreté, de chômage, de désespoir, de violences policières, de tensions sociales et de la stigmatisation des Noirs et autres minorités – on pouvait aisément dérouler toute une liste de facteurs potentiels, mais ce n'était pas si simple de comprendre pourquoi ça se déclenchait à ce moment-là, ni pourquoi, une fois lancé, le phénomène se répandait si rapidement, depuis les points chauds comme Toxteth ou Moss Side et jusqu'à tant d'autres régions du pays. Avec deux millions et demi de personnes au chômage, chiffre qui ne cessait de grimper, le chef du Parti travailliste, Michael Foot, multipliait les discours rejetant la faute sur Mrs Thatcher et ses politiques. Même ses alliés jugeaient que les deux premières années au pouvoir de la Dame de fer avaient été catastrophiques, et s'attendaient à ce qu'il n'y ait pas de second mandat.

« J'imagine qu'on peut remercier notre bonne étoile, dit Martin, alors qu'ils roulaient dans les rues de Bournville quelques minutes plus tard, que tout ça ne nous affecte pas. »

Depuis le siège passager de son Austin Allegro vert avocat, Bridget lui jeta un coup d'œil surpris.

« Tout ça quoi ?

— Les émeutes, je veux dire. » Martin freina devant un petit cottage jumelé sur Pine Grove et annonça : « Nous y voilà.

— Attends une minute, dit Bridget en posant une main sur son bras alors qu'il s'apprêtait à défaire sa ceinture. *Toi*, peut-être que ça ne t'affecte pas. Ne généralise pas pour moi. Quand j'étais petite, mes frères ne pouvaient pas faire cent mètres dans les rues de Govan sans se faire arrêter. C'était pareil pour tout le monde. Tout ce qui bousille les rapports entre la police et nous, ça affecte ma famille, et en fin de compte ça m'affecte moi. Tu comprends ça ? »

Il soutint son regard une seconde ou deux et répondit : « Oui, bien sûr. Évidemment que je comprends. »

C'était la première fois qu'il ressentait une tension quelconque entre eux. Mais Bridget ne la laissa pas s'éterniser. Elle lui planta un baiser magnanime sur la joue et dit : « Alors allons-y. Allons inspecter ce palais des délices. »

Un jeune agent immobilier au teint blafard les attendait sur le seuil. Il salua nerveusement Martin et Bridget. Seul le premier savait réellement pourquoi ils étaient là. Elle croyait qu'il voulait son avis sur une maison qu'il envisageait de louer. Mais Martin avait une autre idée derrière la tête.

« C'est très joli, dit-elle, tandis qu'ils exploraient les deux chambres à coucher compactes du premier étage.

— Petit, mais douillet.

— Les meubles ne sont pas mal non plus. Tout a l'air assez neuf. Combien ils demandent ?

— Deux cent quarante par mois. »

Les yeux de Bridget s'écarquillèrent.

« Tu peux les mettre ?

— Non, je ne peux pas.

— Ah. Alors qu'est-ce qu'on fait là, au juste ?

— Peut-être qu'*à deux*, on pourrait les mettre, dit-il en la prenant dans ses bras, si on emménageait ensemble. »

Elle prit une minute ou deux pour digérer ce que ces mots impliquaient. « Tu es en train de dire que tu as envie qu'on vive ensemble, parce que comme ça on pourrait partager le loyer ?

— Mmm. »

Bridget se dégagea de son étreinte, se dirigea vers la fenêtre de la chambre et soupira. « Comme toujours, Martin, tu sais vraiment t'y prendre pour faire rêver les filles.

— Eh bien, ce ne serait pas la seule raison, bien sûr. Enfin, j'aimerais bien... Ce serait sympa si... »

Bridget regardait fixement par la fenêtre.

« J'ai toujours eu envie de faire un peu de jardinage, dit-elle. Tu pourrais mettre un joli petit parterre là-dedans. Et un carré potager.

— Cette chambre pourrait être la tienne, tenta maladroitement Martin, vu qu'elle est un peu plus grande.

— Tu pourrais faire pousser des pommes de terre..., poursuivit-elle. Ou des panais. Tu aimes les panais ? J'adore les panais.

— Enfin à moins que tu ne veuilles partager une chambre, bien sûr. Je veux dire, c'est comme tu... »

Bridget fit volte-face.

« Ok, dit-elle. Allons-y. »

Martin était ébahi : « Vraiment ?

— Vraiment. » Son ton était piquant, décidé. « Mais ne va pas croire que ça a un quelconque rapport avec toi. » Elle revint vers Martin, lui planta un baiser désinvolte sur la bouche et dit : « Je fais ça pour les panais. Garde bien ça en tête. »

11

29 juillet 1981, 11 h 40

Il y avait quelque chose dans cette cérémonie nuptiale qui semblait pousser les gens à sortir au jardin. Jack et Patricia furent les deux suivants à apparaître à la porte de derrière. Il n'y avait plus de place sur le muret où les autres étaient installés, et ils s'accroupirent donc sur le petit carré de gazon sec et clairsemé.

« Je ne supporte pas la tension qu'il y a là-dedans, dit Patricia. Ils ont l'air tellement nerveux tous les deux.

— Bon, on ne voit pas vraiment de quoi *elle* a l'air, intervint Jack, à cause du voile. Mais tu as raison, je crois qu'elle est terrifiée. Elle s'est trompée sur son nom.

— Trompée sur son nom ? répéta Mary.

— Oui, au lieu de Charles Philip elle l'a appelé Philip Charles. Quand elle prononçait les vœux.

— Peut-être qu'elle croit épouser le père, dit Patricia en gloussant.

— J'espère que ça ne veut pas dire que le mariage

est nul et non avenu, dit Mary. Ça ne veut pas dire qu'il est nul et non avenu, si ?

— Je ne m'inquiéterais pas pour ça, Maman, répondit Martin, qui avait lui aussi gagné le jardin à présent, avec Sathnam. Je suis sûr que l'archevêque de Canterbury connaît son affaire.

— Le prince Charles vient de se tromper aussi, remarqua Sathnam. Vous avez remarqué ? Il a dit "tes". Je suis à peu près sûr qu'il aurait dû dire "mes". Il était censé dire je te fais don de "mes" biens sur cette terre et à la place il a dit "tes".

— Mince alors, fit Jack, à ce rythme ils vont devoir tout laisser tomber et recommencer depuis le début.

— On se demande vraiment, dit Bridget, si ces gens sont les plus malins du monde.

— Cons comme des balais, ces deux-là, dit Peter. C'est vraiment typiquement anglais, hein, faire l'erreur de croire que des gens sont forcément intelligents juste parce qu'ils ont un accent de bourge.

— Pour ta gouverne, fit Jack, quand il est venu visiter l'Usine je l'ai trouvé très intelligent. Il posait des tas de questions, il pigeait au quart de tour. Il s'y connaît carrément en transmission, en carburateurs, tout ça.

— C'est génial que vous ayez pu le rencontrer, dit Parminder.

— Eh bien, juste cinq ou dix minutes. Mais cet homme n'a rien de stupide, ça je vous le garantis. »

À la suite du récit de cette impressionnante entrevue, Jack sentit qu'il avait capté l'attention générale, et il ne résistait jamais à un public acquis. « D'ailleurs ça me rappelle... en voilà une bonne. Comment t'occupes un Irlandais toute la journée ? » Personne ne se lança pour répondre – d'ailleurs, certains ne semblaient pas se rendre compte qu'il s'agissait de l'amorce d'une blague –, alors il s'en chargea : « Donnez-lui un bout de papier avec écrit *Retournez SVP* des deux côtés. » Son rire noya ceux du reste de l'assistance ; non qu'il y en ait eu tant que ça, même si Sathnam et Parminder gloussèrent un petit peu, par politesse. La réponse de Martin fut de dire :

« Je ne sais pas si je t'ai déjà raconté ça, Jack, mais dans ma promo à la fac, seuls deux étudiants ont eu la meilleure mention. Tu sais ce qu'ils avaient en commun ?

— Non, quoi ?

— Ils étaient tous les deux irlandais. »

Jack le fixa d'un air ahuri. « Je ne pige pas.

— Je te démontre juste, reprit Martin, que les Irlandais n'ont rien de stupide, en tant que nation. Rien du tout.

— Oh, bon sang, c'était juste une blague. Les blagues, tu connais ? » Se tournant vers Bridget, il ajouta : « Je ne t'envie pas de vivre avec lui, vraiment. Il a subi une ablation du sens de l'humour à l'âge de cinq ans.

— Martin a un sens de l'humour, dit Bridget, loyale. N'est-ce pas, mon amour ?

— Eh bien c'est vrai, il a rejoint le SDP, je te l'accorde. Ça prouve que c'est un sacré déconneur. »

Et inévitablement, ces mots les entraînèrent sur le terrain politique. Martin leur affirma que le SDP était le seul parti d'opposition sérieux de Grande-Bretagne, parce que le Parti travailliste était tombé sous la coupe des extrémistes, Peter rétorqua que Michael Foot n'était pas un extrémiste, c'était quelqu'un qui avait des principes, et non seulement des principes mais de l'érudition, d'ailleurs est-ce qu'ils savaient qu'il avait écrit un livre sur Jonathan Swift et aussi l'introduction de l'édition Penguin des *Voyages de Gulliver* ?, et Jack répondit : Super, c'est exactement le genre de truc qu'il nous faut pour mettre au pas le syndicat des transports et de l'industrie, quand est-ce que tu vas redescendre de ton pays des bisounours et venir nous rejoindre dans le monde réel, n'importe qui pouvait voir que c'était juste un vieil imbécile en veste de travail, et Parminder demanda : Pardon, elle ne voulait pas se montrer impolie, mais elle trouvait cette remarque vraiment superficielle, on ne devrait pas juger les gens d'après leur apparence, et on ne devrait pas se montrer grossier juste parce que quelqu'un est vieux, et Jack répondit qu'il n'avait pas l'intention de manquer de respect à qui que ce soit mais...

... et à ce moment-là, Geoffrey débarqua dans le jardin et leur demanda ce qu'ils fabriquaient tous dehors.

« Tes parents se demandent où tu es passée, dit-il à Mary.

— On faisait une petite pause, c'est tout. Il fait si bon dehors.

— Tu es en train de manquer toute la musique », souligna-t-il. Ces mots s'adressaient non seulement à Mary, mais à Peter aussi. « Je croyais que tu aimais la musique.

— Oui, tu as raison, fit Jack en se relevant. On ne devrait pas louper ça. C'est un jour historique.

— La Nuit de cristal aussi, rétorqua Peter.

— Oh, ça c'est vraiment charmant. Je peux pas

raconter de blagues sur les Irlandais, mais toi tu as le droit de sortir ce genre de choses. Allez, rentre, espèce de petit malin. »

Mary et Peter rentrèrent, suivis par les autres. Tous sauf Martin et Geoffrey, car au moment où ce dernier s'apprêtait à y retourner, Martin l'interpella :

« Je peux te parler, Papa ? »

Son père se retourna. Ils ne s'étaient pas adressé la parole de toute la journée.

« C'est à propos de jeudi dernier. »

12

23 juillet 1981

Une sortie au cinéma de Porthmadog, un soir du début de l'été 1969, avait donné naissance à une tradition familiale. Depuis ce jour où les trois fils de Mary avaient été envoûtés par *Opération Tonnerre*, les années 1970 avaient été rythmées pour eux par les films de James Bond. *Au service secret de Sa Majesté* était le premier qu'ils aient vu en famille, au printemps 1970. Martin en particulier avait été captivé par les paysages enneigés immaculés, par cette idée d'un repaire alpin secret entièrement peuplé de femmes sublimes, et par la mélancolie inattendue et bouleversante de la scène finale. Mary s'était plainte que George Lazenby n'était pas aussi sexy que Sean Connery, et fut soulagée quand ce dernier fit son retour dans *Les diamants sont éternels*. Ils le virent un samedi après-midi dans le centre de Birmingham, par un temps hivernal à la mi-janvier 1972, et même si à l'avenir les fans auraient la dent dure avec ce film, se soustraire pendant deux heures au crachin glacial qui fouettait New Street pour s'évader au soleil du désert du Nevada et dans le glamour de Las Vegas, c'était le bonheur. *Vivre et laisser mourir*, sorti en juillet 1973 et savouré par la famille Lamb pendant leurs vacances en caravane du côté de Plymouth, le mois suivant, vit Sean Connery remplacé par Roger Moore, et ce fut le moment où Mary laissa tomber James Bond. Elle le trouvait trop vieux, trop anglais, trop snob, pas assez sérieux et pas assez viril, et à partir de ce moment-là, ces séances de cinéma deviendraient un rituel partagé par les seuls membres masculins de la famille. En décembre 1974, *L'Homme au pistolet d'or* fut un parfait petit plaisir de lendemain de Noël, à l'issue d'une année globalement très heureuse pour Jack, Martin et Peter, mais que Geoffrey avait trouvée alarmante : le prix du pétrole était monté en flèche dans la foulée de la guerre du Kippour, les syndicats multipliaient les démonstrations de force, l'IRA avait tué vingt et une personnes dans un pub de Birmingham et un gouvernement travailliste avait été élu. Sous l'influence de ces événements, Geoffrey sombra dans une anxiété chronique, et le film lui-même n'était pas assez prenant ni mémorable pour l'en tirer. Mais deux ans plus tard il y eut *L'espion qui m'aimait*, et avec cet épisode, Bond vola véritablement à la rescousse du pays. En réalité, le film sortit pendant une période brève et bénie d'optimisme national. Le jubilé d'argent de la reine (vingt-cinq ans depuis son accession au trône ! *Vingt-cinq !*) avait été célébré à grand renfort de bibelots souvenirs, fêtes de rue et bruyantes interprétations de l'hymne national, alors même que le « God Save the Queen » des Sex Pistols se hissait pratiquement au sommet du hit-parade. D'une certaine façon, c'était merveilleusement révélateur de la psyché nationale, le fait que ces deux chansons puissent être sur toutes les lèvres au même moment. Aux fêtes du jubilé succédèrent début juillet deux événements miraculeux : la Britannique Virginia Wade remporta le tournoi de Wimbledon en simple féminin, et Peter Lamb sortit de sa classe de violon du conservatoire avec les honneurs. Geoffrey et les garçons étaient donc déjà guillerets quand ils pénétrèrent en file indienne dans la corbeille de l'Odeon New Street par une douce soirée de la fin du mois. Le cinéma était plein à craquer. Égayés par l'actualité récente, les spectateurs lâchèrent un premier grand éclat de rire appréciateur – accompagné d'applaudissement épars – au bout de deux minutes seulement, alors que Bond venait déjà de profiter d'une première séance de sexe. La petite veinarde en question lui disait « J'ai besoin de toi, James », et Bond de répondre : « L'Angleterre aussi », avec un sourire contrit de charmeur. Mais la réaction des spectateurs à cette réplique n'était rien comparée à ce qui allait suivre. Échappant sur ses skis à ses poursuivants, Bond s'élança au-dessus d'un précipice enneigé, partit en chute libre, et il était voué à une mort certaine quand le sac à dos qu'il portait s'ouvrit pour déployer un parachute salvateur, parachute qui se révéla être – joie ultime – un immense drapeau britannique. Dans le cinéma, la foule devint dingue. Les gens se levaient et balançaient des coups de poing en l'air dans une clameur qui gagna la salle entière et déborda probablement dans la rue. Après ça, Bond avait tous les hommes de la salle dans la poche, et pendant les deux heures de film qui restaient, ils suivirent sa nouvelle mission pour sauver le monde avec une vénération et une concentration sans faille. Quand James et la belle espionne russe furent tirés de l'eau dans la scène finale – bien à l'abri d'une bulle de verre, lovés l'un contre l'autre et s'embrassant langoureusement, leur nudité à peine dissimulée par une moelleuse couverture blanche – et que Bond expliqua à son supérieur abasourdi qu'il était juste en train de « marquer pour la Grande-Bretagne, monsieur », il y eut une nouvelle explosion de rires gutturaux et d'acclamations. Cette réplique en particulier fit les délices de Jack, car elle s'accordait parfaitement au curieux mélange de traits de caractère qui commençait à le définir, à l'orée de l'âge adulte : nationalisme et goût pour la facétie. (Et pendant des années, à chaque fois qu'il voulait informer discrètement ses copains ou ses frères qu'il venait d'avoir un rapport sexuel, il dirait toujours, avec un clin d'œil, qu'il avait « marqué pour la Grande-Bretagne ».)

Après cela, *Moonraker*, malgré toute son extravagance haute en couleur, ne pouvait que décevoir. D'ailleurs Peter ne vint pas voir cet épisode, premier des trois frères à tourner le dos à ce rituel familial en déclarant que, de son point de vue, James Bond n'était qu'un concentré de chauvinisme puéril, et que sa préférence allait désormais aux films d'art et d'essai européens. Et puis, en juin 1981, pour la sortie de *Rien que pour vos yeux*, Jack aussi fit cavalier seul et choisit de le voir avec sa petite amie Patricia en première semaine, si bien qu'il ne restait plus que Martin et Geoffrey pour perpétuer la tradition. Ce qui ne les empêchait pas d'être déterminés à le faire.

Bien qu'ils vivent de nouveau sous le même toit depuis quelques mois, Martin avait senti un fossé se creuser entre lui et son père, et cela paraissait une bonne occasion d'essayer de le combler. Ils pourraient voir le film ensemble – comme au bon vieux temps –, aller boire un verre ensuite, voire parler de Bridget. Sous l'influence bienfaisante de Roger Moore, d'un peu de violence rocambolesque, de femmes à la beauté improbable et d'une suite de répliques suaves, Geoffrey se départirait peut-être de la réserve qu'il affichait ces derniers temps, et ils pourraient avoir une conversation sincère et sérieuse sur le tournant merveilleux que la vie de Martin était en train de prendre. Certain que cette stratégie fonctionnerait, il proposa un jeudi soir vers la fin du mois de juillet. Son père accepta et réserva deux billets au cinéma de Solihull.

*

La séance devait commencer à dix-huit heures quarante-cinq. Martin fut ponctuel et pénétra dans le hall du cinéma, mais son père n'était nulle part en vue.

Au bout de quelques minutes d'attente, une jeune femme arriva. Elle était très jolie, lui parut vaguement familière, et à la surprise de Martin, elle se dirigea droit sur lui.

« Bonjour, dit-elle. Vous vous souvenez de moi ? »

N'ayant pas une très bonne mémoire des visages, il eut d'abord du mal à mettre un nom sur celui-ci. Mais ensuite il eut le déclic.

« Oh... Oui... Penny, c'est bien ça ?

— C'est ça. On s'est rencontrés chez votre père. »

C'était la secrétaire de son père.

« Il ne va pas tarder, en fait, dit Martin. Vous venez aussi voir le film ? Vous pouvez vous asseoir avec nous si vous voulez, ou... non, vous avez sûrement rendez-vous avec quelqu'un.

— En effet. Avec vous.

— Moi ?

— Geoffrey a été obligé de rester au travail. Il ne voulait pas que le billet soit perdu, alors il m'a demandé si je voulais y aller à sa place. » Martin paraissait... pas tout à fait déçu, mais manifestement surpris, alors elle ajouta : « Il m'a dit de vous dire qu'il est vraiment désolé. Il sait que vous attendiez ça avec impatience. »

Martin hocha la tête. « Bon, tant pis.

— Ça ne vous dérange pas, hein ? Que je sois venue, je veux dire. »

À cet instant il se rendit compte, un tout petit peu trop tard, qu'il ne se montrait pas très poli, ni très reconnaissant : c'était gentil de sa part, après tout, de venir ainsi lui tenir compagnie. Elle avait probablement ses propres projets, qu'elle avait mis en suspens pour lui.

« Pas du tout. On y va ? Les bandes-annonces ne vont pas tarder à commencer. »

Ils s'armèrent de pop-corn et de briquettes d'orangeade Kia-Ora, et trouvèrent deux bonnes places dans le parterre. Les lumières étaient encore allumées et les enceintes diffusaient de la musique d'ambiance. Pendant quelques minutes, ils échangèrent des banalités embarrassées. Martin apprit que Penny vivait à Dorridge, non loin de là, qu'elle travaillait à la banque depuis qu'elle avait quitté l'école à dix-huit ans, qu'elle partageait un appartement avec deux copines et ne tarissait pas d'éloges au sujet de son père, apprécié de tous ceux qui travaillaient pour lui, précisa-t-elle, et particulièrement des femmes, parce qu'il les traitait toujours avec respect, contrairement à Andy, le chef de bureau, qui avait vraiment les mains baladeuses. En retour, Martin ne lui livra que quelques bribes d'informations personnelles, mais ne mentionna pas Bridget (quelle qu'en soit la raison, ça ne semblait pas la chose à faire), et il était au beau milieu d'un récit peut-être inutilement détaillé de la réunion locale du SDP de la semaine précédente quand, à son grand soulagement – ainsi qu'à celui de Penny, très probablement –, les lumières s'éteignirent, et la première partie de séance démarra. En plus des bandes-annonces, il fallait se coltiner un grand nombre de publicités, la plupart à petit budget, pour des entreprises du coin. Penny s'en amusa en chuchotant à l'oreille de Martin une série de remarques aussi amusantes que désobligeantes. Il fit de son mieux pour répondre sur le même ton léger, mais encore une fois c'était bizarre, et d'une intimité inappropriée, d'échanger de telles plaisanteries à voix basse avec une femme qui n'était pas Bridget, et il fut soulagé quand le film commença, et qu'ils purent le regarder en silence.

Des critiques de *Rien que pour vos yeux* laissaient entendre qu'il s'agissait d'un film plus sérieux que les précédents, une tentative de la part des producteurs de recréer le côté plus corrosif de l'ère Sean Connery. Martin, dont le goût pour la fantaisie – comme tous ses goûts en général – était modéré, apprécia ce changement de cap. Il était temps que Bond entre dans les années 1980, assurément. Pendant le générique, avec ses silhouettes de jeunes femmes nues accomplissant toutes sortes de pirouettes aguicheuses, il se sentit obligé de se tourner vers Penny pour lui dire : « Ils devraient vraiment arrêter ce genre de truc, à l'époque où on est », mais cette dernière ne semblait pas partager ses objections : « Je trouve ça sexy », répondit-elle, et de fait, durant la première moitié du film, elle rit bien plus fort que Martin devant les assassinats perpétrés par un Bond laconique, et les conquêtes sexuelles qu'il multipliait avec désinvolture, sans parler des traits d'esprit et autres sous-entendus médiocres qui les accompagnaient. Pendant la seconde partie, Martin commença à être distrait du film lui-même par quelque chose qu'il crut d'abord être le fruit de son imagination, même s'il fut peu à peu détrompé sur ce point, ce qui ne laissa pas de l'alarmer : à savoir que Penny s'était décalée dans son fauteuil pour se rapprocher de lui, de sorte que sa jambe était collée à la sienne, leurs deux cuisses profitant d'un contact particulièrement intime. Il ne savait pas trop quoi faire. Se détourner, et imposer une distance entre eux, signifierait aussi reconnaître la réalité de la situation, ce à quoi il était réticent. Ils regardèrent donc l'essentiel de la deuxième moitié du film dans cette position, la jambe de Penny souple et détendue, celle de Martin raidie par la tension.

Elle se tourna vers lui, alors que défilait le générique de fin : « C'était bien, hein ? Ça te dit de prendre un verre ?

— Eh bien... » Il regarda sa montre. « Il se fait un peu tard.

— Qu'est-ce que tu racontes ? Il est vingt et une heures quinze. Allez, juste un verre vite fait. »

Elle s'accrocha à son bras et le traîna plus ou moins hors du cinéma, et jusqu'au pub le plus proche. Il commanda un demi de Guinness et elle une grande vodka-Coca. Et puis, quelques secondes après qu'ils se furent attablés pour boire une première gorgée, elle se pencha, lui dit qu'il ressemblait à Oliver Reed, et l'embrassa sur la bouche.

Martin recula : « Écoute, Penny, je ne veux pas être impoli, mais qu'est-ce qui se passe ?

— Je croyais que je te plaisais », dit-elle. Voyant qu'il ne confirmait ni ne niait cette hypothèse, elle s'expliqua : « C'est ce qu'a dit ton père, en tout cas. Il m'a raconté que quand je suis venue chez vous, tu as dit à tout le monde que j'étais jolie. »

Martin essaya de se remémorer cette soirée. Oui, il avait effectivement dit qu'elle était jolie. Il l'avait dit à Peter, qui l'avait vraisemblablement répété à son père, qui l'avait vraisemblablement répété à Penny. Mais pourquoi ?

« Est-ce qu'il t'a aussi expliqué que je fréquentais quelqu'un ?

— Oui, mais il a dit que ce n'était pas sérieux. »

Martin fut soudain très silencieux. En fait, il resta totalement muet pendant un moment. Il comprenait enfin, et avec une clarté atroce, le plan fomenté par son père.

Penny le regarda et perçut la tristesse dans son expression.

« Oh, dit-elle. Alors en fait c'est sérieux. »

Martin opina. « On emménage ensemble ce lundi, en fait.

— Oh, répéta-t-elle. Ton père le sait ?

— Oui.

— Oh, dit-elle encore une fois. C'est un peu bizarre, dans ce cas. Je veux dire, il nous a arrangé un rendez-vous galant. C'est bien de ça qu'il s'agit, non ?

— On dirait bien.

— Pourquoi il ferait ça ? Ce n'est pas très sympa pour toi.

— Ni pour toi. Ce n'est pas très sympa pour nous deux. » Prenant soudain la mesure de ce qu'avait fait son père, Martin serra les poings de rage. C'était tout ce qui pouvait le retenir de cogner sur la table. « Je suis vraiment désolé, finit-il par dire. Tu as perdu ta soirée.

— Pas vraiment, dit Penny. J'ai bien aimé le film. Pas toi ? »

Martin lui sourit, et il aurait voulu pouvoir la réconforter d'une façon ou d'une autre. Elle était si pimpante et enjouée quand elle avait pénétré dans le hall du cinéma, quelques heures plus tôt, et maintenant elle avait l'air si malheureuse. Il tendit la main par-dessus la table et attrapa la sienne. Puis ils finirent leur verre, et il la reconduisit chez elle. Cela faisait quelques jours maintenant que le moteur de sa voiture émettait un bruit persistant. Celui-ci empira sur la route du retour. Il ne savait pas du tout ce que ça signifiait. James Bond aurait sûrement su quoi faire ; mais bon, James Bond n'avait jamais conduit une Austin Allegro de 1976.

13

De la fenêtre de la cuisine où elle lavait des assiettes et des mugs, non seulement Bridget pouvait voir Martin en train de parler à son père, mais elle entendit chaque mot qu'ils prononçaient. Elle entendit Martin raconter ce qui s'était passé le jeudi soir précédent ; elle entendit les excuses, ou plutôt les demi-excuses de son père. Elle monta un petit moment, alla s'asseoir dans la chambre du fond. Il fallut quelque temps à tout le monde pour se rendre compte de son absence. Quand elle entendit Mary demander : « Où est Bridget ? Ça fait des siècles que je ne l'ai pas vue », elle se leva, s'essuya les yeux, puis descendit rejoindre la famille au salon.

*

L'écran de télévision montrait le balcon du palais de Buckingham. La cérémonie nuptiale conclue avec succès, le cortège royal était de retour. Les deux familles nouvellement unies vinrent s'aligner sur le balcon, tout sourire, en bavardant et en saluant la foule massée autour de la statue du Victoria Memorial. Un demi-million de personnes. Centre de Londres, treize heures trente, le 29 juillet 1981.

*

Charles et Diana s'embrassent. Crépitement de flashs. Les journaux de demain tiennent leur une. Sept cent cinquante millions de téléspectateurs les regardent à travers le monde. Parmi eux, une famille rassemblée autour d'un téléviseur à Bournville, Birmingham, code postal B30.

*

PETER

Non mais écoutez-moi ces gens. Écoutez-les un peu. Qu'est-ce qu'ils applaudissent ? Pourquoi on devrait se réjouir pour ces deux-là ? Pourquoi est-ce que la nation tout entière devrait se réjouir pour eux ? Je crois que je vais vomir.

MARTIN

Bon, je lui ai dit ce que je pensais. C'est déjà ça. Maintenant il sait à quel point c'est sérieux, et il a intérêt à se faire à l'idée, nom d'un chien. S'il en est capable. Il va falloir qu'il change. Il va falloir qu'il change ou alors il va devenir amer, déconnecté et à côté de la plaque parce que c'est dans ce sens-là qu'on va maintenant, le monde avance, il progresse, et si les gens comme lui ne savent pas s'y faire… Oh, très joli baiser. Très joli. Bonne chance à tous les deux.

JACK

Ils sont amoureux. Ils sont vraiment amoureux. Ça fait du bien de voir ça. C'est tout de même assez réjouissant. Je crois que c'est ça le tournant, pour nous, pour le pays. Les deux premières années ont été rudes mais à partir de maintenant on va se remettre sur les rails. Y a de l'argent à se faire, pour quelqu'un qui connaît son affaire. Il faut juste garder la tête froide et savoir saisir sa chance. Et pouvoir partager ça avec la bonne personne, quelqu'un qui vous aide. Je crois pas que ce sera Patricia, malheureusement. Désolé, ma chérie. On s'est quand même bien amusés.

PATRICIA

J'espère que tu sais dans quoi tu mets les pieds, ma belle. Ça ne me plairait pas, un premier baiser devant tous ces gens. Ça doit pas être facile de faire partie de la famille royale, mais les avantages sont assez spectaculaires. Quant à cette famille, là, ils commencent vraiment à me courir sur le haricot. Mais je crois que Jack se prépare à me larguer de toute façon. Je vais peut-être me lancer la première.

SATHNAM

C'est important, le bon voisinage. Je les sens bien, ces gens. Des honnêtes gens. On ferait bien de les inviter à notre tour dans pas trop longtemps. On leur cuisinera quelque chose de bon. Martin va traverser des moments difficiles, d'ici peu. Le vieil homme, Samuel, il ne va pas bien. Il ressemble à Dada Ji quelques semaines avant sa mort. Ses petits-fils l'adorent, tous les trois, ça se voit. Le plus jeune, Peter, il ne parle pas beaucoup. Je pense qu'il a peut-être un secret. Jack... j'ai déjà rencontré des hommes comme Jack. Toujours à rire, toujours à plaisanter, mais parfois les gens comme ça sont durs, à l'intérieur. Sentimentaux, aussi. Regardez-le : il adore toutes ces histoires de Charles et Diana. Il en raffole. Bon, j'imagine qu'il n'y a rien de mal à ça. Toute cette histoire de monarchie, c'est assez absurde en vérité, mais peut-être que ça ne fait de tort à personne. Les gens ont besoin de spectacle, de temps en temps. Du pain et des jeux, tout ça. Enfin bref, c'est fini maintenant, alors on ferait bien de se montrer polis et de rentrer rapidement, il ne faut pas abuser de l'hospitalité de nos hôtes.

PARMINDER

On peut y aller maintenant, s'il te plaît ? Ça fait trois heures qu'on est là. Trois longues heures.

MARY

J'y étais. C'est exactement l'endroit où j'étais. Il y a près de trente ans. Et ils étaient là au balcon, eux aussi. La reine et Philip. Le même balcon. Incroyable, quand on y pense. Trente ans ! Elle vieillit bien, je dois dire. J'espère que je vieillis aussi bien qu'elle. Oh, elle parle à Diana, maintenant. Elle bavarde et plaisante avec elle. C'est bien. C'est adorable à voir. Je crois qu'elle l'aime vraiment bien. Évidemment, qu'elle l'aime bien, son fils est amoureux d'elle, non ? C'est ce que font les mères. Du moment qu'elle rend ton fils heureux, c'est tout ce qui compte. Et je n'ai jamais vu Martin aussi heureux. Geoffrey ferait mieux de changer d'avis sur elle. Ce qu'il peut être vieux jeu, tout de même. Enfin quoi, j'ai toujours su quelles étaient ses opinions – je le sais depuis le début – mais je pensais vraiment qu'il changerait. Tout le monde change, pas vrai ? Même si ça prend du temps. Je ne vois pas comment on peut survivre sans changer.

GEOFFREY

*Namque Iunia Manlio,
qualis Idalium colens
venit ad Phrygium Venus
iudicem, bona cum bona
nubet alite virgo,*

*floridis velut enitens
myrtus Asia ramulis,
quos hamadryades deae
ludicrum sibi rosido
nutriunt umore.*

*Quare age huc aditum ferens
perge linquere Thespiae
rupis Aonios specus,
nympha quos super irrigat
frigerans Aganippe,*

*ac domum dominam voca
coniugis cupidam novi,
mentem amore revinciens
ut tenax hedera huc et huc
arborem implicat errans.*

Ah, Catulle !

BERTHA

Quel joli baiser. C'est le futur roi, alors. Et voilà la future reine. La reine Diana d'Angleterre. Je me demande si je serai encore là pour voir ça. Seigneur, je me fatigue vite à présent. Je vais dormir deux ou trois heures cet après-midi, le plus tôt sera le mieux. J'espère que Geoffrey a prévu de me raccompagner à la maison.

DOLL

Il faut que tu guérisses. S'il te plaît, il faut que tu guérisses. Ne me laisse pas ici, toute seule.

SAM

Oh, j'ai du mal à penser à autre chose qu'à la douleur. Cette foutue douleur qui ne disparaît jamais, ça va et ça vient, c'est tout. On essaie de faire bonne figure, parce qu'on sait que c'est ce qu'ils attendent de vous. Je sais que les garçons s'attendent à me voir tout sourire, toujours à faire des blagues. Eh bien ce n'est pas facile. Il arrive un moment dans la vie où on ne voit plus du tout ce qu'il y a de drôle, et je l'ai atteint. Peut-être que j'aurai de la chance. Peut-être qu'il me reste encore quelques années. Je vais vous dire un truc dont je me passerais volontiers d'ici ma mort, par contre. Une autre cérémonie royale à la con. Le couronnement c'était déjà terrible, mais celle-ci, nom d'un chien ! Elle, en revanche, elle adore : le seul truc sur lequel je n'ai jamais réussi à changer l'opinion de Doll, c'est sa passion pour la famille royale. Ne me demandez pas pourquoi. Je suppose que je pouvais comprendre quand on était jeunes, mais maintenant, depuis tout ce temps, je croyais vraiment que les gens auraient vu clair dans le jeu de cette bande de crétins parasites. Je croyais que la guerre allait tout changer, mais peut-être que non. Ça a changé les choses un moment, et puis progressivement, petit à petit, tout est redevenu comme avant. En tout cas c'est comme ça que je vois les choses. Qu'est-ce que j'y connais ? Rien, sans doute. On atteint les quatre-vingts ans, et on s'aperçoit qu'on n'a pas appris grand-chose, en fin de compte. Seulement que la vie continue, et qu'il faut en profiter autant que possible jusqu'à ce que ce soit terminé.

BRIDGET

Oui, mais dans ce genre de famille... on n'accepte jamais vraiment les gens de l'extérieur, n'est-ce pas ?

Je veux dire, les accepter vraiment.

SIX

Les funérailles de Lady Diana, princesse de Galles

6 septembre 1997

I

LITURGIE DE CRISTAL

« Allez, on change de jeu, dit Gran.
— Pourquoi ? demanda Lorna. Tu n'aimes pas celui-là ?
— Si, c'est juste qu'on a épuisé tout ce qu'il y avait à dire. Alors au lieu de "Je vois de mon œil malicieux", si on jouait à entendre ? "J'entends de mon oreille malicieuse" ? »

Lorna y réfléchit. Cette suggestion paraissait acceptable.

« D'accord. »

Elle fronça les sourcils et se concentra de son mieux. Elle écouta très attentivement les bruits qui l'entouraient. C'était une matinée tranquille. Il était sept heures et quart, et pour le moment, ils n'étaient que trois sur la plage. Même les goélands n'étaient pas encore arrivés. Il y avait une très légère brise, et le clapotis rythmé des vagues qui se brisaient sur les galets : si petites et si faibles, à vrai dire, que c'est tout juste si on pouvait appeler ça des vagues.

Lorna – qui avait alors sept ans – s'était réveillée de bonne heure, avant son frère, sa sœur et ses cousins. Les seules autres personnes debout si tôt étaient Gran et Oncle Peter. Sur une idée de Gran, ils s'étaient entassés dans sa voiture pour aller à la plage : c'était l'occasion d'en profiter avant l'arrivée de la foule. On était le dernier dimanche d'août, et cette partie de la côte sud était prise d'assaut par les vacanciers. Ils pourraient se balader, jouer ou bavarder une heure ou deux, et avec un peu de chance, à leur retour, tout le monde serait debout et le petit déjeuner servi.

Peter, assis sur un rocher à quelques mètres de sa mère et de sa nièce, avait enfoncé ses écouteurs et écoutait de la musique sur un Discman Sony. Il se repassait en boucle un morceau de trois minutes, « Liturgie de cristal », le premier mouvement du *Quatuor pour la fin du temps* d'Olivier Messiaen. Sans relâche, il réécoutait les premières mesures : la mélodie mystérieuse et familière à la clarinette, soutenue par des accords denses au piano, puis le violon qui faisait son entrée, tout en envolées virevoltantes...

« J'entends de mon oreille malicieuse, finit par dire Lorna, quelque chose qui commence par un V. »

Bien sûr, Gran s'y attendait. Qu'aurait-elle pu dire d'autre ?

« Ooh, je ne sais pas..., fit-elle. Est-ce que ce serait le "vent" ? »

Lorna inclina la tête et écouta attentivement.

« Il n'y a pas de vent, dit-elle.
— Si si. Il est très léger.
— Ce n'est pas du vent.
— Le varech ?
— Qu'est-ce que tu veux dire, le varech ?
— Eh bien, quand on frotte nos pieds sur les algues, comme ça, ça fait comme un bruissement. »

Peter entendait vaguement la voix de sa mère, par-dessus la musique. Ces écouteurs poids plume laissaient passer beaucoup de sons périphériques. Il essaya de se concentrer sur la partition de violon. Ce trille d'une grande complexité, tout en haut de la corde aiguë : c'était un cauchemar de phraser ça correctement. Jusqu'alors, il s'était loupé à chaque répétition. Il revint dix secondes en arrière et écouta encore une fois. Et puis encore une fois. Ce musicien – Erich Gruenberg, un violoniste que Peter idolâtrait – arrivait en avance sur le temps, d'une fraction de seconde. C'était peut-être ça la solution.

Pendant ce temps, Lorna s'était lassée du jeu et pataugeait au bord de l'eau qui s'étendait, tranquille et d'un gris bleuté, sous le soleil levant. À quelques kilomètres, de l'autre côté de l'eau, se dressaient les falaises de craie de l'île de Wight, et au pied de ces falaises les trois affleurements rocheux connus sous le nom de Needles, les Aiguilles, dont l'une abritait un phare solitaire. Lorna, pourtant, ne s'intéressait guère à ce panorama. Elle gardait les yeux rivés sur le sable, sous la surface : de temps à autre, elle se penchait soudain pour ramasser un coquillage ou un galet et, quand elle en avait récolté une poignée, les rapportait à Gran, qui s'était installée sur le rocher aux côtés de Peter et avait déployé une serviette sur ses genoux pour sécher et trier cette petite collection, brandissant de temps à autre un spécimen particulièrement joli à la lumière du soleil pour l'examiner de plus près.

« Ils sont d'une couleur ravissante, tu ne trouves pas ? » dit-elle à son fils.

Peter avait entendu la question, mais feignit le contraire ; un stratagème voué à l'échec.

« Allez, quoi, fit Mary, je sais que tu m'entends. Tu n'es là que pour deux jours. Tu ne peux pas enlever ces machins et parler un peu à ta mère ? »

Ôtant ses écouteurs, il dit : « Je n'écoute pas ce truc pour le plaisir, tu sais. Je dois jouer ce morceau dans six jours.

— Je suis au courant.

— Bon, et tu sais à quel point il est difficile. Tu l'as écouté hier.

— Je sais, et de toute ma vie je n'ai jamais entendu un boucan pareil. Je ne t'envie vraiment pas. »

Il médita là-dessus : que quelqu'un qui jouissait des connaissances et de l'intuition musicale de sa mère puisse qualifier le chef-d'œuvre d'Olivier Messiaen de « boucan ». Comment se faisait-il, s'interrogeait Peter, que les goûts de sa mère n'aient jamais mûri ? Pourquoi s'enfermait-elle dans une espèce d'enfance éternelle, bien plus à l'aise pour jouer avec ses petits-enfants que pour discuter avec ses fils et leurs épouses de sujets dignes d'une conversation d'adulte ? Parfois il trouvait ce trait désarmant ; d'autres fois – comme ce matin – ça l'agaçait. À cet instant encore, par exemple, il était frappé par la concentration avec laquelle elle était en train de passer au crible la récolte de cailloux de Lorna, comme si c'était une collection de pierres précieuses.

« J'ai dit, ils sont d'une couleur ravissante, tu ne trouves pas ? »

Il se pencha pour y jeter un coup d'œil avant de répondre d'un ton neutre : « Très jolis.

— Je ne parle pas des cailloux, dit sa mère. Je parle de Lorna, Susan et Iain. »

L'espace d'un instant, il ne comprit pas ; ou plutôt, il avait du mal à en croire ses oreilles.

« Les enfants, tu veux dire ? Les enfants de Martin et Bridget ?

— Oui, je trouve qu'ils sont d'une couleur ravissante. Pas vraiment noirs, et pas vraiment blancs. Quelque part entre les deux. »

Abasourdi et ne sachant pas quoi dire d'autre, Peter marmonna : « Euh oui, ce sont de très beaux enfants, c'est sûr. » Il désigna Lorna d'un geste. « C'est une très jolie petite fille, je l'ai toujours dit.

— Oui, mais imagine seulement si tous les gens du monde étaient de cette couleur. Ça résoudrait tous les problèmes, non ? »

C'était inhabituel, très inhabituel de la part de sa mère, d'exprimer une opinion politique quelconque, et celle-ci était si inattendue qu'il n'eut pas le cœur de la critiquer ; il aurait de toute façon été bien en peine de le faire. Parfois, il trouvait la naïveté de sa mère sans limites ; à d'autres moments, il se disait qu'elle était dépositaire d'une forme de sagesse primitive. À cet instant, les deux lui semblaient vrais. Mais leur conversation n'alla pas plus loin. Pile à ce moment-là, la quiétude de la scène fut brisée par un véhicule qui gravissait le promontoire rocheux surplombant leur plage, avant de s'immobiliser bruyamment en faisant crisser ses pneus sur les gravillons. En levant les yeux, ils constatèrent qu'il s'agissait d'un 4 × 4 noir, comme celui que possédaient Jack et sa femme Angela. Et ce fut effectivement cette dernière qui sauta de la voiture qu'elle avait manifestement conduite à tombeau ouvert depuis la maison. Sans même fermer sa portière à clé, elle descendit au pas de course l'escalier en bois qui menait à la plage. Comme elle approchait, Mary et Peter s'aperçurent qu'elle était hors d'haleine, blême, visiblement porteuse d'une terrible nouvelle. Elle parut d'abord trop bouleversée pour parvenir à parler.

« Ange ? fit Peter. Qu'est-ce qui se passe ? »

S'arrêtant devant eux et marquant une pause, juste le temps d'inspirer profondément, Angela porta les mains à ses joues et annonça d'une voix tremblante :

« Elle est morte. »

II

VOCALISE, POUR L'ANGE
QUI ANNONCE LA FIN DU TEMPS

« Elle est morte. »

Au début, ni Peter ni Mary ne comprirent de qui elle parlait. Le recours à ce simple pronom, « elle », signifiait qu'Angela faisait forcément référence à une personne qu'ils connaissaient tous : une proche parente. Les pensées de Peter allèrent immédiatement à sa femme, qui avait choisi de ne pas les accompagner ce week-end. Elle avait préféré partir deux semaines en France avec un groupe de copines. (En tout cas, c'est ce qu'elle lui avait raconté. Il n'était pas certain de la croire.)

« Dans un accident de voiture, poursuivit Angela. Cette nuit. À Paris.

— Pas Olivia ? dit Mary, tirant la même conclusion hâtive.

— Non, pas Olivia, fit Angela – presque avec impatience. Pas Olivia, bien sûr que non. Je parle de Diana. »

Elle pensait les avoir rendus muets de stupéfaction. En réalité, ils étaient seulement perplexes.

« Diana ? reprit Mary. Diana Jacobs ? Non... pas Diana. Enfin... j'ai fait un golf avec elle la semaine dernière encore.

— Tu veux dire la *princesse* Diana ? »

Tous firent volte-face, car à leurs côtés se tenait Lorna, qui levait vers eux des yeux écarquillés. Angela la regarda un instant, puis l'attira dans une étreinte éperdue et tremblante.

« Oh, ma chérie, dit-elle. Ma petite chérie. Je suis tellement désolée. »

Lorna profita du câlin un petit moment, puis se dégagea. Mary, pendant ce temps, avait recouvré la parole, assez pour dire :

« Qu'est-ce qui s'est passé ? Un accident de voiture, tu dis ? À Paris ?

— C'est ça. Tard hier soir, ou tôt ce matin. Elle était sortie dîner avec Dodi, au Ritz ou je ne sais où. Ils essayaient de rentrer à leur hôtel, une horde de photographes les poursuivait, ils traversaient tous ces tunnels... Oh ! » Elle enfouit la tête entre ses mains. « Ça avait l'air horrible. » Une fois le spasme passé, quand elle leva les yeux elle vit que Peter avait remis ses écouteurs. « Non mais *qu'est-ce* que tu fais ? »

Résigné, Peter appuya sur le bouton pause de son baladeur : « Je suis censé écouter de la musique. »

Angela le regarda fixement avec un mélange d'ahurissement et de dégoût, puis se détourna. « Vous voulez rentrer ? demanda-t-elle à Mary.

— Non, ça va, dit Mary. Je vais rester un petit peu avec Peter. Mais merci d'être venue jusqu'ici pour nous annoncer la nouvelle.

— Il fallait que je vous le dise, fit Angela. Je savais que vous voudriez être au courant le plus vite possible. » S'adressant enfin à Lorna, elle ajouta : « Et toi, mon cœur ? Tu veux rentrer à la maison avec Auntie Ange ? Voir ta maman et ton papa ? »

Lorna y réfléchit. « Est-ce que le petit déjeuner sera prêt ? demanda-t-elle.

— Pas encore. Personne n'a eu le temps.

— Je crois que je vais rester là alors, dit Lorna. Avec Gran et Oncle Peter.

— D'accord ma douce. » Elle embrassa Lorna sur le front, essuya quelques larmes sur ses propres joues, puis regagna sa voiture, courant le long de la plage puis remontant l'escalier quatre à quatre. Elle démarra en trombe. Jack devait déjà être en train d'annoncer la nouvelle à leurs enfants.

*

Charlotte et Julian partageaient une chambre au dernier étage. Jack tira les rideaux qui occultaient la petite fenêtre à la française, et secoua doucement ses enfants pour les réveiller. Bien vite ils se redressèrent dans leur lit, alertes, les yeux grands ouverts. Il leur annonça que la princesse Diana était morte. Charlotte ne sut pas comment réagir, mais quand elle vit que les yeux de son père étaient pleins de larmes, elle lui tomba dans les bras, posa la tête contre sa poitrine, et ses épaules se mirent à trembler. La lèvre inférieure de Julian commença à trembloter aussi et, pour ne pas être en reste, il se glissa lui aussi dans les bras de son père. Pendant un petit moment tous trois demeurèrent ainsi, sur le lit de Charlotte, cramponnés les uns aux autres : absorbés dans un chagrin partagé et mystérieux, d'abord bruyant et agité de sanglots, puis relativement silencieux.

*

Quand Bridget descendit l'escalier en robe de chambre, elle vit par la porte du bureau que Geoffrey était déjà levé, habillé, et plongé dans la lecture de son roman d'espionnage. La maison qu'il avait louée pour la semaine était une vaste propriété rustique de style victorien, avec un généreux domaine isolé du village voisin de Keyhaven par un rempart protecteur de chênes et de châtaigniers. Ça avait dû lui coûter une fortune, même si elle savait que Jack, Martin et Peter avaient participé aux frais. Le bureau était particulièrement agréable, avec un imposant fauteuil en palissandre placé près de la plus grande fenêtre, qui offrait une vue sur la roseraie bien entretenue et le terrain de tennis, au-delà.

« Bonjour, Geoff, lança gaiement Bridget. Je vous apporte une tasse de café ?

— Je suis servi, merci », répondit-il sans lever les yeux.

Bridget battit en retraite et gagna la cuisine, où son aînée Susan se versait un jus d'orange. La première chose qu'elle dit à sa mère fut :

« Est-ce qu'Oncle Peter a tripoté cette radio ?

— Ça m'étonnerait beaucoup. Pourquoi, qu'est-ce qui ne va pas ?

— C'est quoi ce truc *pourri* sur Radio *One* ? »

La radio placée sur le frigo diffusait un morceau de musique classique aux accents plaintifs. Celui-ci s'interrompit quelques secondes plus tard, et la voix du DJ, inhabituellement solennelle, annonça :

« C'était l'*Adagio en sol mineur* de Tomaso Albinoni. Nous mettons de côté notre playlist habituelle aujourd'hui sur Radio One, pour diffuser de la musique plus adaptée à l'actualité du jour, par respect envers la princesse Diana qui, comme vous l'avez sûrement déjà appris, est décédée ce matin à Paris. Et maintenant voici "Nimrod", extrait des *Variations Enigma* de sir Edward Elgar... »

Susan et Bridget se regardèrent, incrédules.

« Diana ? fit Bridget. Décédée ? Tu le savais ? »

Susan secoua la tête.

« Viens, on va allumer la télé. Et va tirer ton frère du lit. Dis-lui de descendre nous rejoindre. Diana ! Je n'arrive pas à y croire. »

Quelques minutes plus tard, Bridget et ses deux aînés étaient assis sur le canapé devant la télévision, captivés par les reportages en continu, les images du lieu de l'accident à Paris et les plans aériens sur Kensington Palace, au cœur de Londres, où les foules commençaient déjà à converger. Peu à peu, les autres membres de la famille vinrent les rejoindre au salon. Même Geoffrey, attiré par l'urgence que dénotait la voix des journalistes, se glissa au fond de la pièce et approcha silencieusement une chaise derrière le canapé. Il ne dit rien mais, comme les autres, il ne put détacher les yeux de l'écran tout le reste de la matinée.

*

C'était la fin de l'après-midi. Angela et ses enfants étaient toujours à l'intérieur, à suivre les nouvelles à la télévision. Tous les autres s'étaient rassemblés autour du court de tennis, où l'on disputait des matchs à configuration variable, Mary étant généralement celle qui décidait de la composition des équipes. À soixante-trois ans, elle était toujours pleine de vie et d'énergie, et bien que désormais retraitée de l'enseignement, elle n'aimait rien tant que motiver sa famille à pratiquer diverses activités sportives – en particulier les plus jeunes. Et malgré son âge, elle restait la meilleure joueuse de tennis de la famille, et de loin (même si Bridget était connue pour son impressionnant revers). Pour le moment, Mary jouait avec Susan, dont le frère Iain faisait équipe avec Geoffrey : un match inégal, car Geoffrey était plus lent que jamais sur le court, notamment à cause d'une récente opération de la hanche. Mais gagner n'était pas vraiment le but : la famille était rassemblée (tous, sauf Olivia), le soleil projetait des ombres étirées sur le gazon du court, la légère brise qui soufflait depuis la mer, à moins d'un kilomètre, avait une saveur salée, et un pichet de limonade trônait, prêt à être partagé. Jack, Martin et Bridget s'étaient installés au bord du court, sur des chaises longues alignées côte à côte. Bridget avait un livre ouvert sur les genoux – *Le Crépuscule des loutres*, de Lionel Hampshire, qui arborait les mots magiques « Lauréat du Booker Prize » inscrits en couverture –, mais l'ouvrage n'avait pas vraiment l'air de captiver son attention, et elle somnolait à moitié au soleil. Jack et Martin suivaient le match d'un œil critique en sirotant leur limonade.

« Pas mal, le service de ton fiston, observa Jack.

— Quand il veut bien, fit Martin.

— Chouette week-end, quand même, hein ? Dommage que tu sois obligé de partir si vite.

— Oui, c'était sympa. Maman et Papa ont

vraiment apprécié, je crois. Il a bien joué en trouvant cet endroit.

— Oui, bon..., admit Jack, mais il y avait une pointe de scepticisme dans sa voix.

— Quel est le problème, ça ne te plaît pas ?

— Ça ? » Il fit un geste pour désigner ce qui l'entourait. « J'adore. Ça, pour moi, c'est vraiment le meilleur de l'Angleterre. Prendre le thé sur la pelouse, le doux bruit de la raquette frappant la balle de tennis...

— Alors quoi ?

— Alors ils l'ont pour quelques jours. C'est tout. Et pourtant Papa est un homme brillant, on le sait tous les deux. Et il a travaillé dur toute sa vie. Ils devraient *habiter* dans une maison comme ça, pas la louer pour la semaine.

— Où tu veux en venir ?

— Ça m'attriste, c'est tout. Toutes ces années à gérer de l'argent, et il n'a jamais vraiment compris comment ça marchait. Comment l'argent peut générer encore plus d'argent, quand on s'y connaît, quand on est...

— Un vrai requin ? devina Martin.

— J'allais dire entreprenant.

— Alors tu penses que la vie de notre père est un échec, c'est ça que tu es en train de dire ?

— Ce que je dis, c'est que quand je prendrai ma retraite – probablement plus tôt que lui – avec Ange, nous posséderons une maison comme celle-ci.

— Tant mieux pour toi, fit Martin. Invite-nous à dormir dans ta maison d'invités une fois de temps en temps, ok ? » Iain s'approchait à présent, très content de lui, attendant d'être félicité pour avoir réussi le break sur le service de Gran, et remporté le set. « Bien joué, lui dit abruptement son père. Tu ferais mieux d'aller préparer tes affaires maintenant.

— Déjà ? fit Iain, atterré. On ne peut pas rester un peu ? J'adore cet endroit.

— Ta mère a dit qu'elle voulait qu'on soit partis à dix-huit heures, répondit Martin. Tu as oublié que tu reprenais l'école demain ? »

*

« Il y a un truc que je ne comprends pas, dit Iain en fourrant ses tee-shirts et ses maillots de bain roulés en boule dans un sac de sport. Les enfants d'Oncle Jack vont dans une école privée, c'est bien ça ?

— Exact, répondit Bridget en se redressant pour attraper les sous-vêtements de Lorna dans la penderie, manquant se cogner la tête contre une poutre basse.

— Mais ils reprennent l'école *après* nous. Une semaine après.

— C'est pas juste, dit Lorna. Eux ils peuvent passer toute la semaine ici avec Gran et Grandad.

— Mais les écoles privées, c'est payant, non ? insista Iain.

— En effet, dit Bridget.

— Alors ils devraient avoir des trimestres *plus longs* que les nôtres, pas plus courts. Sinon c'est de l'argent fichu en l'air.

— Ce n'est pas moi qui vais te contredire là-dessus, fit Bridget en cherchant du regard ce qui restait à mettre dans les bagages.

— La princesse Diana, elle est allée à l'école privée ou publique ? demandait maintenant Iain.

— C'est la même chose, répondit Bridget. Les écoles privées et les *public schools*, c'est du pareil au même.

— Ah bon ? Je croyais qu'on était à l'école publique, nous.

— Non. Vous, vous êtes dans une école d'État. » Elle voyait bien qu'il ne comprenait pas vraiment, mais n'avait ni le temps ni l'énergie de lui expliquer à ce moment-là. « Enfin bref, je ne sais pas à quelle école elle est allée, reprit-elle avec désinvolture. Mais j'imagine plutôt dans le privé.

— Si c'était la princesse du peuple, intervint Lorna, en vrai elle aurait dû aller dans le même genre d'école que tout le monde.

— Très juste, mon cœur. » Elle remarqua à quel point l'expression venait déjà facilement à sa fille, alors que cette trouvaille de Tony Blair remontait à quelques heures à peine. Ils l'avaient tous regardé prononcer son discours devant l'église, dans sa circonscription de Durham. Sa performance avait été impressionnante : tout à fait sincère, sans aucun doute, mais également parfaitement calibrée pour faire décoller sa cote de popularité parmi les électeurs sceptiques.

Abandonnant sa tentative pour comprendre le système éducatif britannique, Iain passa à un sujet plus urgent : « Maman, je peux monter à l'avant avec toi pour rentrer ?

— D'accord.

— Et Papa alors ? » demanda Lorna.

Bridget s'agenouilla à ses côtés. « Je te l'ai dit, mon cœur. Papa ne rentre pas avec nous ce soir. Il doit aller en Belgique demain, alors il va passer la nuit à Londres chez Oncle Peter. » Constatant

que le visage de sa fille s'affaissait, elle ajouta :
« Ce n'est que pour quelques jours.

— C'est pas ça, dit Lorna. C'est juste qu'il conduit beaucoup mieux que toi. »

*

Avec la circulation du dimanche soir, Peter et Martin mirent près de trois heures pour rentrer à Londres. Au début ils écoutaient la radio, mais les reportages sur la mort de Diana s'enchaînaient, quelle que soit la station sur laquelle ils zappaient. Coincés dans un bouchon de cinq kilomètres sur la M3 à l'approche de Basingstoke, ils finirent par laisser tomber, et Peter demanda à Martin de mettre le CD du *Quatuor pour la fin du temps* dans l'autoradio. Ils écoutèrent en silence le premier mouvement, très court, puis, à la moitié de la « Vocalise, pour l'Ange qui annonce la fin du temps », alors que le violon et le violoncelle jouaient à l'unisson cet air introspectif, avec en toile de fond les accords « bleu-orange » au piano de Messiaen, Peter déclara :

« C'est le mouvement préféré de Gavin. Il dit toujours qu'on dirait un truc que Ravel et Webern auraient composé à quatre mains. »

Martin n'avait pas l'expertise pour commenter cette comparaison. « Rappelle-moi qui est Gavin, déjà ? demanda-t-il.

— C'est le mec qui tourne les pages pour Chiara, notre pianiste. Enfin, c'est son boulot principal. Il donne un coup de main sur un tas d'autres trucs pendant les répétitions.

— Tu le connaissais d'avant ? C'est un ami à toi ?

— Pas vraiment, pourquoi ?

— Ça doit faire trois ou quatre fois que tu parles de lui, c'est tout.

— Oh. »

Peter gardait les yeux rivés devant lui, sur la circulation à l'arrêt. Il envisagea de changer de voie, mais son instinct lui soufflait que ça n'en vaudrait pas la peine.

« Tu as eu des nouvelles d'Olivia ? demanda son frère.

— Pas depuis vendredi. J'aurai sûrement un message sur le répondeur à mon retour.

— Tu devrais t'acheter un de ces trucs, dit Martin en montrant son téléphone portable.

— Plutôt mourir, fit Peter en passant une vitesse pour avancer la voiture de quelques mètres.

— Ce député que je vais rencontrer à Bruxelles, mardi, reprit Martin. Tu peux me rappeler quel lien de parenté on a avec lui ?

— Paul Trotter ? On est cousins. Enfin, il me semble... cousins issus de germains. Sa grand-mère était la sœur de Nana. Auntie Ida. Pourquoi, tu comptes évoquer ce lien familial ?

— Peut-être. Ça pourrait être un atout.

— Tu vas souvent à Bruxelles en ce moment. Ça te plaît ?

— C'est pas tellement la question. Je ne vois jamais la ville en tant que telle. Je prends un taxi direct pour le Parlement. Et en général j'enchaîne les grosses réunions pendant quelques jours.

— Et comment tu t'en sors ? T'as déjà réussi à faire entendre raison à ces affreux du continent ?

— On avance doucement. Mais nom d'un chien, c'est vraiment la croix et la bannière pour obtenir quoi que ce soit dès lors que l'Union européenne est dans le coup.

— Tu mérites une médaille ou un truc dans le genre.

— Peut-être qu'un jour ils me mettront au tableau d'honneur pour le Nouvel An. »

Peter rit. « Ils devraient. Ou t'anoblir, au moins – pour services rendus au chocolat britannique. »

III

ABÎME DES OISEAUX

Quand on avait envoyé Martin pour la première fois à Bruxelles en 1992, la guerre du chocolat faisait rage depuis près de vingt ans. Au cœur de ce conflit s'affrontaient deux traditions de confection chocolatière. Certains pays – dont la Belgique et la France étaient les plus ardents représentants – défendaient une définition stricte du « chocolat », selon laquelle tout produit commercialisé comme tel devait présenter une teneur en chocolat cent pour cent cacao pur, sans aucune adjonction d'autres matières grasses végétales. Sinon, soutenaient ces pays, il faudrait utiliser des termes alternatifs, comme le « *vegelate* ». En parallèle, des pays à l'approche moins rigoriste – parmi lesquels le Danemark et le Royaume-Uni, qui avaient tous deux rejoint la CEE en 1973 – protestaient énergiquement, et refusaient de changer des méthodes de production qui faisaient leurs preuves depuis des décennies, selon eux. Depuis la Seconde Guerre mondiale, Cadbury diluait le cacao composant son chocolat avec une petite quantité de matières grasses végétales (pas plus de cinq pour cent en règle générale), et les consommateurs britanniques avaient développé un goût pour cette formule. Ils en voulaient aux Français, aux Belges et aux autres puristes de mépriser leur chocolat, prétendant qu'il était « gras » ou ne convenait qu'aux enfants, et non aux palais adultes et éduqués.

Mais le marché unique exigeait l'adoption de normes communes. En 1973, la CEE se lança dans une tentative de définition de ces normes pour le chocolat, avec un projet de directive *ad hoc* : un document relevant (selon le jargon ésotérique et impénétrable de la politique européenne) de la catégorie des directives dites « verticales », puisqu'il devait aborder toutes les questions afférentes à un type de produit alimentaire bien précis. Cette tentative n'aboutit pas, et la situation se retrouva rapidement dans l'impasse. Les gens de chez Cadbury (et les autres producteurs de chocolat soi-disant « industriel », comme les pays scandinaves) refusèrent de changer leur recette, à la suite de quoi la Belgique, la France, l'Italie, le Luxembourg, l'Allemagne et les Pays-Bas adoptèrent à tour de rôle des mesures individuelles interdisant l'importation de chocolat en provenance de ces pays. Pendant les deux décennies suivantes, Cadbury, Terry's, Rowntree's et les autres seraient ainsi éjectés de ces marchés lucratifs. Et tant pis pour la libre circulation des marchandises.

Au début des années 1990, Martin, devenu l'un des principaux cadres du service des exportations, en était venu à la conclusion que cette situation était intolérable. Ses patrons aussi. Ils lui proposèrent de monter une antenne à Bruxelles, et de s'atteler sérieusement à faire du lobbying. Il loua un appartement d'entreprise rue Belliard, non loin du Parlement européen, et, plus important, à proximité de la place du Luxembourg, endroit animé connu familièrement sous le nom de place Lux, et qui regorgeait de bars et de cafés où les journalistes, les lobbyistes et les députés européens aimaient se retrouver pour nouer des contacts, passer des accords et échanger de précieuses infos.

C'était – du moins aux yeux de Martin – une période excitante pour être à Bruxelles. Les différents États membres de la CEE progressaient à toute allure vers une union toujours plus étroite. Deux années haletantes allaient voir la signature du traité de Maastricht, le lancement du marché unique et la création de l'Espace économique européen. La prochaine étape à l'horizon, c'était l'adoption d'une monnaie unique. Bien qu'il ne soit pas certain que cette dernière mesure aille totalement dans le sens des intérêts britanniques, Martin était résolument europhile par tempérament, et se réjouissait de la plupart de ces avancées. L'hostilité témoignée envers le chocolat préféré des Anglais – et le sien – ne le découragea pas : ce n'était qu'un grain de sable, le genre d'obstacle auquel il fallait naturellement s'attendre sur le chemin de l'harmonisation, et il était convaincu qu'à force de plaidoyers courtois et de patientes négociations, on finirait par trouver une solution. Pourtant, Martin se rendit bientôt compte qu'il était en décalage avec la majorité des observateurs britanniques qu'il trouvait réunis dans les bistrots de la place Lux, et tout particulièrement avec les journalistes. Ici, tout le monde s'accordait à dire que les choses allaient trop vite ; on exigeait trop de la Grande-Bretagne, forcée de renoncer à nombre de ses libertés fondamentales ; l'UE n'était rien d'autre qu'une entreprise de racket fomentée par des bureaucrates pour se donner du pouvoir ; pire, tout ça était un complot des Français et des Allemands pour s'emparer de l'Europe ; et enfin, bien sûr (et voilà un point qui faisait toujours mouche auprès du contingent britannique), Maggie avait raison, et c'était à cause de ça que les lâches de son propre parti l'avaient poussée vers la sortie. Voilà les arguments qu'il entendait ressasser à n'en plus finir, autour de bouteilles de Chimay Bleue et de plats fumants de *moules frites*.

Martin prit bientôt l'habitude de rester deux ou trois nuits par semaine dans l'appartement bruxellois, où il passait ses soirées à écrire des rapports interminables sur les composants chimiques du chocolat britannique et les ramifications légales du traitement différencié que subissait ce dernier, par rapport aux produits français ou belges. (Il était souvent assisté sur ce point par Bridget, dont l'expertise juridique se révélait précieuse : elle passait les documents en revue, chez eux à Bournville, une fois les enfants couchés, et lui adressait des fax à rallonge disséquant ces questions avec une précision chirurgicale.) La journée, il organisait des réunions avec des députés européens, des membres de la commission et d'autres représentants des chocolatiers « industriels ». Il n'aimait pas particulièrement traîner avec le gang de la presse britannique, mais cela faisait aussi partie de sa mission, et ce faisant il remarqua que de plus en plus souvent un nom en particulier revenait dans la conversation. La plupart des journalistes se ressemblaient tous : à l'orée de la cinquantaine, cyniques, désabusés, profondément las d'être coincés à Bruxelles pour rendre compte des rouages de l'UE, mais toujours déterminés à faire leur boulot relativement consciencieusement. Mais Martin commença à entendre des bruits de couloir au sujet d'un membre de cette fine équipe, qui semblait assez différent : il arborait une tignasse rebelle de cheveux blonds et se baladait dans Bruxelles au volant d'une Alfa Romeo, écoutant du heavy metal à fond les ballons sur l'autoradio. Il connaissait l'UE par cœur parce qu'il avait passé une bonne partie de son enfance à Bruxelles, il était allé à Eton et avait été président de l'Oxford Union, et il avait décidé de survivre au travail fastidieux que lui imposait son poste de correspondant à Bruxelles pour le *Daily Telegraph* en traitant tout ça comme une vaste blague, en manipulant les faits comme bon lui semblait et en tournant tous ses papiers de façon à montrer que le fonctionnement du Parlement européen faisait partie d'une vaste conspiration visant à contrarier systématiquement les Britanniques. Son journal l'employait comme reporter, mais il n'avait rien d'un reporter, c'était un satiriste, un tenant de l'absurde, et il s'amusait manifestement tellement, et était si bien parti pour se faire un nom, que tous les autres journalistes se consumaient de jalousie et passaient tous leur temps à essayer de comprendre comment devenir comme lui. Un signe de l'estime presque mystique qu'ils lui témoignaient était le fait qu'ils ne l'appelaient jamais par son nom complet, seulement son prénom. Ils l'appelaient simplement « Boris ».

En réalité Martin ne rencontra jamais Boris, pas pour avoir une vraie conversation du moins. À chaque fois qu'il arrivait dans un bar, Boris venait apparemment juste de partir, et à chaque fois qu'il quittait un bar, on racontait toujours à Martin le lendemain que Boris était arrivé juste après. Boris était toujours en mouvement, ne s'arrêtait pas une seconde, toujours pressé, toujours en pétard, toujours en retard, toujours dans l'improvisation, toujours à en faire des tonnes, toujours très demandé et toujours inaccessible.

« Ce type vous file toujours entre les doigts, expliqua Stephen, qui écrivait pour l'*Independent*, à Martin.

— Il crée ses propres règles. Et puis, s'il décide que ses propres règles ne lui plaisent pas, il les enfreint, déclara Tom, qui écrivait pour le *Times*.

— Pour lui la vie n'est qu'une vaste blague, affirma Philip, qui écrivait pour le *Guardian*. Il ne prend jamais rien au sérieux.

— En fait, il y a tout de même un truc qu'il prend extrêmement au sérieux, intervint Angus, qui écrivait pour le *Mirror*. Son ambition personnelle.

— Il a un appétit prodigieux, déclara Daniel, qui écrivait pour un obscur journal d'opinion du dimanche. Et je ne parle pas que de nourriture.

— Ce qu'il y a, c'est qu'il mourra sûrement d'une crise cardiaque avant ses quarante ans, dit James, qui écrivait pour un tabloïd d'envergure moyenne. Bon Dieu, j'adorerais être lui. »

James, en réalité, était celui qui avait vraiment mis le grappin sur Martin pendant ces premiers mois, à l'automne 1992. Il était fasciné par tout ce qui avait trait à la guerre du chocolat. Il était fasciné par la manière dont elle cristallisait l'antagonisme entre Britanniques et Français. Il était fasciné parce qu'elle mettait en lumière les absurdités du marché unique. Il était fasciné par le lien émotionnel que tout le monde semblait entretenir avec le chocolat. Il était fasciné à l'idée que des matières grasses non cacaotées aient été introduites dans le chocolat britannique à cause du rationnement, pendant la guerre, et en concluait que ce que les Britanniques aimaient dans leur chocolat, c'était qu'il avait « le goût de la guerre ». Mais il y avait un aspect de ce sujet qui l'attirait plus encore que tout le reste : le fait que Boris n'avait pas encore écrit d'article dessus. Il voyait ça comme l'occasion de se mettre son rédacteur en chef dans la poche avec une belle double page bien juteuse exploitant l'intégralité des passions de ses lecteurs, toutes ces passions qui les rendaient particulièrement vulnérables et faciles à manipuler : le patriotisme, la nostalgie de la guerre, celle de l'enfance, le ressentiment envers les étrangers. Il résuma précisément ce qui rendrait cette histoire tout à fait irrésistible en une phrase mémorable : il allait « coiffer Boris au poteau ».

Pour autant que Martin puisse le voir, les recherches que James menait pour ce papier n'étaient guère approfondies. Martin lui-même était sa seule source, et en matière de collecte d'informations, il se contenta d'une demi-heure d'interview – ou plutôt de bavardage informel, arrosé de quelques gin-tonics – dans un bar de la place Lux, suivie d'un ou deux coups de fil pour clarifier quelques détails que même le rédac chef de James (pourtant connu pour être accommodant côté précisions factuelles) jugeait nécessaire de vérifier. L'article parut la semaine suivante, et quand il découvrit sous quel titre il était publié,

Martin soupçonna qu'il ne s'agissait pas d'une analyse nuancée des négociations autour du chocolat : « TEMPÊTE DE CACA(O) À BRUXELLES – L'EUROPE NOUS CASSE LES NOISETTES ».

« Ces tarés de bureaucrates bruxellois, commençait l'article, sont en passe d'INTERDIRE nos formidables barres chocolatées britanniques, s'ils parviennent à leurs fins. »

Bon, déjà ça c'était faux. Mais passons. Quoi d'autre ?

« Des eurodéputés qui fourrent leur nez partout et ont trop de temps à perdre envisagent de ressusciter la fameuse directive "chocolat" de 1973, qui avait poussé les Français et les Belges à tourner le dos au chocolat britannique, et même à prétendre que ce dernier ne méritait pas le nom de chocolat.

En voilà un paquet de bobards de la part de nos camarades du continent ! *Sacré bleu ! Quel snobisme** ! Le chocolat britannique est leader sur le marché mondial, apprécié de Moscou à Caracas, et la barre bigoût Cadbury Double Decker fait autant partie de la culture britannique que les fameux bus à impériale de Londres ! »

Martin acheta un exemplaire du journal au kiosque de la rue de Trèves. Il était en route pour un énième rendez-vous place Lux, un rendez-vous qui promettait d'être difficile, mais, si tout se passait bien, potentiellement très productif. Il avait récemment noué de bons rapports avec un eurodéputé français nommé Paul Lacoste, qui lui avait promis de lui présenter un chocolatier parisien de passage à Bruxelles pour quelques jours. Peut-être qu'au bout de plusieurs verres ils commenceraient à se comprendre et, qui sait, à trouver un terrain d'entente. Mais son humeur optimiste fut entamée quand il lut les premiers paragraphes de l'article. Au bout de deux phrases supplémentaires, il froissa le journal en boule et le balança à la poubelle. Il se sentait rougir rien que d'être associé à de pareilles inepties. Il poursuivit en direction de la place et s'efforça de se rassurer en se disant que les dégâts n'étaient pas trop importants. Ses collègues de Bournville allaient voir ça, c'est sûr, et probablement le taquiner un bon moment au sujet de la naïveté dont il avait fait preuve en collaborant avec quelqu'un comme James. Mais le journal en question n'était pas beaucoup lu à Bruxelles et, avec un peu de chance, l'article passerait inaperçu : c'était vraiment un exemple typique d'euroscepticisme britannique, et la plupart des gens n'y accorderaient aucun crédit. Plus probable encore, ils ne le liraient même pas.

Par cette chaude soirée du début du mois d'octobre, Paul Lacoste et son invité, le chocolatier Vincent, étaient en terrasse et savouraient une bière rafraîchissante. Sur la table devant eux se trouvaient deux journaux, l'un comme l'autre ouverts à la page de l'article de James. Ils adressèrent un signe de tête à Martin quand il arriva, mais à part ça, leur accueil ne fut pas particulièrement chaleureux.

Pendant les vingt premières minutes, personne ne mentionna l'article. Martin et Vincent firent de leur mieux pour se montrer courtois l'un envers l'autre. La rencontre commença par un échange de présents : de barres chocolatées, pour être plus précis. Martin avait apporté un coffret cadeau contenant quelques-uns des produits les plus populaires de Cadbury : une barre Flake, une Dairy Milk, une grenouille en chocolat (la Freddo), une barre Picnic, une Boost et une Wispa, chacune enveloppée de plastique bariolé et affichant son identité grâce à un logo personnalisé en couleurs primaires tape-à-l'œil. Vincent, pour sa part, tendit à Martin une unique barre toute fine, enveloppée d'un simple papier kraft, sur lequel étaient imprimés, dans une police discrète et sans fioritures, les mots suivants : *Chocolat Artisanal Français Cacao Pur*.

« On dirait presque, dit Vincent, que vous et moi ne fabriquons pas le même produit du tout.

— Eh bien peut-être que justement, c'est ça l'idée, répondit Martin. Si vous pensez que nos produits sont si différents que ça, pourquoi notre chocolat représenterait-il une menace pour vous ?

— Parce que beaucoup de gens préfèrent votre chocolat au mien, voilà le problème.

— Et pourquoi ça ?

— Parce que ce sont des idiots ! assena Vincent en tapant rageusement sur la table.

— Ou peut-être parce que les matières grasses végétales et la dose supplémentaire de lait ajoutent quelque chose de très agréable au chocolat, et que cela correspond au goût des Anglais.

— Les Anglais ! J'emmerde les Anglais ! Votre chocolat est aussi mauvais que vos journalistes. »

C'était la première fois qu'il était fait allusion au papier de James. Maintenant que le sujet était soulevé, difficile de l'éviter.

« Vous êtes beaucoup cité dans cet article, on dirait, monsieur Lamb, reprit Paul Lacoste.

— Je n'ai lu que les premières lignes, répondit Martin. Je suis sûr que les citations qu'on me prête n'ont pas grand-chose à voir avec ce que j'ai pu dire en réalité.

— Eh bien, apparemment vous avez dit que "Les Français et les Belges doivent descendre de leurs grands chevaux…".

— Qu'est-ce que c'est censé signifier ? intervint Vincent. "Leurs grands chevaux" ? C'est une espèce de blague raciste sur les Français qui mangent de la viande de cheval ?

— C'est une expression anglaise très répandue, expliqua Mr Lacoste, qui poursuivit : "… descendre de leurs grands chevaux et accepter que si l'UE sert à quelque chose, c'est avant tout à garantir le libre-échange. Il y a un moyen facile de déterminer quel est le meilleur chocolat : laissons le marché décider !"

— Eh bien oui, j'ai effectivement mentionné le libre-échange, admit Martin. Mais ce n'était pas mon principal sujet. Je parlais de l'*idée* de l'Europe. Cette idée que les Européens n'ont plus à se battre, parce qu'on trouve des façons bien plus rationnelles et pacifiques de résoudre nos différends.

— Bon, si vous avez vraiment utilisé le mot "idée", fit Mr Lacoste, cela explique pourquoi cette partie de votre réponse n'a pas été citée. On sait tous que les Anglais détestent les idées.

— Non, je ne peux accepter ces propos, rétorqua Martin. Ça aussi c'est un stéréotype éculé.

— Et comme tous les stéréotypes, il contient une part de vérité. C'est ce que tout le monde adore chez les Britanniques, d'ailleurs ! Votre pragmatisme, votre bon sens. Le contrepoint parfait à la prétention des Français. Vous connaissez la fameuse blague sur les Français et les Britanniques que tout le monde raconte ici au Parlement ? Une commission quelconque se réunit, et les Britanniques proposent une solution tout ce qu'il y a de plus honnête et pragmatique au problème à traiter. Mais les participants français se contentent de les regarder et disent : "Oh, évidemment, tout ça c'est très bien, dans la pratique. Mais comment est-ce que ça va marcher dans la *théorie* ?" »

Martin rit. Vincent, qui semblait avoir perdu son sens de l'humour – s'il en avait jamais possédé un –, ne se joignit pas à lui.

« Voilà ce qui fonctionne si bien dans cette "idée de l'Europe", comme vous dites, continua Mr Lacoste. Pour que tous ces pays trouvent un terrain d'entente, il faut du temps, et ça implique quantité de débats sur des tas de détails assez absurdes, mais en fin de compte on y arrive, et la contribution des Britanniques se révèle tout à fait constructive. Cependant – il ramassa à nouveau le journal, le tenant dédaigneusement entre le pouce et l'index – je ne peux pas dire que je trouve vos journalistes très constructifs. »

Martin leva les mains en signe de reddition. « Écoutez, dit-il. Je n'ai pas l'intention de plaider la cause de ce papier.

— Ce n'est pas le chauvinisme, reprit Mr Lacoste. Ce n'est pas le scepticisme. Vous savez ce qui me déplaît vraiment là-dedans ? Ça m'a fait rire. J'ai ri, malgré moi. D'une certaine façon, vous voyez, il y a quelque chose de tellement vulgaire et outrancier là-dedans que ça en devient presque humoristique. C'est ça qui est vraiment caractéristique du journalisme britannique, et c'est ce qui le rend si dangereux. Pousser les gens à détester l'Union européenne, c'est une chose, mais les pousser à en rire, à la considérer comme une farce... eh bien, c'est très puissant, comme angle d'attaque. Il n'y a pas plus puissant, en fait. Vous savez d'où ça vient, n'est-ce pas, cette façon malveillante d'écrire sur l'Europe ? Vous savez qui a commencé ? »

Martin acquiesça. « Bien sûr. » Il n'avait pas besoin de prononcer son nom.

« Eh bien, tout ce que je peux vous dire, monsieur Lamb, c'est de faire attention à ce monsieur. Il a le potentiel pour causer un tas de problèmes.

— Je crois bien que vous avez raison, répondit Martin. Malgré tout, je reste optimiste. Les gens sont en train de se lasser de la guerre du chocolat. Les temps changent. Bien sûr, ici à Bruxelles et Strasbourg, tout progresse à un rythme d'escargot...

— Et voilà que vous recommencez, fit Vincent. Pourquoi cette expression ? Encore une soi-disant plaisanterie sur notre cuisine ?

— Pas du tout, protesta Martin. Je voulais simplement dire qu'ici tout est très lent, comme l'a souligné Mr Lacoste. Et pourtant, malgré tout, les choses évoluent. On progresse. Et je pense qu'il va y avoir du progrès sur le chocolat, d'ici deux ou trois ans. Je prédis que la directive va revenir devant le Parlement, et que cette fois les gens vont faire ce qu'il faut pour que ça marche. »

*

COMPTE-RENDU de réunion
Commission Environnement et politique
des consommateurs
Parlement européen, Bruxelles, 2 juillet 1996
Auteur : Martin Lamb
CONFIDENTIEL, réservé à l'attention
de la direction

Contexte : À la suite de l'action intensive des membres de la CAOBISCO[1], de la BCCCA[2] et d'autres organismes de la filière, le Parlement européen commence enfin à reconsidérer la fameuse directive « chocolat » de 1973 qui, depuis deux décennies, complique considérablement la vente des produits Cadbury dans certains pays européens. Le Parlement sollicite actuellement les avis de trois commissions : Environnement et politique des consommateurs ; Développement ; et Agriculture. Aujourd'hui, la commission Environnement et politique des consommateurs s'est réunie pour étudier les différentes propositions et suggestions d'amendements.

La réunion : Un nombre considérable d'eurodéputés étaient présents et (comme d'habitude) un nombre considérable étaient absents. Les Français, pour qui ce litige représente sans doute le plus d'enjeux, sont ceux qui comptabilisaient

1. Association européenne des industries de la chocolaterie, biscuiterie-biscotterie et confiserie, fondée en 1959.
2. Biscuit, Cake, Chocolate and Confectionery Alliance, association professionnelle des industriels du biscuit, des gâteaux, des chocolats et des confiseries au Royaume-Uni, fondée en 1985.

le plus d'absents (N.B. : le Tour de France a commencé le 29 juin).

Je qualifierais la réunion d'animée. Il n'était pas toujours facile de saisir les différentes interventions, puisque au moins sept langues étaient représentées, et que les traducteurs – excellents, comme toujours – avaient un peu de peine à suivre. Voici néanmoins quelques-uns des principaux points abordés :

Monsieur Jean-Pierre Thomine (France) a évoqué le risque qu'un recours accru aux graisses végétales non cacaotées dans la confection du chocolat compromette les recettes en devises des pays en voie de développement producteurs de cacao. Les eurodéputés de l'Autriche, de la Belgique, de l'Allemagne, de la Grèce, de l'Italie, du Luxembourg, des Pays-Bas, du Portugal et de l'Espagne ont abondé dans son sens. Ms Victoria Keaton (Royaume-Uni, West Midlands) a déclaré que selon elle cet impact serait minime, et les eurodéputés du Danemark, de Finlande, d'Irlande et de Suède l'ont rejointe. Herr Robert Fischer (Allemagne) a proposé de réaliser une étude d'impact. Les eurodéputés de l'Autriche, de la Belgique, de la France, de l'Italie, des Pays-Bas, du Portugal et de l'Espagne ont approuvé cette proposition, tandis que les représentants du Danemark, de Finlande, d'Irlande, de Suède et du Royaume-Uni s'y sont opposés. La Grèce et le Luxembourg n'ont pas fait de commentaires.

Le Señor Jorge Herralde (Espagne) a affirmé que la question de l'étiquetage était cruciale. Les consommateurs doivent être informés sur les produits qu'ils achètent. Les étiquettes devraient préciser explicitement si le chocolat contient des graisses végétales non cacaotées, puisque ce serait une nouveauté dans certains États membres adeptes du « pur chocolat ». L'étiquetage du chocolat, a-t-il suggéré, devrait être conforme aux dispositions de la directive générale sur l'étiquetage des denrées alimentaires. Le Danemark, la Finlande, l'Irlande, la Suède et le Royaume-Uni ont exprimé leur désaccord. L'Autriche, la Belgique, la France, la Grèce, l'Italie, le Luxembourg, les Pays-Bas et le Portugal ont approuvé, mais ne sont pas parvenus à se mettre d'accord sur les termes de l'étiquetage. L'Autriche, la Grèce, l'Italie, le Luxembourg, les Pays-Bas et le Portugal estimaient que l'emballage devrait mentionner « contient des graisses végétales non cacaotées », tandis que pour la France et la Belgique il devrait dire « succédané de chocolat ». Ils n'ont pas non plus réussi à se mettre d'accord sur le positionnement de cette mention. La France, la Belgique, l'Allemagne et le Luxembourg estimaient qu'elle devrait apparaître en gros caractères et sur le dessus de chaque barre chocolatée ; pour l'Espagne, le Portugal et l'Italie, mieux vaudrait des petits caractères au dos de chaque barre chocolatée ; enfin la Grèce et les Pays-Bas ont proposé un compromis, avec des caractères moyens sur le côté de chaque barre chocolatée.

Herr Thomas Graf (Allemagne) a soulevé la question du chocolat « de qualité », soumis à des exigences plus élevées en ce qui concerne la teneur minimum en cacao et en lait. En Allemagne, par exemple, certaines barres chocolatées sont désignées sous le terme « Vollmilchschokolade » et Herr Graf a soutenu catégoriquement que de tels produits ne devraient contenir aucune graisse non cacaotée. M. Konstantinos Papastathopoulos (Grèce), qui prenait ses propres notes manuscrites pendant la réunion, a demandé à Herr Graf l'orthographe de « Vollmilchschokolade » et Monsieur Henri Baptiste (Belgique), qui lui aussi prenait ses propres notes manuscrites, a demandé à M. Konstantinos Papastathopoulos l'orthographe de Konstantinos Papastathopoulos. La question de l'étiquetage « qualité » n'a pas été résolue.

Madame Christine d'Alembert (France) a réitéré la suggestion habituelle, selon laquelle le chocolat contenant des graisses végétales non cacaotées ne devrait pas s'appeler « chocolat » du tout. Ms Victoria Keaton (Royaume-Uni, West Midlands) a immédiatement protesté, soulignant que cela allait à l'encontre d'une jurisprudence très claire de la Cour européenne de justice. Elle a rappelé à la mémoire de la commission le dossier sauce béarnaise (26 octobre 1995), dans lequel la Cour a jugé que lorsque deux produits présentent des caractéristiques essentiellement similaires, il n'est pas souhaitable de changer d'appellation commerciale. Monsieur Thomine a souligné que la sauce béarnaise n'était pas du chocolat. Ms Keaton a répliqué qu'elle savait bien que la sauce béarnaise n'était pas du chocolat, et alors ? Monsieur Thomine a répondu que le dossier cité par Ms Keaton n'était pas pertinent, puisqu'il n'y avait pas d'entreprises britanniques produisant une sauce béarnaise de qualité inférieure et qui tenteraient de l'exporter dans d'autres pays européens comme si c'était de la vraie sauce béarnaise. Ms Keaton lui a demandé s'il comprenait la notion de jurisprudence, ou si c'était un concept inconnu en France.

Monsieur Thomine lui a demandé si elle comprenait la notion d'alimentation de qualité, ou si c'était un concept inconnu en Grande-Bretagne. À ce stade, la réunion est devenue houleuse et le président de la commission a dû rappeler tout le monde à l'ordre.

Enfin, Monsieur Bertrand Guillon (France) a suggéré que si des graisses non cacaotées devaient être autorisées dans le chocolat, il faudrait employer une méthode scientifiquement prouvée pour les détecter. Cette proposition a été saluée par l'Autriche, la Belgique, l'Allemagne, la Grèce, l'Italie, le Luxembourg, les Pays-Bas, le Portugal et l'Espagne, tandis que le Danemark, la Finlande, l'Irlande et la Suède ont également reconnu que cela paraissait équitable, et annoncé qu'il n'y aurait pas d'objections de leur part. Une nouvelle fois, Ms Keaton s'est levée et a rappelé qu'il n'existait aucune méthode de détection de ce genre, qu'il faudrait des années pour en inventer une, et que ce n'était donc rien d'autre qu'une ruse pour maintenir le statu quo et exclure le chocolat britannique des marchés européens. Elle a décrit ça comme « une combine typique des Français », ce qui a poussé Monsieur Guillon à la qualifier d'hystérique et à affirmer qu'elle devrait quitter la Chambre. Ms Keaton a refusé, déclarant qu'il n'était pas dans la nature des Britanniques de se rendre, pas comme d'autres pays qu'elle pourrait citer, et que son père n'avait pas combattu lors de la bataille d'Angleterre pour qu'on l'oblige à avaler du chocolat français, ce à quoi Monsieur Guillon a répliqué que son père ne s'était pas battu dans la Résistance pour devoir manger du chocolat trop gras que seuls les enfants étaient capables d'apprécier. Avant qu'aucun de ces deux députés n'ait le temps d'apporter d'autres contributions, le président de la commission a déclaré la réunion terminée, et félicité tout le monde pour ce bel exemple de coopération paneuropéenne.

Conclusion : La longue et laborieuse progression de la directive « chocolat » au sein du Parlement européen ne fait que commencer, et nous ne devrions donc pas nous décourager même si, en insistant sur une méthode de détection des matières grasses non cacaotées qui n'existe pas encore, les « puristes » du chocolat ont remporté aujourd'hui une victoire mineure. Selon moi, il ne s'agit que d'un revers temporaire pour la cause du chocolat britannique, qui ne survivra pas au vote en session plénière du Parlement européen, et ne sera jamais approuvé par la commission. En d'autres termes, il y a encore beaucoup de chemin à parcourir, et de mon point de vue, nous avons des raisons de rester ~~optimistes~~ raisonnablement optimistes.

*

Le matin du 1er septembre 1997, Martin fit la grasse matinée chez son frère, et fut réveillé à neuf heures par la sonnerie de son téléphone portable, à laquelle il n'était pas encore habitué. C'était un appel de l'assistante qui gérait l'agenda de Paul Trotter.

« Je sais que vous aviez rendez-vous avec lui à Bruxelles demain après-midi, dit-elle. Mais il a annulé son déplacement. Finalement il restera à Londres toute la semaine. Peut-on reprogrammer ? »

Martin expliqua qu'il prenait l'Eurostar à quatorze heures trente cet après-midi-là, et serait ensuite à Bruxelles pratiquement toute la semaine.

« Il peut vous caler ce matin, dit la femme. Il pourrait vous accorder une demi-heure à midi, qu'est-ce que vous en dites ? »

Que c'est mieux que rien, songea Martin, et trois heures plus tard il était devant le numéro 1, Parliament Street à Westminster, où Paul avait son bureau – de même que tous les nouveaux élus travaillistes arrivés en masse au Parlement, à la suite du raz-de-marée électoral de mai. On fit entrer Martin par la porte automatique, avant de l'orienter vers une petite pièce pratiquement aveugle au troisième étage, que Paul semblait partager avec deux autres députés, qui heureusement n'étaient pas venus ce jour-là. C'était un véritable chaos, avec trois bureaux coincés dans cet espace minuscule, chacun surmonté d'une impressionnante pile de papiers. Au milieu du sien, Paul Trotter avait réussi à faire une place à un ordinateur portable Toshiba massif, sur lequel il pianotait furieusement à l'arrivée de Martin.

« C'est comment dehors ? » demanda-t-il, après s'être levé pour serrer la main de son visiteur.

Martin réfléchit un instant, s'efforçant de circonscrire la question, puis répondit : « Oh, eh bien... il fait plutôt bon. Pas autant de soleil que sur la côte sud, où j'étais hier, mais...

— Pas la météo, fit Paul. Comment est l'*ambiance* ? Est-ce qu'il commence à y avoir beaucoup de monde ?

— Eh bien oui, il y avait plus de monde dans

le métro que d'habitude, en effet. Un tas de gens avec des fleurs. Je me demande pourquoi. Quelque chose à voir avec Diana, peut-être ? »

Paul le regarda fixement, comme s'il essayait de déterminer si Martin pouvait réellement avoir prononcé ces mots. « Bien sûr que c'est pour ça, fit-il. Cette semaine va être... eh bien, incroyable. On va assister à des choses comme ce pays n'en a jamais connu. Vous avez vu Tony à la télévision, hier ? Il était incroyable, hein ? "La princesse du peuple". Quelle trouvaille ! » Il se rassit à son bureau, contempla son écran d'ordinateur et lâcha, à moitié pour lui-même : « Comment rivaliser avec ça ? »

Il semblait à présent distrait par ce qu'il était en train de taper. Martin s'installa face à lui – non qu'il y ait été invité, d'ailleurs – et observa Paul, dont le regard balayait l'écran en long et en large. Il paraissait très jeune, bien qu'il n'ait probablement pas plus de six ou sept ans d'écart avec Martin. Ses joues étaient pâles, lisses, comme s'il n'avait pas encore commencé à se raser, et il y avait une concentration quasi enfantine dans sa façon de froncer les sourcils. Spontanément, Martin lui dit :

« Vous saviez qu'on était cousins, au fait ? »

Paul leva le nez. « Hmm ?

— Vous et moi. On est cousins. Issus de germains.

— Ah bon ? Vous êtes sûr ?

— Tout à fait sûr. On a le même arrière-grand-père. Carl Schmidt. Il était allemand. Nos grands-mères étaient sœurs.

— Je ne peux pas dire que je m'intéresse beaucoup à l'histoire familiale, fit Paul. On a tendance à trop regarder dans le rétroviseur dans ce pays : on est obsédés par le passé, c'est ça la cause de tous nos ennuis. Le New Labour ne commettra pas cette erreur. Tony est tourné vers le futur.

— Ah, eh bien je suis à fond pour », signifia Martin. La tentative de créer un lien de parenté semblait être tombée à plat. Il ne savait pas trop quelle approche tenter ensuite. « C'est dommage que vous ayez dû annuler votre voyage à Bruxelles, reprit-il, faute de trouver mieux.

— Bon, comment faire autrement ? Je n'avais pas le choix. Impossible de quitter le pays une semaine comme celle-ci.

— Qu'est-ce que vous comptiez faire là-bas ?

— Je voulais juste me faire une idée... vous savez, voir s'il y a des sujets soulevés en Europe en ce moment qui affectent ma circonscription. Parler à des députés européens, sonder un peu les gens...

— Ah ! Eh bien je suppose qu'une bonne partie de vos électeurs travaillent à Bournville, n'est-ce pas ?

— Je croyais que c'était un parc à thème, maintenant, fit Paul, qui regardait à nouveau son écran et ne semblait pas l'écouter très attentivement. L'Usine n'a pas fermé ? »

Martin ne put s'empêcher de lâcher un soupir d'exaspération. « Bien sûr que non, elle n'a pas fermé. » Même s'il était vrai que l'atelier et ses propres bureaux partageaient désormais le bâtiment avec une attraction touristique baptisée Cadbury World. (Une aberration, selon lui, et une grosse pomme de discorde avec ses enfants, car Bridget et lui refusaient de les laisser s'y rendre, ce qui nourrissait beaucoup d'amertume chez les petits, bien conscients que les enfants de Jack y étaient déjà allés deux fois, eux, et en étaient revenus, selon la rumeur, les bras chargés de chocolat gratis.) « On y fabrique toujours du chocolat et on y emploie toujours beaucoup de monde, et c'est justement ce dont je voulais vous parler. L'Union européenne. La guerre du chocolat. » N'obtenant pas de réponse de la part de Paul, il insista : « Comme vous le savez sans doute, dans six semaines il va y avoir un vote crucial à Strasbourg sur les propositions d'amendements à la directive "chocolat". L'actualité est donc chargée. Ça commence à chauffer.

— À chauffer, vraiment ? Super, super... » Paul appuya sur la touche retour arrière de son ordinateur à plusieurs reprises, effaçant quelques mots puis, après en avoir tapé d'autres, il se renfonça dans son siège et dit en fronçant les sourcils : « C'est quoi au juste, la guerre du chocolat ? »

Martin fut découragé par cette question, mais se lança vaillamment dans un résumé synthétique du conflit qui empoisonnait les chocolatiers européens depuis vingt-quatre ans. Il sentait cependant qu'il ne parvenait toujours pas à capter l'attention de Paul. Il essaya de donner au sujet une dimension plus personnelle :

« Vous gardez sûrement un très bon souvenir du chocolat que vous mangiez quand vous étiez enfant. Et c'est tout ce que nous essayons de préserver, en fin de compte. Les grandes marques britanniques comme le Dairy Milk... le coffret Cadbury Milk Tray... les Roses...

— Les roses... », répéta Paul d'un ton rêveur. Le mot semblait entraîner ses pensées dans une autre direction. D'un geste vif et décidé, il décrocha le téléphone posé sur son bureau. « Janice, fit-il, vous pouvez commander une douzaine de roses rouges et les faire livrer ici cet après-midi ? Je les déposerai au portail de Kensington Palace un peu plus tard. Faites en sorte que les journaux soient au courant, d'accord ? » Il raccrocha, se tourna vers Martin et poussa un gros soupir. « Vous y croyez, vous ? Vous arrivez à croire qu'elle n'est plus là ?

— C'est vrai, répondit Martin en opinant du chef. C'est très triste.

— Vous allez déposer des fleurs aussi ?

— Eh bien... je ne l'avais pas prévu. Enfin, ce n'est pas comme si on se connaissait, après tout.

— Mais on la connaissait tous. » Paul se pencha en avant, passionné à présent. « On la connaissait et on l'aimait tous. Elle était la princesse... (sa voix commença à trembler)... de tous nos cœurs. » L'expression sembla lui faire forte impression. Il la laissa flotter dans l'air une seconde ou deux, pour la savourer, puis se remit immédiatement à pianoter sur son clavier.

« Mais qu'est-ce que vous écrivez ?! demanda Martin.

— Ce vendredi je fais un discours devant la section East Midlands de l'Association royale des producteurs laitiers britanniques. Mon rédacteur de discours me l'a remis la semaine dernière, mais bien sûr maintenant il faut que je réécrive tout.

— Vraiment ? Pour que ça parle de Diana ?

— Évidemment.

— Vous croyez que vous pourriez aussi glisser quelques lignes sur le chocolat ? »

Paul eut un petit rire sec en continuant de taper sur son clavier. « Ce n'est pas franchement le sujet, vous ne croyez pas ?

— Pourtant il me semble que les ventes de

chocolat britannique en Europe, c'est tout à fait le sujet des producteurs laitiers.

— Tout le monde n'est pas aussi obsédé par le chocolat que vous semblez l'être.

— Je ne suis pas obsédé. C'est mon boulot. » Martin sortit des feuilles de sa sacoche. « Regardez, je vous ai apporté quelques chiffres. L'industrie chocolatière mondiale pèse trente milliards de livres par an, et l'Europe en représente environ la moitié... »

Paul lui coupa la parole : « J'aimerais bien vous aider, Martin, vraiment, mais il faut que vous vous mettiez à ma place. Je dois m'en tenir strictement au sujet, ici. » Il marqua une pause et leva brusquement les yeux, alors qu'une idée lui venait d'un coup : « J'imagine qu'on ignore si Diana avait une barre chocolatée préférée ? »

Commençant à sentir que ce rendez-vous était une perte de temps, Martin était sur le point de prendre congé quand le téléphone de Paul sonna. Après une brève conversation, celui-ci raccrocha, referma son ordinateur portable et se leva pour serrer la main de Martin. « Bon, fit-il, c'était vraiment passionnant, tout ça, mais il faut que j'y aille. Il y a un type du *Spectator* qui m'attend en bas pour m'inviter à déjeuner. »

Ils prirent l'ascenseur ensemble et, pendant la descente, Paul lui révéla quelques informations supplémentaires sur son futur compagnon de table.

« Il écrit un papier sur tous les nouveaux députés travaillistes, je crois que c'est ça le projet. Ce qui est d'ailleurs un peu ironique. Je pense qu'il espérait vraiment que les gens seraient en train de rédiger son propre portrait, à l'heure qu'il est.

— Ah bon, pourquoi ? demanda Martin.

— Parce que lui aussi s'est présenté aux élections. Ce qui est vraiment marrant, c'est que les conservateurs l'ont collé dans un bastion travailliste à toute épreuve, en Galles du Nord, non mais franchement. Bien sûr il n'avait pas la moindre chance. Ancien d'Eton, conservateur, étudiant à Oxford, l'establishment anglais pure souche. Ça ne risquait pas d'impressionner une bande de fermiers gallois qui détestent tout ce qui vient d'Angleterre et passent la majeure partie de la journée avec de la merde de mouton jusqu'aux chevilles.

— Alors il s'est reconverti dans le journalisme ?

— Oh, ça fait une éternité qu'il est là-dedans. Il a passé un paquet d'années à Bruxelles, apparemment. Il s'y est bâti une petite réputation en tapant sur l'UE. »

Martin savait désormais exactement de qui Paul était en train de parler. Et cela ne rata pas : quand ils quittèrent le bâtiment, les attendait sur le trottoir une silhouette corpulente et familière, dans son costume mal coupé et un peu trop serré, le regard toujours aux aguets, avec sa lueur de méfiance et d'ironie, et les salutations trop enjouées, quelque part à mi-chemin entre l'amitié à la vie à la mort et la déclaration de guerre. Martin leur dit au revoir à tous les deux, et tandis qu'il cherchait un taxi pour l'emmener à Waterloo, il regarda la tignasse de cheveux blonds reconnaissable entre mille de Boris s'éloigner en dansant dans la rue, jusqu'à ce que la foule finisse par l'avaler : la foule dense qui se pressait, les milliers de gens éplorés qui progressaient maintenant vers les portes du palais, chargés de leurs fleurs, de leurs cadeaux et de leurs cartes rédigées à la main.

IV

INTERMÈDE

Dans la ville de Llangollen, dans le comté de Gwynedd, dominant la rivière Dee, se dresse un beau pub ancien baptisé le Corn Mill. Et c'est dans ce pub que le 2 mai 1997, deux journalistes s'étaient retrouvés pour partager un verre à l'heure du déjeuner. On était au lendemain des élections législatives. Llangollen faisait partie de la circonscription de Clwyd South. Il s'agissait d'une nouvelle circonscription, créée pour cette élection, mais le résultat n'avait jamais fait aucun doute. Comme toujours dans cette région du pays, les gens avaient voté pour un député travailliste. Il s'appelait Martyn Jones, et il avait obtenu 22 901 votes. Loin derrière, pour le Parti conservateur, arrivait en seconde place un nouveau candidat, Boris Johnson, avec 9 091 votes.

« Bon, dit le premier journaliste en posant deux pintes sur la table. Ça y est, c'est terminé alors.

— Je crois, dit la seconde journaliste en prenant une première gorgée de sa bière, qu'on n'est pas près de revoir un duel pareil.

— Le pauvre, il n'avait pas la moindre chance, dit le premier journaliste.

— Le pauvre ? dit la seconde journaliste. C'est pas vraiment comme ça que je le décrirais.
— Oh, allez quoi, dit le premier journaliste. Un peu d'empathie, quand même.
— Et pourquoi ? dit la seconde journaliste. Quand un type est assez fou et assez arrogant pour aller se présenter dans un endroit qui vote travailliste depuis un siècle...
— Mais c'est pas de l'arrogance, je crois, dit le premier journaliste. Plutôt le hasard du tirage. Je suis sûr qu'il aurait préféré se présenter ailleurs.
— T'es en train de me dire que t'as pas trouvé ce mec arrogant ? dit la seconde journaliste.
— Attends, j'ai pas dit ça, dit le premier journaliste.
— De toute ma vie, dit la seconde journaliste, j'ai jamais vu un plus parfait exemple de l'Anglais qui croit que tout lui est dû.
— Et pourtant..., dit le premier journaliste.
— Et pourtant ?
— Et pourtant ce qu'il y a de marrant...
— Ce qu'il y a de marrant ?
— ... c'est que les gens ne le détestaient pas.
— Ils n'ont quand même pas voté pour lui.
— Non, mais bizarrement ils l'aimaient bien.
— Toi, tu l'aimais bien ? demanda la seconde journaliste.
— Non, je ne dirais pas tout à fait ça.
— Ravie de l'entendre.
— Et pourtant..., dit le premier journaliste.
— Et ça recommence, dit la seconde journaliste. "Et pourtant..."
— Oui. Et pourtant il avait un truc. Un certain charme.

— Un charme ?
— Une sorte de charisme.
— De charisme ?
— Il ne se prenait pas au sérieux, dit le premier journaliste. Ça le rendait attachant.
— Je ne me suis pas attachée du tout, dit la seconde journaliste. Et franchement, qui le prendrait au sérieux ?
— Il a appris quelques mots de gallois, dit le premier journaliste. Ça montre qu'il s'est impliqué.
— N'importe quel type qui essaie de se faire élire ici apprendrait un peu de gallois, dit la seconde journaliste. Et son accent était atroce.
— Bien sûr que son accent était atroce, dit le premier journaliste. Il le savait. Il en plaisantait. Et les gens riaient.
— Je n'arrive pas à comprendre pourquoi, dit la seconde journaliste.
— Parce que ça leur donnait le sentiment d'avoir quelque chose en commun avec lui, j'imagine.
— Tu dérailles ? Il est allé à Eton. Il est allé à Oxford. Il vit à Londres. Il écrit pour les journaux conservateurs. Qu'est-ce qu'il a en commun avec les gens du coin, putain ?
— Il savait que ce qu'il essayait de faire ici, c'était ridicule. Absurde. On lui a confié une mission impossible et il a fait de son mieux, mais il se savait condamné à l'échec. C'est un truc que beaucoup de gens peuvent ressentir, peu importe où ils vivent ou le milieu dont ils viennent.
— Ressentir à propos de quoi ?
— À propos de tout. À propos de la vie.

— Bon, et maintenant il retourne chez lui, dans sa grande maison à Londres, faire son boulot bien payé dans un journal. Pas grand-chose en commun avec les gens de Llangollen, tu ne crois pas ?

— Je sais ce que tu penses, dit le premier journaliste. Tu penses que juste parce que les gens d'ici ont voté travailliste toute leur vie, et leur père avant eux, et leurs grands-pères avant eux, ils vont voter travailliste pour toujours. Mais c'est pas comme ça que ça marche. Déjà, le parti pour lequel ils viennent de voter n'est pas le même que celui pour lequel ils votaient il y a vingt ou trente ans.

— J'en ai bien conscience.

— Plus ça change…, dit le premier journaliste.

— … plus c'est la même chose, dit la seconde. Les gens de cette circonscription ne voteront jamais conservateur. Pas tant qu'il y a des types comme lui dans le parti.

— Tu veux qu'on parie ?

— Carrément.

— Cent livres ?

— N'en faisons pas une histoire d'argent. C'est beaucoup trop sordide.

— Alors quoi ? »

La seconde journaliste sourit. « Si ça arrive un jour, je te taille une pipe. »

Le premier journaliste éclata de rire. « Eh ben, j'aurai vraiment tout entendu. Marché conclu.

— Tope là. »

Ils se serrèrent la main.

« T'as le temps de reprendre un demi ? dit le premier journaliste, qui ne s'était installé en ville que tout récemment, était originaire de Newport, dans le Sud, et s'appelait Aidan.

— Un petit vite fait », dit la seconde journaliste, qui avait grandi dans une ferme non loin de là, près du village de Llanbedr, et s'appelait Sioned.

V

LOUANGE À L'ÉTERNITÉ DE JÉSUS

TRIO COFFRINI

Église St Cuthbert, Philbeach Gardens, Londres SW5
19 h 30, samedi 6 septembre 1997

Chiara Coffrini, *piano*
Peter Lamb, *violon*
Marcus Turner, *violoncelle*

avec

Camille Ducreux, *clarinette*

PROGRAMME

Gabriel Fauré
Trio en ré mineur, op. 120

*
ENTRACTE
*

Olivier Messianne
Quatuor pour la fin du temps

Ils répétaient dans l'appartement de Chiara le mercredi après-midi, et tout se passait bien. Pendant près d'une heure et demie, Peter, Marcus et Camille avaient travaillé le court « Intermède », une pièce polyrythmique complexe qui devait être jouée à l'unisson, exigeant une extrême précision. Puis, tandis qu'ils s'accordaient une pause pour prendre le thé, Gavin ouvrit l'un des deux cartons contenant les programmes livrés par l'imprimeur le matin même, et c'est alors qu'ils s'aperçurent de la coquille.

« On va devoir tout renvoyer, dit Marcus. Ces branleurs ont mal orthographié son nom.

— C'est trop dommage, fit Chiara en regardant le reste du programme. Il est vraiment joli.

— C'est ma faute, intervint Gavin. Je suis sincèrement désolé. J'aurais dû y aller en personne, pas faire ça par téléphone. Vous croyez qu'ils vont pouvoir les réimprimer à temps ?

— Peut-être, répondit Peter. Mais on ferait bien de s'en occuper dès cet après-midi. À quelle heure ils ferment ?

— Dix-sept heures trente, dit Gavin. On a une heure. Je vais y passer tout de suite.

— Je viens avec toi », dit Peter.

Ni l'un ni l'autre n'avait besoin, à proprement parler, de rester jusqu'à la fin de la répétition : le mouvement suivant, « Louange à l'Éternité de Jésus », était un long duo pour piano et violoncelle qui allait occuper Chiara et Marcus tout le reste de l'après-midi, tandis que Camille se chargerait volontiers de tourner les partitions de la pianiste. Peter et Gavin partirent donc ensemble, et empruntèrent le métro jusqu'à Fitzrovia, où l'imprimeur reconnut à contrecœur que la coquille dans le nom du compositeur était de sa responsabilité. « Je suis désolé, déclara-t-il, mais c'était vraiment dur de se concentrer sur quoi que ce soit cette semaine, hein ? Quand on pense à tout ce que cette femme a subi, vous voyez, et comment ça s'est terminé pour elle ? Pas possible de fonctionner normalement dans un moment pareil, vous ne trouvez pas ? Faudrait vraiment avoir un cœur de pierre. » Il accepta de réimprimer la totalité des cent programmes, qui seraient prêts pour le vendredi midi. Une fois conclue cette périlleuse négociation, Peter et Gavin se retrouvèrent dans un quartier agréable, par une soirée ensoleillée, avec un peu de temps libre devant eux. Ils s'aventurèrent du côté de Soho, choisirent un pub et sortirent boire leur verre sur le trottoir avec les autres clients. Autour d'eux, toutes les conversations semblaient tourner autour de Diana, et les gens lisaient des journaux avec des bandeaux qui barraient la une : « OÙ EST NOTRE REINE ? ». Le scandale prenait de l'ampleur : alors que des milliers de personnes continuaient à se rendre en pèlerinage à Kensington Palace, les bras chargés de bouquets – le tapis de fleurs déposées devant le portail s'étageait désormais sur plusieurs couches d'épaisseur –, la reine n'avait même pas quitté Balmoral pour rentrer à Londres, et le drapeau de Buckingham Palace n'était toujours pas mis en berne. Le pays commençait à s'agiter : le chagrin se muait en colère.

Mais Gavin et Peter ne parlèrent pas de Diana. Les garçons (c'étaient toujours des garçons) que Chiara parvenait Dieu sait comment à convaincre de se porter volontaires pour lui servir de tourneurs de pages, de porteurs de bagages et d'hommes à tout faire, avaient tendance à partager quelques traits communs : ils étaient beaux, ils étaient charmants, ils avaient environ vingt-cinq ans, et c'étaient la plupart du temps des musiciens au chômage. De fait, Gavin répondait à tous ces critères. Mais pas au plus important de tous : il n'était pas tombé amoureux de Chiara. Obstinément, cette nouvelle recrue avait résisté à ses charmes pourtant indubitables, et à la place, pendant les répétitions, c'était toujours du côté de Peter que son regard paraissait s'égarer, quand il n'était pas concentré sur la musique. Au début, Peter ne remarqua rien. Puis il se dit que son imagination devait lui jouer des tours. Puis il s'efforça de faire comme si de rien n'était. Et enfin il s'aperçut qu'il était de plus en plus intrigué par ce jeune homme bien de sa personne, dont le regard semblait lui faire le compliment d'une attention aussi inattendue que papillonnante. Ils s'étaient mis à bavarder de plus en plus, chaque fois qu'une pause leur en offrait l'occasion pendant la répétition. Ils marchaient jusqu'au métro ou à l'arrêt de bus, même quand cela impliquait un petit détour. Et ce soir-là, maintenant qu'ils avaient trouvé le moyen de boire un verre ensemble, ils n'avaient pas l'intention de perdre leur temps à évoquer la défunte princesse de Galles. Ils commencèrent par une discussion d'ordre général sur le concert de samedi qui prenait forme. Un autre verre, et ils évoquaient les années que Gavin avait passées au Royal Northern College of Music, où il avait étudié la composition et acquis la réputation d'être un virtuose au cor d'harmonie. Un autre verre, et Gavin disait à Peter qu'il avait beaucoup de chance d'être salarié d'un grand orchestre de Londres, et Peter acquiesçait, tout en répondant que Gavin pouvait y arriver aussi, et en proposant de le recommander si jamais il voulait postuler pour la section des cuivres. Encore un verre, et ils parlaient de la dernière année ratée de Gavin, et des examens auxquels il avait échoué à cause de son aventure avec Nikos, un jeune percussionniste grec, qui s'était très mal terminée. Encore deux verres, et Peter lui racontait qu'il était marié depuis sept ans, mais que ça n'allait pas bien du tout avec sa femme. À ce moment-là, elle avait une aventure, plus ou moins ouvertement, et il était à peu près sûr qu'elle était en voyage en France avec son amant, et non trois de ses copines. Et pendant tout ce temps, Peter prenait lentement conscience que Gavin n'était pas juste joli garçon, ni même beau : il était magnifique, il n'y avait pas d'autre terme, et à cet instant précis il n'y avait rien qu'il désire davantage que de tendre la main pour toucher son visage, suivre du doigt la courbe de sa joue, sentir sa barbe de trois jours, rêche sous ses doigts. Et si ce sentiment aurait dû le laisser stupéfait, voire choqué, il n'y avait en réalité rien de stupéfiant ni de choquant là-dedans : cela lui semblait la chose la plus naturelle du monde. Pourtant, même si ça paraissait naturel, même si ça paraissait désirable, même si Peter brûlait d'envie de toucher ce magnifique jeune homme qui s'intéressait tant à lui et dont les yeux étaient des lacs d'azur dans lesquels il aurait voulu pouvoir plonger, il savait qu'il n'allait pas pouvoir. S'il était capable de faire une chose pareille, il se serait lancé il y a des années, cinq ans au moins – ça remontait si loin que ça, la dernière fois qu'il avait couché avec Olivia, cinq ans ? –, donc ça ne servait à rien, toute cette soirée n'était qu'une perte de temps, et il fut traversé par la certitude qu'il allait rentrer seul, comme d'habitude, retrouver un lit vide et une nuit de fantasmes aussi vains qu'enfiévrés...

Il y eut d'autres verres. Il finit par faire nuit, par être tard. Peter était très saoul, voilà qui ne faisait aucun doute. Il était planté au coin de la rue, en train de dire au revoir à Gavin, et n'avait aucun souvenir de la façon dont ils avaient atterri là.

« On se voit vendredi, alors, disait Gavin.

— Vendredi, répéta Peter en tanguant légèrement.

— Dernière ligne droite, dit Gavin.

— Dernière ligne droite », dit Peter, et puis d'un seul coup il se pencha et l'embrassa à pleine bouche. Au bout d'une seconde ou deux, Gavin eut un mouvement de recul, mais ce n'était que de la surprise, pas du dégoût : quelques instants plus tard, il prenait le visage de Peter entre ses mains et lui rendait son baiser, et cette fois ce fut un long baiser, bouche ouverte, langues roulant l'une contre l'autre. Mais bientôt, ce fut au tour de Peter de se dégager.

« Je peux pas faire ça, fit-il, haletant. Putain. Je peux pas. *Je peux pas, putain.* » Et il tourna les talons, sans dire au revoir, sans regarder derrière lui. Gavin tenta de le rappeler mais il y avait des gens dans la rue, des centaines de gens, qui parlaient tous de Diana, et Peter ne l'entendit pas.

*

À quatre heures du matin, une heure avant l'aube, Peter ouvrit la fenêtre à guillotine de sa chambre et contempla la rue. Il était en sueur, épuisé, en pleine gueule de bois ou peut-être encore ivre, voire les deux à la fois. Il était plein de colère et de mépris envers lui-même. Encore une occasion manquée, encore une chance qu'il laissait passer. Ce sentiment de solitude et de rage impuissante le submergeait, et ce qui commença comme un long soupir lâché dans l'air nocturne enfla progressivement, prenant du volume et de l'intensité jusqu'à devenir un ululement prolongé, quelque part entre le gémissement de frustration émotionnelle et sexuelle et le hurlement d'une rage trop longtemps refoulée. Quand ce fut terminé, il y eut un instant de silence et puis, à sa grande honte, il se rendit compte qu'il avait été entendu par un passant, quelqu'un qui travaillait tôt le matin ou un dingue insomniaque, car la voix d'un homme s'éleva de l'autre côté de la rue et cria : « Je sais, mon pote ! Je sais ! C'est nous qui l'avons assassinée, hein ? On l'a tuée. C'est notre faute à tous. »

Peter referma brutalement la fenêtre et se hâta d'enfiler des vêtements. Il décida de faire un petit voyage.

Deux heures et demie plus tard, il approchait de Keyhaven. Sa mère et son père y seraient encore, ainsi que son frère Jack, et Ange, et leurs enfants Charlotte et Julian. Ça allait faire drôle, après trois jours à Londres, de retrouver cette vieille maison romantique où les vacances en famille battaient encore leur plein. Maintenant qu'il était arrivé, il s'aperçut que c'était beaucoup trop tôt pour les réveiller tous. Il se gara sur un parking en front de mer au-dessus de Milford on Sea et se laissa bercer par les premiers rayons et le doux ressac, plongeant dans un sommeil agité pendant deux heures. Plus tard, il trouva un café et mangea un croissant accompagné de deux cafés bien noirs. La bourgade était tranquille, la plupart des vacanciers semblaient déjà rentrés, et il était pratiquement tout seul. Il commençait à se sentir un peu mieux, l'esprit un peu plus clair.

Il était dix heures et demie quand il se gara dans l'allée de gravillons bordée d'arbres qui menait à la porte principale de la maison. Celle-ci n'était pas fermée. Il pénétra à l'intérieur et trouva Jack à la table de la cuisine, en train de boire un thé et de lire le journal. Le gros titre du jour était : « VOTRE PEUPLE SOUFFRE – PARLEZ-NOUS, MADAME ».

« Bon Dieu, fit Jack. Regardez-moi qui déboule. Qu'est-ce que tu fais là, frangin ?

— Eh bien, j'avais un jour de libre et pas grand-chose de prévu, répondit Peter sans trop de conviction. Je me suis dit que c'était dommage de pas profiter un peu plus de cet endroit. Où sont les autres ?

— Les gosses sont levés depuis des lustres. On n'est pas prêts pour les emmener à la plage, alors Ange les a collés devant une cassette vidéo. Je crois que Maman regarde avec eux. »

Ce n'était pas le cas. Quand Peter quitta la cuisine, il trouva sa mère dans le couloir, en train d'enfiler ses chaussures de marche.

« Bonjour mon chéri ! dit-elle en se relevant, les yeux écarquillés, aussi surprise et ravie qu'il pouvait s'y attendre. Qu'est-ce que tu fais là ? » Quand il eut bredouillé la même explication que celle qu'il avait donnée à Jack, elle reprit : « Oh, je suis *ravie* de te voir ! Viens, tu dois être fatigué par la route. Laisse-moi te faire un café.

— Non, ça va, j'en ai pris un en ville. Où est-ce que tu vas ?

— Je voulais juste sortir un petit moment. Je me disais que j'irais bien me balader du côté des marais.

— Super, je viens avec toi. »

Ils se mirent en chemin, dépassèrent la roseraie et contournèrent le court de tennis pour rejoindre le sentier qui partait du fond du domaine et traversait une prairie, prairie qui regorgeait de trèfles des prés, de séneçons et d'onagres. Ils débouchèrent sur une rue étroite bordée de cottages en brique rouge, puis de là, sur la route principale. Bientôt, ils longeaient le petit port de Keyhaven sur les eaux duquel oscillaient les voiliers et les bateaux de pêche, un mouvement presque imperceptible ce matin-là, tandis que la brise océanique faisait tinter leur gréement en émettant un son infiniment subtil, doux, intermittent et extrêmement apaisant. Ils suivirent l'itinéraire pédestre qui sinuait autour du petit cap, avec Hurst Castle et l'île de Wight sur leur droite, et rien d'autre que des marais et du ciel bleu devant eux. Les goélands tournoyaient. Les insectes fusaient d'une fleur à l'autre. Tandis qu'ils poursuivaient leur marche, Mary dit :

« C'est drôle, hein ? Je ne supporte pas de regarder ce film.

— Quel film ? demanda Peter.

— Cette cassette qu'ils sont tous en train de regarder. *Pinocchio*.

— Je ne l'ai jamais vu.

— Grandma m'a emmenée le voir, pendant la guerre. Je n'étais qu'une petite fille. Et en plein milieu de la séance, il y a eu un raid aérien. C'était juste après le moment où il se fait avaler par la baleine. J'avais déjà assez peur comme ça, et soudain on a entendu les avions. Tout le monde s'est précipité vers la sortie, et puis on a couru pour rentrer à la maison... On courait dans le noir... Je m'accrochais à la main de Maman, de toutes mes forces... Argh ! C'était horrible ! Je ne veux plus jamais revoir ce film. »

Ils marquèrent une pause et, jetant un coup d'œil à sa mère, Peter vit qu'elle avait fermé les yeux, plongée dans ses souvenirs. Quand elle les rouvrit, elle resta un moment à contempler sans le voir le long chemin qui se déployait devant eux, entre le vaste lac d'eau salée sur leur gauche, les prairies et les vasières à droite, qui s'étiraient en pente douce vers la mer. Elle reprit : « Quand les gens te disent qu'on avait la belle vie pendant la guerre, n'en crois pas un traître mot. Parmi tous ceux qui l'ont vécue, tu ne trouveras personne qui dise ça. On était pétrifiés, l'essentiel du temps... »

Ils reprirent leur promenade pendant une vingtaine de minutes, jusqu'à ce qu'un banc en bois avec vue sur la mer se révèle trop tentant pour passer à côté. Peter commençait à faiblir, de toute façon – contrairement à sa mère, qui passait toujours aisément trois heures sur le terrain de golf, plusieurs fois par semaine. Il se laissa tomber sur le banc, légèrement hors d'haleine. Mary s'installa près de lui et sortit de sa poche une boîte de pastilles à la menthe. Elle en tendit une à son fils et demanda :

« Olivia est toujours en vacances ?

— Oui.

— Quel dommage qu'elle n'ait pas pu venir pour le week-end. Ça m'aurait fait plaisir de la voir.

— Eh bien, j'ai essayé de la convaincre, mais...
— Je sais qu'elle ne nous aime pas tellement. Mais c'était juste pour deux jours. »

Peter était sur le point de répondre : « Bien sûr que *si*, elle vous aime bien ! » Mais dans la mesure où cela aurait été un mensonge, et transparent de surcroît, il garda le silence.

« Tout va bien entre vous, hein ? demanda Mary.
— Oui oui.
— Toujours pas de bébé en vue ? »

Au lieu de répondre à cela, Peter déclara simplement, sur un ton morne, détaché : « Je crois qu'elle a peut-être rencontré quelqu'un d'autre.
— Oh. » Mary contempla la masse grise et informe du château, de l'autre côté de l'eau. « Mince alors.
— Et en fait je commence à me demander, poursuivit Peter – et chaque mot lui coûtait davantage que le précédent, pesait plus lourd sur sa langue –, si tout ça n'était pas juste une terrible erreur. Pas seulement Olivia mais... toutes les femmes avec lesquelles je suis sorti. »

Mary lui pressa la main. « Ça arrive, mon chéri. Dieu sait que tout le monde fait des erreurs. Mais tu es un garçon épatant. Tu vas vite retrouver quelqu'un. Et cette fois, ce sera la bonne.
— Peut-être », répondit Peter. Puis il sauta à pieds joints dans le précipice : « Même si je ne suis pas sûr que ce sera *la*, en fait. Pas forcément. »

Un oiseau se posa sur le muret en ardoise devant leur banc. Sans doute un bécasseau, se dit Mary. La bestiole inclina la tête et se mit à picorer les plumes de son ventre, faisant sa toilette avec de petits gestes nerveux, méticuleux. Il y avait des milliers d'oiseaux dans ces marais :

des tournepierres, des bernaches cravants, des aigrettes d'un blanc lumineux, tous en quête de nourriture dans les vastes étendues de vasières qui bordaient le Solent. Mary se dit qu'elle pourrait passer le restant de ses jours simplement assise là, à observer les oiseaux. Elle comprenait ce que son fils essayait de lui dire, mais était momentanément surprise de se rendre compte que ça ne la dérangeait pas tellement, qu'elle avait déjà fait le chemin, et qu'en fin de compte elle se sentait envahie par une paix aussi profonde qu'inattendue.

« Je voulais te demander quelque chose, dit Peter, déconcerté par son silence et ne sachant comment l'interpréter. C'est à propos d'un truc que tu as dit quand j'étais tout petit. On était en voiture, on roulait, tous les cinq. Je ne sais pas où on allait. C'est pratiquement mon tout premier souvenir.

— D'accord, continue, dit Mary.

— Tu parlais des homosexuels et... la façon dont tu les as décrits... Tu as utilisé cette expression. Tu as dit qu'ils étaient "la lie de l'humanité". »

Plutôt que de s'attarder sur ces mots, plutôt que de les laisser planer entre eux, Mary secoua vivement la tête : « Ça ne me dit rien du tout, mon chéri. Tu ne peux pas me demander de me rappeler ce que j'ai pu dire il y a tout ce temps. De toute façon, énormément de choses ont changé depuis. On ne savait pas de quoi on parlait, la moitié du temps. On était ignorants. Des *ignorants*, voilà ce qu'on était. Tu parles d'une époque qui remonte à des années...

— Trente ans, dit Peter.

— Voilà, c'est ce que je disais ! On vit dans un monde différent, aujourd'hui. Les choses ont évolué. Tout est différent, pas vrai ? Les droits des homosexuels, et tout le tintouin. »

L'expression fit sourire Peter. Il passa le bras autour de celui de sa mère et l'attira contre lui.

« Tu n'as pas besoin de ma permission pour faire quoi que ce soit, dit-elle.

— Je sais. Je ne suis pas venu ici pour chercher ta permission.

— Alors qu'est-ce que tu es venu chercher ? »

Il soupira. « Je ne sais pas. Peut-être... des conseils ?... Je ne sais pas. »

Ils partageaient maintenant un long silence. Le bécasseau termina ses ablutions, regarda de part et d'autre, évaluant rapidement la zone, et s'élança dans les airs. Mary reprit une pastille à la menthe et en offrit une à Peter. Puis elle dit quelque chose d'inattendu :

« Tu savais que David écrivait de la poésie, maintenant ? »

Peter fronça les sourcils. « David qui ?

— David Foley. Le fils de Sylvia. Tu te souviens... vous étiez assez copains quand vous étiez petits.

— Oh, David ! Oui bien sûr.

— Il a déjà publié deux ou trois livres.

— Oui, je crois que je le savais. Il faudrait vraiment que je reprenne contact avec lui.

— Oui, tu devrais. Je l'ai vu il y a quelques mois. Sylvia m'a téléphoné pour me demander si je voulais l'accompagner au Hay Festival. Tu en as entendu parler ? C'est un festival littéraire à Hay-on-Wye. L'idée est un peu curieuse : des auteurs viennent lire des extraits de leurs bouquins à voix haute devant un public, et après ils les dédicacent. Je ne sais pas trop qui c'est censé attirer, mais il y avait pas mal de monde. Enfin, je dis pas mal de monde. David lisait son recueil de poèmes avec deux autres personnes, et pour ça laisse-moi te dire qu'il n'y avait pas foule. À part Sylvia et moi, on ne devait pas être plus d'une douzaine ou une quinzaine. Malgré tout, il a fait bonne figure, et il a très bien lu, je dois dire. Il articulait très bien, on distinguait parfaitement chaque mot. Ensuite il nous a emmenées prendre un café et on a bavardé, c'était bien agréable. C'était sympa d'échanger des nouvelles. Tu savais qu'il enseignait à l'université, maintenant, à Keele ? La littérature anglaise, c'est ça qu'il enseigne. Bon, on ne gagne pas d'argent en écrivant de la poésie, hein ! Surtout pas dans son style. Je lui ai demandé de m'expliquer de quoi parlaient certains poèmes, mais je ne peux pas dire qu'il m'ait tellement éclairée. Ça m'est clairement passé au-dessus de la tête. Mais c'était une chouette petite virée avec Sylvia, je n'avais pas passé une véritable journée avec elle depuis longtemps, alors c'était bien. Les rencontres avec les auteurs ont lieu dans une petite école, à côté du parking. Alors après on a fait un petit tour en ville – même s'il n'y a pas grand-chose à voir, il n'y a pratiquement que des librairies – et puis on est retournées au parking et on s'apprêtait à se remettre en route, et là je me suis dit que je ferais mieux d'aller d'abord faire pipi, alors je suis retournée dans l'école. Et cette fois il y avait foule, tu n'imagines même pas ! Un des auteurs venait de terminer sa conférence, il passait aux dédicaces, et la queue faisait le tour de la moitié du bâtiment. En fait il y avait tellement de monde qu'au début je n'arrivais pas à voir de qui il s'agissait. C'était un type âgé – bon, je sais que ton père et moi on ne rajeunit pas, mais il faisait encore plus vieux –, il était presque chauve et faisait vraiment souffreteux. Donc je l'ai entraperçu, et je lui ai trouvé un air vaguement familier, et puis une fois dans les toilettes des dames j'ai compris qui c'était. En tout cas je croyais savoir. Mais ensuite je me suis dit : Non, ce n'est pas possible, alors je suis retournée jeter encore un coup d'œil. Et là j'ai su, avec certitude. C'était Kenneth. Mon vieil ami Kenneth Fielding. Tu vois de qui je parle ? C'est un journaliste, assez connu. Eh bien, il jouait contre ton père et moi au tennis, quand on commençait tout juste à se fréquenter, et ensuite à l'époque où j'étais étudiante à Dartford, on se voyait régulièrement. On se retrouvait à Londres et on allait au théâtre, tout ça tout ça. Je crois qu'on a vu *La Souricière* la semaine où c'est sorti, tu imagines ! Mais oh mon Dieu, ce qu'il avait l'air vieux, et malade ! Il avait une mine affreuse ! Bon, c'était principalement de ça que parlait son livre – je l'ai acheté deux semaines plus tard. Il y avait toute une partie d'essais politiques et ce genre de choses – j'ai lu tout ça en diagonale –, mais les deux derniers chapitres étaient consacrés à son cancer. Je n'étais pas du tout au courant. Bon, j'ai bien envisagé d'acheter le livre sur place, et de lui demander de me le signer, mais je n'avais pas vraiment le courage d'y aller, je me suis dit que ça pourrait l'embarrasser, devant tous ces gens. Et puis de toute façon j'ai eu l'occasion de le revoir de près un peu plus tard. Sylvia et moi avons décidé d'acheter des caramels avant de repartir – juste un petit quelque chose pour le trajet –, et quand on est revenues de la boutique, il était là. *Ils* étaient là, en réalité, parce qu'il était accompagné de sa femme. Je pense qu'elle était un peu plus jeune que lui – de mon âge, plus ou moins –, très glamour, assez belle, en fait. Il venait de finir de dédicacer et elle l'aidait à traverser le parking. Je suis passée à ça de lui – à peine quelques dizaines de centimètres – et il m'a regardée bien en face, et il a eu l'air de me reconnaître, ou peut-être qu'il croyait me reconnaître, ou se disait qu'il avait dû me croiser quelque part, mais il n'a rien dit, et moi non plus. Pour être honnête, j'avais surtout envie de la regarder *elle*. Tu vois, la dernière fois qu'on s'était vus – c'était le jour du couronnement de la reine –, Kenneth a plus ou moins... bon, je ne sais pas comment appeler ça, mais je crois qu'il... m'a fait sa *demande*, ou en tout cas... il m'a demandé si on pouvait sortir ensemble, ce genre de choses, mais j'étais déjà fiancée à ton père, à l'époque... Enfin ne te méprends pas, je ne regrette pas d'avoir épousé Geoffrey, bien sûr il m'agace parfois – c'est ça le mariage, pas vrai, les bons et les mauvais côtés – et j'aurais bien aimé qu'il soit plus gentil avec Bridget, mais il a toujours eu ce genre de préjugés, il n'a jamais réussi à les dépasser – et j'aurais voulu qu'il... exprime un peu ses *émotions*, une fois de temps en temps, au lieu de s'enfermer toute la journée avec ses livres. Tu sais qu'il n'a pas pleuré du tout quand Nana est morte ? Il n'a pas versé une seule larme – sa propre mère –, et pareil pour ton grand-père, il y a bien des années, mais comme je dis toujours, on a été heureux, dans l'ensemble, on s'est très bien entendus, et bien sûr s'il n'y avait pas Geoffrey tu ne serais pas là, toi, ni Jack, ni Martin, et je ne peux pas l'imaginer, je ne veux même pas y penser, alors... Non, je n'ai aucun regret là-dessus, ce n'était pas comme si j'enviais cette femme, mais je l'ai regardée, une seconde ou deux, et je me suis dit : *Oui, ça aurait pu être moi.* Toute ma vie aurait pu prendre une autre direction si j'avais réagi différemment le jour du couronnement, et me retrouver nez à nez avec elle sur ce parking, c'était comme... je ne sais pas, comme voir une autre version de moi-même. Très bizarre.

— Ton *doppelgänger*, intervint Peter.

— Mon quoi ? » dit Mary, qui ne connaissait pas ce terme. Peter n'essaya pas de lui expliquer, alors elle poursuivit : « Bien sûr, elle est toute seule maintenant. Ce pauvre vieux Kenneth est mort un mois ou deux plus tard, en juillet. Et j'ai toujours Geoffrey, alors... j'ai surtout de la peine pour elle, maintenant.

— Tu devrais peut-être lui écrire une lettre, suggéra Peter, pour dire que tu as connu son mari, lui exprimer ta sympathie, etc.

— Oui, ce n'est pas une mauvaise idée, dit Mary. Elle doit être anéantie, la pauvre. Peut-être que je ferai ça. »

(Mais elle n'écrivit jamais cette lettre.)

« J'ai eu une vie étriquée, je suppose, observat-elle. Peut-être que si j'avais suivi Kenneth, les choses auraient été différentes. Papa me répétait sans cesse qu'un jour je jouerais du piano au Royal Albert Hall. Ça n'est jamais arrivé, hein ? Je me contente de jouer "Jérusalem" une fois par semaine au Women's Institute du coin. Je suis contente que tu aies si bien réussi. Jouer avec l'Orchestre symphonique de la BBC ! Je parle de toi à tous mes amis, tu sais.

— Ne dis pas ça, objecta Peter. Ne dis pas que tu as eu une vie étriquée. Déjà, elle n'est pas terminée. Loin de là. Et ce jour-là...

— Ce jour-là ? demanda Mary, qui pivota pour le regarder, intriguée par le tour que prenait la conversation.

— Je... Bon, je sais que c'est un peu morbide, mais parfois je pense à ton enterrement, à comment ce sera.

— Vraiment ? » Elle le contemplait fixement, avec un sourire en coin qui le mettait au défi. « Et ?

— Et ce sera *incroyable*. Enfin bon, ce sera horrible aussi. Cet aspect-là – le deuil –, je n'arrive même pas à me l'imaginer. Je ne parle pas de ça, évidemment. Je parle des centaines de personnes qui viendront, de tout l'amour qu'il y aura. Tous les amis, tous les collègues. Tous les gens que tu as croisés dans ta vie seront invités, et ils viendront tous parce que tout le monde t'adore. Ce sera... une véritable fête. C'est ce qu'on en fera. Je te le promets.

— Tu peux promettre tout ce que tu veux, répondit Mary, à sa manière laconique. Je ne serai pas là pour en profiter ! »

Peter pouvait difficilement la contredire sur ce point. Malgré tout, il sentait que sa mère était émue. Rechignant à le montrer, elle regarda sa montre : « On devrait rentrer. Ils vont avoir besoin de mon aide pour le déjeuner. Tu restes manger, hein ?

— Oui, bien sûr. » Tous deux se levèrent. « Et merci de m'avoir raconté cette histoire. Je crois que je sais... Enfin, je crois que je comprends pourquoi tu... »

Et puis, pour la première fois depuis bien longtemps, Peter serra sa mère dans ses bras, et elle lui rendit son étreinte. Il s'agrippa à elle, refusant de lâcher, il ferma les yeux et à cet instant précis il eut une brève vision chatoyante – aussi vivace qu'une hallucination peut l'être – de flocons de neige se posant sur la manche de son manteau en fausse fourrure, alors qu'ils marchaient tous deux dans l'obscurité d'une rue londonienne un soir de janvier, dans un passé lointain – alors il rouvrit les yeux, et ne vit plus que le chemin qui traversait les marais, et l'eau argentée survolée par les goélands et les échassiers qui s'interpellaient, tandis que le lointain bruit de moteur d'un bateau de pêche leur parvenait depuis le large. En dehors de cela, tout était silencieux en cet instant d'éternité suspendu.

« Fais ce qui te semble le mieux, mon chéri, dit Mary, s'écartant enfin. Ce qui te rend heureux. »

VI

DANSE DE LA FUREUR,
POUR LES SEPT TROMPETTES

À dix-neuf heures le soir du 5 septembre 1997, Peter et Gavin marchaient le long de la South Bank, à Londres, en direction du pont de Westminster. L'ultime répétition de l'après-midi s'était bien passée : ils avaient joué chaque morceau dans son intégralité à deux reprises, et les quatre musiciens étaient désormais confiants. Plus tard, d'un accord tacite, Peter et Gavin étaient partis ensemble. Ils avaient dîné dans un restaurant près de Waterloo, puis avaient pris un verre au bar du Royal Festival Hall. Ils s'apprêtaient maintenant à traverser la Tamise pour gagner Westminster, vers le nord. Encore une fois, ils n'avaient pas parlé de ce qui se passerait ensuite. Cependant, l'appartement de Peter se trouvait dans la direction opposée. Ce chemin était celui de Pimlico, où Gavin habitait alors une petite chambre en location dans une « mews house », une de ces écuries londoniennes réhabilitées en maisonnettes et qui appartenait à un couple américain, des banquiers. Peter aurait pu lui dire au revoir à tout moment et sauter dans n'importe quel bus descendant vers le sud, qui l'aurait ramené chez lui. Mais il n'en fit rien.

« Alors, ton père est à la retraite, maintenant ? disait Gavin.

— Oui, il l'a prise il y a cinq ans. C'est la pire chose qui lui soit arrivée, je crois. Il ne sait plus quoi faire de lui-même.

— Il n'a pas de hobbies ?

— Il lit beaucoup. Des polars, ce genre de choses. Un peu de poésie latine, à l'occasion – il a fait des études de lettres classiques, en son temps. Et ma mère et lui jouent au golf. Ça fait vingt ans qu'ils jouent au golf. Quand ils ne jouent pas, ils en parlent. Quand ils n'en parlent pas, ils en regardent à la télévision. »

Gavin rit. « Donc je devine que tu n'es pas très proche de tes parents.

— Assez proche, si. Ça n'a rien à voir avec ce qu'on peut avoir en commun avec eux, tu ne crois pas ? Ou les sujets qui nous mettent d'accord. Mince alors, regarde-moi cette foule... »

Alors qu'ils traversaient le pont de Westminster, ils furent absorbés dans une marée humaine compacte qui ne cessait d'enfler et se dirigeait vers Parliament Square et l'abbaye de Westminster. D'où sortait tout ce monde ? Bientôt, Peter et Gavin se retrouvèrent pratiquement à l'arrêt, contraints de progresser laborieusement, à tout petits pas. Ils étaient cernés de toutes parts par la foule : des ados, des retraités, des familles, des couples, des groupes d'amis et des endeuillés solitaires portant des cartes, des affiches arborant des messages rédigés à la main, sans parler des ours en peluche et des inévitables fleurs. L'ambiance était lugubre. Chacun avançait petit à petit dans un quasi-silence. Certains pleuraient.

« C'est trop bizarre, fit Gavin. Je ne me doutais pas du tout que ce serait comme ça. On va mettre des siècles à rentrer, à ce rythme.

— C'est pas croyable. Tu sais combien de temps les gens ont fait la queue pour signer le registre de condoléances ? Six heures, d'après ce que j'ai lu. La moitié du pays est venue à Londres pour ces funérailles. »

Quand ils atteignirent enfin le bout du pont, la foule put se disperser un peu, et leur progression devint plus aisée. Ils allaient tout de même avoir un mal de chien à traverser Parliament Square.

« Et tu as... deux frères, c'est bien ça ? » demanda Gavin.

Peter opina du chef. Il était mal à l'aise : non seulement ils étaient les deux seuls à avoir une conversation normale, mais apparemment les deux seuls à avoir une conversation tout court.

« C'est ça. Deux frères aînés.

— Et ils sont comment ?

— Eh bien, le premier s'appelle Martin, et il travaille chez Cadbury.

— Les chocolats Cadbury ?

— Ouais. C'est un brave type, raisonnable. Et puis il y a Jack... À vrai dire, je ne sais pas trop comment décrire Jack. Il est sympa, vraiment. Il aime bien se voir comme un boute-en-train. Il n'a pas tellement évolué avec son époque, par contre. Il dit toujours "les filles" quand il parle des femmes, et il raconte des blagues sur les Irlandais.

— Il a l'air horrible. Désolé, mais c'est vrai.

— Oh, pas à ce point. Il n'est vraiment pas méchant. »

Enjambant prudemment un jeune couple allongé sur le trottoir dans leur sac de couchage, ils parvinrent à traverser la rue jusqu'au centre de Parliament Square, où un campement improvisé avait jailli en quelques heures, s'ajoutant à ceux déjà installés dans Green Park et St James's Park. Certains avaient littéralement dressé leur tente, tandis que d'autres profitaient des nuits chaudes pour dormir à la belle étoile. Il y avait des torches et des bougies partout, qui ponctuaient l'obscurité et donnaient à la scène une atmosphère de fête funèbre. Peter et Gavin se faufilèrent pour dépasser deux jeunes filles – elles ne devaient pas avoir plus de quinze ans – qui avaient assemblé des bougies pour composer une lettre capitale géante, un « D » lumineux. À côté d'elles, sur leur couverture, il y avait un petit tas de barres chocolatées et de paquets de bonbons, de quoi les nourrir pour les prochaines heures, sans doute. Ce détail attira le regard de Peter, car il lui parut particulièrement touchant et renforça son sentiment qu'elles n'étaient même pas assez âgées pour être dehors toutes seules. Mais les filles crurent qu'il regardait leurs bougies.

« C'est un "D", expliqua l'une d'elles. "D" comme Diana.

— Oh, bien sûr, fit-il. C'est joli. Très beau. »

Comme ils poursuivaient leur route, Gavin le prit par le bras et ricana tout bas : « Ben ouais, qu'est-ce que tu voulais que ce soit d'autre ?

— Je sais pas, fit Peter, d'humeur soudain transgressive. "D" comme "Décédée" ? »

Ce n'était sans doute pas la remarque la plus spirituelle qui soit, mais Gavin avait bu, sa relation naissante avec Peter le rendait euphorique, et il laissa échapper un jappement de rire haut perché. Celui-ci ne dura que quelques secondes, mais résonna de façon sonore, tranchant nettement avec le calme de ce campement peuplé de murmures. Et avant qu'ils aient eu le temps de comprendre ce qui se passait, un homme trapu, bien habillé, avait bondi sur ses pieds, quittant la bâche où il était assis avec sa copine, il avait empoigné Gavin par le col de sa chemise et le fixait droit dans les yeux, d'un regard glacial et furieux.

« Qu'est-ce qui te fait marrer, *toi*, putain ? » Un accent heurté, des Home Counties.

Gavin rit à nouveau, cette fois sous l'effet d'une nervosité incrédule.

« Qu'est-ce que vous faites ? Lâchez-moi.

— J'ai dit, répéta le type, qu'est-ce qui te fait marrer ?

— Mon ami a dit un truc drôle, c'est tout. Vous voulez bien me lâcher ?

— Un truc drôle ? Tu sais pourquoi on est là, sale petit crétin ? Tu sais pour qui on est là ?

— Bien sûr, je sais.

— Alors un peu de *respect* pour Diana, merde ! » Et sur ces mots, il projeta Gavin au sol, lui assena un violent coup de pied à l'entrejambe, et aurait probablement recommencé si sa copine n'était pas intervenue pour le retenir : « Allez, laisse-le, ce petit con n'en vaut pas la peine. »

Gavin resta d'abord étalé par terre, agrippant ses parties génitales, anéanti par la douleur et en état de choc. Puis Peter l'aida à se remettre debout et, sans se retourner pour voir son agresseur, ils traversèrent à pas lents le groupe de campeurs, Gavin boitillant et souffrant le martyre, son bras passé autour de l'épaule de Peter. Avec toute cette foule et la douleur lancinante, il leur fallut plus d'une heure pour parcourir les mille deux cents mètres qui les séparaient de leur destination.

*

Ils parvinrent à une petite maison très élégante, dans une ruelle très élégante, au cœur de Pimlico. Elle paraissait vide.

« Les proprios ne sont pas là ? demanda Peter.

— Non, ils sont aux États-Unis. »

Gavin se laissa tomber dans le canapé du salon, et grimaça en se frottant l'entrejambe.

« Tu veux que je regarde ? proposa Peter. Il y a peut-être un hématome ou un œdème, ou je ne sais pas quoi.

— Va te faire foutre, fit Gavin. Tu crois vraiment que la première fois que tu vas voir ma bite, j'ai envie que tu me fasses un examen médical ? »

Cela les fit rire tous les deux, et leur rire sembla entraîner naturellement un long baiser. Ensuite, Peter aida Gavin à monter dans sa petite chambre mansardée, ils se déshabillèrent mutuellement, se mirent au lit et, confortablement emmêlés, tombèrent dans un profond et chaste sommeil.

VII

FOUILLIS D'ARCS-EN-CIEL,
POUR L'ANGE QUI ANNONCE
LA FIN DU TEMPS

Peter dormit très tard le lendemain matin. Quand il s'éveilla, le lit était vide à côté de lui, et il distinguait des bruits signalant une activité dans la cuisine, en bas. Ne voulant pas se présenter tout échevelé, pas lavé, il trouva la salle de bains et prit une douche rapide. Puis il se rendit compte qu'il allait devoir remettre ses vêtements de la veille. La perspective n'était guère séduisante mais, avisant un peignoir blanc pendu à la porte de la salle de bains, il l'enfila et se dirigea vers la cuisine. Il y avait une odeur alléchante de café fraîchement moulu, et Gavin était penché sur une préparation sophistiquée, à base d'œufs et de poivrons verts.

« Bonjour, lança-t-il en levant les yeux de sa poêle.

— Comment tu te sens ? demanda Peter.

— Super bien. À part cette douleur incroyable dans les couilles.

— Ça fait encore mal ?

— Tu veux passer dans l'autre pièce ? demanda Gavin. J'ai allumé la télé. » Peter ne comprit pas tout de suite. « La retransmission de l'enterrement, expliqua-t-il. Ça a commencé.

— Oh, bon sang, dit Peter. J'avais oublié. T'as raison, faut qu'on regarde. »

La veille au soir, légèrement éméché et surtout très agité, il n'avait pas vraiment prêté attention à la maison. Mais à présent, tandis qu'il regardait autour de lui, il lui paraissait évident que les propriétaires des lieux étaient fortunés. Peter avait toujours adoré les « mews houses » : il s'aperçut que son enthousiasme remontait (comme beaucoup d'autres choses) à son enfance, à l'époque où il regardait *Geneviève* à la télé avec sa mère, qui d'habitude n'aimait pas les vieux films mais faisait une exception pour celui-ci parce que ça lui rappelait l'époque où elle allait au cinéma adolescente, avant son mariage. L'un des couples du film, interprété par John Gregson et Dinah Sheridan, habitait une « mews house » quelque part dans Londres (sans doute pas loin de Pimlico) et, aux yeux de Peter, leur maison avait toujours incarné l'archétype du glamour bohème. À l'époque, semblait-il, un couple avec un seul revenu modeste pouvait se permettre d'acheter une telle maison et d'y vivre très confortablement. Aujourd'hui, ce genre d'endroit valait sans doute au moins un million de livres. Peut-être plus. La maison était de proportions modestes, mais les meubles anciens, les œuvres d'art originales aux murs, le papier peint au grain luxueux, la chaîne stéréo sophistiquée, le système d'éclairage complexe qui autorisait toutes les combinaisons imaginables avec des plafonniers et des lampes classiques, tout cela suggérait la touche d'un décorateur d'intérieur aussi select que coûteux. Peter s'installa dans le canapé bas, minuscule mais extrêmement confortable, et qui en raison de la petite taille de la pièce ne se trouvait qu'à quelques dizaines de centimètres de la télévision. Les caméras de la BBC semblaient pour le moment braquées sur le cortège funèbre en train de franchir le portail d'un parc londonien. Le temps d'un instant, Peter se demanda si le commentateur, quel qu'il soit, piquait un roupillon, car il n'y avait rien à écouter ; juste le clop-clop monotone des sabots des chevaux sur le macadam, tandis qu'on tractait le cercueil devant une foule inouïe de gens en deuil, qui bordaient silencieusement la rue.

« Qu'est-ce qui se passe ? demanda Gavin, qui arriva en boitant chargé de deux mugs de café.

— Pas grand-chose. »

Mais pile à ce moment-là, David Dimbleby prit la parole. Il s'exprimait sur un ton très bas, presque méditatif. Au début, on avait l'impression qu'il parlait par bribes de mots plutôt que par phrases entières.

« *Le cortège... qui progresse à pas lents sur le flanc sud de Hyde Park... est parvenu à Queen's Gate, il remonte maintenant vers Alexandra Gate, en direction de l'est, parallèlement à Rotten Row... où la princesse elle-même montait souvent à cheval... il remonte vers Hyde Park Corner... L'Albert Hall, que l'on aperçoit au fond... où elle s'est rendue en personne tout récemment afin d'écouter Pavarotti chanter pour l'une de ses œuvres caritatives préférées... drapé de noir.* »

« Excellente acoustique, l'Albert Hall, dit Gavin.

— Tout à fait, répondit Peter. Mieux que le Royal Festival Hall, si tu veux mon avis. »

« *C'est aussi ici à Hyde Park qu'elle assista sous une pluie torrentielle au célèbre concert des trois ténors avec Pavarotti... Et une foule immense borde à présent la route, sur près de vingt rangs de profondeur.* »

« Vingt rangs ! La vache.

— C'est énorme, hein ? Enfin on savait depuis le début de la semaine que ça allait être énorme, mais là c'est... *ÉNORME !* »

Plan de coupe sur l'abbaye de Westminster.

« *Les portes de l'abbaye sont en train de s'ouvrir ici à Westminster, et les premiers fidèles entrent en file indienne par la porte occidentale... Au cours de la semaine qui vient de s'écouler, on est allé trouver les amis de la princesse, les gens qu'elle connaissait grâce à son travail, pour les contacter et leur demander d'être ici aujourd'hui... Mais ce sont les millions d'autres massés le long du parcours qui sont peut-être les véritables fidèles...* »

« Voilà un point de vue très démocratique, fit Peter. Peut-être que les choses sont vraiment en train de changer.

— "Princesse du peuple", hein, répondit Gavin, sans que ce soit tout à fait du dédain. Allez viens, le petit déjeuner est prêt. Ils vont mettre des plombes à l'emmener jusqu'à l'abbaye, à ce rythme-là. »

*

Gavin avait tenu compte de l'inexpérience de Peter, mais il n'allait pas attendre éternellement. Après le petit déjeuner, pour regarder la messe funèbre, il s'installa tout contre lui sur le canapé. Il avait une conscience aiguë de la nudité de Peter, sous son peignoir blanc. Cette idée l'excitait furieusement. Il déplaça sa main vers la cuisse de Peter, alors que le commentateur de la BBC annonçait :

« *Et maintenant, le Premier ministre Tony Blair va lire l'Hymne à l'amour extrait de la Première épître aux Corinthiens.* »

Tony Blair, debout dans la chaire, commença à lire le sermon. Sa prestation était solidement travaillée, mesurée, d'un professionnalisme extrême.

« *Quand je parlerais les langues des humains et des anges, si je n'ai pas l'amour, je suis une pièce de bronze qui résonne, ou une cymbale qui retentit.* »

Avec hésitation, Gavin attrapa l'ourlet du peignoir de Peter, et le releva. Il regarda avidement le sexe exposé de Peter, et posa la main dessus.

« *Et quand j'aurais la capacité de parler en prophète, la science de tous les mystères et toute la connaissance, quand j'aurais même toute la foi qui transporte des montagnes, si je n'ai pas l'amour, je ne suis rien.* »

Peter enregistra le contact de la main de Gavin entre ses cuisses et sentit son pénis réagir en se dressant d'un coup. Il baissa les yeux, fasciné, alors que Gavin commençait à le caresser.

« *Et quand je distribuerais tous mes biens, quand même je livrerais mon corps pour en tirer fierté, si je n'ai pas l'amour, cela ne me sert à rien.* »

Gavin s'interrompit un instant. Il se laissa glisser au sol, et s'agenouilla devant Peter. Il lui écarta de nouveau les jambes, et pencha la tête.

« *L'amour est patient, l'amour est bon. Il n'a pas de passion jalouse. L'amour ne se vante pas, il ne se gonfle pas d'orgueil, il ne fait rien d'inconvenant, il ne cherche pas son propre intérêt, il ne s'irrite pas, il ne tient pas compte du mal, il ne se réjouit pas de l'injustice, mais il se réjouit avec la vérité. Il pardonne tout, il croit tout, il espère tout, il endure tout.* »

Gavin entrouvrit les lèvres et prit dans sa bouche le pénis en érection de Peter. Il l'avala aussi loin qu'il pouvait au fond de sa gorge, puis commença à le sucer sur toute sa longueur, lentement, en douceur.

Tony Blair parlait toujours.

« *L'amour ne succombe jamais. Les messages des prophètes ? Ils seront abolis. Les langues ? Elles cesseront. La connaissance ? Elle sera abolie. C'est partiellement que nous connaissons, c'est partiellement que nous parlons en prophète.* »

Peter ferma les yeux et se laissa glisser plus bas sur le canapé, poussant son entrejambe en direction de Gavin. Il avait l'impression qu'il allait s'évanouir de plaisir. Il n'avait jamais rien vécu d'aussi beau.

« *Mais quand viendra l'accomplissement, ce qui est partiel sera aboli.* »

Gavin se mit à sucer plus fort, sa tête rebondissant de bas en haut.

« *Lorsque j'étais tout petit, je parlais comme un tout-petit, je pensais comme un tout-petit, je raisonnais comme un tout-petit. Lorsque je suis devenu un homme, j'ai aboli ce qui était propre au tout-petit.* »

Peter sentit venir les prémices de l'orgasme, au plus profond de son corps.

« *Aujourd'hui nous voyons au moyen d'un miroir, d'une manière confuse, mais alors ce sera face à face.* »

Peter se tortilla et laissa échapper un gémissement d'abandon alors que la sensation commençait à monter.

« *Aujourd'hui je connais partiellement, mais alors je connaîtrai comme je suis connu.* »

Enfin Peter jouit, arquant le dos, soulevant les hanches et poussant un cri de libération et de joie. Gavin ne bougea pas, le gardant toujours dans sa bouche, tandis que Peter fermait les yeux aussi fort qu'il pouvait et que la puissance de l'orgasme déclenchait un défilé insensé d'images dans son esprit, comme si ses paupières closes étaient un écran et qu'à leur surface blanche se projetait le son et lumière le plus fabuleux, le plus éblouissant qui soit. Dans cet instant de délire, il eut l'impression de voir un festival de feux d'artifice, un chaos de rayons et de flashs, et même…

« *Or maintenant ces trois choses demeurent : la foi, l'espérance, l'amour ; mais c'est l'amour qui est le plus grand.* »

… un fouillis d'arcs-en-ciel.

VIII

LOUANGE À L'IMMORTALITÉ DE JÉSUS

Dans une église du sud-ouest de Londres, deux musiciens jouent les ultimes mesures du *Quatuor pour la fin du temps* d'Olivier Messiaen. Ce dernier mouvement est un duo d'une intensité mystique pour violon et piano, particulièrement exigeant pour le violoniste. À la fin, la mélodie diminue progressivement jusqu'au plus ténu des *pianissimi*, et la note finale, à l'extrême sommet du registre de l'instrument, se fond dans le néant, s'évanouit, comme l'âme d'un mort s'évapore et monte vers les cieux. Le silence qui suit cette note finale se prolonge au moins une minute, tandis que Peter et Chiara restent assis, en tension, immobiles et les yeux clos, encore prisonniers de l'univers de la musique, jusqu'à ce que le public se relâche lentement et, émergeant d'un état quasi hypnotique, déclenche des applaudissements, d'abord hésitants et dispersés, puis sonores, prolongés, extatiques, ponctués de cris et de « Bravo ! ». Les quatre musiciens sourient et se regardent, repus d'émotion, légèrement incrédules à l'idée d'être arrivés à la fin de l'œuvre, comme si le voyage avait duré des mois et des années plutôt que les cinquante-cinq minutes qui viennent en réalité de s'écouler. Peter croise le regard de Gavin, assis à côté du piano, et ils ne se quittent pas des yeux, tandis que le tonnerre d'applaudissements se prolonge, encore et encore.

*

Au même moment, dans le salon d'une maison spacieuse, confortable mais dépourvue de caractère, dans un lotissement composé de pavillons identiques de la périphérie immédiate de Redditch, West Midlands, un homme tend à sa femme une tasse de thé.

« Comment tu te sens maintenant ? demande Jack.

— Mieux, répond Angela. Je crois que tout le monde se sent un peu mieux, après l'enterrement. C'était très...

— Cathartique ? fait Jack.

— Exactement, approuve Angela. On avait tous besoin que ça sorte, pas vrai ? De lui faire de vrais adieux. De pleurer un bon coup. »

Ils sirotent leur thé dans un silence contemplatif et empreint de respect. Puis Jack dit :

« Tu te souviens comme elle avait l'air jeune et innocente, le jour de son mariage ?

— Je n'ai jamais vu le mariage, répond Angela.

— Mais si. Tu l'as vu avec moi, chez mon frère.

— Non. Je n'étais même pas là. J'étais à l'étranger.

— Ah oui, c'est vrai, fait Jack. C'était quelqu'un d'autre. » Bon sang, *elle* ! Comment elle s'appelait déjà ? Pauline ? Paulina ? Patricia, c'est ça. Quelle sale enquiquineuse celle-là, toujours à

faire la gueule. Il change promptement de sujet :
« J'étais en train de me dire, quelle transformation incroyable depuis, en seize ans. Passer de rien à... *ça*.

— On ne peut vraiment pas dire que Diana est partie de rien.

— Je sais qu'elle venait de l'aristocratie, bien sûr, mais c'était juste une instit de maternelle, non, quand elle l'a rencontré ? Rien qu'une enseignante ordinaire qui menait sa petite vie. Personne n'avait jamais entendu parler d'elle. Et aujourd'hui... Des célébrités du monde entier. Des millions de gens dans les rues. Ça ne te fait pas penser que... eh bien, qu'on peut réussir tout ce qu'on veut, vraiment tout ce qu'on veut, quand on s'en donne les moyens ? »

Angela acquiesce. « Oui, j'imagine que c'est vrai.

— Je me dis juste que si sa vie doit avoir un sens, c'est cette leçon-là qu'on devrait tous retenir. Qu'on peut réussir tout ce qu'on veut.

— Oui, je suis d'accord, mais... qu'est-ce que tu essaies de me dire, Jack ? »

Jack prend une profonde inspiration.

« Je pense qu'on devrait vider nos comptes d'épargne, nos obligations d'État, mettre cette baraque en vente et faire une offre pour la maison. Celle juste à côté de Bewdley, avec la piscine et l'écurie. »

Angela repose son mug et l'attire contre elle dans une étreinte ravie.

« Oh oui, faisons-le, dit-elle. C'est ce que Diana aurait voulu. »

*

Au même moment, dans le jardin d'une maison de Bournville, un couple marié est assis sur un banc et contemple le bazar de jouets et de livres abandonnés sur la pelouse par leurs enfants, qui sont maintenant rentrés. Ils ne parviennent pas encore à rassembler l'énergie nécessaire pour tout ranger.

« Tu te souviens, dit Martin, quand on a regardé le mariage tous ensemble ?

— Bien sûr, répond Bridget. Dans cette petite maison qu'on louait sur Pine Grove. On avait invité tout le monde. Ça avait été un peu une épreuve, dans mon souvenir.

— Il y avait ce gentil couple qui avait apporté des plats indiens, et personne ne voulait en manger.

— Eh bien, c'est un bon résumé de ta famille...

— Mais aujourd'hui c'était différent, tu ne trouves pas ?

— Oui. Juste nous cinq. Beaucoup plus sympa.

— Je ne parlais pas de ça, rectifie Martin. Je voulais dire l'événement lui-même. Je sais que tu es plus cynique que moi sur ces choses-là, mais d'une certaine manière, cet enterrement, c'était vraiment quelque chose.

— Disons que c'est impressionnant, je suppose, que quelqu'un ait réussi à organiser tout ça en une semaine.

— Mais aussi, répond Martin, la famille royale était là. Ils n'avaient pas envie d'être là. Ils n'avaient même pas envie que ça ait lieu. Mais ils ont été obligés de le faire, en fin de compte. L'establishment a été obligé de céder. Est-ce que c'était déjà arrivé ? Elle les y a forcés.

— Le peuple les y a forcés.

— Oui, bien sûr, admet Martin. Ce qui prouve bien que le changement *est* possible. »

Bridget connaît assez bien son mari pour soupçonner que tout ceci n'est que le préambule à une annonce. Elle se demande si c'est là l'un des rares moments de sa vie où il a pris une décision.

« Je me demande bien où tu veux en venir, dit-elle.

— D'ici deux ans, la guerre du chocolat sera réglée, enterrée, dit Martin. Je me disais que ça pourrait être le bon moment pour moi de quitter Cadbury.

— Et ?

— Et peut-être me présenter au Parlement européen.

— Tu veux dire, pour devenir député européen ?

— Oui. Je ne sais pas comment ça marche exactement. Je suppose qu'il va falloir que je trouve quelqu'un pour me proposer...

— Quand ont lieu les prochaines élections ?

— Dans deux ans. Qu'est-ce qu'il y a, tu ne trouves pas que c'est une bonne idée ? »

Bridget est devenue très silencieuse et paraît très songeuse.

« Réfléchis-y, poursuit-il. Ça fait maintenant quatre ans que je vais à Bruxelles. Je sais comment ça fonctionne là-bas.

— Je sais.

— Bien sûr que tu le sais. Tu m'as aidé à chaque étape. Tu as lu tous les rapports et les projets de résolutions, tu m'as donné des conseils juridiques, tu m'as aidé à écrire des présentations. Donc après tout ça, est-ce que tu peux sincèrement prétendre qu'il y a quelqu'un ici qui connaît mieux les tenants et les aboutissants de ces processus que moi ?

— Oui, répond Bridget. Moi. Précisément pour ces raisons-là. »

Martin est abasourdi. « Ce qui veut dire… ? »

Bridget sourit. « Quand ils pourront revenir en Europe, dit-elle, l'entreprise va avoir besoin de toi, Martin. Besoin de toi plus que jamais. Pas moyen que tu les abandonnes maintenant.

— Donc je ne devrais pas me présenter au Parlement ?

— Non, répond Bridget. Clairement pas. Mais peut-être que moi, je devrais. »

*

Plus tard, dans un pub du sud-ouest de Londres, le Trio Coffrini, avec leur clarinettiste invitée, Camille, plus leur assistant temporaire, Gavin, sont réunis autour d'une table pour boire un verre et fêter la réussite du concert. Sur un grand écran télé au fond du pub, la BBC repasse les temps forts de la messe funèbre de Diana, dans une émission intitulée *Adieu, princesse du peuple*. La plupart des autres clients, encore pris dans la solennité collective de l'événement, suivent avec attention. De temps à autre, ils jettent un regard en coin aux musiciens d'excellente humeur attablés au fond, et tentent de leur faire honte et de les réduire au silence à coups de regards désapprobateurs.

Vers vingt-deux heures quinze, peu de temps avant la fermeture, une première personne se lève pour partir. C'est Peter. Alors qu'il rassemble ses affaires – dont son étui à violon –, Gavin aussi se lève et le prend à part.

« Attends une minute, dit-il. Tu ne rentres pas avec moi ?

— Olivia est de retour de France, répond Peter. Elle est rentrée il y a deux heures. Je ferais mieux d'aller la voir à la maison. »

Gavin le regarde, attendant autre chose, une forme de certitude, quelque chose de rassurant.

« On a beaucoup de choses à se dire », c'est tout ce qu'ajoute Peter, avant de saluer tout le monde, quittant le pub dans une mêlée confuse d'embrassades et de poignées de main. Gavin le suit anxieusement des yeux, le regarde disparaître par la porte.

*

Enfin, dans une maison à mi-pente de Rose Hill, aux environs de Birmingham – une maison désormais beaucoup trop grande pour les deux personnes qui y vivent encore –, Mary Lamb somnole devant la télévision. Sur les coups de vingt-deux heures, elle se réveille en sursaut, jette un œil à la pendule sur le manteau de la cheminée, et se rend compte qu'elle a dormi pratiquement deux heures. Quand elle s'est assoupie, elle regardait une interprétation du *Requiem* de Fauré, dans le cadre des BBC Proms à Londres. Elle est maintenant face à Meryl Streep en tenue de safari, qui erre dans un paysage de savane africaine. Mary cherche la télécommande et éteint la télévision.

La maison est pratiquement silencieuse. Ils sont rentrés la veille de Keyhaven, et elle essaie de se réhabituer : de s'accoutumer à nouveau à la solitude, après avoir été entourée par ses fils et ses petits-enfants le temps de quelques précieuses journées. Bien sûr, elle n'est pas vraiment seule. Geoffrey est avec elle, comme toujours, et c'est une certaine consolation. Il n'a peut-être pas grand-chose à lui dire, voire ils ne passent pas beaucoup de temps dans la même pièce, mais elle sent sa présence, en permanence, et c'est mieux que de vivre toute seule dans une maison vide. Rien ne pourrait être pire que ça.

La maison est pratiquement silencieuse, mais pas tout à fait. Mary quitte son fauteuil pour gagner la cuisine et, ce faisant, entend un drôle de bruit qui provient de l'étage. Un bruit tellement étrange, en fait, qu'au début elle ne parvient pas à l'identifier, et soudain elle prend peur. On dirait presque qu'il y a un animal là-haut, un animal en détresse, pris au piège, et qui essaie de s'échapper. On entend des gémissements, des reniflements. Nerveuse, elle grimpe l'escalier et marque une pause sur le palier. Le bruit vient de sa gauche, de la chambre qui était celle de Martin, et que Geoffrey utilise à présent comme bureau. Maintenant qu'elle l'entend de près, c'est un bruit atroce : un horrible sanglot réprimé, comme elle n'en a encore jamais entendu de pareil. Elle pousse la porte : « Geoffrey ? »

Il est assis devant sa télé portative, plié en deux, les mains sur les yeux. À l'écran s'affichent des images des funérailles de la princesse Diana. Les épaules de Geoffrey se soulèvent, et il est secoué de longs sanglots convulsifs. Quand Mary lui attrape les mains et les écarte doucement de son visage, elle voit qu'il a les yeux rouges et gonflés, les joues luisantes de pleurs, la bouche tordue en un rictus de chagrin obscène. Geoffrey pleure comme un bébé. Les larmes jaillissent de son corps : les larmes qu'il n'a jamais versées pour son père, ni pour sa mère ; les larmes que rien d'autre, rien de tout ce qui a pu leur arriver, à lui, à Mary ou à ses enfants, n'a jamais réussi à lui tirer en soixante-dix ans.

SEPT

*75ᵉ anniversaire du jour
de la Victoire*

8 mai 2020

1

Dimanche 15 mars 2020 : le matin

Peter ne dormit pas bien. Curieusement, il était perturbé par ce que sa mère lui avait raconté sur le 8 mai 1945, sur Doll et Sam, Carl Schmidt, et puis tous les récits qu'elle avait déroulés ensuite, tous les souvenirs qu'elle avait remués pendant cette longue et inhabituelle soirée de réminiscences partagées. Gavin ! Ça faisait des siècles qu'il n'avait pas pensé à Gavin. Cette amourette légère et néanmoins merveilleuse n'avait duré que quelques mois. Puis il y avait eu d'autres hommes, quatre ou cinq, et enfin sa relation avec Teddy, qui avait duré plus de dix ans et lui avait apporté un bonheur intense qu'il n'avait jamais connu ou espéré connaître. Et depuis plus rien.

Il était debout à six heures et quart un dimanche matin, mais Mary s'était levée avant lui. Il la trouva dans la cuisine, en train de passer en revue une énorme pile de courrier qui s'était accumulé, essentiellement de la pub, quelques enveloppes ouvertes, d'autres pas. À l'arrière-plan, une bouilloire était sur le feu, prête pour la première des théières qu'elle allait consommer par dizaines d'ici la fin de la journée. Au bout d'un moment, elle trouva ce qu'elle cherchait.

« Je voulais te montrer ça, dit-elle. Ça m'y a fait repenser, hier soir. Qu'en dis-tu ? Tu crois que je devrais y aller ? »

Elle lui tendit la lettre, dont l'expéditrice était une certaine Mrs Hassan, du Bournville Village Trust. Cela concernait leurs projets pour l'anniversaire du jour de la Victoire, prévu en mai. « Nous contactons toutes les personnes qui habitaient Bournville à l'époque de ces premières célébrations, écrivait-elle. Malheureusement, vous n'êtes pas très nombreux ! Aimeriez-vous participer à une fête de quartier à Birch Road, où je crois savoir que vous viviez en 1945, et raconter vos souvenirs aux habitants actuels ? Je suis certaine que cela intéresserait les journaux, et peut-être même la radio locale. »

« Bien sûr, répondit Peter. Pourquoi pas ?

— Tu crois ? Je devrais peut-être y aller, dans ce cas. J'y pensais. Je voulais juste te demander ton avis. »

C'était ainsi que les choses se passaient désormais entre eux, depuis la mort de Geoffrey : Mary était incapable de prendre la moindre décision, même anodine, sans consulter ses fils et Peter en particulier. Ils avaient été stupéfaits de découvrir, dans les premiers mois de son veuvage, à quel point cette femme forte et dynamique était démunie dans bien des domaines. Elle n'avait encore jamais fait le plein de sa voiture, ni retiré de l'argent à un distributeur, et ils durent l'accompagner dans ces tâches, étape par étape. Ses fils avaient eu l'idée de lui faire prendre un chat en guise de compagnie, mais Peter avait dû se rendre avec elle chez les éleveurs, choisir le chaton et même son nom. (Et aujourd'hui encore, il se demandait s'il avait choisi le bon chat, car Charlie était un animal timide et solitaire, sujet à des accès de colère, même si son attachement envers sa maîtresse ne faisait aucun doute.)

« Mais comment je vais faire pour y aller ? demanda Mary.

— Ils t'enverront probablement une voiture », dit Peter.

Mary opina, mais Peter vit qu'un nuage était passé sur son visage, à l'évocation de cette difficulté pratique. Dix-huit mois plus tôt, son médecin lui avait annoncé qu'elle n'avait plus le droit de conduire. Il avait averti l'agence des permis de conduire, et elle avait dû rendre celui qu'elle détenait depuis plus de soixante ans. Elle en avait nourri une grande amertume, qui était venue s'ajouter aux nombreux griefs qu'elle cultivait envers son anévrisme : ça, et le fait qu'il finirait probablement par la tuer un jour.

2

Dimanche 15 mars 2020 : l'après-midi

Susanne ne leur avait pas trouvé de vols directs pour rentrer de Leipzig. Tous deux furent contraints de faire escale à Francfort, et c'est là, dans l'une des buvettes de l'aéroport, qu'ils partagèrent un dernier café.

« Il faut croire qu'on a de la chance que ces endroits soient encore ouverts, dit Mark. Bientôt on ne pourra plus boire de café nulle part.

— Vraiment, tu crois ? répondit Lorna. Le Royaume-Uni va se confiner ?

— Bien sûr que oui. J'avais trois concerts prévus en Écosse. Tous annulés ces dernières quarante-huit heures.

— Mais on rejouera ensemble, hein ?

— Bien sûr, je l'espère. Et on refera un album. »

Ce furent les dernières paroles que lui adressa Mark avant l'appel de son vol pour Édimbourg. Juste avant de disparaître en direction de sa porte d'embarquement – où il allait semer l'effroi parmi les autres passagers avec sa silhouette massive, chacun priant pour ne pas avoir le siège voisin du sien –, il se retourna, sourit et lui fit signe de la main, et le cœur de Lorna se gonfla de tendresse. Elle n'allait pas le revoir pendant plus d'un an, et il faudrait plus de temps encore pour qu'ils puissent refaire un concert tous les deux. Mark survivrait au Covid, mais la maladie aurait des séquelles terribles et durables, lui laissant des tremblements dans les mains au point qu'il ne pourrait plus jouer de la guitare, le souffle si court qu'il serait incapable de marcher plus de quelques dizaines de mètres sans aide, et des troubles cognitifs si importants qu'il ne se rappellerait pratiquement rien de ses vingt-cinq jours de coma artificiel, ni des trois mois passés ensuite à l'hôpital, ni même des noms ou des visages des soignants qui avaient veillé sur lui. Pendant un certain temps, il ne se rappellerait rien de tout cela, même s'il disait toujours conserver, bizarrement, un souvenir absolument limpide des yeux clos de Lorna et de son expression euphorique, transportée, tandis qu'elle jouait son solo de contrebasse lors de leur concert à Hambourg ; ainsi qu'un souvenir plus vif encore de la somptueuse *Schnitzel* qu'on avait posée devant lui, un soir de bonheur au Café Engländer, à Vienne.

3

Mardi 17 mars 2020

Il était pratiquement arrivé à Betws-y-Coed quand la pluie se changea en neige fondue, puis celle-ci en authentiques flocons. C'est à cet instant qu'il décida que c'était une erreur d'avoir pris cette route de montagne. Il s'était dit que cet itinéraire offrirait sûrement quelques beaux panoramas. L'été, peut-être. Mais pas à la mi-mars, à moins d'une heure de la tombée de la nuit. Il avait fait un très mauvais choix.

La pluie s'intensifiait quand il entama sa longue descente, laissant Snowdonia derrière lui pour se diriger vers l'Angleterre. La visibilité était épouvantable, et il roulait à une quarantaine de kilomètres-heure, le cou tendu pour distinguer quelque chose à travers le pare-brise, terrifié à l'idée de faire une sortie de route, ou même d'emboutir un mouton errant. Quand il atteignit enfin les plaines de la vallée de la Dee et que la neige se calma, il était épuisé et avait grand besoin d'une pause.

Il était vingt heures passées de peu quand il parvint à Llangollen. Ne connaissant pas du tout le coin, il roula au hasard pendant quelques minutes avant d'atteindre le bord de la rivière, et d'apercevoir un pub sur l'autre rive qui avait l'air chaleureux et accueillant. Il s'appelait le Corn Mill.

*

David commanda une eau pétillante, même si en réalité il avait bien besoin de quelque chose de plus fort. Il avait presque envie de passer la nuit sur place, si c'était possible, et de se mettre à l'aise en buvant un whisky ou deux. Il n'y avait pas grand monde dans le pub. Une drôle d'appréhension commençait déjà à gagner le pays, une impression étrange de l'ordre du pressentiment, de l'incertitude, face à laquelle les gens avaient de plus en plus tendance à rester chez eux. Et quand ils sortaient, c'était munis de nouveaux accoutrements étranges : gants chirurgicaux en latex, flacons de gel hydroalcoolique. Ils ne s'embrassaient plus quand ils se retrouvaient mais se touchaient du coude. On aurait dit qu'en très peu de temps les contacts humains normaux étaient en train de devenir tabous.

Mais ici, au Corn Mill, les rares clients paraissaient plutôt détendus. Hormis quelques buveurs solitaires, une tablée de quatre dominait la salle principale – trois hommes et une femme, qui semblaient être des amis de longue date. Ils parlaient fort, et on pouvait difficilement ne pas entendre leur conversation, mais David n'écoutait pas vraiment. Il repensait plutôt à son passage à l'université Bangor, à la nervosité de la jeune étudiante qui l'avait invité dans son jury, à la gêne habituelle qui régnait pendant sa soutenance, à l'angoisse inhabituelle qui avait pris le pas au moment de se dire au revoir : l'angoisse qu'une ou plusieurs personnes présentes puissent être porteuses du virus, et l'avoir transmis aux autres. Le professeur Strachan, qui avait dirigé la thèse, n'était pas en bonne santé : bientôt soixante-dix ans, en surpoids, asthmatique. Quelles seraient ses chances, s'il devait l'attraper ? On disait que ça vous empêchait de respirer. Que c'était comme si quelqu'un s'asseyait sur votre poitrine, ou que vos poumons se remplissaient d'eau. David frissonna. Lui-même n'était pas en grande forme, ces jours-ci. Il était temps de se mettre au régime sportif qu'il retardait depuis des mois. Temps de déterrer le tapis de course qui devait se trouver quelque part dans le garage, derrière les tas de vieilleries.

À cet instant, il entendit mentionner un nom : un nom qu'il connaissait. Il jeta un coup d'œil en direction de la tablée de quatre, et comprit alors qu'on y célébrait quelque chose, et que ce quelque chose avait un rapport avec une personne qu'il avait connue autrefois. L'un des convives, beaucoup plus jeune que ses amis – dans la trentaine, peut-être, tandis que les autres avaient tous au moins vingt ans de plus, à première vue –, était l'objet de toute leur sollicitude. Ils s'étaient fait servir une bouteille de champagne, et ne cessaient de remplir son verre. Apparemment, il était journaliste – comme certains de ses camarades, d'après ce que David pouvait entendre – et venait d'apparaître dans la sélection d'un prix, pour une série d'articles qu'il avait écrits. C'était le nom de la récompense qui avait retenu l'attention de David.

« Le prix Kenneth Fielding, disait la femme. Alors ça, c'est carrément prestigieux. Y a vraiment de quoi être fier.

— Pour être honnête, je n'avais jamais entendu parler de lui avant aujourd'hui, dit l'un des trois hommes. Je dois être sacrément ignorant.

— Quand j'ai commis l'erreur d'aller à Londres, poursuivit-elle, et de travailler pour un certain journal que j'aime autant éviter de nommer, parmi tous les gens que j'ai croisés sur place, c'était le seul qui ressemblait à un être humain.

— En même temps, tu ne places pas la barre très haut, là, hein, Sioned ?

— Non, c'est sûr. Franchement, vous pouvez prendre toutes les représentations horribles que vous vous faites de ces gens, les multiplier par dix, les mettre au carré, multiplier encore par mille, et vous serez encore loin de piger à quel point ces gens sont un tas de merde absolu.

— Mais notre Ken, c'était un véritable saint sous forme humaine, c'est ça ?

— C'est pas ce que j'ai dit. Il avait l'esprit ouvert, c'est tout. Bon, on pourrait croire que ce serait la première qualité de n'importe quel journaliste, mais je peux vous assurer que c'est pas le cas. Je n'ai jamais rencontré des gens plus sectaires et fermés que cette engeance-là.

— Je vois que l'expérience a laissé des traces.

— Il y avait un papier que j'avais vraiment envie d'écrire. Je faisais une fixette sur le mouvement MAC, à l'époque, et je voulais faire un truc sur eux, creuser leur histoire, m'intéresser pas juste à ce qu'ils faisaient mais aussi aux *raisons* pour lesquelles ils se battaient…

— Sûr que t'as dû te mettre ton rédac chef dans

la poche avec ça. Pas étonnant que t'aies pas fait long feu là-bas.

— Ouais, c'est clair, évidemment ils refusaient catégoriquement de toucher à ce sujet. Mais lui, il m'a aidée. Ken Fielding. Il m'a donné de l'argent pour travailler dessus pendant quelques semaines. Il m'a même accompagnée une ou deux fois sur le terrain. J'ai encore toute cette matière, quelque part. Le truc c'est que c'était quelqu'un de... juste. »

Ayant employé ce mot, elle s'interrompit un instant pour le soupeser. « Oui, c'est comme ça que je le décrirais. Tu sais ce qu'on dit sur le fair-play anglais ? Eh ben ça existe. C'est juste que c'est incroyablement rare...

— Nom de Dieu, vous avez entendu ça les gars ? Voilà qu'elle a changé de camp. Sioned est devenue une nationaliste anglaise.

— Bref, à ta santé Harri ! lança-t-elle à son jeune collègue, ignorant les moqueries des autres. Être sélectionné pour un prix pareil, c'est vraiment super. "Prix du journalisme au service de la justice sociale". Génial ! Et c'est clairement ce que t'as fait. En faisant capoter les affaires de quelques proprios, au passage. Espérons que les juges... Oui, je peux faire quelque chose pour vous ? »

Elle s'adressait à l'homme qui s'était approché de leur table et se tenait maintenant debout devant elle.

Au début, c'était le nom de Kenneth qui avait poussé David à envisager d'aller se présenter. Il avait l'intention de leur dire que lui aussi avait rencontré un jour Kenneth Fielding, peu de temps avant sa mort – dans les coulisses du Hay Festival, en 1997. Ce soir-là, ils avaient prolongé la soirée ensemble, tous les trois (la femme de Kenneth était là aussi), et passé quelques heures très conviviales et passablement alcoolisées dans un restaurant tout proche, puis dans un pub, si sa mémoire était bonne. Mais ça, c'était anecdotique. Désormais, il avait apparemment une raison plus personnelle encore de se présenter :

« Vous vous appelez Sioned, c'est bien ça ? » demanda-t-il.

La femme hocha la tête.

« Je crois que je me souviens de vous, dit David. Je crois qu'on s'est déjà rencontrés. Il y a des lustres.

— C'est bien possible, répondit Sioned. Je rencontre un tas de gens.

— C'était quand on était gamins. Est-ce que votre père avait une ferme aux environs de Llanbedr ? Qu'il louait pour les vacances ?

— C'est exact.

— C'est incroyable. J'ai séjourné là-bas. Tu te souviens de moi ? David ? »

Apparemment non. « Des centaines de gens ont logé là, au fil des années, déclara-t-elle. Vous croyez que je peux me souvenir de tout le monde ?

— Mais on a passé du temps ensemble. Tu nous accompagnais en excursion. »

Elle haussa les épaules.

« Tu m'as même demandé de t'épouser. »

Les amis de Sioned, qui suivaient cet échange avec intérêt, explosèrent de rire.

« Ben voilà autre chose, fit Harri.

— On savait que quelqu'un allait finir par te faire un procès, Sioned. Mais on n'aurait jamais cru que ce serait pour rupture de fiançailles. »

Ce qui déclencha de nouveaux rires. David

commençait à craindre que la portée de l'événement ne se perde dans l'hilarité générale.

« J'avais écrit une histoire, dit-il, faisant une dernière tentative pour rafraîchir la mémoire de Sioned. Ça s'appelait *Le Village englouti*. Tu m'as dit que c'était le pire truc que t'aies jamais lu. »

À ces mots, son attitude changea du tout au tout. Elle reposa doucement sa coupe de champagne et leva les yeux vers David, scrutant son visage en quête d'une trace de ressemblance avec le jeune garçon qu'elle avait brièvement connu autrefois, à la fin des années 1960. Et oui, elle était là. Ténue, effectivement ; presque évanouie. Mais le visage de David était un palimpseste, et sous les traits de l'homme d'âge mûr, elle parvint à peu près à déchiffrer le souvenir de cette personne plus jeune, à demi effacé.

« Nom de Dieu, s'écria-t-elle. Oui. Tu es David. Le fils de Thomas. »

L'intensité émotionnelle de cet instant fut telle que David ne songea pas, sur le coup, à se demander pourquoi elle se rappelait si bien le prénom de son père.

« Waouh ! fit-il. C'est pas croyable. Ça t'embête si je me joins à vous ? Je peux vous payer un verre à tous ?

— Évidemment, répondit Sioned. On va prendre une autre bouteille de champagne, s'il te plaît. Du bon, pas cette merde qu'Aidan a prise la dernière fois. Et tu peux demander un verre en plus pour toi, si ça te dit. »

Après s'être acquitté de cette mission et installé à leur table, David se tassa près de Sioned et, tandis que les trois autres discutaient entre eux, ils échangèrent rapidement le résumé des cinquante années qui venaient de s'écouler. Leur histoire, en fait, était assez similaire : tous les deux étaient divorcés, tous les deux n'avaient qu'un enfant. La fille de David, Amy, désormais âgée de vingt-cinq ans, vivait en Australie avec sa mère. Le fils de Sioned, Rhys, était en première année à l'université de Manchester. Mais à l'exception de la période où elle avait brièvement flirté avec la presse anglaise au début des années 1990, Sioned n'avait jamais cessé de travailler au pays de Galles, où elle écrivait désormais des reportages pour le *Daily Post*. David appartenait au département d'anglais de Keele, et avait récemment été titularisé professeur. Son septième recueil de poèmes, *Souffle de pierre*, venait de paraître et la presse était enthousiaste.

« Alors comme ça t'as continué à écrire, dit Sioned. Ma critique de ton histoire ne t'a pas découragé, en fin de compte.

— J'ai été anéanti, répondit-il. C'est l'un de mes pires souvenirs d'enfance. Et à part ça tu ne te rappelles *rien du tout* à propos de notre séjour chez vous ?

— Oh, maintenant je m'en souviens parfaitement. De ton père, en particulier. En fait tu lui ressembles beaucoup. »

David sourit tristement : « Il est mort », et il y avait quelque chose dans sa façon de le dire qui fit penser à Sioned qu'il ne parlait pas d'un événement lointain.

« Je suis désolée, répondit-elle.

— C'était il y a à peine trois semaines. Les funérailles ont eu lieu la semaine dernière.

— Oh. » Elle posa la main sur son bras et le pressa.

« Il avait atteint un âge très respectable. Pas de quoi se plaindre. Quatre-vingt-quatorze ans ! Il vivait avec ma sœur depuis des années, et puis il y a deux ans il est allé en maison de retraite. Son esprit lâchait, mais physiquement on le croyait en bonne forme, alors ça a été un peu un choc. Très soudain. Ils ont dit que c'était une pneumonie. » Il prit une gorgée de champagne et ajouta, comme si ça lui venait après coup : « D'ailleurs c'était la troisième de la semaine dans cette maison de retraite. »

Sioned médita là-dessus, sans réagir immédiatement. Cependant, l'information sembla orienter le cours de ses pensées vers la pandémie et, faisant des yeux le tour du pub, elle lança, à l'adresse de l'ensemble de la tablée : « Bon, les gars, combien de temps avant qu'ils soient obligés de fermer, ici ?

— Je ne pensais pas que les pubs fermaient déjà, fit Aidan.

— Ils ne sont pas obligés. Mais si Boris "conseille" aux gens de les éviter, ils ne vont pas tellement pouvoir travailler dans un avenir proche, non ?

— C'est vraiment typique des trucs bidon qu'il sort tout le temps. Un "conseil", tu parles. Il va bientôt nous falloir un peu plus que ça, si on se fie à la situation en Italie.

— Je n'arrive toujours pas à y croire, fit Harri en secouant la tête.

— Que les pays européens se confinent, tu veux dire ?

— Non, j'arrive pas à croire que c'est *lui*, répondit Harri. J'arrive pas à croire que c'est lui qui est aux commandes au moment où ça arrive.

— Le truc, tu vois, commença à expliquer Aidan en se tournant vers David, c'est que cet endroit a un certain passif avec Mr Johnson. En 1997, il s'est présenté aux élections ici. Naturellement, on l'a envoyé bouler. Il y a quelques mois, il est repassé dans le coin, en tant que Premier ministre, rien que ça – *Premier ministre !* –, pour nous servir son fichu accord du Brexit (en gallois, devrais-je préciser, ou du moins son atroce version personnelle de cette langue), et putain cette fois ça a marché. Clwyd South a basculé dans le camp des conservateurs pour la première fois de son histoire. D'ailleurs, au passage, je me souviens très bien que madame ici présente – il désigna Sioned – a juré une fois qu'elle me taillerait une pipe si les gens du coin votaient un jour conservateur. J'attends toujours.

— Dans tes rêves, Aidan, claironna Sioned. Dans tes rêves.

— Pour être honnête, intervint Harri, ça ne devait pas avoir l'air trop risqué, comme pari. Aucun de nous n'y croyait.

— Non, c'est sûr que non, fit Aidan en vidant son verre. Et pourtant c'est arrivé. C'est vraiment la fin, pas de doute. »

*

Couché tout éveillé à deux heures du matin, David méditait sur la différence monumentale que pouvaient faire quelques heures. Il n'y a pas si longtemps, il se bagarrait pour conduire dans une neige de plus en plus dense aux environs de Betws-y-Coed, sans penser à rien, à part se demander s'il parviendrait à rentrer sain et sauf et si ce serait des lasagnes ou un poulet jalfrezi qu'il enfournerait dans son micro-ondes une fois arrivé. À présent, il était dans le lit de Sioned, à ses côtés, tandis que la lumière crémeuse d'un lampadaire filtrait à travers ses rideaux et illuminait doucement son buste : la splendide courbe de son épaule, la gracieuse vallée qui descendait jusqu'à sa hanche. Incapable de résister, il roula sur lui-même et déposa un tendre baiser au creux de son dos. Sa peau était d'une douceur et d'une tiédeur inouïes. Sensible à son baiser, elle laissa échapper un petit ronronnement de plaisir, puis remua et se tourna vers lui. Elle le prit dans ses bras et l'attira contre elle, jusqu'à ce que leurs visages se touchent.

« On n'est pas trop dans la distanciation sociale, là, hein ? chuchota-t-elle.

— Je suis choqué par ce manque de respect envers les conseils du gouvernement, acquiesça-t-il.

— En tout cas, ils ne peuvent pas venir faire la police chez nous.

— Pas encore. »

*

« Il y a une chose que je voulais te demander, dit Sioned à David, un peu plus tard. Un service, disons. »

Sur le point de se rendormir, David répondit sans réfléchir : « Bien sûr. Tout ce que tu veux.

— C'est au sujet de ton père.

— Mon père ?

— Je sais que c'est un sujet douloureux pour toi, là tout de suite mais... j'imagine qu'il a dû laisser quelques affaires. Des papiers, des choses comme ça ?

— Oui, bien sûr. C'est Gill qui a tout ça.

— Tu avais l'intention d'y jeter un œil, à un moment ?

— Sans doute, oui, un de ces jours, dans les prochains mois.

— Eh bien, si tu trouves quelque chose qui, tu penses, pourrait m'intéresser... tu me montreras ? »

La question était assez surprenante pour extirper David du sommeil auquel il était sur le point de s'abandonner. Il se redressa sur un coude : « Quoi ? »

Sioned répéta sa requête, qui lui parut même encore moins logique la deuxième fois.

« Attends un peu, fit-il. On parle de *mon père*, là, c'est bien ça ?

— Évidemment.

— Eh bien... (Il ne trouvait pas les mots.) Sans vouloir te vexer... mais de quoi est-ce que tu parles ? Qu'est-ce que mon père a à voir avec toi ? »

Sioned le regarda, les yeux brillant dans le noir, et alors sa main se porta devant sa bouche. « Oh mon Dieu, fit-elle. Il ne t'a jamais dit.

— Dit quoi ? »

Elle s'assit et alluma la lumière, puis tira la couette, soudain consciente de sa nudité. Elle réfléchit un moment, plongea son regard dans celui de David et répéta, sous forme de question cette fois : « Il ne t'a *jamais* dit ?

— Je n'ai aucune idée, littéralement pas la moindre idée de ce dont tu parles.

— Ok. »

Elle se leva, enfila un unique vêtement – un long tee-shirt blanc qui lui descendait jusqu'aux cuisses – et se mit à faire les cent pas dans la chambre.

« Il y a des années, commença-t-elle, quand j'étais à Londres, je me suis mise à travailler sur un gros papier qui n'a jamais été publié. C'était au sujet du MAC – le Mudiad Amddiffyn Cymru. T'as déjà entendu parler d'eux ? »

David secoua la tête.

« Également connu sous le nom de Mouvement pour la défense du pays de Galles. Ils étaient actifs dans les années 1960.

— J'ai entendu parler de l'Armée libre galloise, dit-il obligeamment.

— C'était un mouvement parallèle. Lié, mais distinct. En revanche ils avaient des activités similaires. Attentats à la bombe contre des barrages, ce genre-là. Les gens connaissent surtout l'Armée libre galloise, mais je me suis toujours davantage intéressée au MAC.

— Pourquoi ?

— Parce que mon oncle en était membre. »

Ces mots firent l'effet d'un choc à David.

« Ton oncle ?

— Mon oncle Trefor. Il y a de grandes chances que tu l'aies croisé, parce qu'il traînait tout le temps à la ferme quand j'étais gamine. Et je sais avec certitude qu'il était là la semaine où vous êtes venus.

— Oui, bien sûr, je me souviens de lui. Je me souviens que mon père avait discuté avec lui. En gallois, assez bizarrement.

— Ok, répondit Sioned. Alors laisse-moi te parler de mon oncle Trefor. » Elle cessa ses allées et venues et vint s'asseoir sur le lit à côté de lui. « Pour commencer, il est mort maintenant. Il y a plus de vingt ans. Mais avant sa mort, je lui ai dit que je voulais l'interviewer.

— Tu savais déjà qu'il faisait partie de ce... mouvement ?

— Oh oui. C'était un secret de polichinelle dans notre famille. Ça l'a toujours été. Toutes sortes de personnages louches venaient à la ferme quand il y séjournait. Ils allaient s'asseoir dans la cuisine et complotaient à voix basse pendant que Maman leur faisait du thé. C'était surtout des trucs de petite envergure, mais ils ont réussi quelques coups. Ils visaient souvent la conduite d'eau d'Elan Valley, en direction de Birmingham, et en 1968 ils ont réussi à en faire sauter une portion essentielle à West Hagley, près de Stourbridge. Mais le vrai grand projet, l'aboutissement de tout ça, c'était l'investiture du prince Charles...

— Attends un peu, fit David, dont la mémoire venait de prendre un puissant coup de fouet. T'as bien dit West Hagley ?

— C'est ça.

— Merde... » Il avait les yeux dans le vide, tandis que le souvenir se précisait. « Je me souviens du moment où ça s'est passé. On était à l'école. On nous a demandé dans la mesure du possible de ne pas utiliser l'eau du tout. » C'était le jour où il était allé aux toilettes avec Tony Burcot pour ouvrir tous les robinets, et où ils avaient été pris sur le fait par Auntie Mary. Cette honte ne l'avait jamais quitté... mais c'était *ça*, la cause de cette pénurie d'eau ?

« Ce fut l'un de leurs rares succès, reprit Sioned. En règle générale, ils n'étaient pas super fiables.

Il y avait toujours quelque chose qui ne marchait pas dans les bombes qu'ils fabriquaient, et côté sécurité aussi, ça laissait à désirer. Les informations avaient tendance à fuiter. C'est pour ça que, quand ils ont commencé à préparer un attentat à la bombe pendant l'investiture, les services secrets britanniques l'ont appris et ont envoyé quelqu'un pour essayer de les en dissuader. Un peu de persuasion, en douceur. »

David attendit qu'elle développe, mais elle n'en fit rien. Elle se contenta de le fixer intensément, comme pour provoquer un déclic. Ce qui finit par arriver.

« Ce "quelqu'un", dit-il, les mots sortant au ralenti, c'était mon père ?

— Exactement. Mon oncle m'a dit qu'un jour il les a emmenés à la pêche – mon père et lui – quelque part au bord de la rivière, et que c'est à ce moment-là que ton père est intervenu. Il a dit à Trefor que le projet était éventé, et qu'il ferait mieux d'abandonner toute velléité de perturber la cérémonie.

— C'était le dernier jour de notre séjour, répondit David avec une certitude absolue. En fait on est restés un jour de plus, juste pour ça. Je me souviens de les avoir vus partir, et puis Maman nous a tous emmenés à Shell Island. Toi aussi, tu étais avec nous. Bon sang, j'arrive pas à y croire. Mon père était… un espion ? Et il faisait ça sous notre nez ? » Il secoua la tête. Les images de cette semaine-là étaient encore bien nettes dans son esprit. « Et ça a marché ? Comment a réagi ton oncle ?

— Eh bien, je ne sais pas de quoi ton père l'a menacé mais ça a dû être sacrément efficace, car quelques jours plus tard il est allé voir le type qui dirigeait toutes ces opérations – John Jenkins, il s'appelait – et lui a dit qu'il voulait arrêter.

— Et ça a mis un terme au projet ?

— Malheureusement non. Deux autres hommes ont reçu pour mission de poser la bombe à sa place. Ils devaient la placer sur la ligne de chemin de fer d'Abergele, la nuit précédant l'investiture. Mais quelque chose a mal tourné et elle leur a explosé à la figure. "Les martyrs d'Abergele", c'est comme ça que les gens les ont baptisés. Oncle Trefor avait parfois la chair de poule en parlant d'eux, et il disait que ça aurait pu être lui. Donc, c'est un peu bizarre, mais ton père lui a en quelque sorte sauvé la vie. » Voyant que David était trop abasourdi pour répondre, elle conclut : « J'aurais dû écrire ce papier, mais ce n'est pas trop tard pour faire quelque chose de toutes mes recherches. Je suis décidée, à présent. Je vais en faire un livre. »

David n'écoutait pas. Il était couché sur le dos, les mains sur les tempes, à regarder le plafond en essayant de trouver un sens à tout ça. Tout ce qu'il croyait savoir de sa première rencontre avec Sioned, tant d'années auparavant, était faux. Tout.

Elle éteignit la lumière et se coucha à ses côtés. Il sentit la douce pression de ses seins contre son corps. Elle posa la tête sur son épaule et il embrassa sa chevelure tiède, emmêlée. Ils restèrent ainsi de longues minutes, en silence.

« Je suppose que tu pars demain matin ? finit par dire Sioned.

— Je pense. Normalement le mercredi je donne des cours, mais... eh bien, rien n'est certain en ce moment. Ce satané virus.

— Je sais. Je crois que je vais ramener Rhys à la maison cette semaine. La plupart de ses copains sont déjà rentrés. Le pauvre. Il commençait tout juste à se mettre dans le bain de sa première année. Comme eux tous. Et maintenant il va devoir retourner chez sa mère.

— Dieu sait ce qui s'annonce. Mes voisins se sont mis à faire des réserves de papier toilette et de tomates en boîte. Est-ce que je devrais faire des réserves de tomates en boîte ? Personne ne sait ce qui se passe.

— J'espère qu'on se reverra », dit Sioned. Avant d'ajouter, avec une nervosité qui ne lui ressemblait guère : « Enfin, si tu en as envie. »

David replia le bras autour d'elle pour l'étreindre plus fort. « J'en ai envie », affirma-t-il.

Le silence retomba, tandis qu'ils savouraient une intimité muette, dans l'atmosphère chaude et musquée, pleine d'espoir et de bonheur, que cette rencontre inattendue leur avait apportée ce soir.

Il ne restait qu'une question à poser à Sioned.

« Je t'ai vraiment demandé de m'épouser ?

— En fait, non. Tu m'as *dit* que tu allais m'épouser.

— Ça me ressemble plus. Et qu'est-ce que tu as répondu ?

— Honnêtement, je ne m'en souviens pas.

— Eh bien c'est sacrément vexant, David. Vraiment très vexant. » Elle s'écarta de son épaule : « Mais ça ne m'empêchera pas de te *dire* – te dire, pas te demander – que je vais venir te voir ce week-end. » Et sur ces mots, elle lui souhaita bonne nuit et se tourna, non sans avoir retiré son tee-shirt pour lui offrir son dos lisse et svelte en guise d'oreiller.

*

Samedi 21 mars 2020

Sioned vint rendre visite à David le samedi suivant, chez lui à Newcastle-under-Lyme, et dans l'après-midi ils prirent la voiture pour se balader en forêt, à Hanchurch. Le printemps s'annonçait splendide. De longs rayons de soleil traversaient la canopée au-dessus de leurs têtes, projetant des motifs dorés sur les troncs des bouleaux, des trembles et des pins sylvestres. Les bois étaient tranquilles, presque fantomatiques. Où étaient passés tous les gens ? Ils se promenèrent pendant deux heures et ne croisèrent pas plus de cinq ou six personnes. Ils avaient l'impression d'être des hors-la-loi : sortir faire une balade commençait déjà à ressembler à un acte transgressif. Peut-être que tous les autres avaient préféré se rendre au supermarché, pour stocker des articles ménagers et des denrées non périssables. La veille, le chancelier de l'Échiquier avait annoncé un plan de chômage partiel permettant aux employés d'être payés quatre-vingts pour cent de leur salaire s'ils ne pouvaient pas se rendre au travail, et le Premier ministre avait ordonné la fermeture jusqu'à nouvel ordre de tous les pubs, restaurants et cafés. Le pays paraissait basculer dans un véritable état d'urgence. On comptait déjà plus de sept mille cas d'infections au virus, et près de deux cents morts. Ces chiffres laissaient penser que la Grande-Bretagne n'avait que deux semaines de retard sur l'Italie qui, d'après les reportages télévisés, semblait s'être muée en quelques jours en un paysage étrange, fait de rues désertes et de lieux publics à l'abandon.

« On va être confinés nous aussi, d'un jour à l'autre, dit Sioned. C'est la loi de Murphy, hein ? Je me lance enfin dans une aventure passionnée avec quelqu'un, et immédiatement je n'ai plus le droit de sortir de chez moi. Tu as déjà essayé le sexe à distance ?

— Je ne crois pas, non, fit David. Ça marche comment ?

— Il me semble qu'on se met devant l'ordinateur et qu'on discute en se masturbant.

— J'imagine qu'on pourrait essayer, dit David avec hésitation. Ou sinon il y a toujours le Scrabble en ligne.

— Ouais, un peu moins gênant quand ton fils rentre dans ta chambre sans frapper pour réclamer son dîner. »

Ils marchaient toujours. Les rares fois où quelqu'un croisait leur chemin en sens inverse, ils s'écartaient légèrement pour l'éviter, et détournaient la tête pour esquiver son souffle.

« Dis, j'ai repensé à mon père, reprit David, et aux services de sécurité. Je me demandais s'il avait fait d'autres choses pour eux, à part cette histoire au pays de Galles. Il allait beaucoup en Europe de l'Est dans les années 1960. À Prague, en particulier. Il disait toujours que c'était pour le boulot, mais ça ne paraît pas très logique. Et je sais qu'il était à l'Expo universelle de Bruxelles, en 1958. On avait cette petite réplique de l'Atomium dans notre salon. Encore un épisode dont il refusait de parler.

— Peut-être quand tu pourras commencer à passer ses papiers en revue ? demanda Sioned, pleine d'espoir.

— Enfin bref, Gill m'a appelé hier soir. Elle a dit qu'elle avait du nouveau à son sujet. »

Sioned se tourna vers lui, plus impatiente que jamais. « Et ?

— Elle revenait de chez le notaire de Papa. Apparemment il y avait une lettre. Une lettre qu'il nous a écrite à tous les deux, il y a quelques mois de cela. Elle m'a demandé si je voulais venir la voir pour qu'on l'ouvre ensemble, vu qu'elle nous était adressée à tous les deux, ou si ça me convenait qu'elle me la lise au téléphone. Alors je lui ai dit pas de problème, vas-y, lis-la.

— Ne me dis rien... il vous donnait des instructions pour découvrir un manuscrit enfermé quelque part dans un coffre de banque. *Confessions d'un maître de l'espionnage.* "Comment le MI5 m'a recruté pour combattre le terrorisme gallois."

— Ha ha, tu adorerais, n'est-ce pas ? Mais non, c'était tout à fait autre chose. »

Il la faisait languir.

« Et donc, il se trouve... », commença David. Un gros airedale terrier venait de bondir pour leur faire la fête, tout haletant et empressé. Il s'agenouilla pour lui caresser la tête. Les animaux, au moins, n'étaient pas censés être porteurs du virus. Il adressa un salut prudent à ses propriétaires puis, se relevant, dit à Sioned : « Donc apparemment, il se trouve que Papa avait une autre fille. J'ai une sœur dont j'ignorais l'existence. En Italie. »

4

Mars-avril 2020

« *À partir de ce soir, je me dois de donner à la population britannique une instruction toute simple – restez chez vous.* »

« Bon, on l'a tous vu venir, fit Bridget. Pas trop tôt. »

« *Évitez de voir vos amis. Si vos amis vous proposent de les voir, refusez.* »

Après plus de vingt ans passés à Bruxelles, Bridget s'était retrouvée sans emploi quand les eurodéputés britanniques avaient officiellement quitté le Parlement européen, fin janvier. Après une semaine de vacances en Cornouailles avec Martin – dont ils rentraient tout juste –, elle avait prévu un programme chargé d'activités sociales pour meubler les journées qui l'attendaient, mais tout venait de tomber à l'eau. Elle n'était pas emballée à l'idée de rester confinée dans cette maison, achetée pour sa proximité avec l'aéroport et la gare internationale de Birmingham, mais où ni lui ni elle ne s'était jamais vraiment plu. Malgré tout, ils s'en sortaient mieux que beaucoup de gens, et elle n'allait pas se plaindre.

« *Évitez de voir les membres de votre famille qui ne résident pas chez vous.*

Ne sortez pas faire les courses, sauf pour les achats de première nécessité, comme l'alimentation et les médicaments – et faites-le le moins possible. Utilisez les services de livraison quand ils sont disponibles. »

« Mes parents vont s'en sortir, dit Bridget. Ils sont entourés de voisins. Et ta maman ? Est-ce qu'elle a compris comment utiliser sa tablette ? »

« *Si vous ne respectez pas les règles, la police aura le pouvoir de les faire appliquer, y compris au moyen d'amendes et en dispersant les attroupements.* »

« Ah oui, et comment ils comptent s'y prendre ? »

Martin ne semblait pas prendre part à la conversation, et elle laissa donc Boris Johnson terminer son discours sans l'interrompre. Elle tenta de se concentrer sur ce qu'il disait, mais c'était difficile parce que sa façon de s'exprimer distrayait totalement son attention. On aurait dit qu'il essayait de parler comme Churchill s'adressant aux Britanniques durant les heures sombres du Blitz, mais ce ton lui était tellement étranger – à des années-lumière de ses discours habituels, décousus et improvisés, pleins de mauvaises blagues et de références antiques tirées par les cheveux – qu'il y avait une espèce d'inconsistance très dérangeante dans sa prestation, comme si c'était un vase creux qui s'adressait à la nation, un hologramme de Premier ministre plutôt que le vrai.

« *Aucun Premier ministre n'a envie de prendre ce genre de mesures*, insistait-il.

Je sais les dégâts que ces perturbations provoquent et provoqueront dans la vie des gens, dans leur entreprise et dans leur travail.

Mais aujourd'hui, il n'y a tout simplement pas de choix simples. Le chemin qui nous attend est difficile, et il est vrai que de nombreuses vies seront malheureusement perdues.

Je veux remercier tous ceux qui travaillent à fond pour vaincre le virus.

Tout le monde, des employés des supermarchés aux chauffeurs routiers, auxiliaires de vie, infirmières et médecins qui sont en première ligne.

Mais dans ce combat, nous ne pouvons douter que chacun et chacune d'entre nous est directement impliqué.

Tous, nous devons unir nos forces.

Pour enrayer la propagation de ce virus.

Pour protéger notre système de santé et sauver des milliers et des milliers de vies.

Et je sais que comme ils l'ont fait si souvent par le passé.

Les habitants de ce pays vont relever ce défi.

Et nous en ressortirons plus forts que jamais.

Nous allons vaincre le Coronavirus, et nous allons le vaincre ensemble. »

Quand ce fut terminé, Martin ne trouva rien à dire. Bridget, qui vivait avec son mari depuis près de quarante ans, savait exactement à quoi il pensait. Son esprit revenait, comme bien souvent, au Bruxelles du début des années 1990, au temps où lui-même menait encore la guerre du chocolat et où tout le monde parlait de ce journaliste brouillon mais déjà porté aux nues, qui avait trouvé une nouvelle manière vraiment marrante d'écrire sur l'Union européenne.

« Il est Premier ministre, mon amour, lui rappela-t-elle. Il est là. C'est arrivé. Tu n'y peux strictement rien. Essaie juste de te faire à l'idée. »

*

6. – (1) Pendant la période d'état d'urgence sanitaire, tout déplacement hors du lieu de résidence de la personne est interdit, sauf motif impérieux.

Mary était seule. Cela faisait maintenant plus de sept ans qu'elle était veuve. Deux de ses fils vivaient tout près – à une demi-heure de route, dans des directions différentes. Son benjamin était à deux heures de trajet, à Londres. Ces distances n'étaient pas bien grandes, globalement, mais désormais Mary avait l'impression que ses enfants (elle les considérait toujours comme des enfants, ses petits qui avaient la soixantaine) vivaient sur d'autres continents.

Geoffrey et elle auraient dû vendre cette maison il y a des années, et déménager dans un endroit plus adapté. Mais ils ne l'avaient pas fait, et maintenant elle avait quatre-vingt-six ans, et elle ne déménagerait plus jamais. L'endroit était trop grand pour qu'elle puisse s'en occuper seule. Une fois par semaine, une femme de ménage venait : mais ce ne serait plus le cas dorénavant, à cause du confinement. Une fois tous les quinze jours, un jardinier venait : mais ce ne serait plus le cas dorénavant, à cause du confinement. Une fois toutes les trois semaines, une coiffeuse nommée Deborah venait s'occuper de ses cheveux : mais ce ne serait plus le cas dorénavant, à cause du confinement.

Mary était seule, mais elle était incapable de rester silencieuse. Il fallait qu'elle parle, c'était pour elle un besoin fondamental. En l'absence de compagnie humaine, elle parlait à Charlie, son chat, et elle parlait à son anévrisme. Elle ne lui donnait pas de nom, n'avait pas envie de l'humaniser à ce point, mais tous les matins elle soulevait son pull et son tee-shirt et contemplait le point juste en dessous de son cœur où elle le savait en train de couver, et l'enguirlandait un bon coup, exactement comme elle enguirlandait les gamins désobéissants à l'école. Elle lui ordonnait d'arrêter de grossir, de ne pas se rompre et, plus généralement, de lui ficher la paix pour qu'elle puisse profiter de quelques années supplémentaires. Mary conservait une volonté de vivre aussi puissante qu'instinctive, bien que ses parents ne soient plus là, son mari non plus, et qu'elle ne voie pas suffisamment ses fils et ses petits-enfants. (Et c'étaient eux, en réalité, ses petits-enfants, qui étaient sa raison de vivre, car elle était bien décidée à suivre le cours de leur existence et à accueillir les arrière-petits-enfants qui commençaient enfin à arriver au compte-gouttes.)

Et elle parlait à Peter. Tous les soirs, vers vingt et une heures, elle l'appelait et ils bavardaient quelques minutes. Jamais plus, parce que en réalité ils n'avaient pas grand-chose à se raconter. Quelle ironie que le fils auquel elle avait le moins de choses à dire soit aussi celui à qui elle avait le plus besoin de parler. Mais c'était comme ça depuis déjà sept ans, cela remontait à la mort de Geoffrey. Depuis lors, elle parlait à Peter pratiquement tous les jours. « Je voulais juste entendre ta voix », lui disait-elle, et ils discutaient de quelque chose qu'ils avaient vu aux actualités, ou bien d'un de ces jeux télévisés qu'ils aimaient tous les deux regarder. Ce jour-là, ils évoquèrent le discours de

Boris Johnson à la nation, et Mary se lamenta parce que Peter n'allait pas pouvoir venir la voir pendant des semaines, avant de sombrer dans une humeur morbide : et si elle mourait pendant ce temps-là, voudrait-il bien prendre Charlie et s'occuper de lui ? Bien sûr que oui, répondit Peter, et de toute façon de quoi t'inquiètes-tu, tu as encore des années à passer avec nous, tout ira bien, tu verras.

*

5. – (1) Tout responsable d'une activité non listée dans la Partie 3 de l'Annexe 2, vente ou location en magasin ou service de bibliothèque, devra pendant la période d'état d'urgence sanitaire –

(a) cesser son activité ou offre de service à l'exception des livraisons ou retraits des commandes effectuées –
   (i) via un site web ou toute autre communication par Internet,
   (ii) par téléphone, y compris les commandes par SMS, ou
   (iii) par la poste ;
(b) fermer tout établissement dont l'activité ou les services ne sont pas considérés comme essentiels aux termes du sous-paragraphe (a) ;
(c) cesser de recevoir du public dans son établissement dont l'activité ou les services ne sont pas considérés comme essentiels aux termes du sous-paragraphe (a) ;

« Alors ça y est, fit Jack après avoir fermé à clé son showroom pour la dernière fois, faisant des adieux mélancoliques aux rangées de Porsche, Mustang et Alfa Romeo qui, à ses yeux, étaient toujours plus belles que n'importe quelle expo dans une galerie d'art. Trente ans que je tiens ce magasin ouvert en continu, sauf les jours fériés, et le voilà fermé jusqu'à Dieu sait quand. Tout ça parce qu'un mec en Chine a bouffé une chauve-souris dégotée sur un marché pourri.

— J'arrive pas à croire que Boris nous fait un coup pareil, fit Ange. Nous enfermer littéralement dans nos foyers. On pourrait rester coincés là des mois. » Depuis la fenêtre du palier à l'étage, elle contemplait les pelouses, la piscine, l'appartement d'amis avec son toit de chaume et, par-delà le garage, embrassait du regard le paysage jusqu'au verger, au loin, que le dernier rayon de soleil du soir abandonnait tout juste. « Franchement, c'est presque comme si on vivait dans un État totalitaire, non ? »

*

(2) Pour les activités listées en paragraphe (1), parmi les motifs impérieux figurent –

(a) l'achat de produits de première nécessité, notamment alimentation et médicaments, pour les personnes regroupées dans un même domicile (y compris les animaux de compagnie du foyer) ou pour les personnes vulnérables ; l'achat des fournitures nécessaires au fonctionnement et à l'entretien du domicile, ou du domicile d'une personne vulnérable ; le retrait d'argent, y compris auprès de toutes les entreprises listées dans la Partie 3 de l'Annexe 2 ;

(b) l'activité physique, seul(e) ou avec d'autres personnes regroupées au sein du même domicile ;

La maison de Peter à Kew n'était pas grande – deux chambres seulement – mais possédait un petit extérieur rectangulaire à l'arrière (on ne pouvait pas vraiment appeler ça un jardin), qui lui inspira une profonde gratitude au cours des semaines qui suivirent. À vrai dire, bien que cela le laisse en proie à un puissant sentiment de culpabilité libérale, il devait bien admettre que le confinement lui plaisait beaucoup.

Certes, sa situation financière n'était pas géniale. Le salaire que l'orchestre versait à Peter était modeste quand tout allait bien, et désormais il n'en toucherait plus qu'une partie. Bien sûr tous les concerts étaient annulés jusqu'à nouvel ordre. Mais la plupart des aspects du confinement lui convenaient. En plus d'autoriser ses plaisirs plus sédentaires – lire, regarder des films, écouter de la musique –, cela le motivait plus que jamais à faire de l'exercice. Jour après jour, par une météo idéale, il longeait la Tamise sur sa rive sud, de Chiswick Bridge à Richmond Lock, aller et retour. Parfois il faisait un détour par le supermarché, enfilant un masque avant d'entrer : il s'en était acheté une boîte de vingt sur Internet, et de plus en plus de gens s'y mettaient, apparemment, bien que le conseiller scientifique en chef du gouvernement, sir Patrick Vallance, ait déclaré que les preuves de leur efficacité étaient « faibles ». Aux premiers jours du confinement, l'obsession de Peter en faisant ses courses était de trouver du pain, qui semblait faire l'objet d'une pénurie aiguë.

Puis il suivit la tendance et se mit à faire le sien, même si au départ c'était presque impossible de trouver de la farine. Mais bientôt les stocks commencèrent à être réapprovisionnés, et les réseaux sociaux furent bien vite saturés de photos de pains au levain ou de pitas. Il trouva un grossiste bio dans le West Country qui livrait à Londres, et se mit à commander d'énormes quantités de fruits et de légumes frais. Parfois, quand les colis arrivaient, il essayait de nouer la conversation avec les livreurs, mais ces derniers n'avaient généralement pas envie de s'attarder, soit parce qu'ils avaient un programme chargé, soit parce qu'ils n'avaient pas envie d'être contaminés.

« C'est incroyable, vraiment, dit-il à Mary un soir au téléphone, cette façon dont les classes moyennes semblent avoir tout bonnement disparu, terrées quelque part. Et pourtant il y a des tas de gens qui sont toujours dehors – pour nous livrer des trucs, tenir la caisse du supermarché...

— Quelqu'un continue à me livrer le journal quotidiennement. Je ne sais pas ce que je ferais sans. »

Le *Daily Telegraph* était le journal de prédilection de Geoffrey, et Mary n'avait jamais jugé nécessaire d'en changer, depuis son décès. Chaque jour, elle passait une heure ou deux sur les mots croisés et autres grilles de jeux. Elle jetait parfois un coup d'œil aux pages d'actualité, mais ne lisait pas du tout les commentaires. Elle regardait le journal télévisé, en revanche, ainsi que les conférences de presse quotidiennes du Premier ministre, à l'heure du thé, et quand Boris Johnson attrapa lui-même le virus et se retrouva en soins intensifs à l'hôpital St Thomas, elle suivit la situation de près.

« Que se passera-t-il s'il meurt ? demanda-t-elle à Peter. Qu'est-ce qu'on fait dans ce cas-là ?

— Je n'en ai aucune idée, fit Peter. Quelqu'un d'encore pire prendra le relais, j'imagine.

— Si je meurs, dit sa mère (et Peter grogna silencieusement à l'autre bout du fil en songeant : Et c'est reparti pour un tour), tu prendras soin de Charlie, n'est-ce pas ?

— Bien sûr Maman. Je te l'ai déjà dit.

— C'est un gentil petit chat, tu sais. Il dort sur moi tous les soirs. Il s'allonge et il ronronne en me regardant droit dans les yeux.

— Je m'occuperai de lui, ne t'en fais pas pour ça. Mais ça n'arrivera pas.

— À Noël, tu sais, j'ai eu ce pressentiment...

— Je sais Maman, tu me l'as dit.

— ... que c'était sans doute le dernier. C'est tellement dommage que Bridget n'ait pas été là. Pourquoi elle n'est pas venue ?

— Jack et Bridget ne se parlent plus. » Il le lui avait dit à maintes reprises. Pour une raison quelconque, elle semblait refuser de l'entendre. « Elle ne veut même pas se trouver dans la même pièce que lui.

— Tout ça à cause du Brexit ? C'est vraiment idiot. (Mary, pour sa part, n'avait pas d'idées très arrêtées concernant l'adhésion de la Grande-Bretagne à l'Union européenne. Sa manière d'aborder le référendum de 2016 avait été de téléphoner à ses petits-enfants pour leur demander comment ils souhaitaient qu'elle vote, puisque le résultat affecterait leur avenir, et non le sien.) Tu imagines, se fâcher pour une broutille pareille. On aurait pu croire qu'ils se rabibocheraient, au moins pour notre dernier Noël ensemble. »

Peter soupira et répéta : « Combien de fois il faut que je te le dise, Maman ? *Ce n'était pas le dernier.* »

Son ton assuré n'était cependant pas entièrement sincère. Il s'inquiétait effectivement pour elle. Il avait parlé de sa situation une fois, avec un ami, un médecin généraliste à la retraite, qui lui avait demandé si sa mère avait de la morphine à la maison. Peter n'en savait rien. « Pourquoi me demandes-tu ça ? » avait-il répondu, et son ami lui avait expliqué que la rupture d'un anévrisme aortique entraînait une mort qui, bien que relativement rapide, était aussi extrêmement douloureuse.

*

8. – (1) Toute personne habilitée peut intervenir si nécessaire pour faire appliquer les obligations stipulées par les règlements 4, 5 ou 7.
(2) Toute personne habilitée peut notifier une interdiction si elle a des motifs raisonnables de croire –

- (a) que la personne enfreint l'une des obligations des règlements 4 ou 5, ou
- (b) qu'il est nécessaire et proportionné de notifier l'interdiction pour empêcher la personne de continuer à enfreindre l'obligation.

(3) Quand une personne habilitée considère qu'une autre personne est à l'extérieur de son lieu de résidence, en violation du règlement 6(1), la personne habilitée peut –

(a) ordonner à cette personne de regagner son lieu de résidence, ou
(b) escorter cette personne jusqu'à son lieu de résidence [...]

(12) Dans le cadre de ce règlement –

(a) une « personne habilitée » signifie –
   (i) un agent de police
   (ii) un gendarme ou agent de proximité

Lorna aimait beaucoup son oncle Peter, mais il commençait à l'agacer. Chaque fois qu'elle l'appelait via Skype ou qu'ils se parlaient au téléphone, il lui disait que le confinement britannique n'était pas grand-chose comparé à ce qui se passait en France, en Espagne et en Italie, où les gens n'avaient le droit de sortir qu'une heure à la fois, et devaient remplir un formulaire justifiant que c'était pour une bonne raison. Pour lui, ça allait. Il avait l'un des plus beaux coins de la Tamise pour se balader, et un jardinet où passer tout l'après-midi au soleil à lire ses bouquins et ses magazines. Lorna et Donny Simes vivaient au septième d'un immeuble de huit étages, juste au sud de Soho Road à Handsworth, à trois kilomètres du centre de Birmingham, dans un appartement certes confortable, mais aux pièces exiguës (la présence d'une contrebasse adossée en permanence au mur du salon n'aidait pas). Il n'y avait pas d'extérieur hormis un balcon minuscule, ni l'un ni l'autre n'avait le droit d'aller travailler, et au bout de quelques semaines, ils commençaient à se taper sur les nerfs. L'activité la plus libératrice de leur semaine était ce curieux rituel du jeudi soir, consistant à sortir sur leur balcon pour « applaudir l'hôpital public ». Certains habitants de leur pâté de maisons étaient plus enthousiastes encore, ils sortaient toute une collection de marmites, casseroles et autres ustensiles de cuisine, et pendant une dizaine de minutes l'air nocturne était saturé d'applaudissements, de cris, de hourras et du fracas des cuillères en bois contre les poêles à frire, les cocottes en fonte et les plats baltis. Peu importe d'où sortait cette idée (au bout de quelques semaines, nul ne s'en souvenait), et peu importe à quel point elle fleurait bon la symbolique vide de sens, tout le monde trouvait que ça créait aussi un esprit de communauté, en offrant à chacun un aperçu rare mais salutaire de ses voisins. À tout le moins, cela ajoutait une ponctuation hebdomadaire aux journées par ailleurs identiques qui se succédaient en un défilé amorphe, sans rien de marquant.

Un après-midi de la fin avril, au bout d'environ cinq semaines de confinement, Lorna regarda dehors depuis son balcon et décida qu'elle avait besoin de s'évader une heure ou deux. Depuis quelques jours, la météo les narguait tous. Elle n'était plus printanière : cette année, l'été était en avance en Grande-Bretagne. Aux informations, on laissait entendre que les gens interprétaient librement et à leur sauce les règles du confinement, faisant des virées en voiture à la campagne, ou même sur la côte. Des images de plages bondées largement relayées suscitaient des cris d'indignation de la part des puristes du confinement. Lorna n'avait pas de telles ambitions. Tout ce qu'elle voulait, c'était aller se poser au soleil toute seule et lire un bouquin pendant quelques heures. *Girl,*

Woman, Other de Bernardine Evaristo venait de sortir en poche, elle en avait acheté un exemplaire (auprès d'une librairie locale dynamique qui proposait le click & collect) et avait hâte de s'y plonger. Handsworth Park était sa destination, et elle se mit en route sur Soho Road, en direction de l'est.

À cet endroit, la circulation se densifiait à nouveau. Le temps de quelques semaines, le quartier avait savouré l'absence de gaz d'échappement, mais désormais les bus, camions et voitures revenaient en force, et l'air était lourd, moite. Deux véhicules patientaient côte à côte à un feu rouge, leurs autoradios au volume maximum, et Lorna remarqua que le premier balançait du bhangra et l'autre du grime, créant une polyrythmie involontaire tellement fascinante qu'elle fut obligée de s'arrêter pour l'écouter un moment. Mais la rue était encore relativement vide de piétons, et la plupart des boutiques étaient toujours fermées. Ce quartier avait la réputation d'être peu sûr à la nuit tombée mais, de jour, Lorna l'avait toujours adoré : il y avait des échoppes et des cafés tenus par des sikhs, des musulmans, des Bengalis, des Jamaïcains... des Polonais aussi, jusqu'à récemment. On y trouvait autrefois un petit magasin polonais qui vendait un *krakowska parzona* absolument incroyable, mais il avait fermé deux ans auparavant. On n'entendait plus tellement parler polonais, dans le coin, pas autant que le pendjabi, l'ourdou ou le somali. Sa boutique préférée était l'épicerie Sanjha, restée ouverte depuis le début du confinement et toujours tenue par un adorable vieux monsieur aux cheveux gris nommé Rakesh, arrivé du Pendjab à Birmingham avec ses parents dans les années 1960. Elle s'y arrêterait sur le retour, pour voir s'ils avaient ces pickles au citron vert que Donny aimait tant...

Lorna laissa Soho Road derrière elle, marcha cinq minutes pour gagner le parc, trouva un banc disponible et se mit à lire. Elle progressait lentement, non que le livre ne lui plaise pas, mais c'était tellement tentant de fermer les yeux de temps à autre, de renverser son visage au soleil et de savourer le plaisir simple, rendu plus intense encore par ce virus, d'être en vie, libre et en bonne santé. Sur l'herbe, en face d'elle, une jeune femme avec une coupe afro spectaculaire avait déployé un tapis en caoutchouc et pratiquait des exercices de yoga, et une partie de son énergie sereine semblait se propager à travers le parc, telles des ondes qui donnaient à Lorna le sentiment d'être ressourcée.

Elle était là depuis environ dix minutes, sur le point de tourner une page, quand une ombre s'étendit soudain sur le livre, et elle sentit la présence d'une personne dressée au-dessus d'elle. Elle leva les yeux. Ils étaient deux, en fait. Deux hommes : des policiers.

« Vous pouvez circuler, s'il vous plaît ? » dit l'un d'eux.

Elle ne comprit pas. « Quoi ?

— Vous avez le droit de quitter votre domicile pour pratiquer une activité physique. Pas pour lire.

— Vous vous moquez de moi ? Je ne peux pas m'asseoir sur un banc dans un parc et bouquiner ?

— Vous allez rentrer de vous-même, ou il faut qu'on vous raccompagne ?

— Mais... et elle ? demanda Lorna en désignant

la jeune femme sur son tapis de yoga, à dix mètres à peine.

— Elle pratique une activité physique », déclara le deuxième agent.

Lorna évalua la situation. Ils étaient tout à fait sérieux, et tout à fait inflexibles. Sans ajouter un mot, elle ramassa son livre et sa canette de boisson énergisante, et reprit le chemin de sa résidence. Elle jeta un coup d'œil derrière elle : les policiers ne la regardaient plus ; ils riaient et bavardaient simplement entre eux. Des larmes de colère légitime lui brûlèrent les yeux.

« Tu as entendu ce qui est arrivé à Lorna, aujourd'hui ? » demanda Peter à sa mère pendant leur coup de fil, un peu plus tard ce soir-là. Il lui raconta l'incident, et elle réagit immédiatement :

« C'est tellement absurde. Quel mal pouvait-elle faire, à s'asseoir sur un banc pour bouquiner ? Est-ce que ça en vaut la peine, tu crois ? Est-ce que ce maudit confinement a le moindre effet positif ?

— Je suis sûr que oui, répondit Peter. Il faut qu'on arrête de submerger les hôpitaux. »

Mary soupira. « J'imagine, oui. C'est juste que ça paraît tellement... injuste. Ne pouvoir rencontrer personne, ne pas pouvoir parler en face-à-face. La dernière fois que j'ai vu Bridie (c'était l'aînée de ses arrière-petites-filles, âgée de cinq ans), tout ce que j'ai pu faire, c'est la regarder par la fenêtre et lui faire coucou de la main. Susan a refusé de l'amener plus près. C'était... c'était *horrible*. Et ça fait déjà plus d'un mois ! Tu n'imagines pas à quel point tout le monde me manque. Parler au téléphone, ce n'est vraiment pas la même chose.

— Et Skype ?

— Oh, je n'arrive pas à prendre le coup de main. Je vois jamais correctement les gens. Et ils sont toujours en train de se plaindre que je tiens le truc de travers.

— Martin et Jack passent te voir, non ? Je croyais qu'ils se relayaient pour te faire les courses.

— Oui, et ensuite ils laissent tout sur le perron, me font signe par la fenêtre, et ils repartent.

— Je sais que c'est dur, mais je suis sûr que ça ne durera plus très longtemps.

— Je donnerais n'importe quoi pour te revoir. Juste pour bavarder. Te voir en personne.

— Je viendrai dès que ce sera autorisé. Ce sera la première chose que je ferai.

— Tu me le promets ?

— Je te le promets. »

Et puis il n'y avait plus grand-chose d'autre à dire. Il raccrocha, se servit un verre de vin et essaya de ne pas trop penser à sa mère, assise toute seule dans sa maison, entourée des souvenirs d'un demi-siècle de vie de famille, puis montant l'escalier pour se mettre au lit dans la chambre où il avait été conçu, où il était né, et enfin, allongée dans le noir tout éveillée, sentant peser sur elle le regard vert et froid de Charlie couché sur sa poitrine, qui ronronnait mécaniquement tandis que tous deux s'enfonçaient ensemble dans le cœur de la nuit.

*

7. Pendant l'état d'urgence sanitaire, les rassemblements de plus de deux personnes dans les lieux publics sont interdits. Ne sont pas soumis à cette interdiction –

(a) les rassemblements de personnes appartenant au même foyer,
(b) les rassemblements à caractère professionnel,
(c) les cérémonies funéraires,
(d) dans la limite du raisonnable –
  (i) les déménagements,
  (ii) l'aide ou l'assistance aux personnes vulnérables, y compris l'aide aux personnes âgées relevant du paragraphe 7(3B) de l'Annexe 4 de la loi de protection des groupes vulnérables de 2006,
  (iii) l'aide d'urgence, ou
  (iv) la participation à une procédure judiciaire ou les convocations pour satisfaire à une obligation légale.

« … donc j'ai bien peur d'avoir dû annuler tous nos projets, disait Mrs Hassan, et c'est vraiment dommage, puisque vous deviez être six à venir participer aux commémorations, et tous les habitants avaient hâte de vous entendre raconter, mais d'après la réglementation actuelle, on ne peut pas le faire, les gens vont simplement rester dans leur jardin en famille, ou sortir sur leur perron, ce sera assez sobre, je crois, pas vraiment ce qu'on espérait, j'espère que vous n'êtes pas trop déçue, ou peut-être que d'une certaine façon ça vous soulage, ainsi vous pourrez rester tranquillement à la maison et regarder les commémorations à la télévision, ce sera beaucoup moins stressant pour vous… »

5

Vendredi 8 mai 2020

C'était encore une belle journée. Même la météo semblait se moquer d'elle. Elle déjeuna au jardin, mais elle n'aimait pas y passer trop de temps parce que Charlie restait assis derrière la baie vitrée, à la regarder avec envie, et ça lui brisait le cœur. Pourtant, elle refusait tout de même de le laisser sortir, terrifiée à l'idée qu'il puisse s'enfuir et ne jamais réapparaître. Elle commençait maintenant à s'ennuyer et à se sentir seule, elle avait fait tous les jeux et les mots croisés, et n'avait plus rien pour s'occuper. Elle rentra, se laissa tomber dans son fauteuil habituel, chercha à tâtons la télécommande sur la table basse, la trouva et remit le son de la télévision. Charlie avait accouru à ses pieds et l'observait attentivement. Il était tiraillé entre sa rancune, parce qu'elle était restée longtemps dehors, et le soulagement de la voir de retour auprès de lui. Quand il la vit bien installée, il décida de lui pardonner, bondit sur ses genoux et se lança dans un numéro complet de ronrons, pétrissage et coups de griffes.

La BBC diffusait une succession d'images des commémorations feutrées organisées à travers le pays. Cette iconographie ne lui était que trop familière : drapeaux, fanions, nappes et assiettes en papier, le tout dans un raz-de-marée rouge, blanc, bleu. Tenues d'apparat et tout l'attirail royal. Mugs et tee-shirts ornés du slogan « Keep Calm and Carry On[1] » de l'époque de la guerre. Tous ces colifichets n'étaient pas vraiment du goût de Mary, mais les sourires affichés par les gens qui savouraient ce moment en famille lui donnèrent l'impression d'être Charlie, contemplant de derrière la baie vitrée un monde paradisiaque dont on lui refusait l'accès.

Puis ce fut le retour en studio, et l'heure d'écouter à nouveau le discours du jour de la Victoire prononcé par Winston Churchill, exactement tel que la radio l'avait diffusé en 1945. Mary augmenta le volume de la télévision. Elle avait sûrement entendu ce discours, ce jour-là. Sans doute l'avait-elle écouté avec ses parents. Cela réveillerait-il des souvenirs ?

« *Les hostilités prendront officiellement fin ce soir, à minuit passé d'une minute, mais dans le but de sauver des vies, nous avons commencé dès hier à proclamer le cessez-le-feu le long de la ligne de front, et nos chères îles Anglo-Normandes seront également libérées aujourd'hui.*

Les Allemands résistent encore aux troupes russes à certains endroits, mais que cela ne nous empêche

---

[1]. « Restez calme et continuez normalement » : cette affiche conçue par le gouvernement britannique pour soutenir le moral de l'opinion publique en 1939 a été redécouverte récemment et détournée à toutes sortes de fins commerciales ou politiques.

pas de célébrer ce jour et son lendemain comme ceux de la victoire en Europe. »

Elle ne se rappelait rien de tout cela. La voix était familière, bien sûr, mais c'était tout. Elle ne parvenait pas non plus à se revoir dans le séjour du 12 Birch Road, en train d'écouter le discours avec ses parents. Peut-être l'avait-elle simplement imaginé.

Le téléphone sonna. C'était Martin.

« Je passais juste un petit coup de fil pour voir comment ça allait aujourd'hui.

— Oh, je vais bien, mon chéri. Je m'ennuie un peu, c'est tout. D'où est-ce que tu m'appelles ? On dirait que tu es en voiture.

— Je suis sur le parking du supermarché. Bridget est allée faire des courses, je l'attends cinq minutes. »

« *Aujourd'hui, peut-être, nous penserons avant tout à nous. Demain, nous rendrons un hommage particulier à nos camarades russes, dont les exploits sur le champ de bataille ont contribué de façon majeure à la victoire globale.* »

« Tu m'appelles en plein pendant Winston Churchill. Ils repassent son discours. Celui du 8 mai 1945. »

Martin émit un sifflement désapprobateur. « Mais qui a encore envie d'écouter ça ? Franchement, l'Angleterre et sa fixette sur la Seconde Guerre mondiale... Aucun autre pays d'Europe n'est obsédé par cette guerre, tu sais. Ils sont tous passés à autre chose.

— Oh, arrête un peu. Je sais qu'on en fait un peu trop, des fois, mais... je devais aller à une fête de quartier aujourd'hui, tu sais. J'avais vraiment hâte d'y être. Et maintenant, tout ce que je peux faire...

— Oh, voilà Bridget. Désolé, Maman, faut que j'y aille. Je voulais juste vérifier que tout allait bien. »

Mary resta donc à nouveau seule : rien qu'elle, Charlie et Winston Churchill.

« *Nous pouvons nous accorder un bref moment de réjouissance ; mais n'oublions pas un seul instant le travail et les efforts qui nous attendent. Le Japon, avec toute sa fourberie et son avidité, reste insoumis. Les blessures qu'il a infligées à la Grande-Bretagne, aux États-Unis et à d'autres pays, et sa cruauté détestable, méritent la justice et un châtiment. Nous devons désormais consacrer toutes nos forces et nos ressources à la réalisation de ces tâches, chez nous et à l'étranger. En avant, Britannia ! Vive la liberté ! Que Dieu protège le roi !* »

À la suite de ces mots, les programmateurs avaient incorporé des bruits de foules en liesse, et ce sont ces cris de liesse qui suscitèrent chez Mary le premier véritable élan de nostalgie. Mais ce n'était pas 1945 qui lui inspirait cette nostalgie : c'était les deux premiers mois de l'année 2020, cette époque (déjà si lointaine) où il était possible de sortir de chez soi et de profiter de la compagnie d'autres personnes. Elle se représenta Martin assis dans sa voiture, sur le parking du supermarché, et d'un coup l'idée même d'un espace aussi ouvert, même laid, même banal, la remplit d'envie. Elle aurait donné n'importe quoi pour être assise dans une voiture sur un parking de supermarché.

Mary se leva, délogeant sans ménagement Charlie, qui émit un miaou furieux et battit en retraite dans un coin de la pièce pour se lécher la queue. Elle se dirigea vers les fenêtres qui donnaient sur l'allée, devant la maison.

Sa voiture y était toujours garée. C'était une petite Toyota Aygo blanche, achetée peu de temps après la mort de Geoffrey. Mary avait toujours été bonne conductrice, et elle avait toujours aimé ça : pour elle, conduire symbolisait l'autonomie, la liberté individuelle, l'indépendance – des facultés qu'elle était parvenue à reconquérir dans les années qui avaient suivi la disparition de son mari, mais lentement (si lentement !) et au prix d'efforts considérables. Quand son généraliste lui avait annoncé qu'à cause de l'expansion de son anévrisme elle allait devoir renoncer à son permis de conduire, le coup avait été terrible : Peter avait eu le sentiment que ça l'avait vieillie de plusieurs années, et elle avait passé des jours à verser des larmes de frustration, après avoir posté la petite carte en plastique. Mais même après cela, Mary avait refusé de vendre sa voiture. Les clés étaient toujours pendues à un crochet dans la cuisine, et chaque semaine, le lundi matin, elle allumait le moteur. Sa présence dans l'allée de la maison répondait à un besoin psychologique. Il ne s'agissait pas uniquement de pouvoir l'utiliser en cas d'urgence. Laisser quelqu'un l'emporter aurait été un acte de violence, comme une amputation.

Elle fixait la voiture, encore hésitante, quand le téléphone sonna à nouveau. Cette fois, c'était Jack.

« Coucou c'est moi ! roucoula son aîné au bout du fil. Devine où on est ! Tu ne trouveras jamais. »

En fond sonore, elle entendait un mélange de voix et de la musique au loin.

« Weston-super-Mare ! fit-il sans attendre sa réponse.

— Vous êtes allés à Weston ? » Mary n'aurait pas été davantage stupéfaite s'il lui avait dit qu'il se trouvait devant l'Opéra de Sydney. « Qu'est-ce qui vous a pris ?

— On ne supportait plus d'être cloîtrés dans ce jardin, expliqua-t-il. Ange disait qu'elle allait littéralement crever si elle ne revoyait pas la mer. Alors on s'est dit, et puis merde. On a sauté dans la bagnole et nous y voilà. On a quand même mis deux heures. Y avait des embouteillages atroces sur la M5.

— Et le confinement ? demanda sa mère.

— Oh, eh bien Boris nous a plus ou moins dit qu'on pouvait se détendre un peu, pas vrai ? On dirait que la moitié des Midlands est ici aujourd'hui. Ils sont tous entassés comme des sardines sur la plage.

— Franchement, je ne sais pas trop. Est-ce qu'on n'est pas censés...

— Oups, faut que je file, Maman, j'aperçois une place de parking. Prends soin de toi, passe une super journée ! »

Il raccrocha.

*

Elle tourna la clé de contact et attacha sa ceinture, tandis que Charlie la contemplait avec flegme de l'intérieur, juché sur le rebord de la fenêtre, son poste d'observation habituel. Le cœur de Mary battait à tout rompre tandis qu'elle faisait marche arrière pour rejoindre la route et s'engageait dans la descente. De toute sa vie, c'était ce qu'elle avait fait de plus dangereux et de plus rebelle. Non qu'elle ait oublié comment conduire, ou qu'elle risque un accident. Mais pas une seule fois, en quatre-vingt-six ans, elle n'avait enfreint la loi en toute connaissance de cause. Fort heureusement, elle ne soupçonnait pas le nombre de caméras installées sur les routes qui reliaient Lickey à Bournville, et put donc conserver l'illusion bienheureuse de conduire à l'abri des regards. Elle passa rapidement de la première à la quatrième, savourant la sensation du levier de vitesse dans sa main et la puissance de l'accélération tandis qu'elle dévalait la colline en direction du carrefour giratoire. Sur Bristol Road, où la vitesse était limitée presque partout à cinquante kilomètres-heure, elle poussa à quatre-vingts. Elle slalomait entre les véhicules plus lents, conduits par des gens bien plus jeunes. Elle n'avait rien perdu de son habileté ni de sa réactivité. Elle commença à sentir que quelque chose lui revenait, un élément crucial de son identité, égaré depuis dix-huit mois.

L'adresse de Mrs Hassan se trouvait dans Acacia Road. Mary savait exactement où c'était. Elle se gara à une vingtaine de mètres de la maison et resta un moment dans sa voiture, le temps de se calmer et de laisser retomber cette bouffée d'adrénaline. L'après-midi touchait à sa fin, et toute la rue était nimbée d'une lumière exquise, chaleureuse et hospitalière. Cela faisait des années qu'elle n'était pas revenue à Bournville, et elle avait presque oublié à quel point le quartier était verdoyant, une enclave ombragée réellement apaisante, au cœur même de Birmingham. Il y avait une honnête quantité de drapeaux et de fanions disséminés le long de la rue, et la plupart des jardinets qui la bordaient étaient occupés par des familles qui mangeaient et buvaient à des tables de fortune, même si l'ambiance n'était pas franchement animée. Quelqu'un avait sorti une enceinte portative dans son jardin, et passait une playlist de tubes des années 1940 – Glenn Miller, Tommy Dorsey et autres. Un ou deux types s'étaient affublés d'une tenue de combat d'époque, jusqu'au calot et aux guêtres en toile. Mary trouvait que c'était quand même une drôle d'idée, mais après tout chacun ses goûts. Elle se dirigea droit vers le jardin de Mrs Hassan, et devina que celle-ci devait être la séduisante brune attablée entre son mari et deux adolescents à l'allure un peu gauche, tous picorant un plat de samoussas.

« Bonjour, dit-elle. Je suis Mary Lamb. »

Mrs Hassan, visiblement surprise, se leva et s'essuya les mains sur un tablier orné du slogan « *Make Do and Mend*[1] », qu'elle avait enfilé par-dessus un sari chamarré bleu et jaune vif.

« Mrs Lamb ! Nous ne nous attendions pas à ce que vous veniez aujourd'hui. Bien sûr, c'est formidable de vous avoir, mais comme je crois vous l'avoir expliqué au téléphone...

— Oui oui, je sais bien, dit Mary. Mais il fallait que je vienne. J'ai simplement senti que... c'était ici que j'avais envie d'être aujourd'hui.

— Oh mais oui, je suis sûre que vous devez avoir *des tas* de souvenirs associés à ce lieu, à cette date. » Elle se tourna vers ses fils. « Les garçons, cette dame était ici – à cet endroit précis – le jour même de la victoire en Europe, il y a soixante-quinze ans. Vous aviez quel âge, Mrs Lamb ?

— J'avais onze ans. »

---

1. Littéralement, « Faire durer et raccommoder ». Il s'agit d'une autre campagne gouvernementale diffusée pendant la guerre, avec des conseils aux ménagères pour rester élégantes en temps de pénurie.

Tandis que les garçons émettaient poliment des grognements intéressés, Mrs Hassan reprit ses excuses. « Je suis vraiment désolée de ne pas pouvoir vous offrir quelque chose. Bien sûr, il n'y avait pas de crise sanitaire, en 1945...

— Oh, ne vous inquiétez pas pour ça, répondit Mary. J'avais simplement envie de venir me présenter, et de revoir mon ancien village. Ça n'a pas tellement changé, par ici, je peux vous le dire. Je comptais prendre la voiture pour aller jeter un coup d'œil à mon ancienne maison, tout à l'heure.

— Ah oui... sur Birch Road, c'est bien ça ? Le numéro douze ? » Elle se tourna vers son mari. « Tu te rappelles qui y habite maintenant ?

— Oui oui, bien sûr. C'est là que vivent Mr et Mrs Nazari.

— Ah oui c'est ça. Ils sont arrivés d'Iran il y a quelques années – en tant que réfugiés, vous voyez. Ils se sont très bien débrouillés depuis. Un couple vraiment gentil. Vous devriez absolument passer leur dire bonjour. Ils seront enchantés de vous voir.

— Bon, dit Mary, indécise. Tout à l'heure, peut-être. Je crois que je vais aller faire un tour jusqu'à la place, maintenant. C'était un plaisir de vous rencontrer ! »

En à peine deux minutes de marche, elle parvint au centre du village, mais c'était tout de même fatigant. Mary fut soulagée de trouver un banc, et de s'asseoir pour observer les enfants et les adultes jouer, rire et danser sur la pelouse au soleil. L'atmosphère était extrêmement reposante. Soudain, elle se sentit heureuse ici, profondément chez elle. Sur sa droite se nichait le carillon de Bournville, installé dans un petit beffroi en pierre accolé à l'angle nord-ouest du clocher de l'école municipale. Devant elle s'alignaient les boutiques dont elle gardait tant de souvenirs, et derrière s'élevait la silhouette massive de la chocolaterie, chaleureuse et rassurante avec ses briques rouges. Tout ce qu'il manquait au paysage, c'était quelqu'un avec qui le partager. De quoi auraient-ils parlé, avec Geoffrey, si celui-ci s'était trouvé assis à ses côtés ? De rien, sans doute. Ils auraient profité de l'après-midi dans un silence satisfait, en bonne compagnie. Et avec ses fils ? Martin ? Ce dernier aurait grommelé, sans aucun doute, à la vue de la fabrique. Il aurait répété que ce n'était plus pareil chez Cadbury depuis qu'une société américaine avait repris l'entreprise quelques années auparavant – c'était à ce moment-là qu'il avait démissionné en signe de protestation – et que la plupart des barres chocolatées n'étaient même plus fabriquées sur place. Où est-ce qu'on les faisait, maintenant ? Quelque part en Europe de l'Est, en Pologne ou en Hongrie, un endroit de ce genre. Quelle drôle d'affaire. Pourquoi fabriquer des barres chocolatées en Pologne pour les transporter ensuite jusqu'en Angleterre ? Ça n'avait aucun sens. Le reste de la fabrique était devenu une sorte de parc à thème baptisé Cadbury World. Elle y était allée une fois, des années auparavant, avec Jack et Ange quand leurs enfants étaient encore petits. Les gamins avaient adoré, mais Mary s'était sentie bête, assise dans une voiturette qu'ils appelaient Chocomobile, à se faire promener dans les différentes zones, avec leurs faux décors et leurs effets spéciaux. Elle se souvenait d'avoir pensé que c'était vraiment une bonne chose que son père n'ait pas vécu assez vieux pour assister à tout ça, et plus tard Julian avait acheté beaucoup trop de chocolat à la boutique, et il avait vomi dans la voiture pendant le trajet du retour. Si Jack s'était trouvé à ses côtés, cet après-midi-là, il aurait probablement trouvé matière à plaisanter. Parfois elle jugeait son optimisme réjouissant, et parfois il lui tapait sur le système. Martin était tellement morose, en comparaison, mais dans l'ensemble elle se fiait davantage à ses explications pour comprendre ce qui se passait réellement dans le monde. Il n'aimait pas la direction que prenaient les choses, et elle soupçonnait qu'il avait raison. Comment s'était-elle débrouillée pour élever deux garçons aussi différents ? Et puis il y avait Peter. Comme cela aurait été bon d'avoir Peter ici, auprès d'elle sur ce banc, son bras passé autour du sien. Il lui aurait posé des questions à n'en plus finir sur son enfance, sur le temps jadis, et aujourd'hui, pour une fois, elle était justement d'humeur à en parler.

Elle resta assise à contempler la place un long moment, presque une heure, perdue dans ses pensées, et puis elle sut qu'il était temps de passer à la dernière étape de ce pèlerinage. Elle regagna sa voiture et roula sur quelques centaines de mètres, jusqu'à Birch Road. Elle se gara à plusieurs numéros du 12, préférant éviter de se mettre juste devant, puis marcha jusqu'au portail de la maison – à laquelle on avait accroché des guirlandes de fanions aux couleurs du drapeau britannique, comme dans le reste de la rue. Mary s'attendait à ce que les souvenirs affluent immédiatement, mais à sa grande surprise la vue de l'ancienne maison de ses parents la laissa étrangement indifférente. La forme du perron, l'ocre moucheté des briques, le jardin qu'on devinait au fond : elle s'attendait à ce que tout cela la ramène au passé, à son enfance... mais non, impossible d'échapper au présent. Mary se sentit incapable de renouer avec la petite fille de onze ans qui avait vécu là autrefois. Elle était désormais une femme de quatre-vingt-six ans, épuisée par son excursion du jour et qui commençait à se languir de sa propre maison vide, du poids et de la chaleur d'un fidèle matou sur ses genoux. Elle s'apprêtait à regagner sa voiture quand la porte d'entrée s'ouvrit, et qu'un homme et une femme apparurent sur le perron. Ils avaient la trentaine, séduisants, le teint foncé. L'homme avait les cheveux assez longs et des traits fins, délicats. Son épouse était jolie aussi. Grande. Et extrêmement élégante. Un très beau couple, vraiment.

« Bonjour, dit la jeune femme. Est-ce qu'on peut vous aider ? »

Il paraissait assez évident que Mary était en train de contempler fixement leur maison, et elle se sentit très gênée, mais ne put s'empêcher de leur dire : « Je jette simplement un coup d'œil à mon ancienne maison, c'est tout.

— Oh vraiment ? répondit la femme. Vous avez vécu ici ? »

Avant de pouvoir se retenir, Mary s'était confiée à ces deux inconnus, leur racontant bien plus de choses qu'elle n'en avait l'intention au départ : elle avait grandi ici, fille unique, elle y avait vécu pendant la guerre, elle y vivait encore quand elle avait rencontré son mari.

« Je n'ai quitté cette maison que pour me marier, leur dit-elle.

— C'est incroyable, fit l'homme. J'aimerais

vraiment pouvoir vous inviter à faire un petit tour à l'intérieur.

— Oui, répondit Mary, ce n'est pas autorisé, n'est-ce pas ? » Il y avait une pointe de déception dans sa voix, mais en vérité elle était assez soulagée. Elle aurait eu peur d'entrer dans la maison. Penser à ce qu'elle aurait pu y trouver l'effrayait.

« Mais il faudra que vous reveniez nous voir, reprenait la femme, quand toutes ces restrictions auront été levées.

— Eh bien, c'est très gentil... » Mary avait commencé à battre en retraite. Elle respirait avec difficulté et avait hâte de retrouver la sécurité de sa voiture. « Mais je ne suis pas sûre de... »

Qu'essayait-elle de dire ?

Elle les regarda droit dans les yeux, une dernière fois, et s'entendit prononcer ces mots, sans savoir d'où ils lui venaient : « Non, je ne reviendrai pas, je ne pense pas. Elle est tout à vous maintenant. »

*

« *Je m'adresse à vous aujourd'hui à l'heure même où le fit mon père, il y a exactement soixante-quinze ans. Son message, alors, était un hommage aux hommes et aux femmes qui, dans notre pays et à l'étranger, avaient tant sacrifié pour ce qu'il qualifia très justement de "grande délivrance".* »

Le téléphone sonna. C'était Peter. Mary était contente d'avoir de ses nouvelles, bien sûr, mais il avait très mal choisi son moment.

« La reine est en train de parler, dit-elle. Pourquoi appelles-tu maintenant ?

— Je n'ai pas fait attention.

— Évidemment. Jack, au moins, il saurait

quand la reine est en train de parler, je dois lui reconnaître ça. Martin a téléphoné en plein pendant Winston Churchill. Pas un pour rattraper l'autre.

— Je te rappelle plus tard, alors ?

— Non, ça m'étonnerait qu'elle dise grand-chose d'intéressant. »

« *La guerre avait été totale. Elle avait affecté tout le monde, et personne n'avait échappé à ses répercussions. Que ce soit les hommes et les femmes appelés à servir, les familles séparées de leurs proches, ou les gens qui durent endosser de nouvelles fonctions et apprendre de nouvelles compétences pour soutenir l'effort de guerre : tous eurent un rôle à jouer. Dès le départ, les perspectives étaient bien sombres, la fin lointaine, l'issue incertaine. Mais nous avons gardé la foi, convaincus que la cause était juste : et cette conviction, comme mon père le soulignait dans son allocution, fut ce qui nous permit de tenir.* »

« J'ai pris la voiture pour aller à Bournville, aujourd'hui, dit-elle. Je suis allée voir s'il y avait une fête de quartier.

— Tu as *conduit* ? fit Peter. Maman, c'est illégal. Tu aurais pu te faire arrêter.

— Il y avait tout de même du monde. La plupart des gens étaient dans leur jardin, quelques-uns dans la rue. C'était très agréable, en fait.

— Tu sais qu'on est au beau milieu d'une pandémie ?

— Ne sois pas rabat-joie. Personne ne faisait rien de mal. »

« *N'abandonnez jamais, ne désespérez jamais – c'était cela, le message du jour de la Victoire en Europe. Je garde un souvenir très vif des scènes de liesse auxquelles ma sœur et moi avons assisté aux côtés de nos parents et de Winston Churchill, depuis le balcon de Buckingham Palace. La joie des foules rassemblées devant nous et à travers le pays entier était profonde, même si au moment où nous célébrions la victoire en Europe, nous savions qu'il y aurait encore des sacrifices. Il fallut attendre le mois d'août pour que cessent les combats en Extrême-Orient, et que la guerre s'achève enfin.* »

« C'est juste qu'on s'inquiète pour toi, Maman, c'est tout. On ne voudrait pas que tu attrapes ce truc. C'est une vraie saloperie.

— Oh bon, il faut bien mourir de quelque chose, pas vrai ?

— Mais est-ce que les gens respectaient la distanciation sociale ?

— Bien sûr que oui. Enfin, la plupart. À certains moments. »

« *Beaucoup de gens donnèrent leur vie dans ce terrible conflit. Ils se battirent pour que nous puissions vivre en paix, chez nous et ailleurs dans le monde. Ils moururent pour que nous puissions vivre libres, dans un monde de nations libres. Ils prirent tous les risques pour que nos familles et nos quartiers soient à l'abri. Nous devons toujours nous souvenir d'eux.* »

« J'ai vu des images aux actualités, dit Peter, de gens qui faisaient toutes sortes de trucs pendant ces fêtes, aujourd'hui. Genre la chenille dans toute la rue.

— Ooh, ça a l'air amusant. J'aime bien moi, faire la chenille. C'est autorisé ? »

« *Et alors que je médite aujourd'hui les paroles de mon père, et me remémore ces joyeuses célébrations, que certains d'entre nous vécurent personnellement, je suis reconnaissante de la force et du courage dont firent preuve le Royaume-Uni, le Commonwealth et tous nos Alliés.* »

« Bien sûr que non, ce n'est pas autorisé. On est toujours confinés. Le problème, c'est que personne ne connaît les règles. Ils se sont mis à envoyer des signaux comme quoi on pouvait se détendre, alors que pas du tout. Enfin on ne peut pas compter sur Boris pour savoir ce qu'il faut faire. C'est tellement un enf... un gros nul.

— Oh, il faut toujours que tu le critiques. Il fait de son mieux. Il ne savait pas qu'il allait y avoir un virus.

— De son mieux ? C'est la vie des gens qui est en jeu. »

« *La génération de la guerre savait que le meilleur moyen d'honorer ceux qui n'en étaient pas revenus serait de faire en sorte que jamais cela ne se reproduise. Le plus grand hommage rendu à leur sacrifice, ce sont ces pays autrefois ennemis jurés qui, désormais amis, œuvrent main dans la main pour la paix, la santé et la prospérité de tous.* »

« On peut mourir d'un tas de trucs, tu sais. Je crois bien qu'on peut mourir de solitude. »

Peter n'avait pas envie d'entendre une fois de plus ce couplet.

« Tu as regardé *Geneviève*, hier soir ? demanda-t-il.

— Je suis tombée sur la fin. »

Il soupira. « Je t'ai pourtant dit à quelle heure ça passait. »

« *Aujourd'hui, il peut sembler difficile de ne pouvoir commémorer cet anniversaire particulier comme nous le voudrions. À la place, nous nous souvenons depuis nos maisons, nos perrons. Mais nos rues ne sont pas vides ; elles sont remplies de l'amour et de l'attention que nous portons aux autres. Et quand je regarde notre pays aujourd'hui, et que je vois ce que nous sommes prêts à faire pour nous protéger et nous soutenir mutuellement, j'affirme avec fierté que nous sommes toujours une nation que ces courageux soldats, marins et aviateurs pourraient reconnaître, et admirer.* »

« Eh bien, j'ai vu les dix dernières minutes. Oh, quel joli film. La musique ! C'était Larry Adler. Nous avions le disque, tu sais, ton père et moi. C'est l'un des premiers films que nous avons vus ensemble. Tu l'as regardé ?

— Bien sûr. Je le regarde à chaque fois. J'adore la "mews house" du début.

— Par contre, il faut que je te dise. Quand c'était terminé j'ai changé de chaîne et... Eh bien, je n'avais jamais rien vu de tel. C'était une de ces émissions de rencontres, et tous les gens qui y participaient étaient complètement nus. Comme des vers. La caméra s'approchait, et on voyait parfaitement les bijoux de famille de ces messieurs. En prime ils étaient complètement rasés, jusqu'au moindre petit poil. Qui a envie de voir ça sur grand écran ? Tu imagines, passer de *Geneviève* à ça ! »

Peter rit avant de reprendre : « Eh bien, Maman, je ne sais pas... Tu en as connu du changement, hein, depuis toutes ces années ?

— Du changement ? Je n'ai jamais rien vu de tel de toute ma vie ! »

6

LE SOMMET DU CRÂNE DE MA MÈRE

C'est devenu l'un de ces morceaux de musique auxquels on ne pense même plus, parce qu'on l'entend tellement souvent. C'est une mesure à quatre temps. Deux phrases de trois notes : le premier intervalle est une quinte juste (*mi* bémol et *si* bémol), le second une quinte augmentée (*ré* bécarre et à nouveau *si* bémol). Une mélodie primitive, mais qu'on ne peut plus se sortir de la tête. Nous sommes des millions à l'entendre tous les jours : il s'agit du bref fragment sonore qui annonce le début d'un appel Skype. Quand j'essaie de joindre ma mère, j'entends cette phrase répétée au moins quinze ou vingt fois. C'est le temps qu'il lui faut pour répondre. Je suis sur le point d'abandonner quand l'écran finit enfin par s'animer en clignotant. Au début, l'image vacille et tremble puis, quand elle se stabilise, je me retrouve face à un objet que je ne reconnais pas. Un rectangle gris pâle, vu du dessous, sous un angle bizarre. Il me faut un moment pour comprendre ce que c'est : l'un des placards de la cuisine de ma mère.

J'explique patiemment : « Maman, ta caméra est encore orientée du mauvais côté.

— Je te vois, répond-elle. Je te vois parfaitement. »

On fait quelques réglages supplémentaires, jusqu'à ce que nous parvenions à un compromis. Elle adosse la tablette à un objet sur la table de la cuisine – une coupe à fruits, peut-être, ou un plat à gâteaux –, et à présent son placard de cuisine occupe toujours l'essentiel de mon écran, sauf que je vois aussi le sommet de son crâne. Ce n'est pas parfait, mais ça suffit pour commencer à discuter.

Ma mère, quatre-vingt-six ans, n'a pas l'habitude de rester si longtemps loin de sa famille. Aucun de nous n'a pu lui rendre visite depuis plus de trois mois. Chaque soir, elle et moi discutons au téléphone, et deux ou trois fois par semaine, nous bavardons sur Skype. Nous n'avons pas grand-chose à nous dire, mais le but de ces conversations n'est pas d'échanger des informations. Il s'agit de se rapprocher un peu, de se tenir chaud.

Pendant qu'elle me parle, j'étudie le sommet du crâne de ma mère. C'est une partie de son corps à laquelle je n'ai jamais vraiment fait attention, avant que la pandémie arrive et que ces appels deviennent notre seul moyen de communiquer. Je n'avais pas réalisé, par exemple, qu'elle avait le front aussi haut, ni aussi dégarni. Le gris de ses cheveux est désormais visible, car cela fait plusieurs mois qu'elle n'a pas pu recevoir sa coiffeuse à domicile pour les teindre en blond, comme elle en a l'habitude depuis plus de vingt ans. Je distingue les pellicules et la peau irrégulière de son cuir chevelu. Ça me fait drôle que cette partie de son corps me soit devenue si familière, ces dernières semaines, de la voir plus souvent que ses yeux ou sa bouche, parce qu'elle ne sait pas orienter convenablement la caméra de sa tablette.

L'appareil était un cadeau pour ses quatre-vingts ans, mais elle n'a jamais vraiment appris à s'en servir, et vient seulement de commencer à s'y mettre, à vrai dire, parce que c'est son seul moyen de nous voir un tout petit peu, moi et le reste de sa famille. La dernière fois que je l'ai vue en vrai, c'était juste avant le début du confinement. Mars 2020. À l'époque, le monde commençait tout juste à découvrir l'existence du virus. Comme ça paraît loin, déjà. Comme nous étions naïfs, tous autant que nous étions. Nous avions vu les images du confinement à Wuhan, et nous nous étions raconté des histoires – des histoires rassurantes, mais aussi un tantinet racistes –, prétendant que ce genre de scènes ne pouvait se produire qu'en Asie, pas ici, pas en Europe. Puis on annonça que le virus était en train de se répandre dans tout le nord de l'Italie, et que le pays entier allait se confiner. Au Royaume-Uni, les rassemblements de grande ampleur étaient découragés, pour promouvoir un concept baptisé « distanciation sociale » – une nouvelle expression, deux mots que personne n'avait encore jamais associés, mais que chacun, très vite, se mit à utiliser comme s'il avait fait ça toute sa vie. Voilà où nous en étions quand ma nièce Lorna, musicienne de jazz, s'est rendue à Vienne pour une courte tournée : Vienne donc, le lundi, puis Munich, Hanovre, Hambourg, Berlin et Leipzig. Partout où elle allait, les événements publics étaient annulés, les salles de spectacle fermées. Elle m'a raconté que de grandes discussions avaient lieu avant chaque concert, tandis que les gens essayaient de savoir s'ils avaient légalement le droit de monter sur scène. Les comportements commençaient à changer. Personne ne portait de masque, mais les gens s'étaient mis à enfiler des gants pour prendre le train et, allez savoir pourquoi, à acheter d'énormes quantités de papier toilette. On ne se prenait plus dans les bras, on se saluait en se touchant du coude.

Soudain, tout contact avec un autre être humain – contact réel, physique – est devenu une source de crainte, de dégoût, quelque chose qu'il fallait absolument fuir. Quand la sœur de Lorna, Susan, est venue voir leur grand-mère accompagnée de sa petite fille, Bridie, elles ont eu peur de lui transmettre le virus, et ont refusé de pénétrer dans la maison. Elles sont restées devant la fenêtre, et lui ont parlé au téléphone.

« J'ai trouvé ça horrible », m'a raconté ma mère, plus tard. Elle utilisait toujours un minimum de mots pour exprimer ses sentiments, mais je savais exactement ce qu'elle voulait dire : ne pouvoir contempler son arrière-petite-fille qu'à travers une vitre, ne pouvoir lui parler qu'au téléphone, alors qu'elle ne se trouvait qu'à quelques mètres d'elle, l'avait énormément fait souffrir.

Quand nous avons été confinés, je n'ai pas revu ma mère pendant trois mois. Juste le sommet de son crâne, sur mon écran d'ordinateur. Les cheveux grisonnants, le cuir chevelu plein de pellicules.

*

Les premières semaines de cette nouvelle réalité commencent à passer.

Pendant cette période, il m'arrive de m'interroger : que signifie-t-elle, cette pandémie ? Pour moi, et pour ceux qui m'entourent ? Et je me rends compte que la réponse à cette question dépend, dans une large mesure, de la relation que l'on entretient avec son propre corps. En ce qui me concerne, je découvre que je ne suis pas quelqu'un de très tactile. Prendre les gens dans mes bras ne me manque pas vraiment. Mon propre corps ne m'a jamais tellement intéressé. Pour moi, ce n'est que la coquille qui contient ma conscience, la valise dans laquelle je promène toutes mes pensées, mes sentiments, et je ne lui prête pas plus d'attention qu'on en accorde à une valise qu'on range dans un placard, au retour des vacances. C'est pourquoi, même si je ne peux pas travailler et que je commence à m'inquiéter de savoir si j'aurai assez d'argent pour m'en sortir dans un avenir proche, à d'autres égards, la pandémie ne change rien d'essentiel pour moi. Mais pour certaines personnes, c'est différent : c'est différent pour ceux qui continuent à aller travailler, à fournir tout ce dont nous dépendons, nous, les autres ; c'est différent aussi pour les jeunes arrachés à leurs amis, à l'école ou à l'université, ceux dont les vies ont été brutalement interrompues. C'est différent pour ma mère, qui a toujours été une sportive, quelqu'un d'athlétique, dont le corps est une composante intrinsèque de qui elle est, et qui croit de tout son cœur que la vraie valeur d'une conversation dépend du fait que les deux personnes occupent le même espace physique. Pour elle, ce confinement, ces séparations forcées sont une forme de torture.

Les semaines s'écoulent tout de même, tant bien que mal. Le printemps laisse place à l'été et, lentement, avec hésitation, nous ressortons peu à peu à la lumière du jour. Se déplacer d'une ville à l'autre redevient une possibilité. Le 1er juin, notre gouvernement annonce que désormais les personnes qui ne résident pas au même domicile ont le droit de se rencontrer, non seulement dans les espaces publics, mais aussi dans les jardins privés (à condition de ne pas devoir traverser une maison pour y parvenir). J'appelle ma mère et lui dis que je peux enfin venir la voir. Pas sur Skype, cette fois, pas dans le monde virtuel, mais dans le monde réel. « Demain ? » demande-t-elle avec enthousiasme, et je réponds : « Oui, pourquoi pas ? » Mais le lendemain matin, le jour se lève froid et pluvieux. Je consulte l'application météo de mon téléphone, et je vois que dans deux jours – le 4 juin – il fera de nouveau beau à Birmingham. Alors je lui annonce que je repousse ma visite de deux jours. Est-ce que ça lui convient ? Sa réaction me surprend. Bien sûr, elle est d'accord, mais elle a l'air bizarrement découragée par cette requête, comme si je lui demandais de faire un effort immense en attendant quarante-huit heures de plus. Je mets ça sur le compte de sa fragilité émotionnelle, de son grand âge.

Le jeudi matin, je prends ma voiture pour me rendre de ma maison de Kew à celle de ma mère, en grande banlieue de Birmingham. Ce trajet, de Londres à Birmingham, prend environ deux heures, et autrefois je le trouvais affreusement ennuyeux. On ne sort jamais de l'autoroute. Le paysage paraît immuable. Mais aujourd'hui c'est différent. L'Angleterre est baignée de soleil et tout – les tours d'habitation aux abords de Londres, les stations-service et les échangeurs autoroutiers – paraît neuf, magnifique.

Birmingham est belle aussi, à tel point que,

pris d'un élan nostalgique, je fais un détour pour jeter un coup d'œil à la maison où vivaient mes grands-parents dans les années 1960, dans un coin tranquille du sud-ouest de Birmingham connu autrefois sous le nom de Longbridge Estate, et qui s'appelle aujourd'hui Austin Village. Trois routes parallèles sont bordées de bungalows blancs à bardage de bois, expédiés d'Amérique il y a plus d'un siècle. Les parents de mon père habitaient l'un de ces pavillons, et leur rendre visite était toujours une fête : je me souviens des déjeuners froids à base de curieux mets d'inspiration germanique, et du bonheur de jouer dans leur abri antiaérien Anderson, qui me faisait toujours penser à la maison de hobbit de Bilbon Sacquet, à Cul-de-Sac. Leur bungalow est toujours là, immuable, même si des immeubles résidentiels empiètent désormais sur son jardin, et que l'abri Anderson a disparu depuis belle lurette.

Ce détour retarde d'une demi-heure ma visite à ma mère, mais quelle importance ? Il y aura bien d'autres visites, bien d'autres occasions de ce genre.

À mon arrivée, elle accourt à ma rencontre de derrière la maison, tout sourire. C'est peut-être mon imagination, mais on dirait qu'il y a un peu plus d'effort qu'autrefois derrière ce sourire.

Pendant les trois heures qui suivent, nous restons assis dans son jardin, à l'ombre du sumac planté là depuis aussi longtemps que je m'en souvienne. La première chose qu'elle m'offre, c'est une tasse de thé et un Creme Egg de chez Cadbury. J'ai cinquante-neuf ans, mais chaque fois qu'elle me voit, ma mère me propose toujours un chocolat. Elle ne peut pas s'en empêcher. Cette fois je commence par refuser, mais elle dit : « Oh, allons... celui qui est lassé du chocolat l'est aussi de la vie. Qui a dit ça ? » Je lui réponds que c'est Samuel Johnson, et qu'il parlait de Londres, pas du chocolat, mais elle se contente d'éclater de rire et prétend que ça reste valable. Je remarque qu'elle-même ne mange pas de chocolat, aujourd'hui. Elle semble avoir très peu d'appétit.

Attablés devant des sandwichs, dans le jardin, nous parlons longuement du passé. C'est peut-être l'âge, mais je commence à m'intéresser à l'histoire de ma famille, et elle est maintenant pratiquement la dernière à conserver un souvenir précis de parents morts dans les années 1940 ou 1950. Nous parlons de l'avenir aussi, de ses petits-enfants et arrière-petits-enfants, et des espoirs qu'elle forme pour eux. Musicienne elle-même, elle aime particulièrement prendre des nouvelles de Lorna. Et bien sûr, nous parlons de la pandémie. Mais ce dont nous parlons importe peu. C'est le fait de parler qui compte. Et plus encore, le fait d'être ensemble, de partager le même espace, nos deux corps puisant de l'énergie dans leur proximité mutuelle.

En partant, je lui promets que je reviendrai dans deux semaines, et que j'essaierai d'emmener Lorna. Ma mère sourit mais paraît incertaine, comme si elle ne me croyait pas tout à fait.

Je me mets en route à dix-sept heures. C'est un trajet qui devrait durer deux heures, mais je m'autorise à en mettre trois. Je quitte l'autoroute et emprunte les petites routes qui sillonnent la campagne de l'Oxfordshire, dans la lumière du soir. Les rares fois où je parviens à la convaincre de me rendre visite à Londres, je passe toujours prendre ma mère chez elle, et lui fait suivre cet itinéraire. Elle déteste les autoroutes autant qu'elle adore ces nationales sinueuses avec leurs douces ondulations, et leurs maisons fleuries en pierre des Cotswolds couleur de miel. Sur la route, des fragments de notre conversation me reviennent. Nous n'avons abordé que des sujets de la vie de tous les jours, et pourtant cet échange avait quelque chose de mémorable. Je repense à cette mère que j'ai connue toute ma vie, à l'étrange mélange de distance et d'intimité entre nous. Je me souviens d'un moment, il y a longtemps, un moment tout à fait exceptionnel, où je me suis senti incroyablement proche d'elle : c'était un soir d'hiver à Londres, j'étais très jeune, et nous écoutions jouer l'*Hymnus Paradisi* d'Herbert Howells. C'est peut-être la pièce la plus triste jamais composée. Je mets le même morceau sur l'autoradio, à présent, tandis que je traverse l'Oxfordshire. Il y a une synchronicité entre les courbes de la route, les reliefs du paysage et la mélancolie de la musique qui convient particulièrement bien à mon humeur, parce qu'il y avait aussi quelque chose de mélancolique dans cette conversation avec ma mère, malgré la joie d'être ensemble. Je me sens à la fois follement heureux et désespérément triste.

Le soir, à vingt heures, je l'appelle pour lui dire que je suis bien rentré.

Une heure plus tard, à vingt et une heures, mon frère Jack me téléphone, pour dire que ma mère vient de l'appeler, se plaignant d'une terrible douleur au ventre.

Mon frère, qui habite plus près de chez elle que moi, s'y rend pour voir ce qui se passe. Mon autre frère Martin est déjà sur place. Une ambulance est arrivée, et des urgentistes s'occupent d'elle. Nous savons qu'elle a un anévrisme aortique, un minuscule gonflement d'une artère, comme un petit ballon tout près du cœur. C'est inopérable, et cela fait quelques années qu'elle vit dans la crainte qu'il ne se rompe, événement qui lui serait inéluctablement fatal. Martin l'explique aux urgentistes, mais ces derniers soutiennent, avec assurance, que ce n'est pas ce qui vient de se passer, que ma mère a juste une vilaine infection. Ils sont catégoriques, et ils le sont aussi sur un autre point : Martin et Jack ne peuvent pas rentrer dans la maison de ma mère pour la réconforter. Les règles Covid l'interdisent. Ils doivent rester dehors, dans le jardin de devant, et la regarder par la fenêtre tandis qu'elle agrippe son ventre, sous l'effet de la douleur. Par la fenêtre, ils voient son chat Charlie courir en rond autour d'elle, dans tous ses états, et les urgentistes faire leur travail. Ses fils ne peuvent communiquer avec elle qu'avec les yeux, et au téléphone.

Au bout d'un moment, on met ma mère au lit, et les urgentistes se préparent à partir. Ils lui assurent qu'elle va s'en sortir, mais elle leur répond qu'elle souffre le martyre, alors ils suggèrent à mes frères d'obtenir une ordonnance pour des antidouleurs auprès de son généraliste, le lendemain matin. Les urgentistes, quant à eux, n'ont pas le droit de lui en donner tout de suite, seulement du paracétamol. Alors Jack et Martin aussi rentrent chez eux, en sachant que leur mère souffre atrocement. Ils n'ont pas eu le droit de lui parler de vive voix, ils n'ont pas eu le droit de la toucher.

Peu de temps avant minuit, je l'appelle. C'est une conversation très brève. Je lui demande comment elle se sent. Elle dit qu'elle a trop mal pour pouvoir parler, et raccroche. Quelques minutes plus tard, j'essaie de rappeler, mais ça sonne occupé. Ça sonne occupé tout le reste de la nuit. Je m'inquiète de la savoir toute seule chez elle, vraiment seule, à part son chat qui dort sur son lit tous les soirs et qui est probablement avec elle en ce moment même. C'est un réconfort, au moins.

Toujours inquiet, et n'obtenant toujours aucune réponse sur sa ligne, je reprends la route de Birmingham à l'aube, le lendemain matin, mais je ne suis qu'à mi-chemin quand Martin m'appelle pour me dire qu'elle est morte pendant la nuit.

*

Cette pandémie, qui n'en est peut-être encore qu'à ses débuts, a déjà vu son lot de cruautés. Des familles séparées par d'énormes distances, dans l'impossibilité de se voir pendant bien plus longtemps que je n'ai pu voir la mienne. Et bien sûr, ces millions de décès inattendus, prématurés. Des millions de vies fauchées, des gens qui croyaient avoir encore des années, peut-être même des décennies devant eux.

Alors j'essaie de me montrer reconnaissant. J'essaie d'être reconnaissant que ma mère ait eu la volonté de se maintenir en vie assez longtemps pour avoir une ultime conversation avec moi, par une journée ensoleillée, à l'ombre du sumac d'un jardin qui ne fut pas seulement le sien pendant près de cinquante ans, mais aussi le mien, décor de tant de mes jeux enfantins et de mes rêveries de petit garçon. Ce souvenir ne disparaîtra jamais, au moins. C'est un précieux cadeau qu'elle m'a fait là.

Mais je ne peux pas non plus pardonner la cruauté. La cruauté de savoir que la dernière fois que mes frères ont pu la voir, c'était par la fenêtre de sa maison. La dernière fois que ses petits-enfants l'ont vue, c'était aussi par la fenêtre de sa maison. Ses arrière-petits-enfants également. Savoir que la majeure partie des conversations que j'ai eues avec elle, pendant les tout derniers mois de sa vie, sont passées par nos écrans d'ordinateur.

Ces écrans, ces fenêtres, sont des barrières faites de verre, de silicone et de plastique que la pandémie a érigées entre nous. Ces barrières nous ont séparés de force, tout en nous faisant miroiter des modes de communication qui ne sont que de pâles imitations, parfois rien de plus qu'une parodie de contact humain véritable. Je regrette à présent que ma mère et moi ne nous soyons jamais écrit de lettres, au cours de ces derniers mois – cela faisait des années que nous ne nous écrivions plus –, parce que j'ai l'impression que pouvoir revoir son écriture, aujourd'hui, serait peut-être la seule chose qui pourrait me rapprocher de la sensation de sa présence vivante. Pendant ce temps-là, je m'accroche à l'image de ce dernier après-midi, de cette dernière conversation. Dont je lui serai éternellement reconnaissant. Sans elle, après tout, en quoi consisterait mon ultime souvenir de ma mère ? Rien. Juste ce petit fragment de mélodie qui annonce le début d'un appel Skype, et la vision du sommet du crâne de ma mère.

7

Mercredi 24 juin 2020

Avant de monter en voiture, David prit Peter par le bras et lui dit :
« J'ai aimé le texte que tu as écrit, au fait. Beaucoup.
— Merci, David.
— Bon, je ne dirais pas que c'était tout à fait de la grande littérature mais... ça venait du cœur. »
Peter hocha la tête et sourit. « Un peu trop, peut-être.
— Je pensais que tu allais le lire pendant la messe.
— J'y ai pensé aussi mais... ça ne semblait pas la chose à faire, en fin de compte. »
Après les funérailles, en l'absence de véritable réception, quelques-uns d'entre eux étaient descendus au lac des bateaux miniatures, s'arrêtant en chemin dans une sandwicherie pour acheter des rafraîchissements. Ils avaient étendu des plaids sur la pelouse, au bord de l'eau, pour passer une heure ou deux ensemble. La cérémonie elle-même avait été bizarre. Seuls douze proches de la défunte

étaient autorisés, installés sur des chaises réparties dans toute la chapelle et séparées par des mètres et des mètres d'espace vide. Quelques personnes avaient suivi la messe de l'extérieur du crématorium, sur un écran de vidéosurveillance. D'autres encore l'avaient sans doute regardée sur Zoom : Peter s'était imaginé quelques dizaines d'amis de Mary restés chez eux, penchés sur leur ordinateur portable, bataillant pour maîtriser ce nouveau logiciel que leur fils ou leur fille avait probablement dû installer pour eux. Les trois enfants de Mary avaient prononcé un discours (Martin avait parlé de sa carrière d'enseignante, Peter de sa vie de musicienne, Jack de son amour du sport) devant un public composé exclusivement de leurs épouses, fils et filles. Cela faisait dix personnes en tout, et David Foley avait donc été invité en plus, avec sa sœur Gill. Le mari de Gill avait attendu dehors, suivant la cérémonie sur écran, de même que la nouvelle petite amie de David, Sioned. Le couple s'apprêtait désormais à reprendre la route du pays de Galles.

« Je sais que c'est un peu bizarre de dire ça, dit Sioned à Peter, mais c'était chouette de te revoir. Toutes mes condoléances.

— Merci. C'est un peu étrange, comme façon de renouer. Je n'en reviens pas que tu te souviennes encore de moi.

— On n'oublie pas facilement un gamin qui joue Bach au violon devant sa caravane au beau milieu d'un champ. »

Peter rit. « J'imagine que non. »

Après leur départ, il rejoignit le petit groupe de pique-niqueurs qui restaient. Il n'y avait plus que cinq personnes, à présent : Angela avait embarqué tous les plus jeunes membres de la famille que pouvait contenir sa voiture, direction la gare de New Street, ne laissant que les trois frères, Bridget et Lorna. Il y avait donc dilemme. Jack et Bridget ne se parlaient plus depuis quatre ans, et même si tout le monde avait cru que la seule chose qui pourrait mettre un terme à leur brouille serait l'enterrement de Mary, ils ne s'étaient toujours pas adressé la parole.

« Bon, vous trouvez que ça s'est bien passé ? demanda Peter.

— Aussi bien que possible, vu les circonstances, fit Martin.

— C'est vraiment dommage qu'on n'ait pas pu organiser un vrai gueuleton après, fit Jack. Dans la salle privée d'un pub, un truc de ce genre.

— J'aime bien cet endroit, dit Lorna. En plein air, au soleil. Je pense que Gran aurait apprécié aussi. »

Jetant un regard alentour, Jack demanda :
« Quelqu'un peut me rappeler pourquoi on est venus ici, déjà ?

— Je me disais juste que ce serait bien, répondit Peter, qu'on se souvienne d'elle dans un lieu... vous savez, important. Dans l'histoire de la famille. »

Martin et Jack opinèrent en signe d'approbation solennelle, et se turent un moment. Puis Jack reprit :
« Je crois que je n'ai jamais mis les pieds ici de ma vie.

— Moi non plus, fit Martin. Je ne savais même pas que cet endroit existait. T'es *certain* que Maman venait ici ?

— Évidemment que oui. » Agacé par ses frères,

Peter promena inconsciemment son doigt sur la longue et douloureuse griffure qui lui entaillait presque tout l'avant-bras, du poignet au coude. Charlie vivait chez lui depuis trois semaines à présent, et leur relation se révélait pour le moins compliquée.

« Eh bien, au moins on nous a laissés nous poser là en paix », dit Lorna.

Il y avait eu quelques débats pour savoir si ce pique-nique funéraire, s'il fallait le qualifier ainsi, constituait un rassemblement illégal.

« C'est dingue, hein ? dit Martin. J'ai vraiment du mal à savoir comment tout ça va se terminer. Est-ce que ce virus est simplement censé disparaître, maintenant que le soleil est de retour ?

— Oh, il ne va pas tarder à s'essouffler, fit Jack. Un autre truc viendra le remplacer, et dans un an ou deux, on se demandera bien pourquoi on en a fait tout un plat.

— J'aimerais bien être aussi optimiste que toi, répondit Martin. Ça doit être chouette.

— Je ne suis pas optimiste, répliqua Jack, je suis pragmatique. Grosse différence. Le plus important, c'est de ne pas gaspiller ton énergie à t'inquiéter de trucs que tu ne pourras jamais changer. La vie est trop courte. C'est pas pour vous vexer – c'est sûr qu'aucun de nous n'est au top de sa forme aujourd'hui – mais vous deux (et pourtant, on aurait vraiment dit qu'il incluait Bridget dans son commentaire), vous commencez à trahir votre âge.

— Ah oui, vraiment, fit Martin, impassible.

— C'est parce que vous vous faites trop de mouron. Et vous ne vous faites pas du mouron pour des broutilles, genre problème de plomberie ou amener la voiture au garage, parce que vous êtes au-dessus de ça. Vous vous inquiétez du réchauffement climatique, de l'avenir de la BBC, de ce qui se passe en Palestine ou en Syrie. Des choses auxquelles vous ne pouvez rien – et qui pour la plupart n'ont *rien à voir avec vous*. Le monde serait meilleur si chacun se contentait de cultiver son jardin, parce que quand on se mêle de ce genre d'histoires, à tous les coups on ne fait qu'empirer les choses. C'est pour ça que les gens aiment bien Boris Johnson, au passage. Parce qu'il laisse les gens faire leur vie, sans se mêler de leurs affaires. »

Martin grogna mais dit : « Bref, j'imagine que Pascal serait d'accord avec toi.

— Qui ça ?

— Blaise Pascal. Il a dit que "Tout le malheur des hommes vient d'une seule chose, qui est de ne pas savoir demeurer en repos dans une chambre."

— Très bien dit. Ça résume parfaitement la philosophie britannique.

— Il était français.

— Eh ben ça arrive que les Français aient raison, de temps en temps. » Jack jeta un coup d'œil à Bridget. Il était manifestement piqué, même ce jour-là, qu'elle refuse de participer à la discussion. « Prenez le Brexit, par exemple. J'ai voté *leave*, vous avez tous voté *stay*. Très bien. On peut avoir un désaccord civilisé là-dessus. Tous les eurodéputés ont perdu leur boulot et leurs avantages. Bon, ils sont furax à cause de ça. Je ne peux pas les blâmer. N'empêche qu'au bout du compte, personne ne sait comment ça va tourner, j'ai pas raison ? Peut-être que ça se révélera une erreur. Ce n'est pas le sujet. Le sujet, c'est qu'on a fait un choix. On a fait un choix, et on n'a plus qu'à s'y tenir et voir ce qui se passe. Et pendant ce temps-là, on peut tous rester amis. »

Au bout de quelques instants, Peter intervint d'un ton pensif : « Vous savez, même à la toute fin de sa vie, Maman ne savait pas si elle avait fait le bon choix ou pas. »

Jack se tourna vers lui, perplexe. « Qu'est-ce que tu veux dire ?

— En épousant Papa.

— Pourquoi ? demanda Martin. Il n'y a jamais eu personne d'autre, si ? Je croyais qu'ils s'étaient rencontrés quand elle était encore au lycée.

— Il y a eu quelqu'un d'autre. Elle m'a parlé de lui, deux ou trois fois.

— Vraiment ? Qui ? Il était comment ?

— Très différent de Papa, d'après ce que j'ai compris. Assez différent pour signifier que toute sa vie aurait pu prendre un tour différent. »

Et tandis que Peter contemplait le petit lac artificiel, le lac autour duquel sa mère et Kenneth s'étaient un jour promenés ensemble, il y avait de cela des décennies, des vies entières, il fut soudain tellement consumé de chagrin qu'il ne se sentit pas capable d'en dire davantage. Seul Martin parut s'en rendre compte. Il donna une tape sur l'épaule de son frère : « Si on faisait comme si on était venus faire un peu d'exercice, d'accord ? », et tous deux partirent pour un tour de lac, laissant seuls Jack, Lorna et Bridget, toujours muette.

Une brise se leva et dessina des rides à la surface de l'eau.

« Peut-être qu'on ne devrait pas trop tarder, dit Lorna à sa mère. Il commence à faire un peu frisquet. »

Il y eut une longue pause. Quand Bridget finit par parler, ce n'était pas pour répondre à cette suggestion.

« Jack, tu ne dis vraiment que de la merde. »

Jack se tourna. C'étaient les premiers mots que lui adressait sa belle-sœur depuis juin 2016.

« Mon Dieu, fit-il. L'oracle a parlé. Sa bouche s'est ouverte. Des paroles en sont sorties. »

Toujours sans le regarder, le visage détourné dans une posture de défi, elle répéta : « Que de la merde.

— Et est-ce qu'on peut te demander de bien vouloir développer, s'il te plaît ?

— Non », répondit Bridget. Mais cela ne signifiait pas qu'elle refusait de développer, elle voulait dire ceci : « Non, on ne peut pas être amis. C'est dommage, mais on ne peut pas. »

Il eut un rire dédaigneux. « La vache, dans le genre réaction excessive. C'était juste un putain de référendum, Bridge.

— C'est pas ça. »

Le silence dura assez longtemps pour mettre Jack mal à l'aise. « Oh, allez, quoi, fit-il. On se connaît depuis – quoi ? – près de quarante ans...

— Oui. » Elle se tourna et le regarda en face pour la première fois. « Exactement. On se connaît depuis près de quarante ans. Et tu sais qui d'autre j'ai connu pendant très longtemps ? Presque aussi longtemps ? Ton père.

— Papa ? Quel rapport avec lui ? » Son ton s'était durci, mais plus par bravade que par conviction.

« Je faisais partie de votre famille, dit-elle, parlant lentement et choisissant chaque mot avec soin, en articulant d'une voix égale. Je suis partie en vacances avec vous. J'ai dîné avec vous. Je suis allée à vos mariages, à vos baptêmes et à vos enterrements. Je leur ai donné des petits-enfants, à Geoffrey et Mary. On s'est fréquentés pendant trente-deux ans, lui et moi. *Trente-deux ans*. Et pendant tout ce temps, tu sais quoi ? Pas une seule fois – *pas une seule* – il ne m'a regardée dans les yeux. Il n'a pas pu. Il n'a pas pu s'y résoudre. Même à la fin, quand Angela et moi on s'occupait de lui, quand on le lavait, qu'on l'habillait, qu'on… nettoyait derrière lui. Et pendant tout ce temps, vous tous… Oui, c'est sûr, vous avez toujours été sympas, vous avez toujours été gentils, vous avez toujours été chaleureux, mais vous *saviez*. Vous voyiez. Tous autant que vous êtes. Et vous n'avez jamais levé le putain de petit doigt. Jamais rien fait, bordel. Vous avez serré les rangs. Vous ne lui avez jamais rien dit, et tu sais ce que ça signifie ? Ça signifie que vous avez *pris son parti*. Alors ça n'a rien à voir avec qui a voté quoi – enfin, peut-être que le référendum a été la goutte d'eau, mais franchement, rien à foutre de savoir si tu veux faire partie de l'Union européenne ou pas, on s'en cogne. C'est juste que ç'a encore plus clarifié les choses. Sur nos positions. Sur *ta* position. Et celle de Mary, aussi. N'oublions pas Mary. Nom de Dieu, j'ai aimé cette femme, que personne ne commence à me dire que je ne l'aimais pas – c'est moi, bordel de merde, c'est moi qui suis rentrée dans la maison ce matin-là et qui ai essayé de la sauver, c'est moi qui lui ai fait un massage cardiaque, qui lui ai ouvert la bouche et qui ai tout tenté pour qu'elle respire à nouveau –, mais disons la vérité là-dessus,

Jack, soyons honnêtes, même elle, *même Mary* n'a jamais pris ma défense contre lui. Pas réellement. Bon sang, elle ne lui a même pas dit pour Peter, jamais, il est mort sans même avoir reconnu que son propre fils était gay, et tout ça... pour quoi ? Tout ça pour avoir une vie tranquille. Tout ça pour préserver la famille sacrée, comme s'il n'y avait rien de puant sous les apparences. De vraiment puant. »

Elle se leva, chassa quelques brins d'herbe de son pantalon et dit à sa fille : « Viens, ma chérie, on rentre. »

« Où sont passés tous les autres ? demanda Martin quand Peter et lui revinrent de leur promenade.

— Ta chère et tendre m'a dit le fond de sa pensée, a dit Jack, et puis elles sont parties en trombe.

— Tu veux dire qu'elle t'a parlé ? demanda Peter, incrédule.

— Pas qu'un peu. Elle m'a passé un bon gros savon.

— Et comment je suis censé rentrer ? voulut savoir Martin.

— T'inquiète, mon vieux, on s'en occupe.

— Un savon à propos de quoi ? » demanda Peter.

Jack fourragea dans le sac en papier qu'ils avaient rapporté de la sandwicherie et en sortit une barre Dairy Milk.

« Oh, elle est juste chamboulée. Je crois qu'elle ne savait même pas ce qu'elle disait. Le chagrin, ça peut vous faire des drôles de trucs, hein ? Surtout chez une femme de son âge. » Il déballa le chocolat, le brisa en morceaux et en proposa à la ronde. « Vous savez, dit-il en fourrant un carré dans sa bouche. La ménopause, et tout le tintouin. »

*

Lorna n'avait jamais vu sa mère aussi en colère. Elle n'arrivait pas à croire qu'elles étaient simplement parties avec la voiture en laissant son père se débrouiller tout seul.

« Oh, il va s'en sortir, dit Bridget. On lui préparera quelque chose de bon à dîner tout à l'heure. Quand est-ce que tu as prévu de rentrer ?

— Il faut que j'appelle Donny, mais je pensais rester auprès de vous deux ce soir, si ça vous va. Ça nous fera du bien de ne pas nous voir pendant quelques heures, pour être franche.

— Je me doute. Bon, j'imagine qu'ils vont bientôt te rappeler au boulot. Les bureaux vont devoir rouvrir.

— Je ne t'ai pas dit ? J'ai reçu un courrier cette semaine. Une dizaine de personnes ont été licenciées. Dont moi. »

Elles quittèrent la verdure de Bournville et s'engagèrent dans les banlieues plus fades et ordinaires de Stirchley, Kings Heath et Hall Green.

« Au fait, je ne suis pas d'accord avec ce que tu as dit au sujet de Gran, reprit Lorna. Je ne crois pas qu'on puisse trouver à redire à la façon dont elle a vécu sa vie. Elle a mené une existence irréprochable. Totalement irréprochable. C'est suffisant, non ? »

Bridget changea abruptement de vitesse. La voiture émit un hoquet de protestation.

« C'est ce que je pensais autrefois. Mais ces

temps-ci je crois qu'on ne peut pas rester éternellement neutre, c'est ça le souci. Il y a un moment où chacun doit choisir son camp. » Elle accéléra pour franchir un feu juste à l'instant où celui-ci passait au rouge et ajouta, sur un ton si bas que Lorna crut qu'elle se parlait à elle-même : « On aura tous à le faire, très bientôt. »

8

Mercredi 2 septembre 2020

Les bruits sourds qui provenaient de sous le toit étaient assez inquiétants, et quand le plombier redescendit, il avait l'air sale et énervé. Les poignets de sa chemise étaient noircis de vieille poussière, et il avait des toiles d'araignées dans les cheveux. Il déclara à Shoreh et Farzad que, selon lui, ça devait faire quatre-vingts ans que personne n'avait touché à ce réservoir d'eau. Le tuyau de vidange et la valve étaient presque entièrement rongés par la rouille, le trop-plein était bloqué, tous les joints et les rondelles avaient besoin d'être changés, et il n'était pas sûr que la moitié des pièces soient encore disponibles. Le plus gros fournisseur qu'il connaissait était à West Bromwich, et le mieux serait qu'il y aille dès ce matin pour voir ce qu'il pourrait obtenir. Oh, ajouta-t-il, et puis j'ai trouvé ça, coincé entre le réservoir et les poutres, et il leur tendit un petit carton, de la taille d'une boîte à chaussures.

Une fois le plombier parti en quête de pièces détachées, ils s'attablèrent dans leur cuisine et soulevèrent le couvercle de la boîte. Le reste du carton s'effrita instantanément. Il n'y avait pas grand-chose à l'intérieur : deux agendas de poche, datés des années 1943 et 1944, une photographie en noir et blanc d'un très beau jeune homme qui s'appelait apparemment John Miller, un petit triangle pointu de métal couleur bronze terni.

« Sans doute un éclat d'obus, dit Farzad, si ces trucs datent de la guerre. »

Il y avait aussi un nom, inscrit dans l'agenda de 1944 : Mary Clarke, 12 Birch Road, Bournville. Âge : 9 ans.

« La vieille dame qui est venue ici le 8 mai, dit Shoreh. Ça doit être à elle. Incroyable. Il faut qu'on essaie de trouver son adresse pour le lui rendre. »

Au fond du carton, ils dénichèrent une bande de tissu jaune pâle, couvert de taches brunâtres. Il avait vraiment l'air sale. Farzad le ramassa entre le pouce et l'index et le balança à la poubelle. Puis ce fut l'heure pour lui de partir. Sa garde à l'hôpital commençait à onze heures.

Restée seule à la maison, Shoreh s'attarda à la table de la cuisine pour passer en revue ces minces et fragiles reliques d'un monde disparu depuis longtemps, tournant tout doucement les pages, car les agendas semblaient sur le point de se désintégrer entre ses mains. Mary n'avait écrit que quelques mots par jour. L'école et les leçons de piano semblaient occuper l'essentiel de ses pensées. Ces gribouillages ne racontaient pas grand-chose de sa vie quotidienne, mais ils devaient sûrement conserver une valeur sentimentale. Ce serait bien de les lui rendre, de voir le visage de la vieille dame s'illuminer sous l'effet des souvenirs, quand elle les reconnaîtrait.

Shoreh se leva et s'approcha de la poubelle. Elle souleva le couvercle à bascule et en sortit le fragment de tissu jeté par son mari. Elle le leva à la lumière qui commençait à filtrer à travers le verre trouble de la véranda. (Il était vraiment temps de nettoyer sérieusement ces vitres.) Ces marbrures couleur de rouille étaient-elles réellement des taches, ou bien était-ce une sorte de motif ? Dans les deux cas, elle ne croyait pas que ceci soit un simple torchon. En regardant de plus près, elle vit une minuscule étiquette cousue à une extrémité de la bande. Ça ressemblait à quelque chose qu'on pourrait porter sous un col : un foulard ou une cravate. Il devait y avoir une raison, après tout, pour que Mary décide de le garder à l'abri des regards dans cette cachette. Shoreh déroula l'étoffe avec précaution et l'étendit sur le rebord de la fenêtre.

*

Elle était toujours en train de méditer sur le mystère de ce bout de tissu quand elle sortit balayer le perron. Il était onze heures moins le quart et, l'espace de quelques minutes, tandis qu'elle donnait des coups de balai, elle put savourer le silence coutumier et sonore de Bournville à cette heure-ci. Et puis, quelques centaines de mètres plus loin, dans la rue, elle distingua le tintement d'une cloche et se rendit compte que cela faisait des mois qu'elle ne l'avait pas entendue, alors qu'elle sonnait régulièrement auparavant, tous les jours à la même heure. Bien sûr :

les écoles avaient fermé pendant le couvre-feu, et voilà que celle d'à côté venait de rouvrir. C'était le jour de la rentrée.

Quelques secondes plus tard, elle entendit le gazouillis de plus en plus sonore des voix haut perchées, d'abord étouffé, indistinct, puis soudain les cris à pleins poumons quand les portes principales de l'école s'ouvrirent en grand, et que plus d'une centaine d'enfants se ruèrent sur le terrain de jeu. Shoreh appréciait la quiétude qui enveloppait son village la majeure partie de la journée, mais elle aimait encore plus le son des quinze minutes à venir. Elle aimait le bruit des écoliers qui s'interpellaient, les cris perçants de surexcitation, la mélopée des comptines, des moqueries enfantines et des jeux à la corde à sauter. Aucun de ces éléments n'était distinctement audible, ni séparé des autres : tout se fondait en un chœur unique, un pot-pourri adorable et chaotique de voix juvéniles. Debout à sa porte, son balai à la main, écoutant le bruit distant de ces voix d'enfants, Shoreh avait le sentiment d'habiter simultanément le passé, le présent et l'avenir : cela lui faisait penser à sa propre enfance, à l'époque où elle-même fréquentait, plus de vingt ans auparavant, les bancs de la petite école de Hamedan, un souvenir ancien quoique toujours vivace. Mais cela lui rappelait aussi que ces enfants qui criaient et chantaient seraient ceux qui porteraient sur leurs épaules les années à venir. Le passé, le présent et l'avenir : voilà ce qu'elle entendait dans les voix des écoliers qui résonnaient depuis le terrain de jeu, lors de la récréation du matin. Comme le murmure d'une rivière, comme le bruit de la marée montante, un contrepoint distant au chuintement de son balai sur les marches, une voix désincarnée chuchotant à son oreille, encore et encore, le même mantra : *Plus ça change, plus c'est la même chose.*

NOTE DE L'AUTEUR

Bien que *Le royaume désuni* soit un roman et une œuvre de fiction, le personnage de Mary Lamb s'inspire étroitement de ma mère, feu Janet Coe. En revanche, tout rapport avec l'histoire de ma propre famille s'arrête là. Il n'y a, en particulier, aucune ressemblance entre Geoffrey, l'époux de Mary, et mon père Roger Coe, père de famille aussi chaleureux qu'apprécié, qui fit carrière non dans une banque mais chez Lucas Industries, où il travaillait à concevoir des batteries automobiles toujours plus efficaces. De la même manière, tous les autres membres de la famille Lamb dépeints dans le livre – Jack, Martin, Peter, Angela, Bridget et Lorna – sont fictionnels et, si j'ai situé leur histoire dans d'authentiques lieux des Midlands qui me sont familiers de par mon enfance, tout ce qui leur arrive est inventé : c'est également le cas du personnage de Kenneth Fielding. Quant au « Boris » aux cheveux en pétard qui apparaît pour la première fois dans le chapitre bruxellois, il se peut bien sûr que certains lecteurs lui trouvent un air familier. Pour autant, la question de savoir s'il est ou n'est pas un personnage de fiction reste difficile à trancher avec certitude.

*

En 2011, la réalisatrice et scénariste française Julie Gavras m'a demandé de travailler avec elle sur un scénario baptisé *La Guerre du chocolat*. Nous en avons écrit plusieurs versions ensemble, et même si seule une petite partie de ce matériau a trouvé place dans le roman, je me dois de la remercier d'avoir attiré mon attention sur le potentiel narratif de ce curieux épisode de l'histoire européenne, pour le plaisir que nous avons eu à travailler ensemble, et pour m'avoir autorisé à m'inspirer de notre travail commun dans le chapitre intitulé « Abîme des oiseaux ».

*

Le roman est conçu comme une œuvre autonome, mais il fait également partie d'une série de livres vaguement reliés les uns aux autres, et sur laquelle je travaille depuis quelques années sous le titre générique *Unrest*[1]. Voici la liste de ces ouvrages :

Vol. 1 – *Expo 58*
Vol. 2 – *La pluie, avant qu'elle tombe*
Vol. 3 – *Billy Wilder et moi*

Chacun de ces romans fait allusion à Thomas Foley, à sa femme Sylvia et à leurs enfants David et Gill, même s'il n'y a que dans *Expo 58* que Thomas occupe une place centrale. J'espère écrire un jour un dernier livre dans le cadre de cette série.

*

---

1. La série en tant que telle n'a pas encore de titre officiel en français. On pourrait par exemple le traduire par *Troubles*, ou bien *Remous*.

Je dois des remerciements particuliers à Ralph Pite, Janine McKeown, Charlotte Stretch, John Dolan, Andrew Hodgkiss, Duncan Cadbury, Julia Jordan et Fenella Barton. Ainsi qu'à ma fille Matilda, qui m'a aidé dans mes recherches, à mon agente Caroline Wood, et à Mary Mount et Isabel Wall, chez Penguin, qui m'ont fait d'excellentes suggestions éditoriales. Pour la troisième partie du roman, qui se déroule en juillet 1966, j'ai puisé quantité d'informations précieuses dans *66 The World Cup in Real Time*, de Ian Passingham.

*

Le chapitre intitulé « Le sommet du crâne de ma mère » a été écrit à l'origine pour être lu sur scène lors du Festival Massenzio à Rome, en juillet 2021. Hormis quelques révisions mineures pour l'adapter au personnage de Peter Lamb, le reste est un compte-rendu fidèle de la mort de ma propre mère, au petit matin du 10 juin 2020. En rentrant de chez elle à travers la campagne de l'Oxfordshire, après ma dernière visite, je n'écoutais pas l'*Hymnus Paradisi* de Howells mais une chanson magnifique intitulée « Silence », par l'autrice-compositrice Dos Floris. Près de deux ans plus tard, je reste triste et en colère à l'idée que ma mère est morte seule, sans traitement pour soulager la douleur, et que ses proches se sont vu interdire tout contact avec elle au moment où c'est arrivé. Mais enfin, comme des milliers de familles dans tout le pays – et contrairement à ceux qui occupaient alors le 10 Downing Street –, nous respections les règles.

Londres, 21 avril 2022

Prologue. *Mars 2020*	13
Un. Jour de la Victoire. *8 mai 1945*	45
Deux. Le couronnement de la reine Élisabeth II. *2 juin 1953*	95
Trois. Finale de la Coupe du monde : Angleterre – Allemagne de l'Ouest. *30 juillet 1966*	149
Quatre. L'investiture du prince de Galles. *1er juillet 1969*	203
Cinq. Le mariage de Charles, prince de Galles, et de Lady Diana Spencer. *29 juillet 1981*	245
Six. Les funérailles de Lady Diana, princesse de Galles. *6 septembre 1997*	333
Sept. 75e anniversaire du jour de la Victoire. *8 mai 2020*	425
NOTE DE L'AUTEUR	515

DU MÊME AUTEUR

Aux Éditions Gallimard

TESTAMENT À L'ANGLAISE, 1995 (Folio n° 2992). Prix du Meilleur Livre étranger.

LA MAISON DU SOMMEIL, 1998 (Folio n° 3389). Prix Médicis étranger.

LES NAINS DE LA MORT, 2001 (Folio n° 3711).

BIENVENUE AU CLUB, 2003 (Folio n° 4071).

LE CERCLE FERMÉ, 2006 (Folio n° 4541).

LA FEMME DE HASARD, 2007 (Folio n° 4472).

LA PLUIE, AVANT QU'ELLE TOMBE, 2009 (Folio n° 5050).

LA VIE TRÈS PRIVÉE DE MR SIM, 2011 (Folio n° 5381).

DÉSACCORDS IMPARFAITS, 2012 (Folio n° 5645).

EXPO 58, 2014 (Folio n° 5961). Prix du Roman étranger du salon Saint-Maur en poche.

LES ENFANTS DE LONGBRIDGE (BIENVENUE AU CLUB – LE CERCLE FERMÉ), 2015 (Folio XL n° 5972).

NOTES MARGINALES ET BÉNÉFICES DU DOUTE, 2015.

NUMÉRO 11, 2016 (Folio n° 6486).

LE CŒUR DE L'ANGLETERRE, 2019 (Folio n° 6921). Prix du Livre européen.

BILLY WILDER ET MOI, 2021 (Folio n° 7129 sous le titre MR WILDER ET MOI).

LE ROYAUME DÉSUNI, 2022 (Folio n° 7338).

Aux Éditions Gremese

JAMES STEWART, 1996.

Aux Éditions du Rocher

UNE TOUCHE D'AMOUR, 2002 (Folio n° 3975).

Aux Éditions Pleins Feux

UN VÉRITABLE NATURALISME LITTÉRAIRE EST-IL POSSIBLE OU MÊME SOUHAITABLE ? (avec Will Self), 2003.

Aux Cahiers du Cinéma

HUMPHREY BOGART, 2005.

Aux Éditions Quidam

B. S. JOHNSON, HISTOIRE D'UN ÉLÉPHANT FOUGUEUX, 2010.

COLLECTION FOLIO

Dernières parutions

7123. Chantal Thomas — *De sable et de neige*
7124. Pef — *Petit éloge de l'aéroplane*
7125. Grégoire Polet — *Petit éloge de la Belgique*
7126. Collectif — *Proust-Monde. Quand les écrivains étrangers lisent Proust*
7127. Victor Hugo — *Carnets d'amour à Juliette Drouet*
7128. Blaise Cendrars — *Trop c'est trop*
7129. Jonathan Coe — *Mr Wilder et moi*
7130. Jean-Paul Didierlaurent — *Malamute*
7131. Shilpi Somaya Gowda — *« La famille »*
7132. Elizabeth Jane Howard — *À rude épreuve. La saga des Cazalet II*
7133. Hédi Kaddour — *La nuit des orateurs*
7134. Jean-Marie Laclavetine — *La vie des morts*
7135. Camille Laurens — *La trilogie des mots*
7136. J.M.G. Le Clézio — *Le flot de la poésie continuera de couler*
7137. Ryoko Sekiguchi — *961 heures à Beyrouth (et 321 plats qui les accompagnent)*
7138. Patti Smith — *L'année du singe*
7139. George R. Stewart — *La Terre demeure*
7140. Mario Vargas Llosa — *L'appel de la tribu*
7141. Louis Guilloux — *O.K., Joe!*
7142. Virginia Woolf — *Flush*
7143. Sénèque — *Tragédies complètes*
7144. François Garde — *Roi par effraction*
7145. Dominique Bona — *Divine Jacqueline*
7146. Collectif — *SOS Méditerranée*
7147. Régis Debray — *D'un siècle l'autre*

7148. Erri De Luca	*Impossible*
7149. Philippe Labro	*J'irais nager dans plus de rivières*
7150. Mathieu Lindon	*Hervelino*
7151. Amos Oz	*Les terres du chacal*
7152. Philip Roth	*Les faits. Autobiographie d'un romancier*
7153. Roberto Saviano	*Le contraire de la mort*
7154. Kerwin Spire	*Monsieur Romain Gary. Consul général de France*
7155. Graham Swift	*La dernière tournée*
7156. Ferdinand von Schirach	*Sanction*
7157. Sempé	*Garder le cap*
7158. Rabindranath Tagore	*Par les nuées de Shrâvana et autres poèmes*
7159. Urabe Kenkô et Kamo no Chômei	*Cahiers de l'ermitage*
7160. David Foenkinos	*Numéro deux*
7161. Geneviève Damas	*Bluebird*
7162. Josephine Hart	*Dangereuse*
7163. Lilia Hassaine	*Soleil amer*
7164. Hervé Le Tellier	*Moi et François Mitterrand*
7165. Ludmila Oulitskaïa	*Ce n'était que la peste*
7166. Daniel Pennac	*Le cas Malaussène I Ils m'ont menti*
7167. Giuseppe Santoliquido	*L'été sans retour*
7168. Isabelle Sorente	*La femme et l'oiseau*
7169. Jón Kalman Stefánsson	*Ton absence n'est que ténèbres*
7170. Delphine de Vigan	*Jours sans faim*
7171. Ralph Waldo Emerson	*La Nature*
7172. Henry David Thoreau	*Sept jours sur le fleuve*
7173. Honoré de Balzac	*Pierrette*
7174. Karen Blixen	*Ehrengarde*
7175. Paul Éluard	*L'amour la poésie*
7176. Franz Kafka	*Lettre au père*
7177. Jules Verne	*Le Rayon vert*

7178.	George Eliot	*Silas Marner. Le tisserand de Raveloe*
7179.	Gerbrand Bakker	*Parce que les fleurs sont blanches*
7180.	Christophe Boltanski	*Les vies de Jacob*
7181.	Benoît Duteurtre	*Ma vie extraordinaire*
7182.	Akwaeke Emezi	*Eau douce*
7183.	Kazuo Ishiguro	*Klara et le Soleil*
7184.	Nadeije Laneyrie-Dagen	*L'étoile brisée*
7185.	Karine Tuil	*La décision*
7186.	Bernhard Schlink	*Couleurs de l'adieu*
7187.	Gabrielle Filteau-Chiba	*Sauvagines*
7188.	Antoine Wauters	*Mahmoud ou la montée des eaux*
7189.	Guillaume Aubin	*L'arbre de colère*
7190.	Isabelle Aupy	*L'homme qui n'aimait plus les chats*
7191.	Jean-Baptiste Del Amo	*Le fils de l'homme*
7192.	Astrid Eliard	*Les bourgeoises*
7193.	Camille Goudeau	*Les chats éraflés*
7194.	Alexis Jenni	*La beauté dure toujours*
7195.	Edgar Morin	*Réveillons-nous !*
7196.	Marie Richeux	*Sages femmes*
7197.	Kawai Strong Washburn	*Au temps des requins et des sauveurs*
7198.	Christèle Wurmser	*Même les anges*
7199.	Alix de Saint-André	*57 rue de Babylone, Paris 7ᵉ*
7200.	Nathacha Appanah	*Rien ne t'appartient*
7201.	Anne Guglielmetti	*Deux femmes et un jardin*
7202.	Lawrence Hill	*Aminata*
7203.	Tristan Garcia	*Âmes. Histoire de la souffrance I*
7204.	Elsa Morante	*Mensonge et sortilège*
7205.	Claire de Duras	*Œuvres romanesques*
7206.	Alexandre Dumas	*Les Trois Mousquetaires. D'Artagnan*
7207.	François-Henri Désérable	*Mon maître et mon vainqueur*
7208.	Léo Henry	*Hildegarde*

7209.	Elizabeth Jane Howard	*Confusion. La saga des Cazalet III*
7210.	Arthur Larrue	*La diagonale Alekhine*
7211.	Hervé Le Tellier	*Inukshuk, l'homme debout*
7212.	Jean-Christophe Rufin	*La princesse au petit moi. Les énigmes d'Aurel le Consul*
7213.	Yannick Bestaven	*Mon tour du monde en 80 jours*
7214.	Hisham Matar	*Un mois à Sienne*
7215.	Paolo Rumiz	*Appia*
7216.	Victor Hugo	*Préface de* Cromwell
7217.	François-René de Chateaubriand	*Atala* suivi de *René*
7218.	Victor Hugo	*Le Rhin*
7219.	Platon	*Apologie de Socrate*
7220.	Maurice Merleau-Ponty	*Le doute de Cézanne*
7221.	Anne Delaflotte Mehdevi	*Le livre des heures*
7222.	Milena Busquets	*Gema*
7223.	Michel Butor	*Petite histoire de la littérature française*
7224.	Marie Darrieussecq	*Pas dormir*
7225.	Jacky Durand	*Plus on est de fous plus on s'aime*
7226.	Cecil Scott Forester	*Hornblower aux Antilles. Capitaine Hornblower*
7227.	Mia Kankimäki	*Ces héroïnes qui peuplent mes nuits*
7228.	François Noudelmann	*Les enfants de Cadillac*
7229.	Laurine Roux	*L'autre moitié du monde*
7230.	Robert Seethaler	*Le dernier mouvement*
7231.	Gilbert Sinoué	*Le Bec de Canard*
7232.	Leïla Slimani	*Regardez-nous danser. Le pays des autres, 2*
7233.	Jack London	*Le Loup des mers*
7234.	Tonino Benacquista	*Porca miseria*
7235.	Daniel Cordier	*La victoire en pleurant. Alias Caracalla 1943-1946*
7236.	Catherine Cusset	*La définition du bonheur*

7237.	Kamel Daoud	*Meursault, contre-enquête*
7238.	Marc Dugain	*La volonté*
7239.	Alain Finkielkraut	*L'après littérature*
7240.	Raphaël Haroche	*Une éclipse*
7241.	Laura Kasischke	*À Suspicious River*
7242.	Étienne Kern	*Les envolés*
7243.	Alexandre Labruffe	*Wonder Landes*
7244.	Virginie Ollagnier	*Ils ont tué Oppenheimer*
7245.	John Steinbeck	*Des souris et des hommes*
7246.	Collectif	*La poésie à vivre. Paroles de poètes*
7247.	Gisèle Halimi	*Plaidoirie pour l'avortement*
7248.	Gustave Flaubert	*Récits de jeunesse*
7249.	Santiago H. Amigorena	*Le premier exil*
7250.	Fabrice Caro	*Samouraï*
7251.	Raphaël Confiant	*La muse ténébreuse de Charles Baudelaire*
7252.	Annie Ernaux	*L'autre fille*
7253.	Margaret Kennedy	*Le festin*
7254.	Zoé Oldenbourg	*Argile et cendres*
7255.	Julie Otsuka	*Quand l'empereur était un dieu*
7256.	Pascal Quignard	*L'amour la mer*
7257.	Salman Rushdie	*Grimus*
7258.	Antoine Wauters	*Le musée des contradictions*
7259.	Nathalie Azoulai	*La fille parfaite*
7260.	Claire Castillon	*Son empire*
7261.	Sophie Chauveau	*Journal intime de la Vierge Marie*
7262.	Éric Fottorino	*Mohican*
7263.	Abdulrazak Gurnah	*Paradis*
7264.	Anna Hope	*Le Rocher blanc*
7265.	Maylis de Kerangal	*Canoës*
7266.	Anaïs LLobet	*Au café de la ville perdue*
7267.	Akira Mizubayashi	*Reine de cœur*
7268.	Ron Rash	*Une terre d'ombre*
7269.	Yasmina Reza	*Théâtre II*
7270.	Emmanuelle Salasc	*Hors gel*

*Tous les papiers utilisés pour les ouvrages
des collections Folio sont certifiés
et proviennent de forêts gérées durablement.*

*Composition Nord Compo
Impression Maury Imprimeur
45330 Malesherbes
le 12 février 2024
Dépôt légal : février 2024
N° d'impression : 275804*

ISBN 978-2-07-304344-3 / Imprimé en France

617672